Die Lebensversicherung nach der VVG-Reform im Lichte der wettbewerblichen EU-Liberalisierung

Europäische Hochschulschriften

European University Studies

Publications Universitaires Européennes

Reihe II **Rechtswissenschaft**

Series II Law

Série II Droit

Band/Volume **5756**

Sebastian Patrick Lux

Die Lebensversicherung nach der VVG-Reform im Lichte der wettbewerblichen EU-Liberalisierung

Unter Berücksichtigung der Neuerungen des LVRG und ein Vergleich mit der Rechtslage in Österreich

PL ACADEMIC RESEARCH

Bibliografische Information der Deutschen Nationalbibliothek
Die Deutsche Nationalbibliothek verzeichnet diese Publikation in der Deutschen Nationalbibliografie; detaillierte bibliografische Daten sind im Internet über http://dnb.d-nb.de abrufbar.

Zugl.: Erlangen-Nürnberg, Univ., Diss., 2015

D 29 (n2)
ISSN 0531-7312
ISBN 978-3-631-66457-5 (Print)
E-ISBN 978-3-653-05654-9 (E-Book)
DOI 10.3726/978-3-653-05654-9

PL Academic Research ist ein Imprint der Peter Lang GmbH.
Peter Lang – Frankfurt am Main · Bern · Bruxelles · New York · Oxford · Warszawa · Wien

Diese Publikation wurde begutachtet.

www.peterlang.com

Für meine lieben Eltern
und meine liebe Jana

Vorwort

Die Rechts- und Wirtschaftswissenschaftliche Fakultät der Friedrich-Alexander-Universität Erlangen-Nürnberg – Fachbereich Rechtswissenschaft – nahm die vorliegende Arbeit im Wintersemester 2014/2015 als Dissertation an. Literatur und Rechtsprechung konnten bis Dezember 2013 eingearbeitet werden. Nachträglich sind noch Neuerungen durch das LVRG berücksichtigt.

Mein Dank gilt zuvörderst meinem Doktorvater, Herrn Professor em. Dr. Harald Herrmann. Er regte das Thema meiner Dissertation an und begleitete die Bearbeitung immer wieder mit wertvollen Anstößen.

Darüber hinaus danke ich Herrn Professor Dr. Jochen Hoffmann für die unterstützenden Hinweise und die Erstellung des Zweitgutachtens.

Ein besonderes Dankeschön gebührt meinen Eltern, Rosel und Lothar Lux, für die es eine Herzenssache war, mir meine Ausbildung zu ermöglichen. Sie haben mir, neben der Finanzierung meiner Ausbildung, mit wenigen aber bedachten Ratschlägen und mit Vertrauen die Grundlage geschaffen, die sich auch in dieser Bearbeitung widerspiegelt.

Schließlich danke ich meiner lieben Frau Jana für ihren Rückhalt und die Geduld mit mir. Ihr ist es gelungen, mich mit einer angenehmen Mischung von Antrieb einerseits und Einfordern andererseits, immer wieder zum Weiterarbeiten aber auch zum Abschluss der Arbeit zu bewegen.

Nürnberg/Fürth, im Mai 2015

Inhaltsübersicht

Inhaltsverzeichnis

Literaturverzeichnis

Ackermann, Thomas	Das Informationsmodell im Recht der Dienstleistungen, in: ZEuP 2009, S. 230 ff.
Baroch Castellvi, Manuel	Der Kostenausweis in der kapitalbildenden Versicherung nach der VVG-InfoV – Versuch einer ersten Annäherung, in: r+s 2009, S. 1 ff.
Basedow, Jürgen	Die Kapitallebensversicherung als partiarisches Rechtsverhältnis – Eine zivilistische Konstruktion der Überschussbeteiligung: in: ZVersWiss 1992, S. 419 ff.
Basedow, Jürgen	Transparenz als Prinzip des (Versicherungs-) Vertragsrecht, in: VersR 1999, S. 1045 ff.
Baumann, Horst	Lebensversicherung mit Überschussbeteiligung und Bestandsübertragungen nach den Urteilen des Bundesverfassungsgerichts vom 26.07.2005, in: r+s 2005, S. 401.
Beckmann, Roland Michael / Matusche-Beckmann, Annemarie (Hrsg.)	Versicherungsrechts-Handbuch, 2. Aufl., 2009.
Beljin, Sasa	Wann muss ein Verstoß gegen die Grundfreiheiten beseitigt sein?, in: NVwZ 2008, 156 ff.
Benkel, Gert A.	Die Verwendung des Überschusses in der Lebensversicherung, in: VersR 1994, S. 509 ff.
Biagosch, Patrick/ Scherer, Peter	Die Verbraucherinformation des § 10a VAG bei kapitalbildenden Lebensversicherungen – Teil II: Anforderungen an die Verbraucherinformation nach § 10a VAG bei kapitalbildenden Lebensversicherungen – Praktische Gestaltungsfragen, in: VW 1995, S. 429 ff.
Blankenburg, Daniel	Verzicht auf Beratung und Informationsrechte nach dem neuen VVG, in: VersR 2008, S. 1146 ff.
Bock, Ives	Rechtsangleichung und Regulierung im Binnen-markt - Zum Umfang der allgemeinen Binnenmarktkompetenz, 2005.
Brand, Oliver	Heininger Revisited - Zur Europarechtskonformität von § 5 a VVG a. F., in: VersR 2013, 1 ff.

Braun, Heinrich	Die Geschichte der Lebensversicherung und der Lebensversicherungstechnik, Neuauflage 1963.
Brömmelmeyer, Christoph	Die Reform des Lebensversicherungsrechts, in: VersR 2003, S. 939 ff.
Brömmelmeyer, Christoph	Vorvertragliche Informationspflichten des Versicherers insbesondere in der Lebensversicherung, in: VersR 2009, S. 584 ff.
Bruck, Ernst / Möller, Hans (Begr.) / Baumann, Horst u.a. (Hrsg.)	Großkommentar zum Versicherungsvertragsrecht, Bd. 1. (Einführung; §§ 1 – 32 VVG), 9. Aufl., 2008. Bd. 11 (§§ 209 - 216 VVG, Mitversicherung, Internationales Versicherungsvertragsrecht, 9. Aufl., 2013.
Buchmann, Tobias	Umsetzung vollharmonisierender Richtlinien – Zugleich ein Beitrag zur Normkonkretisierung im Anwendungsbereich des Lamfalussy-Verfahrens, 2008.
Bultmann, Friedrich	Zum Verbraucherschutz in der Reform des VVG, in: Basedow u.a. (Hrsg.), VersWissStud 2003, Bd . 24, S. 247 ff.
Bürkle, Jürgen	Nationalstaatliche Produktregulierung im europäischen Binnenmarkt für Lebensversicherungen – Anmerkungen zum Referentenentwurf eines Gesetzes zur Reform des Versicherungsvertragsrechts, in: VersR 2006, S. 1042 ff.
Bürkle, Jürgen	Die Bedeutung der Information für Beschränkungen der Dienstleistungsfreiheit durch Verbraucherinteressen, in: EuZW 2006, S. 685 ff.
Bürkle, Jürgen	Die rechtliche Dimension von Solvency II, in: VersR 2007, 1595.
Callies, Christian / Ruffert, Matthias	EUV/EGV – Das Verfassungsrecht der Europäischen Union mit Europäischer Grundrechtscharta, Kommentar, 3. Aufl., 2007.
Dannwitz, Thomas von	Rechtswirkungen von Richtlinien in der neueren Rechtsprechung des EuGH, JZ 2007, 697 ff.
Delhaes, Daniel	Anlegerschutz – Aigner: Bafin soll Verbraucherschutzbehörde werden, Handelsblatt vom 02.07.2009.
Donath, Roland	Der Anspruch auf Überschussbeteiligung, in: AcP 193, (1993), S. 279 ff.

Dörner, Heinrich / Staudinger, Ansgar	Kritische Bemerkungen zum Referentenentwurf eines Gesetzes zur Reform des Versicherungsvertragsrechts, in: WM 2006, S. 1710 ff.
Dreher, Meinrad	Die Versicherung als Rechtsprodukt: die Privatversicherung und ihre rechtliche Gestaltung, 1991.
Dreher, Meinrad	Der Verbraucher – Das Phantom in den opera des europäischen und deutschen Rechts?, in: JZ 1997, S. 167 ff.
Dreher, Meinrad / Lange, Martin	Die Vollharmonisierung der Versicherungsaufsicht durch Solvency II, in: VersR 2011, 825 ff.
Drinkuth, Henrik	Die Kapitalrichtlinie – Mindest- oder Höchstnorm?, 1998.
Ebers, Martin	Die Überschussbeteiligung in der Lebensversicherung, 2001.
Ebers, Martin	Die Reform des VVG vor dem Hintergrund des Gemeinschaftsrechts – Überlegungen zur Umsetzung der Informations- und Beratungspflichten, in: Basedow u.a. (Hrsg.), VersWissStud 2004, Bd.13, S.123 ff.
Eilert, Hergen	Die Zwecke des VAG im Lichte der Urteile des BVerfG zur Lebensversicherung, in: VersR 2009, S. 709 ff.
Elfring, Claus	Die Ersetzung intransparenter Klauseln in den Allgemeinen Bedingungen der kapitalbildenden Lebensversicherung im Rahmen des Treuhänderverfahrens nach § 172 II VVG, in: NJW 2005, S. 3677 ff.
Engeländer, Stefan	Das Zillmerverfahren in der Lebensversicherung, in: VersR 1999, S. 1325 ff.
Engeländer, Stefan	Die Überschussbeteiligung nach dem Regierungsentwurf zum VVG, in: VersR 2007, S. 155 ff.
Engeländer, Stefan	Die Neuregelung des Rückkaufs durch das VVG 2008, in: VersR 2007, S. 1297 ff.
Engeländer, Stefan	Der Nichtannahmebeschluss des BVerfG zu Rückkaufswerten, in: VersR 2009, S. 1308 ff.
Eppe, Mark	§ 153 VVG – Neues zur Rechtsnatur des Versicherungsvertrags?, in: VersR 2008, S. 1316 ff.
Fahr, Ulrich	Die Umsetzung der Versicherungsrichtlinien der dritten Generation in deutsches Recht, in: VersR 1992, S. 1033 ff.

Finsinger, Jörg	Lebensversicherungsvergleiche – Kritik an den bisherigen Methoden und Vorschlag zweier neuer Kennzahlen für das Rating, in: VW 1997, S. 208 ff.
Fleischer, Holger	Vertragsschlussbezogene Informationspflichten im Gemeinschaftsprivatrecht, in: ZEuP 2000, S. 772 ff.
Funck, Jörg	Ausgewählte Fragen aus dem Allgemeinen Teil des neuen VVG aus der Sicht einer Rechtsabteilung, in: VersR 2008, S. 163 ff.
Friauf, Karl Heinrich / Scholz, Rupert	Europarecht und Grundgesetz, 1990.
Gatschke, Lars	Die Neuregelung zu den Rückkaufswerten in der Lebensversicherung – Teil 1, in: VuR 2007, S. 447 ff.
Gaul, Rudolf E.	Zum Abschluss des Versicherungsvertrages – Alternativen zum Antragsmodell?, in: VersR 2007, S. 21 ff.
Gehling, Christian	„Obligationsähnliche Genußrechte" – Genußrechte oder Obligation, in: WM 1992, S. 1093 ff.
Gotthold, Kathrin / Zschäpitz, Holger	Das Dilemma der Lebensversicherung, in: DIE WELT, Ausgabe vom 23.11.2010, S. 19.
Gotthold, Kathrin / Zschäpitz, Holger	Diese Tabelle zeigt das Lebensversicherer Drama, in: Die WELT, Ausgabe vom 31.08.2013, abrufbar unter: „www.welt.de/finanzen / verbraucher".
Grabitz, Eberhard (Begr.) / Hilf, Meinhard	Das Recht der Europäischen Union – EUV/EGV, Bd. I, Loseblattblattsammlung Stand 2004.
Grote, Joachim	Die Abschlusskostenklausel und der Lebensversicherungsvertrag, in: VersR 2006, S. 957 ff.
Grote, Joachim / Schaaf, Martin	Zum Referentenentwurf der 10.VAG-Novelle zur Umsetzung der Solvency-II-Richtlinie in deutsches Recht – eine erste Analyse, in: VersR 2012, 17.
Grundmann, Stefan	Privatautonomie im Binnenmarkt, in: JZ 2000, S.1133 ff.
Gsell, Beate / Schellhase, Hans Martin	Vollharmonisiertes Verbraucherkreditrecht – EinVorbild für die weitere europäische Angleichung des Verbrauchervertragsrechts?, in: JZ 2009, S. 20 ff.
Henkel, Alexandra	Inhaltkontrolle von Finanzprodukten nach der Richtlinie 93/13/EWG des Rates über mißbräuchliche Klauseln in Verbraucherverträgen, 2004.
Hennrichs, Joachim	Stille Reserven in der Lebensversicherung, in: NVersZ 2002, S. 5 ff.

Herresthal, Carsten	Vertragsrecht, in: Langenbucher, Katja (Hrsg.), Europarechtliche Bezüge des Privatrechts, 2005.
Herrmann, Christoph	Richtlinienumsetzung durch die Rechtsprechung, 2003.
Herrmann, Christoph	Die negative unmittelbare Wirkung von Richtlinien in horizontalen Rechtsverhältnissen - Erwiderung auf T. Gas, in: EuZW 2006, 69 ff.
Herrmann, Harald	Customer Relations Center und Verbraucherschutz im Versicherungsprivatrecht, in: VersR 1998, S. 931ff.
Herrmann, Harald	Auslegung europäisierten Versicherungsrechts, in: ZEuP 1999, S. 663 ff.
Herrmann, Harald	Neues vom Europarecht zur Verbraucherinformation, Beitrag Sommersemester 2003.
Herrmann, Harald	Ist der VVG-Reformvorschlag zum Recht der Obliegenheiten europarechtskonform?, in: VersR 2003, S. 1333 ff.
Herrmann, Harald	Transparente Abschlusskosten in der Lebensversicherung und Europarecht, in: DZWIR 2004, S. 45 ff.
Herrmann, Harald	Abschlusskosten bei transparenten Lebensversicherungen und Betriebsrenten – Vernachlässigtes EU-Recht?, in: NWiR Ausgabe 12, Herbst 2008, S. 1 ff.
Herrmann, Harald	Zillmerungsregeln in der Lebensversicherung und kein Ende – Bedeutung des informationsrechtlichen Verbraucherschutzes nach dem EU-Recht, in: VersR 2009, S. 7 ff.
Herrmann, Harald	Zehn Jahre NWiR – Kulturwandel und Regulierung im Finanzmarktrecht, in: NWiR Ausgabe 20, Herbst 2012.
Herrmann, Harald / Mattern, Isabel	Neue Preisregulierung im Bank- und Versicherungsrecht – Vertragsrechtliche Grenzen richterlicher Preiskontrolle, in NWiR Ausgabe 20, Herbst 2012.
Hoffmann, Jochen	Spezielle Informationspflichten im BGB und ihre Sanktionierung, in: ZIP 2005, S. 829 ff.
Hoffmann, Jochen	Der Verbraucherbegriff des BGB nach Umsetzung der Finanz-Fernabsatzrichtlinie, in: WM 2006, S. 560 ff.
Hohlfeld, Knut	Die Zukunft der Versicherungsaufsicht nach der Vollendung des Binnenmarktes, in: VersR 1993, S. 144 ff.
Honsell, Heinrich u.a. (Hrsg.)	Berliner Kommentar zum Versicherungsvertragsgesetz, 1999.

Hopfner, Sebastian — Kündigungsklauseln in der privaten Altersvorsorge – Zur neuen Rechtsprechung des BAG 2009 und deren Ergänzung durch die Entscheidung des BGH vom 25.07.2012, in NWiR, Ausgabe 20, Herbst 2012.

Huckele, Christian F. — Die vorvertraglichen Aufklärungs-, Beratungs- und Informationspflichten im Versicherungsrecht – unter besonderer Berücksichtigung der Verhaltenspflichten der Banken in der Anlageberatung und des zukünftigen Vermittlerrechts im Versicherungswesen, 2005.

Ihle, Jörg — Der Informationsschutz des Versicherungsnehmers, 2006.

Jaeger, Harald — Der Zeitwert eines Lebensversicherungsvertrags – ein ungelöstes Rätsel?, in: VersR 2002, S. 133 ff.

Jakob, Markus — Der Rückkaufswert in der Lebens- und Rentenversicherung, in: zfs 2009, S. 483 ff.

Jarass, Hans D. / Beljin, Sasa — Grenzen der Privatbelastung durch unmittelbar wirkende Richtlinien, Europarecht 2004, 714 ff.

Kellerhals, Andreas — Wirtschaftsrecht und europäische Integration, 2006.

Kindler, Peter — Die sachliche Rechtfertigung des aktienrechtlichen Bezugsrechtsausschlusses im Lichte der Zweiten Gesellschaftsrechtlichen Richtlinie der Europäischen Gemeinschaft, in: ZHR 158 (1994), S. 339 ff.

Knappmann, Ulrich — BVerfG stärkt Stellung der Versicherten in der Lebensversicherung, in: NJW 2005, 2892 ff.

Koch, Oliver — Der Grundsatz der Verhältnismäßigkeit in der Rechtsprechung des Gerichtshofes der Europäischen Gemeinschaft, 2003.

Körber, Torsten — Grundfreiheiten und Privatrecht, 2004.

Langner, Olaf — Das Kaufrecht auf dem Prüfstand der Warenverkehrsfreiheit des EG-Vertrages, in: RabelsZ (2001), S. 222 ff.

Larenz, Karl / Canaris, ClausWilhelm — Lehrbuch des Schuldrechts, Bd. II 2, 1994.

Larenz, Karl / Canaris, Claus- — Methodenlehre der Rechtswissenschaft, 3. Aufl., Wilhelm 1995.

Lerche, Peter — Übermaß und Verfassungsrecht: Zur Bindung des Gesetzgebers an die Grundsätze der Verhältnismäßigkeit und Erforderlichkeit, 1961.

Lorenz, Egon	Rechtsfragen zur Überschussbeteiligung in der Kapitallebensversicherung, in: ZVersWiss 1993, S. 283 ff.
Lörper, Johannes	Bericht vom 47. Bitburger Gesprächen am 09. / 10.11.2006 in Berlin- Neuere Entwicklungen im Lebensversicherungsrecht, in: VersR 2007, S. 331 ff.
Looschelders, Dirk	Europäisches Privatrecht und deutsches Versicherungsvertragsrecht – aktuelle Problemfelder, Entwicklungen und Perspektiven, in: VersR 2013, S. 653 ff.
Lührs, Dieter	Lebensversicherung – Produkte, Recht und Praxis, 1997.
Lutter, Marcus	Die Auslegung angeglichenen Rechts, in: JZ 1992, S. 593 ff.
Lutter, Marcus	Zum Umfang der Bindung durch Richtlinien, in: Due, Ole /Lutter, Marcus / Schwarze, Jürgen (Hrsg.), Festschrift für Ulrich Everling, Bd. I, 1995, S. 765 ff.
Lux, Sebastian	Das Lebensversicherungsreformgesetz (LVRG) - Gesetz zur Absicherung stabiler und fairer Leistungen für Lebensversicherte?, in: NWiR 2015/I
Marlow, Sven / Spuhl, Udo	Das neue VVG kompakt – Ein Handbuch für die Rechtspraxis, 4. Aufl., 2010.
Merten, Detlef	Bericht vom 47. Bitburger Gesprächen am 09. / 10.11.2006 in Berlin- Neuere Entwicklungen im Lebensversicherungsrecht, in: VersR 2007, S. 331 ff.
Meyer, Hans Dieter	Wem gehören 800 Milliarden Mark? – Eine Kritik an den rechtlichen und wirtschaftlichen Grundlagen des Versicherungswesens, in: ZRP 1990, S. 424 ff.
Michaelis, Bernd	Tagungsbericht - 19. Münsterischen Versicherungstag, in: VersR 2002, S. 544 ff.
Micklitz, Hans-W. / Tonner,	Vertriebsrecht - Haustür-, Fernabsatzgeschäfte Klaus und elektronischer Geschäftsverkehr, Handkommentar, 2002.
Mörsdorf, Oliver	Diskriminierung jüngerer Arbeitnehmer, in NJW 2010, 1046 ff.

Möschel, Wernhard	Regulierung und Deregulierung – Versuch einer theoretischen Grundlegung, in: Andreas Fuchs u.a. (Hrsg.), Wirtschafts- und Privatrecht im Spannungsfeld von Privatautonomie, Wettbewerb und Regulierung, Festschrift für Ulrich Immenga zum 70. Geburtstag, 2004, S. 277 ff.
Mudrack, Olaf	Änderungsbedarf beim Regierungsentwurf zum Versicherungsvertragsrecht, in: ZfV 2007, S. 41 ff.
Mudrack, Olaf	Zur Beteiligung der Lebensversicherten an den stillen Reserven nach dem Urteil des Bundesverfassungsgericht vom 26-7-2005 – 1 BvR 80/95, in: VuR 2006, S. 41 ff.
Müller, Helmut	Versicherungsbinnenmarkt – die europäische Integration im Versicherungswesen, 1995.
Müller, Markus	Ein Weg zu mehr Transparenz für Verbraucher und mehr Wettbewerb im Versicherungssektor, in: VersR 2003, S. 933 ff.
Münchener Kommentar	Münchener Kommentar zum Bürgerlichen Gesetz buch, Band 2, Schuldecht Allgemeiner Teil, 5. Aufl., 2007.
Natterer, Joachim	Bezugsrechtsausschluss und zweite gesellschaftsrechtliche Richtlinie, in: ZIP 1995, S. 1481.
Niederleithinger, Ernst	Auf dem Weg zu einer VVG-Reform – Zum Referentenentwurf eines Gesetzes zur Reform des Versicherungsvertragsrechts, in: VersR 2006, S. 437 ff.
Nitschke, Janina	Maßstäbe für die Transparenz Allgemeiner Versicherungsbedingungen, in: Basedow u.a. (Hrsg.), VersWissStud, Bd. 22, 2002.
Oppermann, Thomas / Classen, Claus Dieter / Nettenheim, Martin	Europarecht, 4. Aufl., 2009
Ortmann, Mark	Werden Kosten von Lebensversicherungen transparent?, in: VuR 2008, S. 256 ff.
Osing, Stefan	Informationspflichten des Versicherers und Abschluß des Versicherungsvertrages, 1995.
Präve, Peter	Das Versicherungsrecht und der Schutz des Allgemeinin teresses im Zeichen der europäischen Einigung, in: VW 1992, S. 8 ff.

Präve, Peter	Versicherungsbedingungen und AGB-Gesetz, 1998.
Präve, Peter	Zum Reformbedarf im Versicherungsrecht, in: VersR 1999, S. 1211 ff.
Präve, Peter	Zu den Auswirkungen des Transparenzgebotes für die von Lebensversicherern verwendeten Allgemeinen Versicherungsbedingungen, in: VersR 2001, S. 846 ff.
Präve, Peter	Auf dem Weg zu einem neuen Vertragsrecht – Anmerkung zu den VVG-Entwürfen des Bundesjustizministeriums, in: VW 2002, S. 1836 ff.
Präve, Peter	Aspekte zur Reform des Versicherungsvertragsrechts, in: Basedow u.a. (Hrsg.), VersWissStud 2003, Bd. 24, S. 277 ff.
Präve, Peter	Das Individuelle und das Kollektive in der Privatversicherung – dargestellt am Beispiel der Lebensversicherung, in: VersR 2006, S. 1190 ff.
Präve, Peter	Das neue Versicherungsvertragsgesetz, in: VersR 2007, S. 1046 ff.
Präve, Peter	Die VVG-Informationspflichtenverordnung, in: VersR 2008, S. 151 ff.
Präve, Peter	Anmerkung zum Urteil des BGH vom 25.07.2012 (IV ZR 201/10, VersR 2012, 1149) – Zur Frage der Unwirksamkeit von Klauseln über Abschlusskosten und Stornoabzug in Lebens- und Rentenversicherungsverträgen, in VersR 2012, 1159.
Prölss, Erich R.(Begr.) / Kollhosser, Helmut u. a.(Hrsg.)	Versicherungsaufsichtsgesetz, 12.Aufl., 2005.
Prölss, Erich / Martin, Anton (Begr.) / Armbrüster, Christian u.a. (Hrsg.)	Versicherungsvertragsgesetz, 28. Aufl., 2010.
Prokopf, Kai Heinrich	Das gemeinschaftliche Rechtsinstrument der Richtlinie: eine rechtsdogmatische Untersuchung der Art. 249 Abs. 3 EGV und Art. 161 Abs. 3 EAGV, 2007.
Rehberg, Markus	Der Versicherungsabschluss als Informationsproblem: die Gewährleistung freier Produktwahl in der Privatversicherung, 2003.

Reich, Norbert	Zur Theorie des Europäischen Verbraucherrechtes, in: ZEuP 1994, S. 381 ff.
Reich, Norbert / Micklitz, Hans-W.	Europäisches Verbraucherrecht, 4. Aufl., 2004.
Reichert-Facilides, Fritz	Informations- und Beratungspflichten des Versicherers: Privat- oder aufsichtsrechtliche Zuordnung?, in: VW 1994, S. 561 f.
Reiff, Peter	Die Auswirkungen des Gemeinschaftsrecht auf das deutsche Versicherungsvertragsrecht, in: VersR 1997, S. 267 ff.
Reiff, Peter	Europäische Richtlinie über Versicherungsvermittlung und VVG-Reform, in: ZVersWiss, 2001 (Bd.90), S. 451ff.
Reiff, Peter	Die Auswirkungen des BGH-Urteils vom 25.7.2012 (IV ZR 201/10 - VersR 2012, 1149) zu den Allgemeinen Versicherungsbedingungen der Lebensversicherung, in: VersR 2013, 785 ff.
Renger, Reinhardt	Stand, Inhalt und Probleme des neuen Versicherungsrechts, in: VersR 1994, S. 753 ff.
Riehm, Thomas	Die überschießende Umsetzung vollharmonisieren der EG-Richtlinien im Privatrecht, in: JZ 2006, S. 1035 ff.
Riehm, Thomas	Umsetzungsspielräume der Mitgliedsstaaten bei vollharmonisierenden Richtlinien, in: Gsell, Beate / Herresthal, Carsten (Hrsg.), Vollharmonisierung im Privatrecht, Die Konzeption der Richtlinie am Scheideweg?, 2009, S. 83 ff.
Riesenhuber, Karl	Primärrechtliche Grundlagen der Kapitalmarkttransparenz, in: Hopt, Klaus J./ Veil, Rüdiger / Kämmerer, Jörn Axel (Hrsg.), Kapitalmarktgesetzgebung im Europäischen Binnenmarkt, 2008, S. 23 ff.
Riesenhuber, Karl	Europäische Methodenlehre, 2. Aufl., 2010.
Romeike, Frank	Risk-NET – Auswirkungen von Solvency-II auf Verbraucher, in: Brömmelmeyer u.a. (Hrsg.), VersWiss-Stud., Bd. 35, S. 119 ff.
Römer, Wolfgang	Zu den Informationspflichten der Versicherer und ihrer Vermittler, in: VersR 1998, S. 1313 ff.
Römer, Wolfgang	Zu ausgewählten Problemen der VVG-Reform nach dem Referentenentwurf vom 13.März 2006 (Teil I + II), in: VersR 2006, S. 740 ff., 865 ff.

Römer, Wolfgang	Bericht vom 47. Bitburger Gesprächen am 09. / 10.11.2006 in Berlin- Neuere Entwicklungen im Lebensversicherungsrecht, in: VersR 2007, S. 331 ff.
Römer, Wolfgang	Die kapitalbildende Lebensversicherung nach dem neuen Versicherungsvertragsgesetz, in: Der Betrieb 2007, S. 2523 ff.
Römer, Wolfgang	Beratung nötig – Verzicht möglich. Zur Kunst der Gesetzgebung, in: VuR 2007, S. 94 ff.
Römer, Wolfgang	Zu den Informationspflichten nach dem neuen VVG, in: VersR 2007, S. 618 ff.
Römer, Wolfgang	Verbraucherrechtliche Schwachstellen in der VVG-Reform – aus der Sicht der Lebensversicherung, in: Bömmelmeyer u.a. (Hrsg.), VersWissStud., Bd.34, 2009, S.159 ff.
Römer, Wolfgang	Konzept und erste Erfahrungen mit dem Produktinformationsblatt, in: Brömmelmeyer u.a. (Hrsg.), VersWissStud. 2009, Bd. 35, S. 197 ff.
Roth, Wulf-Henning	Das Allgemeininteresse im europäischen Internationalen Versicherungsvertragsrecht, in: VersR 1993, S. 129 ff.
Roth, Wulf-Henning	Lebensversicherung aus europäischer Perspektive, in: Stiftung Gesellschaft für Rechtspolitik Trier und Institut für Rechtspolitik an der Universität Trier (Hrsg.), Bitburger Gespräche Jahrbuch 2006 II – Eigentum und Vorsorge, 2007, S. 109 ff.
Roth, Wulf-Henning	Kompetenzen der EG zur vollharmonisierenden Angleichung des Privatrechts, in: Gsell, Beate / Herresthal, Carsten (Hrsg.), Vollharmonisierung im Privatrecht, Die Konzeption der Richtlinie am Scheideweg?, 2009, S. 13 ff.
Schäfer, Hans-Bernd	Theorie der AGB-Kontrolle, in: Schäfer, Hans-Bernd / Lwowski, Hans-Jürgen (Hrsg.), Konsequenzen wirtschaftlicher Normen: Kreditrecht – Verbraucherschutz – allgemeines Wirtschaftsrecht; Festschrift für Claus Ott zum 65. Geburtstag, 2002, S. 279 ff.
Schauer, Martin	Entwicklungen in der Lebensversicherung – Rückkaufswerte und Zillmern nach österreichischem Recht, in: Brömmelmeyer u.a. (Hrsg.), VersWissStud 2009, Bd. 35, S. 173 ff.

Schenke, Wolf-Rüdiger	Versicherungsrecht im Fokus des Verfassungsrecht – die Urteile des BVerfG vom 26.07.2005, in: VersR 2006, S. 871 ff.
Schick, Rainer/Franz, Einiko B.	Rückkaufswerte in der Reform des VVG, in: VW 2007, S. 764 ff.
Schimikowski, Peter	Überlegungen zu einer Reform des Versicherungsvertragsgesetzes, in: r+s 2000, S. 353 ff.
Schimikowski, Peter	Abschluss des Versicherungsvertrages nach neuem Recht, in: r+s 2006, S. 441 ff.
Schimikowski, Peter	VVG-Reform: Die vorvertraglichen Informationspflichten des Versicherers und das Rechtzeitigkeitserfordernis, in: r+s 2007, S. 133 ff.
Schimikowski, Peter/ Höra, Knut	Das neue Versicherungsvertragsgesetz, 2008.
Schimikowski, Peter	Versicherungsvertragsrecht, 4. Aufl., 2009.
Schmidt, Jürgen F.	Die Deregulierung der Versicherungsaufsicht und die Versicherungsvermittlung in Deutschland, 2003.
Schmidt, Johannes	Produktübergreifende Finanzberatung, in: Brömmelmeyer u.a. (Hrsg.), VersWissStud, Bd. 35, 2009, S. 291 ff.
Schmidt, Peter	Die Europäisierung des Versicherungsrechts unter besonderer Berücksichtigung der Grundfreiheiten im Binnenmarkt, 2005.
Schmidt, Reimer	Das Qualitätsmerkmal „Einfachheit“ im Versicherungsvertragsrecht, in: ZVersWiss 1973, S. 529 ff.
Schneider, Christian	Umsetzung der Fernabsatzrichtlinie 2002/65/EG im VVG – Anmerkungen zum Regierungsentwurf und zur VVG-Reform, in: VersR 2004, S. 696 ff.
Scholl, Wolfgang	Versicherungsrechtsreform – ihre Notwendigkeit und die Inhalte, in: Basedow u.a. (Hrsg.), VersWissStud 2003, Bd. 24, S. 249 ff.
Schön, Wolfgang	Zwingendes Recht oder informierte Entscheidung – zu einer (neuen) Grundlage unserer Zivilrechtsordnung, in: Heldrich, Andreas u.a.(Hrsg.), Festschrift für Claus Willhelm Canaris zum 70.Geburtstag, 2007, S. 1191 ff.
Schröder, Jan	Stille Reserven als Quelle der Überschussbeteiligung – Die transparente Zukunft der Kapitallebensversicherung nach dem BVG-Urteil, in: VW 2005, S. 1226 ff.

Schünemann, Wolfgang B. — Rechtsnatur und Pflichtenstruktur des Versicherungsvertrages, in: JZ 1995, S. 430 ff.

Schünemann, Wolfgang B. — Überschussbeteiligung in der Kapitallebensversicherung – Rückblick und Ausblick, Basedow u.a. (Hrsg.), VersWissStud 1996, Bd. 4, S. 43 ff.

Schünemann, Wolfgang B. — Die versicherungsrechtliche Reformdiskussion – Ein Angriff fundamentalistischer Dogmatik auf Markt und Wettbewerb?, in: NVersZ 1999, S. 345 ff.

Schünemann, Wolfgang B. — Das Rechtsprodukt „Versicherung" – Ein Phantom im Spannungsfeld von Privatautonomie und juristischer Konstruktion, in: Schachtschneider, Karl Albrecht / Piper, Henning / Hübsch Michael (Hrsg.), Transport – Recht - Wirtschaft – Gedächtnisschrift für Johann Georg Helm, 2001, S. 865 ff.

Schünemann, Wolfgang B. — Verstoß gegen die vorvertragliche Aufklärungspflicht durch unzureichende Angaben zur Überschussermittlung und Überschussbeteiligung bei einer Kapitallebensversicherung, in: JZ 2002, S. 462 f.

Schünemann, Wolfgang B. — Der „Rückkaufswert" zwischen Gesetz und Vertrag, in: VersR 2009, S. 442 ff.

Schwintowski, Hans Peter — Europäisierung der Versicherungsmärkte im Lichte der Rechtsprechung des EuGH, in: NJW 1987, S. 521 ff.

Schwintowski, Hans-Peter — Die Rechtsnatur des Versicherungsvertrages, in: JZ 1996, S. 702 ff.

Schwintowski, Hans Peter — Schutzlücken durch Koppelung und Intransparenz in der Kapitallebensversicherung, in: VuR 1998, S. 219 ff.

Schwintowski, Hans-Peter — Zu den Aufklärungspflichten beim Abschluss einer Lebensversicherung, in: VuR 2002, S. 296 f.

Schwintowski, Hans-Peter — Stellungnahme zum Entwurf eines Gesetzes zur Reform des Versicherungsvertragsrechts (BT-Drs. 16/3945), vom 27.03.2007.

Schwintowski, Hans-Peter — Der Rückkaufswert als Zeitwert – eine (scheinbar) überwundene Debatte, in: VersR 2008, S. 1425 ff.

Schwintowski, Hans Peter / Brömmelmeyer, Christoph — Praxiskommentar zum Versicherungsvertragsrecht, 1. Aufl., 2008.

Schwintowski, Hans-Peter / Ortmann, Mark	Kostentransparenz in der Lebensversicherung – eine empirisch-normative Analyse, in: VersR 2009, S. 728 ff.
Schwintowski, Hans-Peter	Konzept, Funktion und erste Erfahrungen mit Kostentransparenz und Produktinformationsblatt nach der VVG-InfoV, in: Brömmelmeyer u.a. (Hrsg.), VersWissStud 2009, Bd. 35, S. 211 ff.
Schwintowski, Hans-Peter / Ortmann, Mark	Die Kostendarstellung nach dem Lebensversicherungsreformgesetz, in VersR 2014, 1401 ff.
Steindorff, Ernst	Gesellschaftsrechtliche Richtlinien der EG und strengeres staatliches Recht, in: EuZW 1990, S. 251 ff.
Stindt, Sebastian	Die Überschussbeteiligung in der kapitalbildenden Lebensversicherung im bilanziellen Spannungsfeld zwischen HGB und IAS/IFRS, 2009.
Stöffler, Michael	Markttransparenz in der Lebensversicherung, 1984.
Straßburger, Doreen	Solvency-II – Bedeutung und Perspektiven für Versicherungsnehmer in: Bömmelmeyer u.a. (Hrsg.), VersWissStud., Bd.34, 2009, S.199 ff.
Streinz, Rudolf	Europarecht, 7. Aufl., 2005.
Tassikas, Apostolos	Dispositives Recht und Rechtswahlfreiheit als Ausnahmebereiche der EG-Grundfreiheiten, 2004.
Tonner, Klaus / Tamm, Marina	Der Vorschlag einer Richtlinie über Rechte der Verbraucher und seine Auswirkungen auf das nationale Verbraucherrecht, in: JZ 2009, S. 277 ff.
Veit, Annekatrin	Zulässigkeit der Zillmerung bei Entgeltumwandlung, in: VersR 2008, S. 324 ff.
Wandt, Manfred	Bericht vom 47. Bitburger Gesprächen am 09. / 10.11.2006 in Berlin- Neuere Entwicklungen im Lebensversicherungsrecht, in: VersR 2007, S. 331 ff.
Wandt, Manfred	Verbraucherinformation und Vertragsschluß nach neuem Recht – Dogmatische Einordnung und praktische Handhabung, Münsteraner Reihe, Heft 24, 1995.
Werber, Manfred	Die Bedeutung des AGBG für die Versicherungswirtschaft, in: VersR 1986, S. 1 ff.
Weyers, Hans Leo / Wandt, Manfred	Versicherungsvertragsrecht, 3.Aufl., 2003.

Winter, Gerrit — Die Paradigmenverschiebung bei der Missstandsaufsicht nach § 81 VAG, in: VersR 2005, S. 145 ff.

Zimmerer, Maximilian — Bericht vom 47. Bitburger Gesprächen am 09. / 10.11.2006 in Berlin- Neuere Entwicklungen im Lebensversicherungsrecht, in: VersR 2007, S. 331 ff.

Zschäpitz, Holger — Flucht aus der Lebensversicherung, DIE WELT, Ausgabe vom 14.07.2010, S. 13.

Abkürzungsverzeichnis

a.A.	andere Ansicht
aaO	am angeführten Ort
Abs.	Absatz
AcP	Archiv für civilistische Praxis
a.F.	alte Fassung
AGB	Allgemeine Geschäftsbedingungen
AGBG	Gesetz zur Regelung des Rechts der Allgemeinen Geschäftsbedingungen
ALB	Allgemeine Bedingungen für die Lebensversicherung
AltZertG	Gesetz über die Zertifizierung von Altersvorsorge- und Basisverträgen
Art.	Artikel
Aufl.	Auflage
AVB	Allgemeine Versicherungsbedingungen
Az.	Aktenzeichen
BaFin	Bundesanstalt für Finanzdienstleistungen
BAV	Bundesaufsichtsamt für das Versicherungswesen
Bd.	Band
BGB	Bürgerliches Gesetzbuch
BGBl.	Bundesgesetzblatt
BGH	Bundesgerichtshof
BGHZ	Sammlung der Entscheidungen des Bundesgerichtshofes in Zivilsachen
BT-Drcks.	Bundestags-Drucksachen
BR-Drcks.	Bundesrats-Drucksachen
bspw.	beispielsweise
BVerfG	Bundesverfassungsgericht
bzw.	beziehungsweise
CDU	Christlich Demokratische Union
CSU	Christlich Soziale Union
ders.	derselbe
d.h.	das heißt
DZWIR	Deutsch Zeitschrift für Wirtschaft und Insolvenzrecht
Ebd.	Ebenda
EFTA	European Free Trade Association

EGV	Vertrag zur Gründung der Europäischen Gemeinschaft
EG	Europäische Gemeinschaft
EGVVG	Einführungsgesetz zum Versicherungsvertragsgesetz
Einf.	Einführung
EIOPA	Europäische Versicherungsaufsichtsbehörde
EU	Europäische Union
EuGH	Europäischer Gerichtshof
EuZW	Europäische Zeitschrift für Wirtschaftsrecht
EWG	Europäische Wirtschaftsgemeinschaft
EWR	Europäischer Wirtschaftsraum
FMA	Finanzmarktaufsichtsbehörde (Österreich)
FMABG	Finanzmarktaufsichtsbehördengesetz (Österreich)
Fn.	Fußnote
f.	folgend
ff.	fortfolgend
FS	Festschrift
GBVVU	Verordnung der FMA über die Gewinnbeteiligung in der Lebensversicherung
GdV	Gesamtverband der deutschen Versicherungswirtschaft e.V.
GewO	Gewerbeordnung
GG	Grundgesetz
GRUR	Gewerblicher Rechtsschutz und Urheberrecht
HdV	Handbuch des Versicherungsrechts
HGB	Handelsgesetzbuch
Hrsg.	Herausgeber
HS	Halbsatz
IAS	International Accounting Standards
IFRS	International Financial Reporting Standards
insg.	insgesamt
i.S.d.	im Sinne des
i.S.e.	im Sinne einer/eines
i.S.v.	im Sinne von
i.V.m.	in Verbindung mit
Jh.	Jahrhundert
JZ	Juristenzeitung
LG	Landgericht
lit.	Litera (Buchstabe)
n.F.	neue Fassung

n.Chr.	nach Christus
NJW	Neue Juristische Wochenschrift
NVersZ	Neue Zeitschrift für Versicherung und Recht
NwiR	Neues Wirtschaftsrecht
m.E.	meines Erachtens
MindZV	Mindestzuführungsverordnung (Verordnung über die Mindetbeitragsrückerstattung in der Lebensversicherung)
m.w.N.	mit weiteren Nachweisen
o.ä.	oder ähnliches
OGH	Oberster Gerichtshof (Österreich)
OLG	Oberlandesgericht
PEICL	Principles of Europaen Insurance Contract Law
Pkt.	Punkt
RabelZ	Rabels Zeitschrift für ausländisches und internationales Privatrecht
RechVersV	Verordnung über die Rechnungslegung von Versicherungsunternehmen
RfB	Rückstellungen für Beitragsrückerstattungen
RL	Richtlinie
Rn.	Randnummer
r+s	Recht und Schaden
S.	Seite/Satz
Slg.	Sammlung
sog.	so genannte
s.o.	siehe oben
SPD	Sozialdemokratische Partei
s.u.	siehe unten
TER	Total Expense Ratio
UA	Unterabsatz
u.a.	unter anderem
UWG	Gesetz über den unlauteren Wettbewerb
v.a.	vor allem
VAG	Versicherungsaufsichtsgesetz
VersR	Versicherungsrecht
VersWissStud	Versicherungswissenschaftliche Studien
VersVG	österreichisches Versicherungsvertragsgesetz
VersRÄG	Versicherungsrechtsänderungsgesetz (Österreich)
vgl.	vergleiche

Vorbem.	Vorbemerkung
VuR	Verbraucher und Recht
VVG	Versicherungsvertragsgesetz
VVG-InfoV	Verordnung über Informationspflichten bei Versicherungsverträgen
VW	Versicherungswirtschaft
VwVfG	Verwaltungsverfahrensgesetz
WM	Wertpapiermitteilungen
WpHG	Wertpapierhandelsgesetz
z.B.	zum Beispiel
ZEuP	Zeitschrift für europäische Privatrecht
zfs	Zeitschrift für Schadensrecht
ZfV	Zeitschrift für Versicherungswesen
ZHR	Zeitschrift für das gesamte Handels- und Wirtschaftsrecht
Ziff.	Ziffer
ZIP	Zeitschrift für Wirtschaftsrecht und Insolvenzpraxis
ZRP	Zeitschrift für Rechtspolitik
ZRQuotenV	Verordnung über die Mindestbeitragsrückerstattung in der Lebensversicherung
ZVersWiss	Zeitschrift für die gesamte Versicherungswissenschaft

1. Kapitel - Einleitung

Am 01.01.2008, fast einhundert Jahre nach dem Erlass des Versicherungsvertragsgesetzes vom 30.05.1908, trat ein neues reformiertes Versicherungsvertragsgesetz in Kraft.[1] Ein wesentlicher Punkt des Reformvorhabens war dabei die Neuordnung des Lebensversicherungsrechts.[2] Diese komplexe Materie beanspruche nach Ansicht des Gesetzgebers eine ganz besondere wirtschaftliche Bedeutung sowohl für den einzelnen Versicherungsnehmer, welcher die Absicherung seiner Familie gewahrt wissen und im Hinblick auf die immer mehr in den Vordergrund tretende private Altersvorsorge gut aufgestellt sein wolle, als auch für die Versicherungswirtschaft, in der sich die Lebensversicherung als einer der wichtigsten Geschäftsbereiche erweise sowie für die Gesamtwirtschaft durch die „herausragende Kapitalsammelfunktion" der Lebensversicherung.[3]

Die vom Gesetzgeber angesprochene herausragende Bedeutung der Lebensversicherung in Deutschland als Instrument der Alters- und Hinterbliebenenvorsorge unterstreicht ein kurzer Blick auf die Statistik. So gibt es allein im deutschen Versicherungsmarkt 93,2 Millionen Lebensversicherungsverträge.[4] Vergegenwärtigt man sich die geschätzte Einwohnerzahl der Bundesrepublik – 81,8 Millionen Menschen[5] – wird das Ausmaß der Vertragszahlen noch deutlicher. Nach Angaben des GdV leisteten die Lebensversicherer im letzten Jahr täglich etwa 207 Millionen Euro an Ihre Versicherungsnehmer. Die jährlichen (Brutto-)Prämieneinnahmen beliefen sich auf ca. 84,1 Milliarden Euro.[6]

Mit einem Lebensversicherungsvertrag will eine Person das wirtschaftliche Risiko, welches „sich aus der Unsicherheit und Unberechenbarkeit des menschlichen Lebens ergibt" ab- bzw. versichern.[7] Neben dem reinen Risikoschutz tritt bei

---

1 Vgl. statt vieler Präve, VersR 2007, 1046.

2 BT-Drcks. 16/3945, 50 ff.

3 BT-Drcks. 16/3945, 50.

4 Nach Angaben des GdV (Gesamtverband der deutschen Versicherungswirtschaft e.V.) unter Einbezug von Pensionskassen und Pensionsfonds für das Jahr 2013. Abrufbar unter: www.gdv.de/Lebensversicherung -in-zahlen-2013-auf-einen-Blick/.

5 Vgl. unter: www.statistikportal.de/Statistik-Portal/de_zs_01_bund.asp.

6 Vgl. GdV, ebd.

7 Vgl. Brömmelmeyer, in: Beckmann/Matusche-Beckmann, Versicherungsrechtshand buch, § 42 Rn. 1, unter Verweis auf Schwebler, HdV, S. 417 sowie auf § 1 S. 1 VVG i.V.m. § 1 Abs. 1 der Musterbedingungen für die kapitalbildende Lebensversicherung vom 02.05.2008 (ALB 2008).

vielen Lebensversicherungsprodukten ein kapitalbildendes Moment. Lebensversicherungsprodukte sind daher gleichfalls Finanzprodukte, bei welchen die Rendite am Kapitalmarkt einen entscheidenden Aspekt darstellt. Während in früheren Jahren das beliebteste Lebensversicherungsprodukt die sog. klassische gemischte Kapitallebensversicherung war[8], geht der derzeitige Trend in Richtung sog. Rentenversicherungsverträge[9]. Letztlich sind die Produktgestaltungen jedoch vielfältig[10], wobei zukünftig weitere Produktentwicklungen auftreten können und sollen.

In letzter Zeit haben die Lebensversicherer mit den Entwicklungen am Finanzmarkt und den daraus folgenden „schlechten Nachrichten" zu kämpfen. Angelegtes Kapital der Versichertengemeinschaft muss eine bestimmte Rendite abwerfen, um die den Versicherungsnehmern versprochenen Garantien bedienen zu können.[11] Hinzu kommt, dass viele Vorsorgesparer nach flexibleren Finanzprodukten Ausschau halten und bestehende Versicherungsverträge auflösen[12].

Mit dem Rückzug der staatlichen Systeme aus dem Bereich der Altersvorsorge ergibt sich zwar zwangsläufig ein steigender Bedarf an Produkten der privaten Altersvorsorge.[13] Die Lebensversicherung kann dabei auch als „klassisches Mittel der individuellen Eigenvorsorge"[14] angesehen werden. Lebensversicherungsprodukte stehen als Finanzprodukte jedoch längst im Wettbewerb, insbesondere mit Produkten aus den Bank- und Wertpapiersektoren.[15]

Die Bedeutung und der Bedarf an Produkten zur Altersvorsorge und Kapitalanlage sowie der Wettbewerb zwischen einzelnen Lebensversicherungsprodukten und anderen Finanzprodukten wirft die Frage nach dem rechtlichen Rahmen für den Wettbewerb mit derartigen Produkten auf.

Lebensversicherungsprodukte werden dabei von verschiedenen Rechtsbereichen beeinflusst. Neben dem hier noch näher zu betrachtenden Versicherungsvertragsrecht besitzen vor allem das Versicherungsaufsichtsrecht, das Bilanzrecht

---

8 Vgl. z.B. Stindt, Die Überschussbeteiligung in der kapitalbildenden Lebensversicherung im bilanziellen Spannungsfeld zwischen HGB und IAS/IFRS, S. 1.

9 Vgl. nochmals GdV, ebd.

10 Zu den Kategorien vgl. unten unter Pkt. 3.2.1.

11 Vgl. z.B. Gotthold/Zschäpitz in: Die Welt, Das Dilemma der Lebensversicherung, Ausgabe vom 23.11.2010, S. 19.

12 Vgl. z.B. Zschäpitz in: Die Welt, Flucht aus der Lebensversicherung, Ausgabe vom 14.07.2010, S. 13.

13 In die gleiche Richtung vgl. z.B. Michaels, Tagungsberichte zum 19. Münsterischen Versicherungstag, VersR 2002, 544, 547; J. Schmidt, VersWissStud 2009 (Bd. 35), S. 293.

14 Merten, Tagungsbericht von den 47.Bitburger Gesprächen, VersR 2007, 331.

15 Schmidt, ebd.

sowie das Steuerrecht maßgebliche Bedeutung.[16] Die komplexe Rechtsmaterie gibt dem Gesetzgeber damit verschiedenste Möglichkeiten an die Hand, einen Wettbewerb um Lebensversicherungsprodukte zu beeinflussen bzw. regulierend zu steuern. Damit korrespondierend stellt sich freilich auch die Frage, welche wettbewerbsregulierenden Maßnahmen tatsächlich nötig sind, um schützenswerten Interessen gerecht zu werden. Bei der Entscheidung über diese seit jeher problematischen Fragen von der Entfaltung freien Wettbewerbs auf der einen und paternalistischem Eingriff in den Wettbewerb auf der anderen Seite war und ist dem Gesetzgeber ein gewisser Einschätzungsspielraum gewährt. Diese gesetzgeberische Freiheit muss jedoch dem supranational propagierten Wettbewerb im europäischen Binnenmarkt Rechnung tragen. Inwieweit werden dem nationalen Gesetzgeber hier Grenzen seiner Einschätzungsprärogative gezogen?

Diesen Fragen will sich die Arbeit für das Lebensversicherungsvertragsrecht mit Blick auf die neuen versicherungsvertragsrechtlichen Regelungen nach der VVG-Reform widmen. Neben der Frage nach einem zweckmäßigen Interessenausgleich zwischen den Vertragsparteien müssen die allgemeinen Vorgaben des europäischen Primärrechts sowie gerade auch sekundärrechtliche Harmonisierungsbestrebungen im Lebensversicherungsvertragsrecht beleuchtet werden. Denn für den nationalen Gesetzgeber gilt es, die fortschreitenden europäischen Harmonisierungsstandards zu beachten.[17]

Die Komplexität des zu würdigenden Problemkreises im Hinblick auf etwaige gesetzgeberische Grenzen durch europäische Harmonisierungsbestrebungen im Versicherungsvertragsrecht begründet sich auch im Zusammenspiel mit dem Harmonisierungsstand der weiteren, bereits angesprochenen, die Lebensversicherungsprodukte betreffenden Rechtsmaterien. So greift im Lebensversicherungsrecht weiterhin die Steuerhoheit der Mitgliedsstaaten.[18] Im Bereich der Rechnungslegung bezweckt die Konzeption der IAS/IFRS einheitliche Standards.[19] Auch für das Versicherungsaufsichtsrecht wurden etappenweise einheitliche Standards mit den so genannten Versicherungsrichtliniengenerationen und zuletzt der Solvency II-Richtlinie eingeführt.[20] Zwei im Rahmen der

16 Vgl. z.B. Roth, in: Bitburger Gespräche 2006/II, S. 109, 118.

17 Vgl. nur Herrmann, ZEuP 1999, 663 ff.

18 Vgl. Roth, in: Bitburger Gespräche 2006/II, 109, 118 unter Bezugnahme auf die Besteuerung von Prämien, Art. 50 der Richtlinie 2002/83/EG. Eine entsprechende Regelung findet sich im Übrigen auch in der Nachfolgerichtlinie in Art. 157 der Richtlinie 2009/138/EG.

19 Hierzu ausführlich Stindt, aaO (Fn. 8), S. 146 ff.

20 Zur Entwicklung noch näher unten unter Pkt. 3.3.1. und Pkt. 3.3.2.1.

Versicherungsrichtlinien für das Lebensversicherungsrecht wesentlichen Gesichtspunkte sollen bereits an dieser Stelle Erwähnung finden.[21]

Ein Meilenstein bei den europäischen Harmonisierungsbestrebungen war das Verbot der präventiven Tarif- und Bedingungskontrolle der Versicherungsaufsicht durch die dritte Versicherungsrichtliniengeneration. Damit fiel auch in Deutschland eine bewährte Form des Verbraucherschutzes weg, weshalb es einen anderen Weg zur Herbeiführung gebotenen Interessenschutzes zu beschreiten galt.[22]

Ein zweiter wesentlicher Aspekt ist die Einführung des sog. „single license"-Prinzips. Hiernach berechtigt die Erlaubnis zum Betrieb von Versicherungsgeschäften durch die Aufsichtsbehörde eines EU-Mitgliedsstaates auch zur entsprechenden Tätigkeit in den anderen Mitgliedsstaaten. Mit dieser Konzeption einhergehend obliegt die Finanzaufsicht des Versicherers der Aufsichtsbehörde des Herkunftsmitgliedsstaates. Für die Rechtsaufsicht im Übrigen sind die Aufsichtsbehörden des Tätigkeitslandes und des Herkunftsmitgliedsstaates gemeinsam zuständig. Hierdurch wird dem europäischen Gedanken des gemeinsamen Binnenmarktes Rechnung getragen, indem eine gegenseitige Anerkennung der jeweiligen Aufsichtsstandards festgeschrieben ist.[23]

Der Fokus dieser Bearbeitung soll, wie gesagt, auf dem Vertragsrecht liegen. Eine eingehende Befassung mit dem Harmonisierungsstand anderer Rechtsbereiche kann nicht abschließend erfolgen.

Die zu untersuchende Frage nach den gesetzgeberischen Grenzen für versicherungsvertragsrechtliche Vorgaben erlangt ein noch gesteigertes Interesse – insbesondere unter Berücksichtigung des soeben angesprochenen Wegfalls der präventiven Tarif- und Bedingungskontrolle als einer bewährten Form des aufsichtsrechtlichen Verbraucherschutzes - beim Blick auf das anzuwendende Recht.

Während für den Versicherer das Aufsichtsrecht des Mitgliedsstaates gilt, in welchem sein Geschäftssitz liegt[24], richtet sich das anzuwendende Vertragsrecht grundsätzlich nach dem Recht des Mitgliedsstaates, in welchem der Versicherungsnehmer seinen gewöhnlichen Aufenthalt hat[25]. Es kann daher für die

---

21 Auch hierzu noch ausführlich unten, ebd., vgl. auch Mönnich, in: Beckmann/Matusche-Beckmann, § 2 Rn. 22 ff., insb. Rn. 43 ff.

22 Noch näher unter Pkt. 3.3.1.; vgl. auch Herrmann, in: Bruck/Möller, Einf. B., Rn. 6 ff.

23 Siehe unten Pkt. 3.3.2.1., vgl. Herrmann, ebd.

24 Ebd.; vgl. auch Brömmelmeyer, aaO (Fn. 7), § 42 Rn. 278.

25 Bis 16.12.2009 ergab sich dies aus Art. 7 ff. EGVVG, insbesondere Art. 7 Abs. 2 Nr. 4 a) EGVVG; hierzu auch Müller, Versicherungsbinnenmarkt – die europäische Integration im Versicherungswesen, S. 42 unter Verweis auf Art. 4 Abs. 1 S. 1 i.V.m. Art. 2 lit. d)

einzelnen Teilnehmer auf dem Versicherungsmarkt von entscheidender Bedeutung sein, ob ein Mitgliedsstaat Regelungen zum Schutze der Interessen von Beteiligten im Wege des Aufsichtsrechts oder des Vertragsrechts statuiert.

Die Arbeit will im Folgenden die drei im Rahmen der Reform des Versicherungsvertragsrechts und bereits in der Zeit davor im Fokus stehenden Themenbereiche zur Lebensversicherung, nämlich die angemessene Überschussbeteiligung, der angemessene Rückkaufswert bei vorzeitiger Vertragsbeendigung und die Möglichkeit der transparenten Darstellung des Vertragsgegenstandes mit Hilfe von Informations- und Beratungspflichten, auf deren zweckmäßige vertragsrechtliche Ausgestaltung hin prüfen und etwaige gesetzgeberische Beschränkungen dieses neu geregelten vertragsrechtlichen Bereichs beleuchten. Die Themenkomplexe stehen dabei natürlich im Zusammenhang und sollen einführend kurz erläutert werden.

1.1. Überschussbeteiligung

Unter der sog. Überschussbeteiligung ist die Beteiligung des Versicherungsnehmers am Bilanzüberschuss und (gegebenenfalls) an den stillen Reserven zu verstehen.[26]

Die Überschussbeteiligung bildet bei überschussberechtigten Lebensversicherungsverträgen neben den vereinbarten Finanzgarantien einen wesentlichen Bestandteil der Leistung.[27] In der bisher wichtigsten nationalen Ausprägung der Lebensversicherung, der gemischten Kapitallebensversicherung, stellt die Überschussbeteiligung sogar den Hauptbestandteil der Leistung dar.[28] Die besondere Relevanz der Überschussbeteiligung basiert einerseits auf dem Umstand, dass die Versicherer bei der Prämienkalkulation zur Sicherung einer steten Leistungsfähigkeit beträchtliche Sicherheitszuschläge einberechnen müssen, welche regelmäßig nicht für Leistungsfälle verbraucht werden.[29] Zum anderen können die Versicherer im Rahmen der Kapitalanlagetätigkeit mit den „überhöhten"

---

und e) der zweiten Richtlinie Leben. Seit 17.12.2009 gilt die Rom-I-Verordnung (Nr. 593/2008 EG), die nun das Kollisionsrecht regelt. Auch danach findet grundsätzlich das Vertragsrecht Anwendung, in welchem der Versicherungsnehmer seinen gewöhnlichen Aufenthalt hat. Näher hierzu unten unter Pkt. 4.1.2.2.3.

26 Brömmelmeyer, VersR 2009, 590.

27 Vgl. BT-Drcks. 16/3945 S. 52; Stindt, aaO (Fn. 8), S. 1.

28 Brömmelmeyer, ebd.; ders., in Beckmann/Matusche-Beckmann, § 42 Rn. 273, S. 2608; BT-Drcks. 16/3945, S. 52.

29 Vgl. § 11 VAG; Stindt, ebd.

Prämien über die grundsätzlich lange Laufzeit der Verträge[30] beträchtliche Gewinne generieren. Da die Gewinne zu nicht unwesentlichen Teilen auf den überschüssigen Beiträgen fußen, beteiligen die Versicherer die Versicherungsnehmer an den Überschüssen im Rahmen der sog. Überschussbeteiligung.[31]

Bis der einzelne Versicherungsnehmer seinen Überschussanteil erhält, sind drei Schritte zu differenzieren.[32] Auf der ersten Stufe ist aus dem Jahresabschluss der sog. Rohüberschuss zu ermitteln.[33] Als Rohüberschuss wird der Bilanzgewinn vor Abzug der Überschussbeteiligung, vor Gewinn-/Verlustvortrag und vor Einstellung in bzw. Entnahme aus Rücklagen bezeichnet.[34] In einem zweiten Schritt wird der Rohüberschuss zwischen der Gesamtheit der Versicherten und dem Versicherer verteilt. Es erfolgt eine Zerlegung des Rohüberschusses auf die verschiedenen Ergebnisquellen. An den jeweiligen Ergebnissen ist das Versichertenkollektiv dann angemessen zu beteiligen.[35] Letztlich kommt es auf

30 Im Durchschnitt 26 Jahre, vgl. BT-Drcks. 16/3945 S. 51.

31 Vgl. ebd; Umstritten ist dabei die Rechtsnatur der Überschussbeteiligung. Vgl. hierzu Basedow, ZVersWiss, 1992, 420, 424 f. und unten zur Rechtsnatur des Vertrages unter Pkt. 3.2.3.

32 Vgl. Ortmann, in Schwintowski/Brömmelmeyer, § 153 Rn. 10 ff.; Brömmelmeyer, aaO (Fn. 7), § 42 Rn. 274, S. 2608 f.; Stindt, aaO (Fn. 8), S. 7 ff.

33 Vgl. BT-Drcks. 16/3945, S. 96.

34 Ortmann, ebd., Rn. 11.

35 Vgl. die nationalen aufsichtsrechtlichen Vorgaben § 11c VAG, 81c Abs. 1, 2 und 3 VAG i.V.m. § 4 Mindestzuführungsverordnung. Die Regelung des § 81 c VAG erhielt zum 09.04.2013 u. a. einen neuen Absatz 2. Danach gilt als Missstand auch, wenn bei überschussberechtigten Versicherungen keine angemessene Verwendung der Mittel in der Rückstellung für Beitragsrückerstattung erfolgt. Auf die aufsichtsrechtlichen Neuerungen kann im Rahmen der Arbeit nur punktuell eingegangen werden. Am 06.08.2014 wurde nunmehr das Gesetz zur Absicherung stabiler und fairer Leistungen für Lebensversicherte (LVRG) ausgefertigt und verkündigt, siehe Bundesgesetzblatt Jahrgang 2014 Teil I Nr. 38, abrufbar unter „www.bgbl.de". Zur Vorgeschichte s.u. (Fn. 426). Maßgebliche Teile dieser Reform traten zum 07.08.2014, weitere schließlich zum 01.01.2015 in Kraft. Neben kleineren Änderungen des Vertragsrechts enthält das LVRG vor allem aufsichts- und bilanzrechtliche Neuerungen bereit. Die Arbeit greift die Neuerungen, soweit erforderlich, an den jeweiligen Stellen auf. Ausführlich zum LVRG, vgl. bspw. Lux, NWiR 2015/I. Zur allgemeinen Entwicklung vgl. unter Pkt. 3.3.1. Bei den aufsichtsrechtlichen Vorgaben ist auch der Problembereich der Querverrechnungen zu suchen. Hierzu nochmals Ortmann, ebd., Rn. 12ff.; Zur Verteilung nach alter Rechtslage vgl. auch Biagosch/Scherer, VW 1995, 432.

der dritten Stufe zur Verteilung des dem Versichertenkollektiv gutgeschriebenen Überschusses auf den einzelnen Versicherungsnehmer.[36]

Die konkrete Entwicklung der Überschüsse hängt jedoch von vielen Einflüssen ab.[37] Eine genaue Vorhersage ist gerade nicht möglich.[38] Das Preis-Leistungs-Verhältnis des Lebensversicherungsvertrages kann somit abschließend erst im Nachhinein beurteilt werden.[39] Der Versicherungskunde kann ex ante lediglich „über vielschichtige mathematische, aufsichts- und bilanzrechtliche Regeln der Überschussbeteiligung aufgeklärt werden", um das ihm angebotene Lebensversicherungsprodukt und deren „Kernleistung" einzuordnen.[40]

In diesem Zusammenhang muss ein weiterer Gesichtspunkt ins Feld geführt werden, welcher in der Diskussion um eine angemessene Überschussbeteiligung Relevanz besitzt. Eine Kapitalanlage eröffnet stets die Möglichkeit der Bildung sog. stiller Reserven.[41] Unter Bewertungsreserven versteht man Wertunterschiede zwischen dem tatsächlichen Verkehrswert eines Vermögensgegenstandes und dem in den Rechnungsgrundlagen nach den Rechnungslegungsvorschriften abgebildeten sog. Buchwert. Bei einer realen Werterhöhung im Vergleich zum Buchwert spricht man von einer stillen Reserve, bei einer realen Wertminderung dagegen von einer stillen Last. Die Entstehung stiller Reserven ist durchaus wahrscheinlich, da nach deutschem Recht eine Bilanzierung nach dem Vorsichtsprinzip[42] erfolgt.[43] Im Interesse der Kapitalerhaltung und der Sicherung des Unternehmensbestandes

---

36 Insoweit ist die laufende Überschussbeteiligung von der Möglichkeit der sog. Schlussüberschussbeteiligung zu unterscheiden. Überschüsse können dabei als Direktgutschrift aus dem aktuellen Ergebnis des Geschäftsjahres oder aus den Rückstellungen für Beitragsrückerstattung (sog. RfB), als eine Art Sammelbecken für Überschüsse der Versicherungsnehmer entnommen werden. Vgl. Ortmann, ebd.

37 Vgl. auch § 2 Abs. 3 S. 1 ALB 08; Zu nennen sind die tatsächliche Sterblichkeitsrate, die tatsächlich erzielten Kapitalerträge und die tatsächlichen Verwaltungs- und Abschlusskosten, Basedow, ZVersWiss, 1992, 420, 422.

38 Vgl. BT-Drcks. 16/3945 S. 51f.; Brömmelmeyer, ebd; Biagosch/Scherer, VW 1995, 432.

39 Vgl. Brömmelmeyer, ebd.; Engeländer, VersR 2007, 161.

40 Brömmelmeyer, ebd.

41 Vgl. z.B. Schünemann, Überschussbeteiligung in der Kapitalversicherung, S. 43; Ortmann, ebd., Rn. 70 ff.; zu etwaigen Spielräumen hierbei auch Hennrichs, NVersZ 2002, 5.

42 Demgegenüber steht das angelsächsische System des *true an fair view*. Zum dahingehenden Trend, vgl. die Ausführungen der VVG-Reformkommission in ihrem Abschlussbericht vom 19.04.2004, S. 102 ff. dort Pkt. 1.3.2.1.3.3.; Heinrichs, ebd.

43 Vgl. Schwintowski, VuR 1998, 219, 225; Brömmelmeyer, ebd., § 42 Rn. 277; ausführlich zu den Zwecken und Prinzipien des handelsrechtlichen Jahresabschlusses auch Stindt, aaO (Fn. 8), S. 73 ff.

sind auch die Versicherungsunternehmen gemäß §§ 341a ff. HGB i.V.m. § 253 HGB verpflichtet, Vermögensgegenstände höchstens mit ihren Anschaffungs- bzw. Herstellungskosten, abzüglich etwaiger Abschreibungen, anzusetzen. Der Buchwert von Aktien und Immobilien kann demnach vom tatsächlichen Wert der Kapitalanlage erheblich abweichen. Die entstehenden Bewertungsreserven dienen den Versicherungsunternehmen als Risikopuffer für etwaige Kapitalmarktschwankungen und können, da hohe Reserven beispielsweise eine höhere Aktienquote erlauben, zu einer besseren Rendite beitragen.[44] Die Bedeutung der Problematik der Bewertungsreserven für die Überschussbeteiligung ergibt sich daraus, dass Bewertungsreserven dem Grunde nach erst dann eine unmittelbare Auswirkung auf die Überschüsse zeichnen, wenn sie realisiert werden.

1.2. Rückkaufswerte

Als Rückkaufswert bezeichnet man den Betrag, der in den vom Gesetz näher genannten Fällen vorzeitiger Beendigung des Lebensversicherungsvertrages an den Versicherungsnehmer zu zahlen ist.[45] Dem Grunde nach „kauft" der Versicherer die gebildeten Anwartschaften des Versicherungsnehmers aus dem Versicherungsvertrag zu ihrem Wert zum Zeitpunkt der Vertragsbeendigung „zurück".[46]

Bei den Diskussionen zum Rückkaufswert geht es maßgeblich um die Bestimmung eines „fairen Wertes", welcher den Interessen sämtlicher Beteiligten gerecht wird.[47] Hierbei steht zum einen die Frage nach einer nachvollziehbaren Berechnungsmöglichkeit des Wertes im Raum[48] und zum anderen, inwieweit

---

44 Vgl. Ortmann, ebd., Rn. 71.

45 Vgl. Römer, Der Betrieb 2007, 2523, 2527; Schünemann, VersR 2009, 442. Letzterer ordnet den Anspruch des Versicherungsnehmers auf Zahlung des Rückkaufswertes als einen besonders ausgestalteten Anspruch bereicherungsrechtlicher Art ein, welcher gegenüber den §§ 812 ff. BGB als lex specialis Vorrang genießt. Die Bezeichnung als Rückkaufswert sei unglücklich, werde aber bereits seit vielen Jahren so geführt, S. 442 ff.

46 Vgl. Engeländer, VersR 2007, 1297. Der Rückkaufswert bestimmt sich grundsätzlich als Wert der zukünftigen Rechte des Versicherungsnehmers aus dem Versicherungsvertrag. Demgegenüber kann der Rückkaufswert nicht als Rückvergütung der noch nicht verbrauchten Beiträge verstanden werden. Die gebildeten Anwartschaften setzen nämlich teilweise auch zukünftige Beitragszahlungen voraus. Dies bedingt eine Minderung im Hinblick auf zu entrichtende Beiträge, vgl. dazu Engeländer, ebd., BT-Drcks. 12/6959 S. 103, BT-Drcks. 16/3945 S. 102.

47 Vgl. Ortmann, aaO (Fn. 32), § 169 Rn. 1.

48 Zu den Stichwörtern „Zeitwert" und „Deckungskapital" siehe unten unter Pkt. 3.5.2.2.3.1. und Pkt. 3.5.2.2.3.3. Vgl. auch Engeländer, ebd.; Jaeger, VersR 2002,

Verrechnungsmöglichkeiten mit anfallenden Abschluss- und Vertriebskosten bei Berechnung des Wertes bestehen[49] und inwieweit ein Abzug von sog. Stornogebühren auf den errechneten Wert möglich ist.[50]

1.3. Transparenz durch Beratung und Information

Gerade im Zusammenhang mit den soeben aufgezeigten Problembereichen wurde immer wieder die Frage erörtert, ob und wie die komplexe Materie der Lebensversicherungsprodukte einem potentiellen Kunden transparent dargestellt werden kann.[51] Während auf der einen Seite wegen der Komplexität der Lebensversicherung ein grundsätzlicher Informationsbedarf gesehen wird[52], treten auf der anderen Seite Zweifel an die Informierbarkeit des durchschnittlichen Versicherungsnehmers sowie am Kosten-Nutzen-Verhältnis etwaiger Informationspflichten und Befürchtungen vor einem zu Intransparenz führenden Zuviel an Information auf.[53] Es stellen sich weiter die Fragen, welche Rolle Informationspflichten beim Versicherungsnehmerschutz spielen, inwieweit die Informationspflichten den Wettbewerb auf dem Lebensversicherungsmarkt bestärken und inwieweit sie den Wettbewerb behindern können.

Schließlich könnte die Transparenz des Versicherungsproduktes durch ergänzende Beratungspflichten und die Pflicht zur Übergabe eines Produktinformationsblattes verbessert werden.[54] Auch hier ist nach den Auswirkungen für den Wettbewerb zu fragen.

---

135. In diesem Zusammenhang ist auch immer wieder von der prospektiven oder retrospektiven Berechnungsmethode die Rede. Während die prospektive Methode vorausschauend auf die zukünftigen Beiträge und Leistungen abstellt, knüpft die retrospektive Methode an die aufgezinsten Einnahmen und Ausgaben der Vergangenheit an. Vgl. § 341f HGB für die Bildung von Deckungsrückstellungen.

49 Zum Begriff der sog. Zillmerung vgl. z.B. Engeländer, VersR 1999, 1325 ff. Die Praxisrelevanz der Zillmerungsproblematik zeigt sich bereits darin, dass die Mehrheit der Versicherer sog. gezillmerte Versicherungsprodukte anbieten, Jakob, zfs 2009, 483; Mit dem LVRG vom 06.08.2014, vgl. oben (Fn. 35), erfolgte eine Absenkung des bilanziellen Höchstzillmersatzes von 40 auf 25 vom Tausend, § 4 DeckRV n.F., wodurch die Auswirkungen der Zillmerung freilich gemindert wird. Fortwährend bleibt diese Methode jedoch gesetzlich eröffnet.

50 Insgesamt hierzu noch ausführlich unten unter Pkt. 3.5.2.2.3. und Pkt. 3.5.2.2.5.

51 Kritisch z.B. Römer, VuR 2007, 94.

52 Vgl. z.B. Brömmelmeyer, VersR 2003, 940.

53 Siehe näher unten unter Pkt. 3.5.2.3. und Pkt. 3.5.3.3.

54 Hierzu noch näher unten unter Pkt. 3.5.2.3.1.1. und Pkt. 3.5.2.3.3.5.; vgl. Römer, VersWissStud 2009, Bd. 34, 159.

2. Kapitel - Ziel und Gang der Untersuchung

Ziel der Arbeit ist es, in einem ersten Schritt den vertragsrechtlichen status quo, wie er sich für das Lebensversicherungsrecht in den benannten Bereichen nach der VVG-Reform ergibt, auf seine Zweckmäßigkeit hin zu untersuchen. In einem zweiten Schritt sind dann die vom Gesetzgeber gefundenen vertragsrechtlichen Lösungen im Lichte europarechtlich vorgegebener Standards zu beleuchten.

Nach einer Aufstellung, welche Regelungen das neue Lebensversicherungsrecht nunmehr bestimmen (Pkt. 3.1.), sind, mit Blick auf das Wesen des Produktes Lebensversicherung (Pkt. 3.2.), die rechtlichen Hintergründe, die zur Reformbedürftigkeit geführt bzw. diese beeinflusst haben, aufzuarbeiten (Pkt. 3.3 und Pkt. 3.4.). Daran anknüpfend will sich die Arbeit mit der gesetzgeberischen Intention und den dazu diskutierten Einzelfragen beschäftigen. Im Rahmen der dadurch gewonnenen Erkenntnisse kann zur Zweckmäßigkeit der gesetzgeberischen Lösung und alternativen Wegen Stellung genommen werden (Pkt. 3.5.).

Im Anschluss bedarf es eines Blickes auf die wettbewerblichen Vorgaben des europäischen Binnenmarktes, wobei nach konkreten vertragsrechtlichen Maßstäben bzw. mitgliedsstaatlichen Beschränkungen im Allgemeinen und speziell für den Wettbewerb im Lebensversicherungsbereich zu fragen ist (Pkt. 4).

Die einzelnen vertragsrechtlichen Regelungen zur Überschussbeteiligung, zum Rückkaufswert sowie zur Information und Beratung vor Vertragsabschluss und während der Vertragslaufzeit eines Lebensversicherungsvertrages sollen dann anhand der europäischen Vorgaben bewertet werden (Pkt. 5).

Zudem wirft die Bearbeitung einen Blick auf die Rechtslage im Lebensversicherungsvertragsrecht des Mitgliedsstaates Österreich, um gemeinsame sowie unterschiedliche Tendenzen auf dem Lebensversicherungsmarkt aufzudecken (Pkt. 6).

Die gefundenen Ergebnisse (Pkt. 7.1.) lassen eine Einschätzung der neuen vertragsrechtlichen Situation zu und darüber hinaus einen Anhaltspunkt für den künftigen Wettbewerb im EU-Lebensversicherungsmarkt erhoffen und sollen einen Beitrag zu Möglichkeiten und Grenzen des Wettbewerbs für das bedeutsame Produkt Lebensversicherung leisten.

3. Kapitel - Die Lebensversicherung nach der VVG-Reform

Die Regelungen zum Lebensversicherungsvertrag sind durch die VVG-Reform grundlegend umgestaltet worden. Das neue VVG normiert die gesetzlichen Vorgaben für die Lebensversicherung in den §§ 150 bis 171.

Änderungen bei der Überschussbeteiligung, den Rückkaufswerten, den diesbezüglichen Stornokosten und bei der beitragsfreien Versicherungssumme sowie Verpflichtungen zur Angabe von Abschluss- und Verwaltungskosten, zur Modellrechnung und zur Mitteilung detaillierter Jahreswerte standen dabei im Mittelpunkt der Reform.[55]

Hinzu treten Beratungs- und Informationspflichten nach §§ 6, 7 VVG n.F. i.V.m. der VVG-InfoV im Allgemeinen und nach §§ 2, 6 VVG-InfoV für die Lebensversicherung im Speziellen.

Zunächst sollen die wesentlichen gesetzlichen Neuerungen zur Lebensversicherung kurz skizziert werden.

3.1. Wesentliche Neuerungen

3.1.1. Überschussbeteiligung nach § 153 VVG

Der neu in das Gesetz gekommene § 153 VVG schreibt in Abs. 1 den Anspruch des Versicherungsnehmers auf Überschussbeteiligung als Grundsatz fest.[56] Es besteht die Möglichkeit, die Überschussbeteiligung durch ausdrückliche Vereinbarung auszuschließen, wobei die Gesetzesbegründung auch eine Vereinbarung durch AVB als möglich erachtet, soweit das Transparenzgebot gewahrt bleibt. Der Ausschluss muss sich jedoch umfassend auf die gesamte Überschussbeteiligung beziehen. Der Begriff der Überschussbeteiligung wird dabei, entgegen früherem Verständnis, erweitert. Bisher basierte die Überschussbeteiligung auf dem sich aus dem Jahresabschluss ergebenden Überschuss. Daneben tritt nun die Beteiligung an den Bewertungsreserven.[57]

---

55 Vgl. z.B. Schimikowski/Höra, Das neue Versicherungsvertragsgesetz, S. 171.

56 Vgl. BT-Drcks. 16/3945 S. 95.

57 Die Gesetzesbegründung, ebd., spricht dabei von der Umsetzung der bundesverfassungsgerichtlichen Vorgaben, den Versicherungsnehmer an den durch seine Prämienzahlungen geschaffenen Vermögenswerten angemessen zu beteiligen. Vgl. unten unter Pkt. 3.5.2.1.1.

Absatz 2 gewährt dem Versicherungsnehmer weiter einen gesetzlichen Anspruch auf Beteiligung am Überschuss nach einem verursachungsorientierten Verfahren.[58] Verursachungsorientiert meint dabei, dass der Versicherer gleichartige Versicherungsverträge nach anerkannten versicherungsmathematischen Grundsätzen zu Bestandsgruppen und Gewinnverbänden zusammenfasst und sich dann bei der Verteilung der Überschüsse daran orientiert, welchen Beitrag die jeweilige Gruppe bzw. der jeweilige Verband am Überschuss geleistet hat. Es gehe deshalb nicht um eine verursachungsgerechte Verteilung, sondern eben um ein verursachungsorientiertes Verfahren.[59] Daneben bleibt die Möglichkeit der Vereinbarung einer vergleichbaren angemessenen Beteiligung.[60]

In Absatz 3 findet sich eine spezielle Regelung über die Verteilung der Bewertungsreserven. Diese sind nach Absatz 3 Satz 1 jährlich neu zu ermitteln. Mit Beendigung des Vertrages durch Zeitablauf oder Kündigung entsteht der unbedingte Anspruch auf Beteiligung. Der Beendigungszeitpunkt ist nach Absatz 3 Satz 2 maßgeblich für den zu ermittelnden Beteiligungswert. Der gefundene Betrag steht dann je zur Hälfte dem ausscheidenden Versicherungsnehmer bzw. dem Bezugsberechtigten und dem Versicherer zu. In Absatz 3 HS 2 wird klargestellt, dass der maßgebliche Zeitpunkt für die Beteiligung an der Hälfte der Bewertungsreserven durch Vereinbarung auch vor Vertragsende liegen kann. Satz 3 fand eine Änderung durch das LVRG. Bis zum 06.08.2014 war geregelt, dass die aufsichtsrechtlichen Regelungen zur Kapitalausstattung von vorgenannten Vorgaben unberührt bleiben. Nunmehr sollen die aufsichtsrechtlichen Regelungen zur Sicherstellung der dauernden Erfüllbarkeit der Verpflichtungen aus den

58 Es sei darauf hingewiesen, dass die ermittelten (Roh-)Überschüsse zu Gunsten der Gesamtheit der Versicherten ausschließlich nach aufsichtsrechtlichen (§ 81 c VAG) und steuerrechtlichen Regeln erfolgt, vgl. bereits oben Pkt. 1. Es besteht daher kein einzelvertraglicher Anspruch des Versicherungsnehmers auf eine bestimmte Zuführung zu den Rückstellungen für Beitragsrückerstattungen. Erst für den Betrag, den der Versicherer aus den Rückstellungen für Beitragsrückerstattung ermittelt, steht dem Versicherungsnehmer ein vertragsrechtlicher Anspruch auf Verteilung nach einem verursachungsorientierten Verfahren nach § 153 Abs. 2 VVG zu. Vgl. unten Pkt. 3.5.2.1.2.

59 So die Gesetzesbegründung – BT-Drcks. 16/3945 S. 96.

60 Der Gesetzgeber sieht die Interessen in diesem Fall durch die notwendigen Informationen, durch die transparente Gestaltung der AVB und durch die gesetzliche Vorgabe der Angemessenheit hinreichend gewahrt – BT-Drcks. 16/3945 S. 96. Zum 25.05.2009 wurde in Abs. 2 noch ein Satz 2 eingeführt, wonach Beträge im Sinne des § 268 Abs. 8 HGB unberücksichtigt bleiben. Dies betrifft selbst geschaffene immaterielle Vermögensgegenstände, die in Rahmen der Bearbeitung nicht weiter zu diskutieren sind.

Versicherungen, insbesondere § 53c, § 54 Absatz 1 und 2, § 56a Absatz 3 und 4 sowie § 81c Absatz 1 und 3 des Versicherungsaufsichtsgesetzes unberührt bleiben.[61]

Der vierte Absatz bestimmt für die Rentenversicherung den maßgeblichen Zeitpunkt i.S.v. Absatz 3 Satz 2 in der Beendigung der Ansparphase.

3.1.2. Rückkaufswert nach § 169 VVG

Eine völlige Neugestaltung erhielt auch die Regelung zum Rückkaufswert in § 169 VVG.

In Absatz 1 wird der Anwendungsbereich festgelegt. Gegenständlich sind Versicherungen, die Schutz für ein Risiko bieten und bei denen die Verpflichtung des Versicherers gewiss ist, wie beispielsweise die kapitalbildende Lebensversicherung. Bei solchen Versicherungen muss der Versicherer im Falle der Kündigung durch den Versicherungsnehmer oder in den Fällen der Anfechtung oder des Rücktritts des Versicherers den Rückkaufswert zahlen. Gegenüber der Vorgängerregelung des § 176 VVG a.F. wird der Anwendungsbereich in zweierlei Hinsicht beschränkt. Von der neuen Vorschrift nicht erfasst sind der Fall der Kündigung durch den Versicherer sowie die Anfechtung und der Rücktritt durch den Versicherungsnehmer[62].[63]

Absatz 2 Satz 1 beschränkt den Anspruch auf Auszahlung des Rückkaufswertes, wenn der Rückkaufswert die Versicherungsleistung zum Zeitpunkt der Kündigung übersteigt, auf die Höhe der Versicherungsleistung. Der darüber hinausgehende Anteil des Rückkaufswertes ist nach Satz 2 für eine prämienfreie Versicherung zu verwenden. Dies gilt nicht für Vertragsbeendigungen durch Anfechtung oder Rücktritt, da eine Fortsetzung des Vertragsverhältnisses als

---

61 Vgl. z.B. § 53 c VAG zur alten Rechtslage. Zum LVRG bereits oben (Fn. 35). Zur Verweisung im neuen § 153 Abs. 3 S. 3 VVG noch unten (Fn. 507).

62 Vgl. BT-Drcks. 16/3945 S. 101 – Hintergrund der Beschränkung des Tatbestandes ist zum einen die Vorgabe, dass bei Kündigungen des Versicherers nach § 166 VVG stets eine Umwandlung in eine prämienfreie Versicherung nach § 165 VVG erfolgen soll und zum anderen die Überlegung, dass sich bei Rücktritt oder Anfechtung des Versicherungsnehmers die Abwicklung des Vertrages nach allgemeinem Regeln vollzieht. Der Versicherer habe in den letztgenannten Varianten den Anlass zur Vertragsbeendigung gesetzt, so dass nicht nur der Rückkaufswert, sondern gegebenenfalls auch sämtliche bereits bezahlten Prämien einschließlich Zinsen zurück zu gewähren sind.

63 Ein Verweis auf die Regelung des § 169 VVG erfolgt weiterhin in §§ 152 Abs. 2, 161 Abs. 3, 165 Abs. 1 S. 2, 166 Abs. 1 S. 2 VVG. Vgl. dazu auch Gatschke, VuR 2007, 447, 448; Schick/Franz, VW 2007, 764.

prämienfreie Versicherung bei dieser Konstellation nicht zumutbar erscheint. Es besteht Anspruch auf den vollen Rückkaufswert, Satz 3.

Die Berechnung des vom Versicherer zu zahlenden Rückkaufswertes wird von Absatz 3 festgelegt. Es wird in Satz 1 die Auszahlung des Deckungskapitals vorgeschrieben.[64] Für Frühstornofälle enthält Satz 1 zudem eine Sonderreglung. Danach erhält der kündigende Versicherungsnehmer mindestens den Betrag des Deckungskapitals, der sich bei gleichmäßiger Verteilung der angesetzten Abschluss- und Vertriebskosten auf die ersten fünf Vertragsjahre ergibt. Darüber hinaus stellt Satz 1 Halbsatz 2 klar, dass Abschluss- und Vertriebskosten nur bis zum geltenden Höchstzillmersatz angesetzt werden dürfen.[65] Die Sonderregelung für den Anspruch auf einen Mindestrückkaufswert greift sowohl im Falle der Kündigung durch den Versicherungsnehmer als auch im Falle der Kündigung durch den Versicherer, §§ 166 Absatz 1, 165 Absatz 2 VVG. § 169 Absatz 3 Satz 2 VVG normiert eine Mitteilungspflicht des Versicherers dahingehend, dass der Rückkaufswert und das garantierte Ausmaß dem Versicherungsnehmer vor Abgabe dessen Vertragserklärung mitzuteilen sind. Im Übrigen wird auf die VVG-InfoV verwiesen.[66] Satz 3 gibt schließlich Versicherern, die ihren Sitz in einem anderen Mitgliedsstaat der Europäischen Union oder einem anderen Vertragsstaat des Abkommens über den Europäischen Wirtschaftsraum haben, die Möglichkeit, anstelle des Deckungskapitals einen vergleichbaren Bezugswert zu Grunde zu legen.

In Absatz 4 Satz 1 wird für die fondsgebundene Versicherung und andere Versicherungen, die Leistungen nach § 54 b VAG vorsehen, die bisherige gesetzliche Regelung des § 176 Absatz 3 VVG a.F. übernommen, wonach der Rückkaufswert nach den anerkannten Regeln der Versicherungsmathematik als Zeitwert zu berechnet ist, soweit nicht der Versicherer eine bestimmte Leistung garantiert. Im Übrigen soll die neue Regelung des Absatzes 3 gelten.[67] Zusätzlich müssen gemäß Satz 2 die Grundsätze der Berechnung im Vertrag angegeben werden.

64 Nach der Gesetzesbegründung berechnet sich das Deckungskapital versicherungsmathematisch nach den Rechnungsgrundlagen der Prämienkalkulation unter Berücksichtigung der bilanz- und aufsichtsrechtlichen Regelungen der Deckungsrückstellung (§ 341 f HGB, § 65 VAG), BT-Drcks. 16/3945 S. 102.

65 Dadurch soll verhindert werden, dass der Versicherer Abschlusskosen zum Ansatz bringt, die aufsichtsrechtlich nicht hätten gezillmert werden dürfen. Dies würde die Besserstellung des kündigenden Versicherungsnehmers ansonsten beeinträchtigen. Vgl. BT-Drcks., ebd.

66 Insbesondere § 2 Abs. 1 Nr. 4 VVG-InfoV. Dazu unten unter Pkt. 3.5.2.3.3.3.2.

67 Das bedeutet insbesondere, dass die Verteilung der Abschluss- und Vertriebskosten zur Sicherung des Mindestrückkaufswertes auch auf die Fälle des Absatzes 4 Anwendung

Absatz 5 regelt den Stornoabzug. Satz 1 schreibt für einen zulässigen Stornoabzug vor, dass er vereinbart, beziffert und angemessen sein muss. Satz 2 enthält ferner ein Abzugsverbot für noch nicht getilgte Abschluss- und Vertriebskosten.

Absatz 6 räumt dem Versicherer die Befugnis ein, den nach Absatz 3 berechneten Rückkaufswert angemessen zu kürzen. Voraussetzung dafür ist, dass die Belange der Versicherten andernfalls gefährdet würden. Dies soll insbesondere der Fall sein, wenn eine Gefährdung der dauernden Erfüllbarkeit der sich aus den Versicherungsverträgen ergebenden Verpflichtungen vorliegt. Die Herabsetzung ist gemäß Satz 2 jeweils auf ein Jahr befristet.

Schließlich enthält Absatz 7 eine klarstellende Regelung, dass bereits erworbene Ansprüche des Versicherungsnehmers aus einer vereinbarten Überschussbeteiligung von einer Kündigung nicht beeinträchtigt werden. Dies betrifft zum einen bereits zugeteilte laufende Überschussanteile, soweit diese nicht zur Erhöhung der Versicherungssumme verwendet wurden[68] und zum anderen den anteilig festgesetzten Schlussüberschussbetrag nach § 153 Absatz 3 Satz 2 VVG.

3.1.3. Transparenz durch Beratung und Information

Es soll nicht Aufgabe dieser Bearbeitung sein, sich der Vielzahl der neu aufgeworfenen Fragen im Zusammenhang mit den allgemeinen für alle Versicherungssparten geltenden Regelungen zur Beratung und Information des Versicherungsnehmers nach den §§ 6, 7 VVG sowie der zu § 7 Absatz 2 VVG ergangenen Verordnung[69] zu widmen. Dies bleibt anderweitiger Betrachtung vorbehalten.

In das Auge des Betrachters sollen die tragenden Aspekte der auch für die Lebensversicherung geltenden allgemeinen Regelungen sowie die in § 7 Absatz 2 Satz 1 Nr. 2 VVG i.V.m. den §§ 2, 4 und 6 der VVG-InfoV[70] und in den §§ 150 ff.

---

findet. Ebenso Gatschke, VuR 2007, 447, 449. Demnach setzt sich die Rechtsprechung des BGH zur fondgebundenen Versicherung nunmehr im Gesetz fort. Vgl. Pkt. 3.4.2.4.

68 In diesem Fall erfolgt die Berücksichtigung im Rahmen des auszuzahlenden Deckungskapitals. Vgl. BT-Drcks. 16/ 3945 S. 104.

69 VVG-Informationspflichtenverordnung vom 18.12.2007, BGBl. I S. 3004; abgekürzt VVG-InfoV.

70 Als für die Lebensversicherungsverträge relevant soll noch auf die besondere Informationsdarstellung in Form des neu eingeführten Produktinformationsblattes nach § 4 Abs. 3 und 4 VVG-InfoV hingewiesen sein. Danach muss im Rahmen dieser besonders übersichtlichen und hervorgehobenen Informationsdarstellung auf die zu übermittelnde Modellrechnung nach § 154 VVG ausdrücklich hingewiesen werden sowie der Kostenausweis nach § 2 Abs. 1 Nr. 1 und 2 VVG-InfoV auch im Produktinformationsblatt erfolgen.

VVG speziell für die Lebensversicherungsverträge geregelten Informationsvorgaben gerückt werden.

3.1.3.1 *Modellrechnung nach § 154 VVG*

Erstmals ist in § 154 Absatz 1 VVG auch eine Pflicht für den Versicherer zur Übermittlung einer Modellrechnung geregelt, soweit der Versicherer im Zusammenhang mit dem Angebot oder dem Abschluss einer Lebensversicherung bezifferte Angaben zur Höhe von möglichen Leistungen über die vertraglich garantierten Leistungen hinaus macht. Die mögliche Ablaufleistung soll unter Zugrundelegung der Rechnungsgrundlagen für die Prämienkalkulation mit drei verschiedenen Zinssätzen dargestellt werden. Die Zinssätze sind für alle Versicherer einheitlich gemäß § 7 Absatz 2 VVG i.V.m. § 2 Absatz 3 VVG-InfoV vorgegeben. Mangels maßgeblicher Überschussbeteiligung schließt Absatz 1 Satz 2 die Pflicht zur Übermittlung einer Modellrechnung für reine Risikoversicherungen sowie die nach § 54 b Absatz 1 und 2 VAG erfassten Verträge über fondsgebundene Versicherungen aus.

Absatz 2 regelt zum Schutze der Versicherungsnehmer eine Hinweispflicht für den Versicherer, dass dem Versicherungsnehmer klar und verständlich die Unverbindlichkeit der Modellrechnung zu erkennen gegeben werden muss.

3.1.3.2. *Jährliche Unterrichtung nach § 155 VVG*

Ebenso neu ist die Regelung des § 155 VVG, welche für überschussberechtigte Verträge eine jährliche Unterrichtungspflicht des Versicherers in Textform über die Entwicklung der Ansprüche des Versicherungsnehmers unter Einbeziehung der Überschussbeteiligung vorsieht, Satz 1.

Satz 2 erweitert ferner die Informationspflicht nach Satz 1 derart, dass auch auf Abweichungen der tatsächlichen Entwicklung von Angaben bei Vertragsschluss hinzuweisen ist.

3.1.3.3. *Allgemeine Beratungs- und Informationspflichten*

In §§ 6 und 7 VVG normiert der Gesetzgeber nunmehr Beratungs- und Informationspflichten ausdrücklich im Allgemeinen Teil des Versicherungsvertragsgesetzes und für sämtliche Versicherungsnehmer.[71]

3.1.3.3.1. *§ 6 VVG*

Nach § 6 Abs. 1 VVG hat der Versicherer den Versicherungsnehmer je nach Schwierigkeit des Versicherungsproduktes oder nach der Person des Versicherungsnehmers

---

71 Zur alten Rechtslage vgl. unten Pkt. 4.1.1.2.3.4.

und dessen Situation nach Wünschen und Bedürfnissen zu befragen und unter Berücksichtigung von Beratungsaufwand und Prämienvolumen auch zu beraten. Die Gründe des erteilten Rates sind anzugeben und je nach Komplexität des Versicherungsvertrags zu dokumentieren.

Des Weiteren normiert Absatz 2 eine grundsätzliche Übermittlungspflicht für den erteilten Rat und die zugehörigen Gründe in klarer und verständlicher Weise vor dem Abschluss des Vertrages.[72]

Gemäß Absatz 3 wird die Möglichkeit eines vollständigen Verzichts auf die Beratungs- und Dokumentationspflichten durch gesonderte schriftliche Erklärung eröffnet, soweit ein ausdrücklicher Hinweis auf nachteilige Folgen für die Geltendmachung von Schadensersatzansprüchen stattfindet.

Absatz 4 regelt die Frage- und Beratungsverpflichtung des Versicherers während der Dauer des Versicherungsverhältnisses, soweit Anlass für Nachfrage und Beratung des Versicherungsnehmers erkennbar ist.

In Absatz 5 stellt das Gesetz klar, dass der Versicherer bei einer schuldhaften Verletzung der Pflichten aus den Absätzen 1, 2 und 4 dem Versicherungsnehmer Schadensersatz leisten muss.

Schließlich erklärt Absatz 6 den Anwendungsbereich der Absätze 1 bis 5 bei Verträgen über Großrisiken, für den Fall der Vertragsvermittlung durch einen Versicherungsmakler und für Fernabsatzverträge i.S.v. § 312 c BGB für nicht eröffnet.[73]

3.1.3.3.2. § 7 VVG

Der Versicherer hat dem Versicherungsnehmer nach § 7 Abs. 1 VVG neben den Vertragsbestimmungen einschließlich der allgemeinen Versicherungsbedingungen auch rechtzeitig[74] vor Abgabe dessen Vertragserklärung die in einer Rechtsverordnung nach § 7 Abs. 2 bestimmten Informationen in Textform mitzuteilen. Das Gesetz verlangt auch hierfür eine klare und verständliche Übermittlung.

---

72 Das Gesetz differenziert weiter die Übermittlung in Textform und die mündliche Übermittlung auf Wunsch des Versicherungsnehmers oder bei Versicherungsverträgen, denen eine vorläufige Deckung vorausgeht. In den letztgenannten Fällen soll die Übermittlung in Textform unverzüglich nachgeholt werden, es sei denn, der Vertrag kommt gar nicht zustande oder es handelt sich um ein vorläufige Deckung bei Pflichtversicherungen, § 6 Abs. 2 Satz 2 und 3 VVG.

73 Die Regelung zu den Großrisiken findet sich mittlerweile in § 210 Abs. 2 VVG. Eine redaktionelle Änderung fand § 6 Abs. 6 VVG durch das Gesetz zur Umsetzung der Verbraucherrechterichtlinie vom 27.09.2013, vgl. BGBl. 2013 Teil I Nr. 58.

74 Zur Problematik des Begriffes „rechtzeitig" vgl. nur Schimikowski, r+s 2007, 133, 134.

Wird auf Verlangen des Versicherungsnehmers ein Vertragsschluss über ein Kommunikationsmittel gewählt, welches die Informationsübermittlung in Textform nicht gestattet, so sind die Informationen unverzüglich nach Vertragsschluss zu gewähren, selbst dann, wenn der Versicherungsnehmer durch gesonderte Erklärung auf die Informationen vor Vertragsschluss verzichtet hat.

Eine Ermächtigungsgrundlage, die mittlerweile zum Erlass der VVG - Informationspflichtenverordnung geführt hat, enthält Absatz 2, wobei der Gesetzgeber ausdrücklich die zu beachtenden europäischen Richtlinien mit umsetzt.[75]

Absatz 3 regelt, dass in der Rechtsverordnung nach Absatz 2 zu bestimmen ist, welche Mitteilungen der Versicherer während der Vertragslaufzeit erbringen muss. Hierunter sollen insbesondere die Änderung früherer Informationen sowie für die Lebensversicherung mit Überschussbeteiligung die Entwicklung der Ansprüche des Versicherungsnehmers fallen.

In § 7 Abs. 4 VVG wird ein Anspruch des Versicherungsnehmers auf Übermittlung der Vertragsbestimmungen einschließlich der Allgemeinen Versicherungsbedingungen in einer Urkunde während der Vertragslaufzeit festgelegt, wobei die Kosten der erstmaligen Übermittlung dem Versicherer zur Last fallen.

Die Informationspflichten der Absätze 1 bis 4 gelten gemäß Absatz 5 nicht bei Großrisiken i.S.d. § 210 VVG[76]. Soweit bei einem solchen Vertrag der Versicherungsnehmer eine natürliche Person ist, muss diesem vor Vertragsschluss das anwendbare Recht und die Aufsichtsbehörde mitgeteilt werden.

3.1.3.4. §§ 2, 4, 6 VVG-InfoV

Die am 23.11.2007 verkündete und mit dem VVG am 01.01.2008 in Kraft getretene[77] Verordnung über Informationspflichten bei Versicherungsverträgen gilt für alle in Deutschland vermarkteten Versicherungsverträge und beruht auf der Ermächtigungsgrundlage des § 7 Absatz 2 VVG.[78]

Gemäß § 7 Absatz 2 Satz 1 Nr. 2 VVG wird der Verordnungsgeber auch ermächtigt, „zum Zweck einer umfassenden Information des Versicherungsnehmers festzulegen, welche weiteren Informationen dem Versicherungsnehmer bei der Lebensversicherung, insbesondere über die zu erwartenden Leistungen,

75 Dazu näher unter Pkt. 3.3.; vgl. auch Herrmann, in: Bruck/Möller, § 7 Rn. 1; Zu den geringfügigen Änderungen durch das LVRG, vgl. BGBl. 2014 Teil I Nr. 38, S. 1332, dort Art. 2 LVRG.

76 Bis 16.12.2009 verwies § 7 Abs. 5 VVG auf Art. 10 Abs. 1 EGVVG.

77 Zu beachten ist aber die Übergangsregelung des § 7 VVG-InfoV.

78 Vgl. zur Problematik der Ermächtigungsgrundlage Pkt. 3.5.2.3.1.2.

ihre Ermittlung und Berechnung, über eine Modellrechnung sowie über die Abschluss- und Vertriebskosten, soweit eine Verrechnung mit Prämien erfolgt, und über sonstige Kosten mitzuteilen sind".

Neben den für alle Vertragsarten geltenden Informationen nach § 1 VVG-InfoV enthält § 2 VVG-InfoV Informationsvorgaben speziell für Lebensversicherungsverträge.[79]

Gemäß § 2 Abs. 1 Nr. 1 der VVG-InfoV müssen die Lebensversicherer über die in die Prämie einkalkulierten Kosten informieren. Dabei sind die einkalkulierten Abschlusskosten[80] als einheitlicher Gesamtbetrag und die übrigen einkalkulierten Kosten[81] als Anteil der Jahresprämie unter Angabe der jeweiligen Laufzeit auszuweisen.

Ebenso sind nach § 2 Abs. 1 Nr. 2 Angaben zu möglichen sonstigen Kosten, insbesondere zu Kosten, die einmalig oder aus besonderem Anlass entstehen können, darzulegen[82].[83]

Weiterhin werden nach § 2 Abs. 1 Nr. 3 Angaben über die für die Überschussermittlung und Überschussbeteiligung geltenden Berechnungsgrundsätze und Maßstäbe gefordert.

§ 2 Abs. 1 Nr. 4 verlangt die Benennung der in Betracht kommenden Rückkaufswerte.

Nach § 2 Abs. 1 Nr. 5 sind Angaben über den Mindestversicherungsbetrag für eine Umwandlung in eine prämienfreie oder eine prämienreduzierte Versicherung und über die Leistungen aus einer prämienfreien oder prämienreduzierten Versicherung zu machen.

---

79 Vgl. amtliche Begründung zur VVG-InfoV abgedruckt in VersR 2008, 183, 187f. Teilweise finden die Informationsvorgaben des § 2 VVG-InfoV auch auf die Berufsunfähigkeits- und die Unfallversicherung mit Prämienrückgewähr Anwendung, § 2 Abs. 4 und 5 VVG-InfoV.

80 Vgl. hierzu § 43 Abs. 2 RechVersV.

81 Da die Risikokosten nach der Verordnungsbegründung keine Kosten i.S.v. § 2 VVG-InfoV sind, verbleiben letztlich die Verwaltungskosten oder auch laufende Kosten, VersR 2008, 186, 188; Baroch Castellvi, r+s 2009, 1, 3; Schwintowski/Ortmann, VersR 2009, 728. Zu den einkalkulierten Verwaltungskosten jetzt klarstellend das LVRG, bereits oben (Fn. 75).

82 Darunter versteht die Begründung beispielsweise Kosten für die Ausstellung einer Ersatzurkunde, VersR 2008, 186, 188; weitere Beispiele bei Baroch Castellvi, ebd.

83 Kritisch zum Wortlaut des Kostenausweises bezüglich der Ermächtigungsgrundlage des § 7 Abs. 2 S. 1 Nr. 2 VVG, den Informationspflichten bei der Lebensversicherung nach § 2 Abs. 1 Nr. 1 und 2 VVG-InfoV und dem Produktinformationsblatt gemäß § 4 VVG-InfoV vgl. Baroch Castellvi, ebd., 2f.

Gemäß § 2 Abs. 1 Nr. 6 muss über das Ausmaß der garantierten Leistungen nach den Nummern 3 und 4 informiert werden.

Für fondsgebundene Lebensversicherungen regelt § 2 Abs. 1 Nr. 7, dass über die zugrunde liegenden Fonds und die Art der darin enthaltenen Vermögenswerte zu informieren ist.

Zudem bedarf es nach § 2 Abs. 1 Nr. 8 allgemeiner Angaben über die für diese Versicherungsart geltende Steuerregelung.

Durch das LVRG vom 06.08.2014 wird ein § 2 Abs. 1 Nr. 9 in die VVG-InfoV eingeführt, wonach bei Lebensversicherungsverträgen, die Schutz für ein Risiko bieten, deren Eintritt gewiss ist, eine Angabe über die Minderung der Wertentwicklung durch Kosten in Prozentpunkten bis zum Beginn der Auszahlungsphase (sog. Effektivkosten) erteilt werden muss.

In § 2 Abs. 2 bestimmt der Gesetzgeber, dass die Angaben nach Absatz 1 Nr. 1, 2, 4 und 5 in Euro zu beziffern sind. Gleiches soll für Absatz 1 Nr. 6 hinsichtlich des Ausmaßes der Garantie gelten.

Im Hinblick auf § 154 Abs. 1 VVG gibt § 2 Abs. 3 VVG-InfoV die zu verwendenden Zinssätze der Modellrechnung vor. Danach muss die Berechnung einmal mit dem Höchstrechnungszinssatz multipliziert mit 1, 67 dargestellt werden. Der Zinssatz ist weiter jeweils zuzüglich und abzüglich eines Prozentpunktes zu wählen und darzustellen.

Nach § 4 VVG-InfoV ist dem Versicherungsnehmer, soweit es sich um einen Verbraucher handelt, ein sog. Produktinformationsblatt zur Verfügung zu stellen, welches besonders bedeutende Informationen zum Abschluss und zur Erfüllung des Versicherungsvertrages aufführen soll. Bedeutende Informationen gibt der Verordnungsgeber in § 4 Abs. 2 VVG-InfoV vor. Absatz 3 regelt in Ergänzung zur Risikobeschreibung nach Absatz 2 Nr. 2, dass bei überschussberechtigten Lebensversicherungsverträgen zusätzlich auf die Modellrechnung nach § 154 VVG hinzuweisen ist.

Weiter bestimmt § 4 Absatz 4 für die Lebens-, Berufs- und Krankenversicherung zusätzlich zu den Angaben über die Prämie nach § 4 Absatz 2 Nr. 3, dass auf dem Produktinformationsblatt die Abschluss- und Vertriebskosten - und nunmehr auch ausdrücklich die Verwaltungskosten - sowie die sonstigen Kosten jeweils in Euro ausgewiesen sein müssen.

Gemäß § 4 Absatz 5 VVG-InfoV muss das Produktinformationsblatt als solches bezeichnet und den zu erteilenden Informationen vorangestellt sein. Es bedarf einer übersichtlichen, knappen und verständlichen Darstellung. Dabei ist die gesetzlich vorgegebene Reihenfolge einzuhalten. Informationen zum Vertragsinhalt sind mit Verweisen auf die entsprechende vertragliche Bestimmung zu versehen. Letztlich muss auch ausgeführt sein, dass die Informationen nicht abschließend sind.

§ 6 VVG-InfoV enthält Informationspflichten für die Zeit während des Laufes des Versicherungsvertrages. Speziell für die Lebensversicherungsverträge relevant ist zum einen § 6 Absatz 1 Nr. 2 VVG-InfoV, wonach Änderungen bei den Angaben nach § 2 Abs. 1 Nr. 3-7 VVG-InfoV dem Versicherungsnehmer mitzuteilen sind, sofern sich die Änderungen aus einer Rechtsvorschrift ergeben. Zum anderen normiert § 6 Absatz 1 Nr. 3 VVG-InfoV, dass bei überschussberechtigten Verträgen eine alljährliche Information über den Stand der Überschussbeteiligung sowie über den garantierten Anteil hieran erteilt werden muss.

3.1.4. Stellungnahme

Die mit der VVG-Reform getroffene Lösung des Gesetzgebers zeigt eine Kombination von Beratungs-/Informationspflichten sowie weiterer Vorgaben auf versicherungsvertragsrechtlicher Ebene. Damit entscheidet sich der Gesetzgeber gegen einen rein versicherungsaufsichtsrechtlichen oder bilanzrechtlichen Weg[84]. Bereits an dieser Stelle können die beträchtlichen Veränderungen im Lebensversicherungsvertragsrecht mit Wirkung auf die Lebensversicherungsprodukte, die Versicherungsnehmer- und die Versichererposition erahnt werden.

Vor einer näheren Prüfung und Bewertung dieser Regelungen soll zunächst zum besseren Verständnis ein allgemeiner Blick auf das Produkt Lebensversicherung geworfen werden.

3.2. Das Produkt Lebensversicherung

Der Gesetzgeber gibt keine explizite Definition der Lebensversicherung vor. Daher kann man auch für die Lebensversicherung die allgemeine Regelung des § 1 VVG heranziehen, wonach sich ein Versicherer mit dem Versicherungsvertrag verpflichtet, ein bestimmtes Risiko des Versicherungsnehmers oder eines Dritten durch eine Leistung abzusichern, die er bei Eintritt des vereinbarten Versicherungsfalles zu erbringen hat. Im Gegenzug hat der Versicherungsnehmer dem Versicherer die vereinbarte Prämie zu zahlen.[85]

Diese allgemeine Regelung wird natürlich dem Facettenreichtum der Lebensversicherung nicht gerecht. Eine genauere Beschäftigung mit dem Produkt Lebensversicherung und der Rechtsnatur des Lebensversicherungsvertrages erscheint daher angezeigt. Zuvor soll aber noch ein kurzer Überblick über die typische Lebensversicherungsformen gegeben werden.

---

84 Vgl. auch Eppe, VersR 2008, 1316.

85 Vgl. statt vieler Ortmann, in Schwintowski/Brömmelmeyer, Vorbem. zu den §§ 150 bis 171 VVG Rn. 4; auch Eppe, VersR 2008, 1316, 1317.

3.2.1. Arten der Lebensversicherung

Der Bedarf an Versicherungsleistungen, der unter den Oberbegriff –Lebensversicherung – fällt, ist breit gefächert. Die Lebensversicherer haben mit der Zeit eine Vielzahl von Tarifen entwickelt. Auf der einen Seite stehen Tarife, welche allein der Abdeckung eines Risikos dienen, typischerweise dem Todesfall. Andererseits steht bei der Lebensversicherung vielfach auch der Aspekt der Kapitalbildung im Vordergrund.[86]

Die Erscheinungsformen der Lebensversicherung können nach unterschiedlichen Kategorien differenziert werden, nach den Risiken (Todes- oder Erlebensfall), nach den Leistungen (Kapital oder Rente) oder auch nach den Eigenschaften des Kundenkreises (Individual- oder Kollektivversicherung).[87]

In der Anlage A zum VAG wird eine Einteilung der Risiken nach Sparten (Nummern 19-24) auch für den Bereich der Lebensversicherung vorgenommen. Aufgezählte Sparten sind: Leben (Nr. 19), Heirats- und Geburtenversicherung (Nr. 20), Fondsgebundene Lebensversicherung (Nr. 21), Tontinengeschäfte (Nr. 22), Kapitalisierungsgeschäfte (Nr. 23) und Geschäfte der Verwaltung von Vorsorgeeinrichtungen (Nr. 24).[88]

Der Gesetzgeber verzichtet aber auf die Vorgabe von gesetzlichen Leitbildern für den Lebensversicherungsvertrag.[89] Zwar identifiziert er verschiedene Grundformen der Lebensversicherung, nämlich (1) die Risikolebensversicherung, (2) die Rentenversicherung, (3) die fondsgebundene Lebensversicherung und (4) die kapitalbildende Lebensversicherung. Diese sind jedoch nicht in sich geschlossen. Die Praxis verwendet überwiegend Mischformen, welche jeweils Elemente aus den Grundformen aufweisen, so dass eine Festlegung auf ein entsprechendes Leitbild gerade nicht angezeigt war.[90]

Im Folgenden sollen die Grundformen und verbreitet auftretende Misch-/ Sonderformen skizziert werden.[91]

---

86 Hierzu Lührs, Lebensversicherung – Produkte, Recht und Praxis, S. 53.

87 Brömmelmeyer, aaO (Fn. 7), § 42, S. 2531.; Eine Kategorisierung kann natürlich auch anderweitig erfolgen – vgl. z.B. Ortmann, aaO (Fn. 32), Vorbem. zu den §§ 150 bis 171 VVG Rn 5ff.

88 Vgl. Lührs, ebd., S. 130; Hinzugekommen sind ferner die Pensionsfonds in Nr. 25.

89 BT-Drcks. 16/3945 S. 50 ff.; Brömmelmeyer, ebd., S. 2531; Ortmann, ebd., Rn. 4.

90 BT-Drcks. 16/3945 S. 51; Ortmann, ebd.; Brömmelmeyer, ebd.

91 Der Verfasser sieht von einer umfangreichen Darstellung der lebensversicherungsrechtlichen Tarifformen ab. Nur grobe Strukturen und die wichtigsten Begrifflichkeiten sollen aufgezeigt werden. Eine ausführlichere Darstellung findet sich u.a. bei Lührs, ebd., S. 53 ff.

3.2.1.1. *Risikolebensversicherung*

Bei dieser „Lebensversicherungsgrundform“ wird ausschließlich das Todesfallrisiko versichert. Hierzu zählen die sog. temporäre Todesfallversicherung und die Restschuldversicherung. Eine Versicherungsleistung wird dabei ausschließlich im Todesfall der versicherten Person innerhalb der vereinbarten Versicherungsdauer ausgezahlt. Zweck eines solchen Versicherungsvertrages ist die Hinterbliebenenversorgung oder die Darlehenstilgung im Todesfall.[92]

Nur der Klarstellung halber sei erwähnt, dass von der Risikolebensversicherung die lebenslängliche Todesfallversicherung abzugrenzen ist. Bei dieser ist das „Ob“ der Leistung gewiss, denn sie gewährt einen lebenslangen Todesfallschutz und ist zeitlich nicht begrenzt.[93] Zumeist werden durch eine solche Versicherung die Beerdigungskosten abgedeckt. Dann spricht man von einer Sterbegeldversicherung.[94]

3.2.1.2. *Rentenversicherung*

Die Rentenversicherung mit aufgeschobener Rentenzahlung gewährt der versicherten Person, soweit diese den vereinbarten Termin erlebt, eine monatliche, vierteljährliche, halbjährliche oder jährliche Rentenzahlung. Daneben werden auch Rentenversicherungen mit sofort beginnender Rentenzahlung angeboten. Hintergrund einer solchen Versicherung ist die Absicherung des Langlebigkeitsrisikos.[95] Damit ist die Rentenversicherung „das klassische Produkt der Altersversorgung“[96].

Je nach konkreter Vereinbarung sind Rentengarantiezeit, Kapitalwahlrecht oder auch Todesfallleistung praxisüblich und zu berücksichtigen.[97] Die Rentenversicherung hat gerade in den letzten Jahren durch die staatliche Förderung der „Riester“- und der „Rürup“-Rente an Bedeutung gewonnen.[98]

3.2.1.3. *Fondsgebundene Lebensversicherung*

Bei der fondsgebundenen Lebensversicherung besteht ein „unmittelbarer Bezug zwischen der Kapitalanlage und der Höhe der Versicherungsleistung“[99]. Dem

---

92 Lührs, ebd., S. 56.; Ortmann, ebd., Rn. 7.

93 Ortmann, ebd., Rn. 8.

94 Brömmelmeyer, ebd., S. 2534.

95 Brömmelmeyer, ebd., S. 2535.

96 Ortmann, ebd., Rn. 12.

97 Brömmelmeyer, ebd.; Ortmann, ebd., Rn. 12f.

98 Vgl. Brömmelmeyer, ebd., S. 2536; dazu ausführlich auch Ortmann, ebd., Rn. 27 ff. bereits oben Pkt. 1.

99 BT-Drcks. 16/3954, S. 51; Brömmelmeyer, ebd., S. 2532.

Versicherungsnehmer werden Anteileinheiten am Anlagestock (Sondervermögen) gutgeschrieben, wodurch dieser, zumindest bei der Erlebensfallleistung, auch unmittelbar das Kapitalanlagerisiko trägt.[100] Die fondsgebundene Lebensversicherung zeichnet sich daher durch eine besondere Kapitalanlage und Kapitalanlagepartizipation des Lebensversicherungsvertrages aus. Der Versicherungsnehmer erhält die freie Auswahl zwischen den angebotenen Fonds und kann für sich gegebenenfalls auch eine 100%ige Aktienausrichtung bestimmen.[101] Im Hinblick auf die zu gewährende Leistungsform bestehen im Vergleich zur konventionellen Lebensversicherung keine Unterschiede, z.B. fondsgebundene Rentenversicherung.

3.2.1.4. Kapitalbildende Lebensversicherung

In Deutschland hat die kapitalbildende Lebensversicherung auf den Todes- und den Erlebensfall (gemischte Kapitallebensversicherung) die größte Bedeutung. Sie stellte noch bis vor wenigen Jahren das beliebteste Lebensversicherungsprodukt dar.[102] Aufgrund des Wegfalls eines Steuerprivilegs für die Kapitalauszahlung[103] hat sich der Marktanteil der Kapitallebensversicherung im Neugeschäft im Vergleich zur Rentenversicherung zurückentwickelt.[104]

Wie bereits der Name sagt, handelt es sich um eine Todes- als auch Erlebensfallversicherung.[105] Die Versicherungssumme wird also entweder beim Tod der versicherten Person oder bei Erreichen eines vereinbarten Termins (ein gewisses Lebensalter) fällig. Insoweit kombiniert diese Versicherung Risikoschutz und Sparvorgang.[106] Neben dem Zweck der Hinterbliebenenvorsorge tritt die eigene Versorgung, v.a. im Hinblick auf das Alter.[107]

Eine Unterart der gemischten Kapitallebensversicherung ist die Termfixversicherung. Maßgebend für diese Versicherungsform ist, dass auch beim Tode der versicherten Person die Versicherungsleistung erst zu einem festen

---

100 Brömmelmeyer, ebd., S. 2532. Dagegen wird die Todesfallleistung regelmäßig garantiert. Vgl. § 1 ALB-Fonds2008.

101 Ortmann, ebd., Vorbem. zu §§ 150-171 VVG Rn. 76.

102 Vgl. dazu Brömmelmeyer, ebd., S. 2538 unter Verweis auf den Geschäftsbericht des BAV, 1999, Teil B, S. 16.

103 Vgl. nur Ortmann, ebd., Vorbem. zu den §§ 150 bis 171 VVG Rn. 11.

104 GdV (Hrsg.), Jahrbuch 2008, S. 71; bereits oben Pkt. 1.

105 Brömmelmeyer, ebd., S. 2531 Rn. 5.; Ortmann, ebd., Rn. 10; Basedow, ZVersWiss 1992, 420; Schwintowski, JZ 1996, 706.

106 Brömmelmeyer, ebd.

107 Lührs, aaO (Fn. 86), S. 56 f.

Auszahlungstermin fällig wird.[108] Stirbt die versicherte Person vor dem Auszahlungstermin (Versicherungsfall) übernimmt der Versicherer die Beitragspflicht.[109] Bekannteste Beispiele der Termfixversicherung sind die Ausbildungs- sowie die Aussteuer- oder Heiratsversicherung.

3.2.1.5 *Weitere Misch-/Sonderformenformen*

3.2.1.5.1. *Kollektivlebensversicherung*

Soweit Lebensversicherungsverträge für einen fest umschriebenen Personenkreis mit bestimmten Gemeinsamkeiten abgeschlossen und geführt werden, spricht man von einer Kollektivlebensversicherung. Der Begriff stammt aus dem Aufsichtsrecht und soll nach Ansicht des Gesetzgebers nunmehr ausschließlich an Stelle des bisher ebenso gebräuchlichen Begriffes der Gruppenversicherung treten.[110] Es besteht bei derartigen Versicherungen die Möglichkeit, Sonderbedingungen festzulegen, wenn diese aus dem Kollektiv heraus getragen werden können.[111] Der in § 11 Abs. 2 VAG normierte Gleichbehandlungsgrundsatz, wonach bei gleichen Voraussetzungen Prämien und Leistungen auch nur nach gleichen Grundsätzen bemessen werden dürfen, findet bei Kollektivlebensversicherungsverträgen somit eine Ausnahme.[112]

Als Bespiele zu nennen sind die Kollektivlebensversicherung für Vereine, Bausparkollektivversicherungen, die Restschuldversicherung oder auch die betriebliche Altersversorgung.[113]

3.2.1.5.2. *Direktversicherung*

Unter dem Begriff der Direktversicherung sind zwei Inhalte geläufig.

Zum einen versteht man unter Direktversicherung eine Versicherung, bei welcher der Kunde direkt mit dem Innendienst des Versicherers via Fernabsatz (Internet o.ä.) ohne Hinzuziehung von Außendienstmitarbeitern (v.a. Versicherungsvermittlern) einen Versicherungsvertrag abschließt.[114]

---

108 Vgl. Brömmelmeyer, ebd., S. 2532.
109 Ortmann, ebd., Rn. 16.
110 BT-Drcks. 16/3945 S. 95.
111 Brömmelmeyer, ebd., S. 2537; Lührs, ebd., S. 86.
112 Lührs, ebd., S. 86 f.
113 Vgl. Brömmelmeyer, ebd.; Lührs, ebd., S. 87.
114 Vgl. Brömmelmeyer, ebd., S. 2536 Rn. 21.

Zum anderen verwendet man den Begriff, wenn ein Arbeitgeber im Rahmen der betrieblichen Altersversorgung eine Lebensversicherung auf das Leben und zu Gunsten seines Arbeitnehmers abschließt.[115]

3.2.1.5.3. Zusatzversicherungen

Oftmals werden zum Lebensversicherungsvertrag (Hauptvertrag) Zusatzversicherungen[116] abgeschlossen, welche stets in Abhängigkeit zum Hauptvertrag stehen.

Zu nennen ist hier die Berufsunfähigkeits-Zusatzversicherung[117] zum Schutz vor Krankheit und Unfall. Sobald die versicherte Person zu einem bestimmten %-Satz berufsunfähig wird, erfolgt eine Beitragsfreistellung für Hauptvertrag und Zusatzversicherung. Zudem zahlt der Versicherer eine bestimmte Berufsunfähigkeitsrente.[118] Von der Berufsunfähigkeit, die sich auf den konkreten Beruf bezieht, kann zusätzlich noch die Erwerbsunfähigkeit differenziert werden. Hier ist danach zu fragen, ob die Ausübung irgendeines Berufes noch möglich ist.[119]

Weiter zu erwähnen ist die Unfall-Zusatzversicherung, welche eine Erhöhung der Todesfallleistung bei Unfalltod zur Folge hat.[120]

Die Pflegerenten-Zusatzversicherung deckt das Risiko der Pflegebedürftigkeit ab. Danach bestehen für den Versicherungsnehmer bei festgestellter Pflegebedürftigkeit weder Beitragspflichten für den Lebensversicherungsvertrag noch für die Zusatzversicherung. Außerdem wird in den meisten Fällen eine Pflegerente gezahlt.[121]

Schließlich soll noch die Dread-Disease-Zusatzversicherung genannt werden. Diese Lebensversicherungsform verspricht Leistungen auch im Falle der Diagnose bestimmter Krankheiten (z.B. Krebs, Herzinfarkt). Zumeist kommt es bei entsprechendem Versicherungsfall zur Auszahlung einer gesonderten Geldsumme sowie zur Beitragsfreistellung. Sie dient zur Lückenfüllung der Leistungskataloge der Krankenversicherung, der Finanzierung von Krankheitsfolgekosten,

---

115 Brömmelmeyer, ebd., S. 2536 Rn. 21.; Ortmann, ebd., Vorbem. zu §§ 150-171 VVG Rn. 44 ff.

116 Natürlich können die genannten Zusatzversicherungen auch als eigenständige Hauptversicherung abgeschlossen werden.

117 Der Gesetzgeber normiert die Berufsunfähigkeitsversicherung aufgrund ihrer Praxisrelevanz nunmehr erstmals in den Regelungen der §§ 172 bis 177 VVG n.F

118 Brömmelmeyer, ebd., S. 2534 Rn. 14.

119 Ortmann, ebd., Vorbem. zu den §§ 150-171 VVG Rn. 20.

120 Brömmelmeyer, ebd., S. 2534 Rn. 15; Ortmann, ebd., Rn. 19.

121 Brömmelmeyer, ebd., S. 2535 Rn. 16; Ortmann, ebd., Rn. 24.

der Kreditabsicherung sowie auch der Erfüllung von Lebensträumen soweit nur noch eine begrenzte Lebenserwartung angezeigt ist.[122]

3.2.1.5.4. Tontinen

Die Tontine ist eine besondere Form der reinen Erlebensfallversicherung, d.h. bei vorzeitigem Tod der versicherten Person kommt es nicht zur Auszahlung einer Versicherungsleistung. Seit der Novellierung des VAG im Jahre 1994 ist die reine Erlebensfallversicherung in Form der Tontine wieder zulässig.[123] Der Namensgeber der Tontine, der neapolitanische Arzt Lorenzo Tonti, unterbreitete im 17. Jahrhundert erstmals den Vorschlag einer „Erbklassenrente".[124] Tontinengeschäfte waren vor allem in Frankreich in früherer Zeit weit verbreitet.[125] Die heutige Bedeutung der Tontine ist verschwindend gering.[126]

3.2.1.6. Stellungnahme

Die obige Darstellung ist, bedingt durch die Produktgestaltungsfreiheit, keinesfalls abschließend. Sie dient lediglich dem Aufzeigen des erheblichen Facettenreichtums der Lebensversicherungsprodukte und der groben Einordnung für die spätere Betrachtung.

Für den weiteren Fortgang der Bearbeitung soll nun vor allem die Verknüpfung der Risikoversicherung mit einem kapitalbildenden Teil, als die bedeutungsschwerste Produktgruppe[127], in den Fokus der Überlegungen gestellt sein.

3.2.2. Die Lebensversicherung als Rechtsprodukt

Um die Bedeutungsschwere der hier zu betrachtenden neuen Regelungen des Versicherungsvertragsrechts besser zu verstehen, erscheint eine Vergegenwärtigung des Produktes Lebensversicherung ratsam.

---

122 Vgl. Lührs, ebd., S. 70; Ortmann, ebd., Rn. 23.

123 Vgl. Anlage A zum VAG Nr. 22.

124 Vgl. dazu ausführlich Schwintowski, Berliner Kommentar zum Versicherungsvertragsgesetz, Vorbem. zu den §§ 159 – 178 Rn. 14.

125 Braun, Die Geschichte der Lebensversicherung und der Lebensversicherungstechnik, S. 63 ff.

126 Vgl. GDV (Hrsg.), Jahrbuch 2008, S. 71 ff. Dort wird die Tontine bzw. die reine Erlebensfallversicherung überhaupt nicht aufgeführt.

127 Vgl. nochmals oben Pkt. 1.

Versicherung und damit auch die Lebensversicherung ist ein „nicht greifbares“[128], „unsichtbares“[129] Gut.[130] Dies unterscheidet den Versicherungsvertrag beispielsweise von einem Kaufvertrag. Bei letzterem steht der Vertragsgegenstand außerhalb der vertraglichen Absprache, d.h. er muss nicht erst durch die vertragliche Absprache bzw. eine gesetzliche Regelung erzeugt werden.

Die Produktion von Versicherung erfolgt dagegen durch die rechtliche Manifestation aufgrund eines Gesetzes oder einer vertraglichen Abrede. So führt *Dreher*[131] aus, dass der Produktionsprozess seinen stofflichen Niederschlag in den Versicherungsverträgen fände, die zugleich Produktionsmittel und -ergebnis wären. Der Versicherungsvertrag bilde daher einen äußeren Rahmen, in welchem sich die Produktion der Versicherung niederschlage und der sie zugleich konstituiere. Die Versicherung sei somit ein Rechtsprodukt.[132]

Vergegenwärtigt man sich diesen Zusammenhang von Versicherungsproduktion und Versicherungsvertrag, insbesondere die vertragliche Gestaltung mittels allgemeinen Versicherungsbedingungen bzw. gesetzlichen Vorgaben, erhellt sich die einschneidende Bedeutung der gesetzlichen Neuerungen für das Produkt Lebensversicherung noch mehr.

Nächster Schritt soll nun die Frage nach der Rechtsnatur des Rechtsproduktes Lebensversicherung sein. Waren die neuen Regelungen wegen der Rechtsnatur des Vertrages nötig? Oder verändern die gesetzlichen Vorgaben gar die Rechtsnatur des Lebensversicherungsvertrages?

3.2.3. Die Rechtsnatur des Lebensversicherungsvertrages

Die Rechtsnatur des Versicherungsvertrages, explizit auch des Lebensversicherungsvertrages, wird seit jeher kontrovers diskutiert.[133]

128 Werber, VersR 1986, 1, 2.

129 R. Schmidt, ZVersWiss 1973, 529, 539.

130 Vgl. dazu ausführlich, Dreher, Die Versicherung als Rechtsprodukt, S. 145 ff.

131 Dreher, ebd., S. 146.

132 Kritisch hierzu Schünemann, in: Gedächtnisschrift für Johann Georg Helm, S. 865 ff.

133 Vgl. u.a. Schwintowski, JZ 1996, 702; Basedow, ZVersWiss, 1992, 419, 434; Ortmann, aaO (Fn. 32), Vorbem. zu §§ 150-171 VVG Rn. 88; Eppe, VersR 2008, 1316; Dreher, ebd., S. 70 ff., 84 ff.; Benkel, VersR 1994, 509 m.w.N.; Lorenz, ZVersWiss 1993, 283; Schünemann, NVersZ 1999, 345.

3.2.3.1. Historische Anknüpfung

Die Anfänge des Versicherungswesens reichen bis in die römische Kaiserzeit zurück. Voraussetzung für die Urtypen des Versicherungsvertrages war die Geldwirtschaft.[134] Das *Corpus Iuris Civilis*[135] enthielt einen solchen Vertragstyp jedoch nicht.[136]

Zur Beschaffung von Geldmitteln und auch zur Umgehung des von der katholischen Kirche ausgerufenen Zinsverbotes dienten zahlreiche Vertragskonstruktionen als Vorläufer des heutigen Versicherungsvertrages. Gesellschaftlich weit verbreitet waren vor allem Wett- und Spielverträge.[137]

Den entscheidenden Anstoß zum versicherungsvertraglichen Wesen im heutigen Sinn gab die Einführung des algorithmischen Rechnens. Seit der Renaissance (14-17Jh.) und der damit verstärkt einhergehenden Beschäftigung mit der Mathematik, insbesondere der Wahrscheinlichkeitsrechnung, begann das Versicherungswesen nach heutigem Verständnis langsam aufzublühen.[138]

Unter dem Einfluss des sich entwickelnden Handelsrechts im 16. Jahrhundert wurde der Versicherungsvertrag zunächst nach den Regeln des Kaufvertragsrechts eingeordnet.[139]

3.2.3.2. Ansichten zur Rechtsnatur

Unstreitig ist der Versicherungsvertrag privatrechtlicher Natur, da der Vertragsgegenstand dem Bürgerlichen Recht zugeordnet werden muss.[140]

---

134 Vgl. ausführlich zur Entstehung speziell der Lebensversicherung: Braun, Geschichte der Lebensversicherung und Lebensversicherungstechnik, S. 3 ff.

135 Die Gesetzessammlung des oströmischen Kaisers Justinian I. als grundlegendes Werk des Römischen Rechts entstand zwischen 528-534 n.Chr.

136 Schwintowski, JZ 1996, 702.

137 Vgl. Braun, ebd., insbesondere S. 17 ff. zum Rentenwesen bis zum 15 Jh. sowie S. 28 ff. zu den Anfängen der Wettversicherung.

138 Vgl. Braun, ebd., S. 34 ff.

139 Vgl. Schwintowski, aaO (Fn. 105), 702 - unter Verweis auf Pedro Santerna de Santarem.

140 Vgl. nur Schimikowski, Versicherungsvertragsrecht, S. 1. Natürlich bildet das Versicherungsvertragsrecht nur einen Teil des sog. Privatversicherungsrechts ab. Daneben muss das Versicherungsaufsichtsrecht und das Versicherungsunternehmensrecht genannt werden, welche die Versicherungswirtschaft und das Versicherungswesen maßgebliche beeinflusst. Vgl. dazu näher, z.B. Weyers/Wandt, Versicherungsrecht, A.I., S. 1 Rn. 1 ff.

Ebenso unstreitig gehört der Versicherungsvertrag zu den mehrseitigen schuldrechtlichen Rechtsgeschäften. Sowohl für den Versicherer als auch für den Versicherungsnehmer begründet der Vertrag Leistungspflichten.[141] Allerdings weist das zweite Buch des BGB den Versicherungsvertrag weder vor noch nach der Schuldrechtsmodernisierung ausdrücklich aus.[142]

Nach der sog. *Geldleistungstheorie* schuldet der Versicherer eine durch den Eintritt des Versicherungsfalls aufschiebend bedingte Zahlung einer bestimmten Geldsumme. Im Gegenzug ist der Versicherungsnehmer zur Prämienzahlung verpflichtet.[143]

Die sog. *Gefahrtragungstheorie* stellt dagegen die Gefahrtragung des Versicherers als Leistungspflicht heraus. Maßgeblich sei die Gewährung von Versicherungsschutz, wobei die Geldleistung im Versicherungsfall nur ein Element der Leistung, neben der Organisation der Gefahrengemeinschaft und der Einbeziehung des einzelnen Versicherungsnehmers in die Berechnung und Anlage von Rücklagen wäre. Demgegenüber steht wiederum die Prämienzahlungspflicht des Versicherungsnehmers.[144]

Nach diesem von beiden Theorien zugrunde gelegten Ansatz ist der Versicherungsvertrag ein gegenseitiger Vertrag. Die Aufspaltung der jeweiligen Prämienanteile wird abgelehnt, da eine Einheit des Versicherungsvertrages vorgegeben sei.[145]

Schünemann[146] vertritt die Ansicht, bei dem Versicherungsvertrag handele es sich um einen Geschäftsbesorgungsvertrag i.S.v. § 675 BGB mit dienstvertraglichem Kern. Dabei sei die Prämie teils als Entgelt für die Organisationsleistung des Versicherers sowie teils als Beitrag zum Risikodeckungskapital zu verstehen. Ausgangspunkt der Überlegung ist, dass der vom Versicherer im Versicherungsfall zu zahlende Betrag immer von der Versichertengemeinschaft

141 Ebd.

142 Vgl. Schünemann, JZ, 1995, 430.

143 Vgl. u.a. Schünemann, ebd.; Basedow, ZVersWiss 1992, 419, 434; Schwintowski, aaO, 702; Eppe. aaO (Fn. 84), S. 1317; Dreher, aaO (Fn. 130), S. 85 ff.

144 Ebd.

145 Vgl. u.a. OLG Hamburg, VersR 1990, 475; Benkel, VersR 1994, 509, 515.

146 Schünemann, JZ 1995, 432; ders. in: Gedächtnisschrift für Helm, Das Rechtsprodukt Versicherung, S. 876; Die Ansicht Schünemanns soll als die in den letzten Jahren maßgebliche für die Vertreter des sog. Geschäftsbesorgungsmodells herausgegriffen sein. Weitere Quellennachweise finden sich bspw. bei Benkel, VersR 1994, 509, 511 f.

aufgebracht werden müsse.[147] Hier erfolge schlicht eine Umverteilung innerhalb der Versicherten-/Gefahrengemeinschaft.[148]

Ein Teil der Prämie des Versicherten würde für die Organisation des Versicherungsbetriebs benötigt. Der Prämienteil könne daher insoweit als Preis verstanden werden, die diesbezügliche Leistung des Versicherers als Dienstleistung. Genannte Pflichten stehen im versicherungsvertraglichen Synallagma.

Anders sei aber der Prämienteil zu qualifizieren, welcher der Risikodeckung dient. Hierbei komme es zur Bildung eines Treuhandvermögens der Gefahrengemeinschaft in der Hand des Versicherers.

Die Organisationsleistung des Versicherers, insbesondere die Erfassung und Eingliederung der individuellen Risiken mit Mitteln der Versicherungstechnik, stelle eine Wahrnehmung fremder Vermögensinteressen dar. Ebenso gelte die treuhänderische Betätigung stets als Geschäftsbesorgung.

Schwintowski[149] will den Versicherungsvertrag als Hedge ähnliches Geschäft mit Geschäftsbesorgungselementen qualifizieren. Dabei sei Versicherung ihrem Wesen nach ein Risikogeschäft. Kennzeichnend dafür ist, dass Vertragsgegenstand gerade das Risiko selbst sei. Den Risikogeschäften, zu denen beispielsweise Bürgschaft, Leibrentenvertrag, Spiel und Wette, Options-, Swap- oder Warentermingeschäfte gehören, könne keine einheitliche Rechtsnatur zugeordnet werden.

Dem Versicherungsvertrag lägen die charakteristischen Merkmale eines Hedge-Geschäftes zugrunde. Diese zeichnen sich durch die Verbindung eines auf tatsächliche Lieferung einer Ware gerichteten Hauptgeschäfts mit einem parallel laufenden Termingeschäft, welches nur dazu diene, den im Hauptgeschäft befindlichen Gefahren einer Kursschwankung zu begegnen, aus. Entscheidend sei also ein Risikoausgleich. Das Risiko der Preisentwicklung werde durch die Verbindung wie andere Risiken auch versicherbar.[150]

Als zu sicherndes Hauptgeschäft müsse in der Schadensversicherung das Interesse des Versicherungsnehmers gesehen werden, die versicherten Sachen uneingeschränkt zur Verfügung zu haben. In der Lebensversicherung bestehe das zu sichernde Hauptgeschäft in dem Interesse der geringen Rücklagenbildung. An die Stelle des vereinbarten Ausübungszeitpunktes trete die Laufzeit des Versicherungsvertrages. Der Risikoausgleich erfolge jedoch im Gegensatz zu den

---

147 Vgl. Schünemann, ebd., S. 875.

148 Im Gegensatz zu den Ansätzen, die den Versicherungsvertrag als gegenseitigen Vertrag verstehen, kommt es gerade nicht zu einem Risikotransfer auf den Versicherer, sondern zu einem Transfer innerhalb der Risikogemeinschaft.

149 Schwintowski, aaO (Fn. 105), 702 ff.

150 Dazu ausführlich Schwintowski, ebd., unter Verweis auf Henssler.

echten Hedge-Geschäften nicht über einen Terminmarkt, sondern über eine Risikogemeinschaft nach dem Gesetz der großen Zahlen, was den entscheidenden Unterschied zwischen Hedging und Versicherung bilde. Jedoch sei der Grundgedanke des Risikoausgleichs derart prägend, dass trotzt unterschiedlicher Herbeiführung des Ausgleichs eine sehr hohe Ähnlichkeit besteht.

Soweit der Versicherer den Versicherungsnehmer berät, handele der Versicherer im fremden Interesse. Dies stelle eine Geschäftsbesorgung dar.

H.D. Meyer[151] erkennt in dem Versicherungsvertrag mindestens zwei Verträge. Es müsse differenziert werden zwischen dem eigentlichen Versicherungsvertrag des einzelnen Versicherungsnehmers und der Versicherungsgemeinschaft sowie dem entgeltlichen Geschäftsbesorgungsvertrag zwischen dem einzelnen Versicherungsnehmer und dem Versicherer mit dem Auftrag der Verwaltung und Umverteilung der Versicherungsbeiträge.

Donath[152] versteht die in der Prämie enthaltenen Sicherheitszuschläge als auflösend bedingte Leistung der Versicherungsnehmer gemäß § 158 Absatz 2 BGB. Verläuft die Versicherung wie angedacht, trete die auflösende Bedingung ein, da die Sicherheitszuschläge nicht benötigt wurden. Dann hätte der Versicherungsnehmer einen Anspruch auf Rückerstattung der Sicherheitszuschläge.

3.2.3.3. Rechtsnatur speziell der gemischten Kapitallebensversicherung

Eine erweiterte Betrachtung findet sich für gemischte Lebensversicherungsverträge.

Voranzustellen ist, dass für die Lebensversicherung besondere aufsichtsrechtliche Vorgaben der Prämienkalkulation gelten. Gemäß § 11 VAG müssen die Prämien unter Zugrundelegung angemessener versicherungsmathematischer Annahmen kalkuliert werden und so hoch sein, dass das Versicherungsunternehmen all seinen Verpflichtungen nachkommen, insbesondere für die einzelnen Verträge ausreichende Deckungsrückstellungen bilden kann.[153] Die erheblichen aufsichtsrechtlich bedingten Sicherheitszuschläge führen zur Bildung von Überschüssen beim Versicherer.[154]

---

151 Meyer, ZRP, 424, 428.

152 Donath, AcP 192 (1992), 279, 297 ff.

153 Auf die aufsichtsrechtlichen Vorgaben soll an dieser Stelle nicht weiter eingegangen werden. Hinzuweisen bleibt hier auf das Diskriminierungsverbot des § 11 Abs. 2, den verantwortlichen Aktuar in der Lebensversicherung gemäß § 11a, die Regelungen zur Kapitalausstattung und Vermögensanlage, insb. §§ 53 c Abs. 3 Nr. 4, 54 sowie auf die besonderen Vorschriften über die Deckungsrückstellung und das Sicherungsvermögen nach §§ 65 – 79a VAG.

154 Basedow, aaO (Fn. 31), 422; bereits oben Pkt. 1.

Wie bereits geschildert[155] ist bei der gemischten Kapitallebensversicherung neben dem Risikoelement auch ein Sparvorgang zu berücksichtigen. Dieser Sparvorgang bedingt eine erweiterte Befassung mit der Frage nach der Rechtsnatur des gemischten Kapitallebensversicherungsvertrages. Die Diskussion um die Rechtsnatur „ist zudem", wie *Schwintowski*[156] zu recht anmerkt, „von dem Ringen um die angemessene Höhe der Überschussbeteiligung in der Kapitallebensversicherung bestimmt".[157]

Basedow[158] versteht die Kapitallebensversicherung als partiarisches Rechtsverhältnis.[159] Dabei müsse davon ausgegangen werden, dass es sich um einen gemischten Vertrag handele, welcher Versicherungs- und Sparvorgang kombiniere. Auch die Versicherten verstünden den Kapitallebensversicherungsvertrag gerade nicht lediglich als Risikoübernahme, sondern und vor allem als Kapitalanlage. Im Unterschied zu anderen Spar- und Darlehensverträgen erhalte der Versicherte für die Kapitalüberlassung keinen festen Zinsfuß. Je nach Anlageerfolg bekomme man das Geld höher oder niedriger verzinst zurück. Ein solches Verhältnis sei als partiarisches Rechtsverhältnis zu qualifizieren. Ein partiarisches Rechtsverhältnis ist nämlich immer dann gegeben, wenn „entgeltliche nicht gesellschaftsrechtliche Verträge die Besonderheit aufweisen, dass das Entgelt für die Leistung des einen Teils ganz oder zum Teil von dem Ertrag oder Gewinn abhängt, den der andere Teil mit Hilfe dieser Leistung erwirtschaftet hat, dass die Gegenleistung also nicht höhenmäßig fixiert, sondern erfolgsbezogen ausgestaltet ist"[160]. Im Gegensatz zur gesellschaftsrechtlichen Vertragsbeziehung erfolge eine Gewinnbeteiligung ohne - jedenfalls unbeschränkte[161] - Verlustbeteiligung.

---

155 Siehe oben unter Pkt. 3.2.1.4.

156 Schwintowski, aaO (Fn. 105), S. 707.

157 Schwintowski betont, freilich vom damaligen Standpunkt aus, dass sich die Diskussion auf Vertragsschlüsse für die Zeit vor der Deregulierung bezieht. Aufgrund der neuen gesetzlichen Regelung der VVG-Reform erlangt die verbundene Frage von Rechtsnatur und Überschussbeteiligung, nach Ansicht des Verfassers, gerade neue Relevanz.

158 Basedow, ebd., 437 ff.

159 Im Ergebnis bestätigend auch Lorenz, ZVersWiss, 1993, 283. Dieser sieht zwar ebenfalls ein partiarisches Element im Kapitallebensversicherungsvertrag. Allerdings habe dies weder die Anwendung gesellschaftsrechtlicher Vorschriften, eine Aufspaltung des Versicherungsvertrages, Optimierungspflichten des Versicherers noch etwaiger Auskunftsansprüche des Versicherungsnehmers zur Folge.

160 Ebd., 437 m.w.N.

161 Theoretisch kann die Überschussbeteiligung auch „Null" sein, so dass ein Versicherungsnehmer nur den garantierten Versicherungsbetrag verlangen kann.

Bei der Kapitallebensversicherung müsse der Begriff der Gewinnbeteiligung dem der Überschussbeteiligung gleichgesetzt werden. Die Überschussbeteiligung sei gerade wesentlicher Bestandteil der Leistung des Versicherers und die hinter ihr stehenden Gewinne würden aus den Sparanteilen und Sicherheitszuschlägen der Prämie herrühren.

Für fondsgebundene Lebensversicherungen gelte das Gleiche, da der Sparanteil der Prämie in einem Investmentfonds angelegt werde und an der Wertentwicklung des Fonds teilnehme.

H.D.Meyer[162] will beim Kapitallebensversicherungsvertrag einen weiteren (dritten) Vertrag i.S.e. Sparvertrages annehmen.

Schünemann[163] sieht speziell für den Kapitallebensversicherungsvertrag das Wesen der Geschäftsbesorgung bestätigt. Denn das durch den sog. Sparanteil der Prämie gebildete Anlagevermögen begründe „der Sache nach" einen Investmentvertrag und damit ein typisches Geschäftsbesorgungsverhältnis.

Auch *Eppe*[164] greift den Gedanken des Geschäftsbesorgungsmodells (zumindest in der kapitalbildenden Lebensversicherung) auf und zieht dabei einen Vergleich mit dem Investmentvertrag heran.

Die Leistung einer Investmentgesellschaft bestehe darin, ein gestreutes Wertpapiervermögen aufzubauen und dem Kleinanleger die Möglichkeit einzuräumen, daran mit kleinen Quoten zu partizipieren. Ein Kleinanleger erwirbt dadurch Anteile an einem Sondervermögen, welches die Investmentgesellschaft getrennt von ihrem eigenen Vermögen zu verwalten hat.

Der Versicherungsnehmer sei im Hinblick auf Risiko- und Sparanteil der Prämie Anleger und verdiene daher den Schutz nach dem Vorbild des Investmentvertrages und des Investmentgesetzes. Im Übrigen decke sich der versicherungsvertragsrechtliche Anspruch auf die Überschussbeteiligung[165] inklusive der Bewertungsreserven inhaltlich mit dem Anspruch des Anlegers auf Gewinnausschüttung.

Jedoch sieht *Eppe* eine Ausgestaltung der vertraglichen Beziehung als Geschäftsbesorgungsvertrag als Sonderfall an, welcher vertraglich vereinbart werden müsse. Grundsätzlich sei von einem (vollkommenen) gegenseitigen Vertrag auszugehen.

Eine andere Beurteilung könne sich aber aus dem zivilrechtlichen Anspruch auf Überschussbeteiligung samt stiller Reserven ergeben. Dieser Anspruch

---

162 Meyer, aaO (Fn. 151), S. 428.

163 Schünemann, aaO (Fn. 142), S. 432.

164 Eppe, aaO (Fn. 84), S. 1317 ff.

165 Zu dessen Ausgestaltung durch § 153 VVG n.F. siehe unten.

spreche für eine treuhänderische Verwaltung. Andererseits statuiere sich allein daraus kein Sondervermögen, zumal der Anspruch auch abbedungen werden kann. Im Übrigen stehe die gesetzlich vorgesehene hälftige Beteiligung der Versicherungsnehmer an den Überschüssen aus den Kapitalanlagen mit einer vollständigen Gewinnausschüttung im Widerspruch.

3.2.3.4. Ansicht der Rechtsprechung

Die Rechtsprechung stand nach alter Rechtslage einer Abtrennung des Sparanteils kritisch gegenüber. Dies entspräche nicht dem Gesetz. Die Konzeption des Gesetzes sei die eines einheitlichen Lebensversicherungsvertrages, für den insgesamt das VVG, das VAG und die besonderen Vorschriften des HGB gelten.[166]

So führt auch das Bundesverfassungsgericht[167] aus, das es den Grundannahmen einer privatwirtschaftlichen Versicherungsordnung entspreche, dass die Versicherungsunternehmen ihre Geschäftspolitik selbst gestalten und damit in unternehmerischer Eigenverantwortung über den wirtschaftlichen Erfolg entscheiden würden. Die Rechtsordnung begrenze zwar diese Dispositionsmöglichkeiten der Versicherungsunternehmen im Interesse der Funktionsfähigkeit des Versicherungswesens und zum Schutz der Belange der Versicherten. Dies lasse den Grundsatz unternehmerischer Eigenverantwortung der Versicherungsunternehmen aber unberührt.[168]

3.2.3.5. Gesetzgeberische Anknüpfung

Die aufgezeigte kontroverse Diskussion, die bereits weitestgehend vor der VVG-Reform stattfand, begründet sich auf der bisherigen Regelung des § 1 VVG a.F.

Im Zuge der dargestellten Diskussion brachte die SPD-Fraktion im Jahre 1997 einen Entwurf zur Reform des VVG ein.[169] Dieser sah eine Dreiteilung der Versicherungsprämie für die kapitalbildende Lebensversicherung vor. Die Prämie sollte sich dabei aus einem Entgeltanteil für das Dienstleistungsgeschäft, einen Risikoanteil für das Risikogeschäft und einen Sparanteil für das Kapitalanlagegeschäft zusammensetzen. Für die jeweiligen Anteile wären unterschiedliche gesetzliche Regelungen zur Anwendung gekommen. Der Betrag für das Dienstleistungsgeschäft würde beim Versicherer verbleiben. Die Anteile für das

166 So z.B. BGH, Urteil vom 12.10.2005, VersR 2005, 1565, 1568.

167 BVerfG, Urteil vom 26.07.2005 (1 BvR 80/95) = NJW 2005, 2376.

168 BVerfG ebd., S. 2379.

169 BT-Drcks. 13/8163; vgl. hierzu auch Präve, VersWissStud 2003, Bd. 24, S. 277 f.; Schünemann, NVersZ 1999, 345.

Risiko- und Kapitalanlagegeschäft sollten dagegen treuhänderisch in einem Sondervermögen verwaltet und abgerechnet werden.[170]

Diese versuchte Kodifizierung des Geschäftsbesorgungsmodells sollte eine den Versicherungsnehmer benachteiligende Querverrechnung und Vermögensverschiebung verhindern sowie eine zeitgenaue Abrechnung ermöglichen.[171]

Die VVG-Kommission hat in ihrem Abschlussbericht ausdrücklich von dem vorgeschlagenen Modell Abstand genommen.[172]

Dem folgend will auch der Gesetzgeber eine Trennung von Versicherungsschutz und Sparvorgang nicht vorschlagen.[173] Gerade die kapitalbildende Lebensversicherung sei ein nicht nur national seit langer Zeit etabliertes Versicherungsprodukt. Es bedürfe schwerwiegender Gründe, dieses Produkt in seiner jetzigen Form nicht mehr zuzulassen. Das maßgebliche Ziel der Aufspaltung der Versicherungsprämie, die Verbesserung der Transparenz, werde anders erreicht. Verbindliche Vorschriften über eine Trennung von Versicherungsschutz und Sparvorgang würden aufgrund des zulässigen Angebots ausländischer Versicherungsunternehmen ohnehin ins Leere gehen.[174]

Auch erleichtere die Aufgliederung der Prämie in die einzelnen Bestandteile dem Versicherungsnehmer nicht seine Produktauswahl. Vielmehr sei hierfür nur die Angabe der Prämie insgesamt förderlich. Dagegen biete eine aufgegliederte Darstellung der Prämie eher Missbrauchsmöglichkeiten.[175]

3.2.3.6. Stellungnahme

Die Rechtsnatur des Lebensversicherungsvertrages hängt maßgeblich von der Verknüpfung tatsächlicher Gegebenheiten mit der rechtlichen Struktur ab.[176]

Der Lebensversicherungsvertrag muss demnach als einheitlicher Vertrag bewertet werden.

Dafür sprechen zunächst sowohl die historische Auslegung des Gesetzes als auch die Gesetzessystematik. Der Gesetzgeber versteht die Lebensversicherung

170 Vgl. § 1 Abs. 4 S. 1 des Entwurfes.

171 BT-Drcks. 13/8163 S. 6.

172 Abschlussbericht der Kommission zur Reform des Versicherungsvertragsgesetzes vom 19.04.2004, S. 93 ff.; vgl. auch bereits den Zwischenbericht der VVG-Kommission, S. 94 dort Pkt. 15.2.1.; Brömmelmeyer, VersR 2003, 939.

173 BT-Drcks. 16/3945, S. 51; Ortmann, aaO (Fn. 32), Vorbem. zu den §§ 150 bis 171 VVG Rn. 88.

174 Ebd.

175 Ebd.

176 Vgl. dazu m.w.N. Dreher, aaO (Fn. 130) S. 66 ff.

als „etabliertes Versicherungsprodukt“[177]. Die gesetzlichen Vorschriften lassen die Lebensversicherung trotz ihrer zahlreichen Facetten als einheitliches, selbstständiges Produkt erscheinen.

Weiterhin führt der Wortlaut des § 1 VVG n.F. zunächst allgemein die Pflicht des Versicherers aus, ein bestimmtes Risiko des Versicherungsnehmers oder eines Dritten durch eine Leistung abzusichern, die bei Eintritt des vereinbarten Versicherungsfalles zu erbringen ist. Im Gegenzug verpflichtet sich der Versicherungsnehmer die vereinbarte Prämie zu leisten. Diese auch für den Lebensversicherungsvertrag geltenden vertragstypischen Pflichten sprechen für eine einheitliche Prämie und den selbstständigen Charakter des Versicherungsvertrages. Allerdings ist zuzugeben, dass der Wortlaut des § 1 VVG n.F. vom Gesetzgeber bewusst offen formuliert wurde. Nach der Gesetzesbegründung soll der theoretisch denkbare Fall der Versicherungsform durch einen „Geschäftsbesorgungsvertrag vieler Versicherungsnehmer mit einem Dritten, verbunden mit einer rechtlichen Vergemeinschaftung der Risiken und Chancen aller Versicherungsnehmer untereinander“[178] für die Zukunft offen gehalten werden. Dies betrifft aber eine vorliegend nicht betrachtete theoretisch denkbare Vertragskonstellation. Im Umkehrschluss soll das Geschäftsbesorgungsmodell für die hier maßgebliche grundsätzliche Konstellation des Versicherungsvertrages aber nicht einschlägig sein.[179]

Für die Begründung eines einheitlichen Vertrages bedarf es auch nicht des Rückgriffes auf die Grundsätze der Typenmischung von Verträgen. Durch das massenhafte[180] Auftreten von Lebensversicherungsverträgen und die rechtlichen Ausgestaltung durch Gesetz und Allgemeine Versicherungsbedingungen wird die Eigenständigkeit des Lebensversicherungsvertrages hinreichend begründet.[181]

Demgegenüber wirkt die Aufspaltung des Vertrages konstruiert und kann nicht überzeugen. Der „Hauptzweck“ dieser Ansichten, eine größere Transparenz des Lebensversicherungsproduktes und eine angemessene Beteiligung an den Überschüssen zu erreichen, wird vom Gesetzgeber durch die Statuierung

177 BT-Drcks. 16/3945, S. 51.

178 BT-Drcks. 16/3945, S. 56.

179 Ebenso Eppe, aaO (Fn. 84), S. 1320; Ein Beispiel des vom Gesetzgeber angedachten Ausnahmefalls findet sich bei Schwintowski, aaO (Fn. 105), S. 703.

180 Zum Wesensmerkmal der Versicherung „Massengeschäft“ vgl. nur Osing, Informationspflichten des Versicherer und Abschluß des Versicherungsvertrages, S. 5.

181 Vgl. Dreher, ebd., S. 76.

von zivilrechtlich-durchsetzbaren[182] Beratungs- und Informationspflichten im Versicherungsvertragsgesetz und in der zugehörigen VVG-InfoV[183] sowie durch die neuen Regelungen zur Überschussbeteiligung und zum Rückkaufswert in §§ 153, 169 VVG zu erreichen versucht.[184] Damit spricht auch der Sinn und Zweck der gesetzlichen Vorschriften gegen eine Aufspaltung des Lebensversicherungsvertrages.

Für eine Geschäftsbesorgung fehlt es an einer Tätigkeit, die der einzelne Versicherungsnehmer selbst übernehmen könnte.[185] Wie bereits aufgezeigt, bedingen versicherungsaufsichtsrechtliche Gründe die Bildung ausreichender Deckungsrückstellungen. Dieser maßgebliche aufsichtsrechtliche Einfluss lässt einen Vergleich mit dem Verhältnis zwischen Anlegern und Kapitalanlagegesellschaften oder Sparern und Sparkassen scheitern.[186] Insoweit muss der Tätigkeit des Versicherers eigenständige Rechtsqualität beigemessen werden. Anders ausgedrückt, der Versicherer übernimmt gar nicht das Risiko des einzelnen Versicherten, sondern kalkuliert zur Sicherung des Risikos des Versicherten dieses nach dem Gesetz der großen Zahl.[187]

Zudem betreibt der Versicherer sein Geschäft gerade aus eigenem Gewinnstreben.[188] Dass für den Betrieb einer Versicherung aus Gründen der Versicherungstechnik eine größere Anzahl von Verträgen notwendig ist und mithin eine Versichertengemeinschaft zwingend besteht, begründet weder eine maßgebliche Tätigkeit für die Versichertengemeinschaft, geschweige denn einen Vertragsschluss zwischen Versicherungsnehmer und Versichertengemeinschaft. Aufgrund der notwendigen Konzeption einer Versichertengemeinschaft und somit der Produktion einer funktionsfähigen Versicherung ist dem (Lebens-)Versicherungsvertrag jedoch ein dienstvertragliches Element zuzubilligen.[189]

Zugestimmt werden muss der Einordnung des Versicherungsvertrages als Risikogeschäft. Der Gegenstand des Versicherungsvertrages birgt stets ein Risiko.

---

182 Es dürfte zwischenzeitlich kein Zweifel mehr an der privatrechtlichen Rechtnatur der Beratungs- und Informationspflichten des Versicherers bestehen. So die einhellige Ansicht. Vgl. unten Pkt. 4.1.1.2.3.4.

183 Vgl. bereits oben Pkt. 3.1.3.4.

184 Vgl. in diesem Sinne auch Ortmann, aaO (Fn. 32), Vorbem. zu den §§ 150 bis 171 VVG Rn. 88.

185 Dreher, ebd., S. 74.

186 Vgl. z.B. auch OLG Hamburg, VersR 1990, 475, 477.

187 Vgl. Schwintowski, ebd.

188 Dreher, ebd., S. 75.

189 Vgl. ebd.

Allerdings kann daraus weder eine einheitliche Rechtsnatur noch die fehlende Selbstständigkeit des jeweiligen Risikogeschäftes abgeleitet werden.[190]

Der Vergleich mit einem Hedge-Geschäft zeigt den zwar ähnlichen aber im Ergebnis unterschiedlichen Charakter des Versicherungsvertrages auf. Während beim Hedge-Geschäft ein Risikoausgleich über den Terminmarkt erfolgt, sichert der Versicherer das Risiko der einzelnen Versicherten anhand der versicherungsmathematischen Berechnung nach dem Gesetz der großen Zahl.[191] Diese charakteristische Besonderheit spricht wiederum für eine eigenständige Rechtsnatur.

Die Einordnung des Kapitallebensversicherungsvertrages als partiarisches Rechtsverhältnis kann nur unter Berücksichtigung der versicherungsvertragsrechtlichen Besonderheiten erfolgen.

Ein partiarischer Vertrag wird dann angenommen, wenn das Entgelt der einen Partei ganz oder in teilweiser Abhängigkeit zum Gewinn oder Umsatz der anderen Partei steht.[192] Nach § 153 Abs. 1 VVG n.F. steht dem Versicherungsnehmer grundsätzlich eine Beteiligung am Überschuss sowie an den Bewertungsreserven zu, es sei denn, die Überschussbeteiligung wurde insgesamt ausgeschlossen.

Zunächst ist nochmals anzumerken, dass die Begrifflichkeit der Überschussbeteiligung vom Gesetzgeber nunmehr auch auf die Bewertungsreserven erstreckt wird. Ob tatsächlich vorhandene Vermögenswerte, die sich bilanzrechtlich, also wegen der Bildung stiller Reserven und mangels Realisierung dieser Reserven, im bilanziellen Gewinn des Versicherungsunternehmens nicht wieder spiegeln, als Gewinn im Sinne eines partiarischen Rechtsverhältnisses angesehen werden können, erscheint zweifelhaft. Dies kann im Ergebnis jedoch dahin stehen, da zumindest die teilweise Abhängigkeit zum Gewinn bereits für die Annahme eines partiarischen Rechtsverhältnisses ausreicht.

Die grundsätzliche Partizipation an den Überschüssen i.S.v. § 153 VVG n.F. spricht für ein partiarisches Element bei der Kapitallebensversicherung.[193] Eine bestimmte Folge lässt sich daraus jedoch nicht ableiten, da allgemeine oder besondere gesetzliche Vorschriften über partiarische Rechtsverhältnisse nicht bestehen.[194] Die dem partiarischen Element geschuldeten Folgen ergeben sich für die Kapitallebensversicherung nunmehr aus dem vom Gesetzgeber eingeführten zivilrechtlichen Informationskonzept und den zwingenden Vorgaben zur Überschussbeteiligung. Auch dies spricht für die Einheitlichkeit

190 Vgl. dazu auch Schwintowski, ebd., S. 704; Dreher, ebd., S. 73.

191 Vgl. Schwintowski, ebd., S. 705.

192 Larenz/Canaris, Lehrbuch des Schuldrechts, Band II/2, § 63 III 2, S. 56.

193 In diesem Sinne noch zur alten Rechtslage vgl. auch Lorenz, aaO (Fn. 133), S. 300.

194 Vgl. Lorenz, ebd., S. 320.

des Lebensversicherungsvertrages und dessen eigene Typik. Darüber hinausgehende Verpflichtungen des Versicherers können aus dem partiarischen Element nicht begründet werden. Dies muss auch für den Fall gelten, in dem der Versicherungsnehmer auf die Informationen ausdrücklich verzichtet. Denn eine Schutzwürdigkeit besteht dann gerade nicht.

Auch die Konstruktion, die Sicherheitszuschläge als auflösende Bedingung einzuordnen, kann nicht überzeugen. Hiergegen spricht bereits, dass die Sicherheitszuschläge nicht eindeutig bestimmt werden können.[195] Letztlich muss die Überschussbeteiligung auch als künftige Leistung des Versicherers und nicht als Rückerstattungsanspruch verstanden werden.[196]

Schließlich rechtfertigen auch die neuen gesetzlichen Vorgaben im Rahmen der Überschussbeteiligung und des Rückkaufswertes kein anderes Ergebnis. Die (zwingende) normative Gestaltung kann zwar durchaus den Vertragstyp entscheiden charakterisieren.[197]

Dies ist durch § 153 VVG n.F. aber gerade nicht erfolgt. Es wird „lediglich" ein versicherungsvertraglicher Anspruch auf die Überschussbeteiligung, welcher aber auch insgesamt ausgeschlossen werden kann, festgeschrieben. Eine „Statuierung eines Sondervermögens am Sparbeitrag"[198] begründet sich dadurch nicht. Die hälftige Beteiligung an den Bewertungsreserven bei Beendigung des Vertrages gemäß § 153 Abs. 3 S. 2 VVG n.F. steht im Übrigen mit einem Geschäftsbesorgungsvertrag im Allgemeinen und dem Investmentvertrag im Speziellen nicht im Einklang.[199]

Die Festlegung eines Mindestrückkaufswertes in § 169 Abs. 3 S. 1 VVG n.F. belegt ebenso die eigenständige Typik des Lebensversicherungsvertrages. Der festgeschriebene Schutz für Frühstornofälle beeinflusst die Überschussbeteiligung der gesamten Versichertengemeinschaft. Die konkrete Vorgabe eines Mindestrückkaufswertes stellt zugleich eine konkrete Lösung des Spannungsverhältnisses zwischen kündigendem Versicherungsnehmer, Versichertengemeinschaft und Versicherer für die Fälle vorzeitiger Vertragsbeendigung durch den Gesetzgeber dar. Die gefundene Lösung dieses Spannungsverhältnisses entspricht wiederum nicht dem Charakter der Geschäftsbesorgungsverträge. Sie belegt vielmehr die versicherungsvertragliche Eigenart.

Demzufolge muss der (Kapitallebens-)Versicherungsvertrag als einheitlicher Vertrag qualifiziert werden.

---

195 Vgl. Ebers, Die Überschussbeteiligung in der Lebensversicherung, 2001, S. 240.

196 Vgl. nochmals ausführlich Ebers, ebd., S. 242.

197 Vgl. dazu Dreher, ebd., S. 66.

198 Eppe, aaO (Fn. 84), S. 1321.

199 Vgl. im Ergebnis ebenso Eppe, ebd., S. 1320.

Die Frage der Gegenseitigkeit des Vertrages soll nicht weiter Gegenstand der Bearbeitung sein.

Kurz angemerkt sei, dass die *Geldleistungstheorie* vom Wortlaut des § 1 VVG a.F. gedeckt war.[200] Problematisch an der Geldleistungstheorie ist aber vor allem, dass nach dem Wesen einer Versicherung von vornherein feststeht, dass eine Vielzahl der Versicherungsnehmer keinen Eintritt des Versicherungsfalls und damit eines Bedingungseintritts erleben werden.

Der neu gefasste § 1 VVG stellt neben der Erbringung der (Geld-)Leistung ausdrücklich auf die Absicherung eines Risikos ab und stützt somit seinem Wortlaut nach die *Gefahrtragungstheorie*.[201] Die Leistung des Versicherers besteht nach der Gefahrtragungstheorie in der Organisation der Gefahrengemeinschaft sowie der Einbeziehung der einzelnen Versicherten in die Berechnung und Anlage von Rücklagen. Dadurch erhält der Versicherte bereits während des Vertragslaufes eine Anwartschaft auf Deckung im Versicherungsfall und speziell bei der gemischten Kapitallebensversicherung auf Beteiligung an den Überschüssen.[202] Die Theorie wird damit auch den Vorgaben des Bundesverfassungsgerichtes gerecht.[203] Inwieweit die Gefahrtragung jedoch eine Leistungspflicht i.S.v. § 241 BGB sein kann, wird zu Recht in Frage gestellt.[204] Andererseits gibt die Theorie eine anschauliche Erklärung für die maßgeblichen versicherungswirtschaftlichen Umstände zur Produktion von Versicherung.[205]

Im Ergebnis stellt der (Kapitallebens-)Versicherungsvertrag einen eigenständigen gegenseitigen Vertrag mit, wenn man es so ausdrücken will, „flexiblem versicherungsvertraglichem" Kern dar. Dies begründet sich aus der

---

200 Vgl. Dreher, ebd., S. 85.

201 Dagegen entnimmt Eppe, ebd., S. 1317, dem Wortlaut des § 1 VVG n.F. einen Anhaltpunkt für die Geldleistungstheorie. Durch die Wendung „ ein bestimmtes Risiko… abzusichern" in § 1 VVG n.F. und auch im Vergleich zum Wortlaut des § 1 VVG a.F. „verpflichtet, nach dem Eintritt des Versicherungsfalls…" wird in der neuen Regelung nach Ansicht des Verfassers gerade die Gefahrtragung und nicht lediglich die bedingte Geldleistung ausgedrückt.

202 Vgl. auch Eppe, ebd.

203 Zu den Vorgaben der Rechtsprechung ausführlich unten unter Pkt. 3.4.

204 Dreher, ebd., S. 89 f.

205 Vgl. auch Dreher, ebd., S. 92. Die Streitfrage der Klagbarkeit der Gefahrtragungsmomente soll an dieser Stelle nicht weiter problematisiert werden. Eine Lösung könnte darin gesehen werden, dass nur die Einhaltung eines bestimmten unternehmerischen Spielraumes im Hinblick auf die versicherungstechnische Gefahrtragung tatsächlich im synallagmatischen Verhältnis steht.

Produktgestaltungsfreiheit, den Besonderheiten des Versicherungswesens[206] sowie aus den neuen gesetzlichen Vorgaben. Der Versicherungsvertrag enthält ein dienstvertragliches und ein partiarisches Element. Wie geschildert, kann bei besonderer Ausgestaltung auch ein geschäftsbesorgungsvertraglicher Charakter bestehen. Dies stellt jedoch aus derzeitiger Sicht nicht den Regelfall dar.

Die neuen zwingenden gesetzlichen Vorgaben im Rahmen der Lebensversicherung beeinflussen die rechtsdogmatische Einordnung des Vertrages nicht. Sie stützen vielmehr den hier vertretenen Standpunkt der versicherungsvertragsrechtlichen Eigenständigkeit. Umgekehrt betrachtet, bedurfte es der vom Gesetzgeber gefundenen zwingenden Vorgaben für die rechtliche Einordnung nicht. Ein anderer Lösungsweg zur Überschussbeteiligung und zum Rückkaufswert wäre dem flexiblen Kern des Versicherungsvertrags ebenso gerecht geworden.[207]

3.3. Der Binnenmarkt für Versicherungsdienstleistungen

Für das Verständnis weiterer Überlegungen bedarf es folgend einer kurzen rückblickenden Betrachtung auf die Entwicklung des rechtlichen Rahmens im Versicherungswesen.

Das gesamte Versicherungsrecht unterliegt aufgrund europäischer Harmonisierungsbestrebungen seit geraumer Zeit einem Wandel, denn auch für das Versicherungswesen, als einem der wichtigsten Wirtschaftszweige, sollte die Idee vom europäischen Binnenmarkt greifen.

3.3.1. Allgemeine Zielsetzung und Entwicklung des europäischen Binnen-marktes

Der Ausgangspunkt europäischer Harmonisierung war das im Gründungsvertrag der Europäischen Wirtschaftsgemeinschaft ausgegebene Ziel der Schaffung eines „Gemeinsamen Marktes“, später weiter inhaltlich konkretisiert i.S.e. europäischen Binnenmarktes.[208] Zur Verwirklichung des Zieles Binnenmarkt und dem dadurch gewollten Wettbewerb erfolgte die Statuierung so genannter Grundfreiheiten.[209]

---

206 Vgl. dazu ausführlich insbesondere Dreher, ebd., S. 57 ff.

207 Zu den verschiedenen Möglichkeiten, den vom Bundesverfassungsgericht aufgezeigten Schutzauftrag für die Versichertenanwartschaften aus der Überschussbeteiligung gemäß Art. 2 I, 14 I GG umzusetzen, sei auf die eigens vom Bundesverfassungsgericht genannten Wege in der Entscheidung vom 26.07.2005 hingewiesen. Siehe unten unter Pkt. 3.4.

208 Vgl. nur Osing, aaO (Fn. 180), S. 19.

209 Vgl. nur Mönnich, aaO (Fn. 21), § 2 Rn. 3. Zu den Grundfreiheiten zählen neben der Niederlassungs- (Art. 49 ff. AUEV) und Dienstleistungsfreiheit (Art. 56 ff. AEUV)

Die europäische Relevanz für das Rechtsprodukt „Versicherung“ wird durch die europarechtliche Einordnung des Produktes klar. Wie oben erörtert, beinhaltet die Versicherung ein dienstleistungsvertragliches Element.[210] Mithin lässt sich der Gegenstand des Versicherungsvertrages als eine Finanzdienstleistung einordnen.[211] Er besitzt individuellen Charakter und ist nicht auf Vorrat produzierbar.[212] Somit finden die Vorschriften über die Dienstleistungsfreiheit gemäß Art. 56 ff. AUEV auf Versicherungsleistungen Anwendung.[213] Zudem unterliegt der Anbieter von Versicherungsdienstleistungen unter bestimmten Voraussetzungen auch der Niederlassungsfreiheit i.S.v. Art. 49 ff. AUEV.[214]

Die Grundfreiheiten allein reichten jedoch für die Schaffung eines europäischen Binnenmarktes im Versicherungswesen nicht aus. Hierfür waren die Rahmenbedingungen in den einzelnen Mitgliedsstaaten zu unterschiedlich.[215]

Der Harmonisierungsprozess im Versicherungswesen erfolgte daher etappenweise und maßgeblich im Rahmen mehrerer sog. Richtliniengenerationen.[216]

---

weiter die Freiheit des Kapital- und Zahlungsverkehrs (Art. 63 ff. AUEV) und die Arbeitnehmerfreizügigkeit (Art. 45 ff. AUEV).

210 Vgl. oben unter Pkt. 3.2.3.6.

211 Vgl. auch Art. 2 b) der Richtlinie über den Fernabsatz von Finanzdienstleistungen 2002/65/EG.

212 Vgl. nur Osing, ebd., S. 4.

213 Siehe hierzu eingehend unten Pkt. 4.1.2.1.

214 Zur Abgrenzung von Dienstleistungs- und Niederlassungsfreiheit im Versicherungsrecht vgl. Mönnich, ebd., § 2 Rn. 115 ff., S. 117 ff. Vgl. insg. auch J. F. Schmidt, Die Deregulierung der Versicherungsaufsicht und die Versicherungsvermittlung in Deutschland, 2003, S. 37ff.; So nennt beispielsweise auch Erwägungsgrund Nr. 1 der Richtlinie 92/96 EWG bzw. Erwägungsgrund Nr. 3 der Richtlinie 2002/83/EG für die Vollendung des Binnenmarktes ausdrücklich die Gesichtspunkte der Niederlassungsfreiheit und des freien Dienstleistungsverkehrs. Den Versicherungsunternehmen mit Sitz in der Gemeinschaft soll es ebenso erleichtert werden, innerhalb der Gemeinschaft Verpflichtungen einzugehen wie es Versicherungsnehmern zu ermöglichen ist, sich auch bei solchen Versicherungsunternehmen zu versichern, welche ihren Geschäftssitz in der Gemeinschaft haben und in anderen Mitgliedsstaaten niedergelassen sind.

215 Vgl. Mönnich, ebd., Rn. 8 ff., S. 75 ff., m.w.N.

216 Dazu ausführlich P.Schmidt, Die Europäisierung des Versicherungsrecht unter besonderer Berücksichtigung der Grundfreiheiten im Binnenmarkt, S. 2 ff.; Im Hinblick auf die Lebensversicherung ist als erste Generation die Richtlinie des Rates 79/267/EWG vom 05.03.1979, als zweite Generation die Richtlinie des Rates 90/619/EWG vom 08.11.1990, als dritte Generation die Richtlinie des Rates 92/96/EWG vom

Die so genannte Deregulierung des Versicherungswesens Mitte der neunziger Jahre hatte besondere[217] einschneidende[218] Bedeutung. Mit der Umsetzung der dritten Versicherungsrichtliniengeneration galt der Binnenmarkt für Versicherungsdienstleistungen zumindest formal als verwirklicht.[219]

Die bisher starke Reglementierung über die deutsche Versicherungsaufsicht wurde nämlich durch die EG-Richtlinien Dritter Generation[220] und deren Umsetzung im Jahre 1994 beseitigt.[221]

Während die klassische Lösung des Verbraucherschutzes im Zivilrecht über die AGB-Kontrolle erfolgte, beschritt das Versicherungsrecht bis zur Deregulierung im Jahre 1994 einen Sonderweg. Es fand durch das damalige BAV[222] eine Präventivkontrolle der für das Rechtsprodukt wesentlichen Versicherungsbedingungen

10.11.1992 und als vierte Generation die Richtlinie des Europäischen Parlaments und des Rates 2002/83/EG vom 05.11.2002 zu nennen. Von diesem Stand ging der nationale Gesetzgeber bei der VVG-Reform aus. Die Richtlinie 2002/83/EG geht nunmehr in der Richtlinie 2009/138/EG des Europäischen Parlaments und des Rates vom 25.11.2009 auf, vgl. Art. 310. Diese sog. Solvency II Richtlinie sollte zunächst bis zum 01.11.2012 umgesetzt werden. Es kommt jedoch zu einer Verlängerung bis 01.01.2014 gemäß Art. 1 Nr. 2 der Richtlinie 2012/23/EU vom 12.09.2012. Zur Solvency-Richtlinie noch näher unten unter Pkt. 3.3.2. In § 7 Abs. 2 S. 2 VVG findet sich daher bspw. momentan noch der Verweis auf die bisherige Richtlinie 2002/83/EG. Allerdings wird die neue Richtlinie im Rahmen dieser Bearbeitung zu berücksichtigen sein, vgl. Bürkle, VersR 2007, 1595, 1597; Riesenhuber, Europäische Methodenlehre, S. 338; siehe unten unter Pkt. 4.1.2.5.2.1.2.5. Ursprüngliches Ziel der Harmonisierungsbestrebungen war zunächst eine materielle Versicherungsvertragsrechtsvereinheitlichung. Diese Strategie gab man jedoch in der Folge (zunächst) mangels Konsens auf und beschritt eine Strategie der minimalen Koordinierung und wechselseitigen Anerkennung nationaler Regelungen. Vgl. auch Reich, in: Reich/Micklitz, S. 816; Müller, aaO (Fn. 25), S. 38. Zur weiteren Entwicklung und der heutigen Strategie vgl. unten unter Pkt. 4.1.2.5.1.2.2. und Pkt. 7.2.

217 Vgl. Präve, in Prölss, Versicherungsaufsichtsgesetz, 12. Aufl., § 10a VAG Rn. 1.

218 Vgl. z.B. J.F.Schmidt, aaO (Fn. 214), S. 105.

219 Vgl. hierzu Mönnich, in: Beckmann/Matusche-Beckmann, § 2 Rn. 18 ff., insb. Rn. 39, S. 90. Die Harmonisierung des Vertragsrechts sei dabei keine zwingende Voraussetzung, vgl. auch Erwägungsgrund 19 der Richtlinie 92/96/EWG.

220 Richtlinie 92/96/EWG vom 10.11.1992 (Dritte Richtlinie Lebensversicherung) und Richtlinie 92/49/EWG vom 18.06.1992 (Dritte Richtlinie Schaden).

221 Vgl. z.B. Herrmann, DZWIR 2004, 45; Reiff, VersR 1997, 267, 268; Schwintowski, VuR 1998, 219, 221; Die Umsetzung in nationales Recht trat am 29.07.1994 in Kraft.

222 Bundesaufsichtsamt für Versicherungen, seit 01.05.2002 nimmt die Aufsichtsaufgaben die BaFin – Bundesanstalt für Finanzdienstleitungen – wahr.

statt.[223] Die jeweiligen Allgemeinen Versicherungsbedingungen wurden von der Versicherungsaufsicht auf ihre Vereinbarkeit mit den geltenden Gesetzen und der höchstrichterlichen Rechtsprechung hin überprüft. Insbesondere die vom Bundesaufsichtsamt aufgestellten Grundsätze der Einheitlichkeit, der Vollständigkeit, der Verständlichkeit sowie der Vollkommenheit und Zweckmäßigkeit der Bedingungen mussten gewährleistet sein. Nicht zuletzt wahrte die Präventivkontrolle damit vor allem die Verbraucher-/Versicherteninteressen.[224] Demnach bestand ein aufsichtsrechtlicher und damit öffentlich-rechtlicher Schutz der Versicherten, wodurch der einzelne Versicherungsnehmer sicher sein konnte, wie es *Römer*[225] formuliert, „nicht übervorteilt zu werden".

Diese nationale Konzeption brachte eine Vereinheitlichung der Allgemeinen Versicherungsbedingungen mit sich, wodurch ein Wettbewerb über die Produkteigenschaften ausschied.[226] Wettbewerb konnte insoweit nur über die Preise stattfinden.

Das Ziel des offenen Wettbewerbs im Binnenmarkt erfordert aber neben dem preislichen Wettbewerb gerade auch den Wettbewerb durch freie Produktgestaltung. Um dieses Ziel zu ermöglichen, mussten und müssen die den Wettbewerb einschränkenden nationalen Regelungen der Mitgliedsstaaten harmonisiert werden. Gerade die präventive Versicherungsaufsicht stand mit seiner unterschiedlichen Intensität in den Mitgliedsstaaten zunächst der Schaffung eines europäischen Binnenmarktes im Versicherungswesen entgegen.[227] Mit der aufsichtsrechtlichen Harmonisierung einhergehend bedurfte es aber eines anderen Konzeptes des Versicherten-/Verbraucherschutzes.[228] Dies soll insbesondere durch ein europäisches Modell der Information und Beratung gewährleistet werden.[229]

223 Vgl. hierzu bspw. auch Rehberg, Der Versicherungsabschluss als Informationsproblem, S. 37 ff., m.w.N.

224 Vgl. Osing, aaO (Fn. 180), S. 12 ff.

225 Römer, VersR 1998, 1313.

226 Vgl. Müller, VersR 2003, 933, 934.

227 Vgl. nur Müller, ebd., S. 2

228 Denn die Abschaffung der präventiven Bedingungskontrolle hatte zur Konsequenz, dass eine aus deutscher Sicht bewährte Form des Verbraucherschutzes im Interesse stärkeren Wettbewerbs und größerer Produktvielfalt aufgegeben werden musste,Wandt, Verbraucherinformation und Vertragsschluss nach neuem Recht, S. 3 (unter Verweis auf Erwägungsgrund 19 der Dritten Richtlinie Schaden und Erwägungsgrund 20 der Dritten Richtlinie Leben). Zur Notwendigkeit des Schutzes vgl. unten Pkt. 4.1.1.2.

229 Zum europäischen Informationsmodell vgl. Präve, in Prölss, ebd., Rn. 1; dazu näher unten Pkt. 4.1.1.2.3. Dieses von der Europäischen Gemeinschaft vorgegebene

Im Folgenden sollen die wegweisenden Richtlinienvorgaben für die Lebensversicherung kurz skizziert sein.

3.3.2. Lebensversicherungsrichtlinien[230]

3.3.2.1. Der allgemeine Regelungsgegenstand

Die erste Lebensversicherungsrichtlinie[231] schuf die Voraussetzungen zur Verwirklichung der Niederlassungsfreiheit im Binnenmarkt. Insbesondere die Bedingungen für die Aufnahme und Ausübung des Versicherungsgeschäfts

---

„Informationskonzept" korrespondiert mit dem Leitgedanken von einem mündigen Verbraucher, vgl. Dörner/Staudinger, WM 2006, 1710, 1711; dazu näher unten Pkt. 4.1.1.2.3., welcher durch eine umfassende Unterrichtung eine eigenständige interessengerechte Entscheidung für sich treffen kann. Damit sollen sowohl Wettbewerb ermöglicht als auch (Verbraucher-)Versicherteninteressen gewahrt werden, vgl. Römer, ebd., S. 1313.

230 Die für die VVG-Reform maßgeblichen Lebensversicherungsrichtlinien sind die Richtlinie 92/96/EWG (3.Generation) und die Richtlinie 2002/83/EG (4.Generation). Letztere hebt ältere Richtlinien, nämlich die Richtlinien 79/267/EWG, 90/619/EWG, 2002/12/EG vollständig und die Richtlinie 92/96/EWG teilweise auf. Daneben besteht noch eine weitere Richtlinie 2000/64/EG zum Lebensversicherungsrecht im Hinblick auf den Informationsaustausch mit Drittländern. Die Richtlinien können sämtlich im Internet unter „ec.europa.eu/internal_market/insurance/legis-inforce_de.htm" eingesehen werden. Wie soeben gesagt, Pkt. 3.3.1. (Fn.216), ist die Lebensversicherungsrichtlinie 4. Generation (2002/83/EG) zusammen mit sämtlichen anderen bisherigen Versicherungsrichtlinien wegen der erheblichen Veränderungen bei den Regelungen zur Solvabilität aus Gründen der Klarheit und Übersichtlichkeit in der Richtlinie 2009/138/EG neu gefasst worden, vgl. Erwägungsrund 1 der Richtlinie 2009/138/EG. Die Zusammenfassung wird im Sinne einer „better regulation" allgemein begrüßt, vgl. z.B. Bürkle, ebd., S. 1596; Grote/Schaaf, VersR 2012, 17. Eine umfassende Umsetzung jener Richtlinie in deutsches Recht ist jedoch noch nicht erfolgt. Die Richtlinienvorgaben sollen im Rahmen der 10. VAG-Novelle, BT-Drcks. 17/934, umgesetzt werden, wobei der nationale Gesetzgeber die Richtlinienumsetzung zum Anlass nimmt, auch das VAG grundlegend zu reformieren, vgl. zum vorgelegten Referentenentwurf der 10.VAG-Novelle Grote/Schaaf, VersR 2012, 17ff. Die Reform ist jedoch derzeit Zeit ins Stocken geraten, so dass einzelne Aspekte separat umgesetzt wurden, vgl. hierzu die Änderungshistorie des VAG, abrufbar unter „www.juris.de". Ein umfassendes Eingehen auf die anstehenden aufsichtsrechtlichen Änderungen ist im Rahmen dieser Bearbeitung freilich nicht angezeigt. Einzelne Aspekte werden an der jeweiligen Stelle angesprochen.

231 Richtlinie 79/267/EWG.

und die Erfordernisse der Eigenkapitalausstattung wurden vereinheitlicht. Zudem galt nunmehr das Spartentrennungsgebot[232] für den Betrieb der Lebensversicherung.[233]

Die zweite Lebensversicherungsrichtlinie[234] zielte sodann auf eine teilweise Verwirklichung auch der Dienstleistungsfreiheit im Versicherungsbinnenmarkt ab. Neben Bestimmungen zur Risikobelegenheit und zur Abgrenzung von Niederlassungs- und Dienstleistungsfreiheit führte die Richtlinie insbesondere die Dienstleistungsfreiheit für sog. Großrisiken ein. Im Hinblick auf das Massengeschäft verblieb es jedoch u. a. bei der Möglichkeit der Vorabgenehmigung.[235]

Die sog. dritte Richtliniengeneration erweiterte die Dienstleistungsfreiheit auf sämtliche Risiken, womit der Binnenmarkt nach Ansicht des Richtliniengebers weitestgehend verwirklicht war.[236] Hierzu gehörten Regelungen zur Bildung versicherungstechnischer Rückstellungen sowie zur Anlage geeigneter Vermögenswerte.[237] Des Weiteren wurde das single-license-Prinzip eingeführt.[238] Danach berechtigt die Erlaubnis zum Betrieb von Versicherungsgeschäften durch eine nationale Aufsichtsbehörde auch zum Betrieb von Versicherungsgeschäften in einem anderen Mitgliedsstaat ohne das Erfordernis einer weiteren Erlaubnis durch die dortige Aufsichtsbehörde.[239] Hinzu trat das Prinzip der Sitzlandaufsicht, wonach ein Versicherer maßgeblich der Aufsicht seines Herkunftslandes untersteht.[240] Schließlich diente vor allem auch der bereits aufgezeigte Wegfall

---

232 Zu Ausnahmen vgl. Mönnich, aaO (Fn. 21), § 2 Rn. 29 ff.

233 Vgl. insgesamt zur sog. ersten Richtliniengeneration, Mönnich, ebd., Rn. 23 ff. auch mit Verweisen auf weitere Richtlinien.

234 Richtlinie 90/619/EWG.

235 Vgl. Mönnich, ebd., Rn. 36 ff.

236 Vgl. Nochmals Mönnich, ebd., § 2 Rn. 39.

237 Art. 18 Richtlinie 92/96/EWG. Eine solche Regelung war vom EuGH ausdrücklich gefordert worden. EuGH Rs. 205/84, Slg. 1986, 3755; vgl. auch Mönnich, ebd.

238 Vgl. § 6 VAG. Hierzu bereits oben unter Pkt. 1.

239 Vgl. Art. 5 der Richtlinie 92/96/EWG. Vgl. hierzu auch ausführlich Müller, aaO (Fn. 25), Rn. 455 ff.

240 Dies gilt uneingeschränkt für die Finanzaufsicht, Art. 8 der Richtlinie 92/96/EWG. Die Rechtsaufsicht wird von der Herkunftslandbehörde und der Tätigkeitslandbehörde gemeinsam ausgeübt, Art. 40 Richtlinie 92/96/EWG, Art. 46 Abs. 2 Richtlinie 2002/83/EG. Vgl. zur Entwicklung des home country principle auch Herrmann, aaO (Fn. 22), Einf. B, Rn. 4 ff. m.w.N. Zu entsprechenden Ausgestaltung nach den Vorgaben der Solvency-II Richtlinie siehe unten unter Pkt. 4.1.2.5.2.12.7.

der präventiven Bedingungs- und Tarifkontrolle[241] der Harmonisierung und gegenseitigen Anerkennung der nationalen Aufsichtssysteme.[242] Die dadurch ermöglichte größere Produktvielfalt soll einen stärkeren Wettbewerb unter den Versicherern fördern.[243]

Als Ausgleich für das Verbot der Präventivkontrolle wurden mit der dritten Lebensversicherungsrichtlinie insbesondere europäische Informationspflichten zu Gunsten der Versicherungsnehmer vorgeben.[244] Diese Vorgabe betraf nicht nur den Bereich des Aufsichtsrechts, sondern wirkte sich natürlich auch auf das Versicherungsvertragsrecht aus.[245]

Die sog. Solvabilität II Richtlinie vom 25.11.2009[246] bezweckt einen angemessenen Schutz der Versicherungsnehmer sowie Finanzstabilität und faire und stabile Märkte[247] durch die Weiterentwicklung eines harmonisierten aufsichtsrechtlichen Solvabilitätsystems für Versicherungsunternehmen. Maßgeblicher Gegenstand der Richtlinie ist die Bewirkung einer risikoadäquaten Eigenmittelausstattung. Hierzu sollen den Aufsichtsbehörden entsprechende Mittel zur Verfügung gestellt werden.[248]

---

241 Ausnahmen vom Verbot der Vorabkontrolle der Versicherungsbedingungen gelten für die Pflichtversicherung und die substitutive Krankenversicherung, vgl. § 5 Abs. 5 Nr. 1 VAG.

242 Neben der Bundesrepublik kannte beispielsweise auch Frankreich die Möglichkeit der präventiven Bedingungskontrolle, vgl. Herrmann, ebd., Rn. 4.

243 Vgl. z.B. Mönnich, ebd., § 2 Rn. 44 ff.

244 Die Umsetzung dieser Informationspflichten erfolgte in Deutschland nach umstrittener aber herrschender Ansicht zunächst aufsichtsrechtlich in § 10a VAG alter Fassung i.V.m. einer Anlage Teil D zum VAG. Seit der Reform ergeben sich die Informationspflichten aus § 7 VVG i.V.m. VVG-InfoV. Vgl. hierzu unter Pkt. 4.1.1.2.3.4.

245 Das englische Recht kannte bereits sog. Disclosure-Pflichten, woran sich die Regelungsvorgaben anlehnten. Vgl. hierzu Müller, Versicherungsbinnenmarkt, S. 35.

246 Diese wird hinsichtlich der Beaufsichtigung von Finanzkonglomeraten abgeändert durch die Richtlinie 2011/89/EU vom 16.11.2011.

247 Vgl. Erwägungsgrund 16 der Richtlinie 2009/138/EG.

248 Die aufsichtsrechtlichen Maßnahmen betreffen maßgeblich die „finanzielle Gesundheit der Versicherer". Zur Drei-Säulen-Struktur und den beabsichtigten Parallelen zum Bankensektor vgl. z.B. Straßburger, VersWissStud. 2009, Bd. 34, S. 199 ff.; Bürkle, VersR 2007, 1595 ff.; zur Solvency-Entwicklung insgesamt auch Romeike, VersWissStud. 2009, Bd. 35, S. 119 ff. Die einzelnen aufsichtsrechtlichen Maßnahmen der Richtlinie 2009/138/EG können freilich nicht weiter Gegenstand dieser Bearbeitung sein. Lediglich die den Versicherungsvertrag betreffenden

3.3.2.2. *Die einzelnen (Informations-)Vorgaben im Speziellen*

In Kapitel 4 der Richtlinie 2002/83/EG finden sich Vorgaben zum „Vertragsrecht und den Versicherungsbedingungen".[249]

Bereits in den zugehörigen Erwägungsgründen wird das Ziel beschrieben, dem Verbraucher mittels notwendiger Informationen in eine Position zu bringen, in welcher er den Wettbewerb der Versicherungen zu seinen Gunsten nutzen und einen, seinen Bedürfnisse am ehesten entsprechenden, Vertrag auswählen kann.[250]

Nach Art. 36 Abs. 1 der Richtlinie 2002/83/EG sind dem „Versicherungsnehmer"[251] „vor Abschluss des Versicherungsvertrages"[252] „mindestens" die in

---

Regelungen, die aus der Richtlinie 2002/83/EG weitergeführt werden, sollen an der jeweiligen Stelle Berücksichtigung finden.

249 Die Richtlinie 2009/138/EG führt im Titel II., Kapitel I. einen Abschnitt 4 „Versicherungsbedingungen und Tarife" und einen Abschnitt 5 „Informationen für die Versicherungsnehmer" bei Lebensversicherungen auf, die vergleichbare Regelungen bereit halten. Es ist eine geringfügige Erweiterung der Informationspflichten festzustellen und zwar durch Art. 185 Abs. 2 d), Abs. 4, Abs. 5 UA 2 und 3 sowie Abs. 6. So wird nunmehr auch die Modellrechnung und die jährliche Unterrichtung von den Richtlinienvorgaben erfasst. Dem ist der deutsche Gesetzgeber ohnehin bereits nachgekommen. Eine zusätzliche Informationspflicht betrifft den mit der Solvency-II Richtlinie neu bezweckten Tranzparenzgedanken bzgl. der Solvabilitäts- und Finanzlage des Versicherungsunternehmens. Hinzu kommt die nahe liegende Vorgabe, dass die Informationen eindeutig, und detailliert schriftlich und grundsätzlich in der Amtssprache des Mitgliedsstaates der Verpflichtung abzufassen sind. Schließlich sind spezifische Informationen vorzulegen, um dem Versicherungsnehmer ein richtiges Verständnis für die übernommenen Risiken zu ermöglichen. Die letzte Erwägung hat der deutsche Gesetzgeber bereits durch § 1 Abs. 1 Nr. 11 VVG-InfoV aufgegriffen.

250 Vgl. Erwägungsgrund 23 der Richtlinie 92/96/EWG bzw. Erwägungsgrund 52 der Richtlinie 2002/83EG; ebenso zur dritten Richtliniengeneration Biagosch/Scherer, VW 1995, 429, 430. In der Richtlinie 2009/138/EG findet sich dies entsprechend im Erwägungsgrund 79 wieder.

251 Während die Erwägungsgründe zur Richtlinie für die Informationsvorgabe auf die Verbraucher abstellen, benennt die Richtlinie in Kapitel 4 stets den Versicherungsnehmer.

252 Vgl. auch die Mitteilung der Kommission vom 12.10.2006 – http://ec.europa.eu/internal-market/insurance/index_de.htm - Gegen die Rechtslage vor der Versicherungsvertragsrechtsreform wurde wegen des möglichen Vertragsabschlusses nach dem sog. Policenmodell ein Vertragsverletzungsverfahren gegen die Bundesrepublik eingeleitet. Nach neuer Rechtslage scheidet dieses Vertragsschlussmodell nun aus. Siehe auch unter Pkt. 3.5.2.3.1.2.

Anhang III Buchstabe A der Richtlinie aufgeführten Angaben mitzuteilen.[253] Nach Absatz 2 des Art. 36 muss „während der gesamten Vertragsdauer" über alle Veränderungen der in Anhang III Buchstabe B aufgeführten Angaben informiert werden. Gemäß Absatz 3 können zusätzliche Angaben vom Versicherer nur dann verlangt werden, wenn dies für das „tatsächliche Verständnis" des Versicherungsnehmers im Hinblick auf die „wesentlichen Vertragsbestandteile" „notwendig" ist.[254]

Die Informationsvorgaben im Anhang der Richtlinie 92/96/EWG zur Gewinnberechnung und Gewinnbeteiligung verpflichten zur Angabe der zu Grunde liegenden Methoden.[255] Der genaue Umfang einer notwendigen Information zur Überschussermittlung und Beteiligung bleibt insofern offen.[256]

Darüber hinaus werden Angaben zu etwaigen Rückkaufswerten und beitragsfreien Leistungen und dem Ausmaß, indem sie garantiert sind, vorgeschrieben.[257]

In Art. 20 der Richtlinie 2002/83/EG[258] findet sich eine (aufsichtsrechtliche) Vorgabe zur Bildung versicherungstechnischer Rückstellungen. Dabei wird ein prospektives Verfahren als Grundsatzfall der Berechnung vorgegeben. Ausnahmsweise ist auch ein retrospektives Berechnungsverfahren zulässig.[259] Für den Fall, dass ein Rückkaufswert garantiert „wird", sind entsprechende mathematische Rückstellungen zwingend.[260] Zudem zeigt der Richtlinientext ausdrücklich die Möglichkeit verschiedener Berechnungsmethoden für die Rückstellungen auf.[261]

253 Eine Übersicht zu den einzelnen Informationsanforderungen findet sich bspw. bei Mönnich, ebd., § 2 Rn. 48; In der dritten Lebensversicherungsrichtlinie 92/96/EWG fand sich die identische Regelung im 3. Kapitel - Art. 31.

254 Entsprechende Regelungen finden sich auch in Art. 185 der Richtlinie 2009/138/EG, wobei der frühere Anhang in der Regelung integriert wurde.

255 Auch die damalige nationale Umsetzung im Abschnitt I Nr. 2 a der Anlage Teil D zum VAG sowie die jetzige Vorgabe in § 2 Nr. 3 VVG-InfoV stellen nicht weiter konkretisierend auf die geltenden Berechnungsgrundsätze und Maßstäbe der Überschussermittlung und Überschussbeteiligung ab. In der Solvency II-Richtlinie findet sich diese Informationsvorgabe in gleicher Form in Art. 185 Abs. 3 e).

256 Ebenso Biagosch/Scherer, VW 1995, 429, 432f. Zur Notwendigkeit zusätzlicher Informationen siehe unter Pkt. 4.1.2.5.2.1.2.6.

257 Eine Vorgabe zur Berechnung der Werte lässt sich dem Wortlaut dagegen nicht entnehmen. Vgl. Art. 185 Abs. 3 f) der Richtlinie 2009/138/EG.

258 Vgl. auch bereits Art. 18 der Richtlinie 92/96/EWG.

259 Vgl. nur Schwintowski, VersR 2008, 1425, 1426.

260 Art. 20 Abs. 1 A vi) der Richtlinie 2002/83/EG; Vgl. zu den nunmehr verallgemeinerten Vorgaben in der Solvency II-Richtlinie, Art. 76 ff., insbesondere Art. 79

261 Vgl. z.B. Art. 20 Abs. 1 F der Richtlinie 2002/83/EG. Die Solvency II Richtlinie verweist auf Durchführungsmaßnahmen der Kommission, die auch die Berechnungstechnik der Rückstellungen erfasst, Art. 86 h).

3.3.3. Andere Regelungen

Mit Blick auf den europäischen Binnenmarkt insgesamt müssen auch verbraucherschützende Regelungen angesprochen werden, welche nicht ausschließlich das Lebensversicherungsrecht betreffen, sondern vielmehr allgemeine zivilrechtliche bzw. versicherungsvertragliche Bedeutung haben.[262]

3.3.3.1. Richtlinie über missbräuchliche Klauseln

Während beispielsweise die Richtlinie über Haustürgeschäfte[263] ihren Geltungsbereich für das Versicherungswesen ausklammert[264], findet die Richtlinie des Rates vom 05.04.1993 über missbräuchliche Klauseln in Verbraucherverträgen[265] auch auf Versicherungsverträge Anwendung.[266]

Die Richtlinie musste bis zum 31.12.1994 in nationales Recht umgesetzt sein, wobei der Richtlinieninhalt deutliche Parallelen zum deutschen AGBG aufwies.[267] Seit der Schuldrechtsmodernisierung[268] fand das AGB-Recht einschließlich der Umsetzung benannter Richtlinie dann Eingang in das BGB.[269]

Die Richtlinie sieht eine Mindestkoordinierung vor.[270] Ein wesentlicher Regelungsinhalt ist die Festsetzung einer Generalklausel für den Maßstab der Missbräuchlichkeit, wonach ein erhebliches und ungerechtfertigtes Missverhältnis der vertraglichen Rechte und Pflichten zum Nachteil des Verbrauchers unzulässig wäre.[271] Hinzu treten Gebote zur umfassenden Abwägung und vor allem zur transparenten Darstellung.[272] Klauseln über das Preis-/Leistungsverhältnis und solche, die den Hauptgegenstand des Vertrages betreffen, sollen von der

262 Vgl. bspw. auch den Abschlussbericht der VVG-Kommission, S. 19 ff.

263 Richtlinie 85/577/EWG des Rates vom 20.12.1985.

264 Ausführlich dazu vgl. nur Müller, aaO (Fn. 25), S. 46 f.

265 Richtlinie 93/13/EWG. Zur Änderungen dieser Richtlinie vgl. Art. 32 der Richtlinie 2011/83/EU, abrufbar unter: eur-lex.europa.eu.

266 Vgl. Präve, VersWissStud 2003, Bd. 24, S. 279.

267 Vgl. Müller, aaO (Fn. 25), S. 48 m.w.N.

268 Zum 01.01.2002.

269 §§ 305 ff. BGB.

270 Art. 8 der Richtlinie 93/13/EWG.

271 Art. 3 Abs. 1 der Richtlinie 93/13/EWG; Beispiele für missbräuchliche Klauseln finden sich gemäß Art. 3 Abs. 3 der Richtlinie 93/13/EWG in der Anlage zur Richtlinie.

272 Das vorgegebene europäische Transparenzgebot umfasst auch das Preis-/Leistungsverhältnis und ist von der Missbrauchskontrolle zu unterscheiden. Die Transparenz bezweckt dabei primär die Wettbewerbsförderung des Marktes. Vgl. Herrmann, ZEuP 1999, 663, 668.

Inhaltskontrolle ausgeschlossen bleiben, soweit sie klar und verständlich abgefasst werden.[273] Speziell für das Versicherungsrecht besagt Erwägungsgrund 19 der Richtlinie, dass solche Klauseln, die das versicherte Risiko und die Verpflichtung des Versicherers bestimmen, dann nicht missbräuchlich sind, wenn die Einschränkungen bei der Berechnung der Prämie Berücksichtigung finden.[274]

3.3.3.2. Richtlinie über den Fernabsatz von Finanzdienstleistungen

Des Weiteren ist in diesem Rahmen die Fernabsatzrichtlinie für Finanzdienstleistungen[275] zu nennen[276], welche umfangreiche Informationspflichten für den Anbieter von Finanzdienstleistungen sowie ein generelles Widerrufsrecht des Verbrauchers[277] für diese besondere Vertriebsform vorsieht.[278] Danach ist dem „Verbraucher" ein „Katalog von Informationen"[279] „rechtzeitig vor Vertragsabschluss bzw. Bindung an ein Angebot" zur Verfügung zu stellen.[280]

Die grundsätzlich dem Verbraucherschutz dienenden Vorgaben der Richtlinie können gemäß Erwägungsgrund 29 auch auf Existenzgründer[281] ausgeweitet werden.

---

273 Art. 4 Abs. 2 der Richtlinie 93/13/EWG.

274 Zum Ganzen ausführlich Müller, ebd., S. 47 ff.

275 Richtlinie 2002/65/EG des Europäischen Parlaments und des Rates vom 23.09.2002. Die Richtlinie 2002/65/EG wird gemäß Art. 31 der Richtlinie 2011/83/EU mit Wirkung zum 14.07.2014 aufgehoben. Letztere findet jedoch gemäß Art. Abs. 3 d) nicht auf Finanzdienstleistungen Anwendung. Vgl. auch Erwägungsgrund 32 der Richtlinie 2011/83/EU. vgl. Fn. 287.

276 In diesem Rahmen noch erwähnenswert ist auch die E-Commerce-Richtlinie des Europäischen Parlaments und des Rates 2000/31/EG vom 08. Juni 2000. Vgl. hierzu Ebers, VersWissStud 2004, Bd. 13, S. 134; Reich, in: Reich/Micklitz, § 24, S. 829 ff.

277 Zur Begriffsbestimmung Art. 2 d) der Richtlinie 2002/65/EG.

278 Die Umsetzung der Fernabsatzrichtlinie in nationales Versicherungsrecht erfolgte noch vor Abschluss der VVG-Reform, vgl. dazu § 48 a ff. VVG a.F. i.V.m. Anlage nach dem Gesetz zur Änderung der Vorschriften über Fernabsatzverträge bei Finanzdienstleistungen vom 02.12.2004, BGBl. I S. 3102, 3106; hierzu Schneider, VersR 2004, 696.

279 Untergliedert in Informationen betreffend den Anbieter, betreffend die Finanzdienstleistung, betreffend den Fernabsatzvertrag sowie betreffend den Rechtsbehelf, Art. 3 Nr. 1-4 der Richtlinie 2002/65/EG.

280 Art. 3 der Richtlinie 2002/65/EG.

281 Die Richtlinie spricht von Personen, die Finanzdienstleistungen in Anspruch nehmen, um Unternehmer zu werden. Eine Erweiterung kann ebenso für gemeinnützige Organisationen erfolgen.

Die Unterrichtungspflichten betreffen gerade auch das Finanzprodukt selbst.[282] Neben der allgemeinen Vorgabe, auf die wesentlichen Merkmale der Finanzdienstleistung hinzuweisen[283], wird insbesondere ein Hinweis für gegebenenfalls nötig angezeigt, wenn sich die Finanzdienstleistung auf Finanzinstrumente bezieht, die mit speziellen Risiken behaftet sind oder deren Preis Schwankungen auf dem Finanzmarkt unterliegt, auf die der Anbieter keinen Einfluss hat, und einen Hinweis darauf, dass in der Vergangenheit erwirtschaftete Erträge kein Indikator für künftige Erträge sind.[284]

Art. 12 Abs. 1 der Richtlinie schreibt die Unabdingbarkeit der verbraucherschützenden Vorgaben vor. Damit einhergehend weist auch Erwägungsgrund 12 der Richtlinie darauf hin, dass Abstriche vom allgemeinen Verbraucherschutz nach den Vorgaben der Richtlinie nicht zulässig sein sollen. Anders als noch die Vorgänger-Richtlinie 97/7/EG stellt dann Erwägungsgrund 13 der Richtlinie 2002/65/EG zur Stärkung des grenzüberschreitenden Verkehrs weiter die Vollharmonisierung des regulierten Bereichs fest. Somit sind auch strengere nationale Vorschriften nicht möglich. Die tatsächlichen Auswirkungen letzterer Vorgabe sind aber insoweit begrenzt, als sich die Vorschriften auf den bloßen Vertriebsvorgang beschränken und beispielsweise eine Ausnahme für die Vollharmonisierung bei den Informationspflichten gilt[285].[286]

282 Sie ergänzen damit auch die Vorgaben der Richtlinien über Lebensversicherungsprodukte. Diese Regelungstechnik wird von Ebers, ebd., S. 138, kritisiert, was nicht von der Hand zu weisen ist. Hierzu unten unter Pkt. 4.1.2.5.3.

283 Art. 3 Abs. 1 Nr. 2 a) der Richtlinie 2002/65/EG.

284 Art. 3 Abs. 1 Nr. 2 c) der Richtlinie 2002/65/EG.

285 Art. 4 Abs. 2 der Richtlinie 2002/65/EG; vgl. auch Erwägungsgrund 22 der Richtlinie; Die (noch) zulässige Öffnung gerade für die Informationspflichten basiert auf dem Standpunkt, dass eine weitere zukünftige Harmonisierung erfolgen wird. Vgl. dazu auch Schneider, VersR 2004, 696. So kam es am 01.12.2005 bereits zu einem Vorschlag der Kommission, der jedoch auf Zahlungsdienste abzielt und auch eine Änderung der Richtlinie 2002/65/EG betrifft, vgl. KOM(2005)603. Ein maßgebliches Ziel sollen dabei EU-weit standardisierte Transparenz- und Informationsanforderungen sein, um den Wettbewerb zu steigern und dem Verbraucher eine größere Auswahl und mehr Schutz zu bieten, vgl. S. 7 und 8 des Vorschlags. Eine weitere Mitteilung der Kommission erfolgte zum 06.04.2006.

286 Schneider, ebd., S. 697 – Welcher die minimale Harmonisierung im materiellen Versicherungsvertragsrecht der Mitgliedsstaaten nicht durch die Richtlinie über Finanzdienstleistungen im Fernabsatz verändert sieht. Dazu näher unten Pkt. 4.1.2.5.2.2.

Im Zusammenhang mit der Vertriebsform des Fernabsatzes ist schließlich noch die Verbraucherrichtlinie 2011/83/EU vom 25.10.2011 anzusprechen, welche jedoch ausdrücklich Verträge über Finanzdienstleistungen ausnimmt.[287] Daher verbleibt für die gegenständliche Betrachtung der Fokus auf der Richtlinie 2002/65/EG.[288]

3.3.3.3. Richtlinie über die Versicherungsvermittlung

Schließlich muss noch auf eine weitere Richtlinie eingegangen werden, welche das Versicherungswesen und damit auch die hier zu behandelnden Fragen wesentlich berührt.

Um dem Versicherungsnehmer die Möglichkeit zu geben, aus der durch den geschaffenen Binnenmarkt entstandenen Vielzahl von Versicherungsprodukten auswählen zu können, bedarf es einer Betreuung und Beratung durch zuverlässige und kompetente Versicherungsvermittler.[289] Die Anforderungen an Ausbildung und Kenntnisse der Vermittler waren in den einzelnen Mitgliedsstaaten jedoch sehr unterschiedlich.[290]

Nachdem die Kommission im Jahre 1991 zunächst nur eine Empfehlung zur Sicherstellung der Anforderungen für Versicherungsvermittler an die Mitgliedsstaaten abgab[291], wurde schließlich am 09.12.2002 die Richtlinie über die Versicherungsvermittlung[292] erlassen. In Deutschland erfolgte die Umsetzung der Richtlinie durch das Gesetz zur Neuregelung des Rechts der Versicherungsvermittlung mit Wirkung zum 22.05.2007.[293]

---

287 vgl. Art. 3 Abs. 3 d) der Richtlinie 2011/83/EU, hierzu auch Looschelders, VersR 2013, 653.

288 Vgl. Looschelders, ebd., der die Richtlinie 2002/65/EG für den Fernabsatz von Finanzdienstleistungen zu Recht fortwährend heranziehen will. Zu beachten ist jedoch, dass die Richtlinie 2002/65/EG mit Wirkung zum 13.06.2014 aufgehoben werden soll, Art. 31 der Richtlinie 2011/83/EU. Eine weitere Harmonisierung auch für den Bereich der Finanzdienstleistungen in naher Zukunft liegt jedoch auf der Hand.

289 Müller, aaO (Fn. 25), S. 104.

290 Erwägungsgrund 5 der Richtlinie 2002/92/EG. Vgl. hierzu ausführlich Müller, ebd., S. 101 ff.

291 Empfehlung 92/48/EWG der Kommission vom 18.12.1991.

292 Richtlinie 2002/92/EG des Europäischen Parlaments und des Rates vom 09.12.2002.

293 Gesetz vom 22.12.2006, BGBl. 2006, 3232 ff.; Die Regelungen waren vor der VVG-Reform in den §§ 42 a ff. VVG a.F. normiert und finden sich heute identisch in den §§ 59 ff. VVG.

Die Koordinierung der einzelstaatlichen Vorschriften soll einerseits zur Vollendung des Binnenmarktes beitragen und andererseits dem Verbraucherschutz dienen.[294] Die Richtlinie erklärt dabei strengere Vorgaben der einzelnen Mitgliedsstaaten ausdrücklich für zulässig[295], gibt aber auch vor, dass der Informationsbedarf bei gewerblichen und industriellen Risiken grundsätzlich geringer ausfällt[296].

Ein Versicherungsvermittler muss künftig über angemessene Kenntnisse und Fertigkeiten verfügen[297], um damit korrespondierend vor Abschluss eines Vertrages einen Kunden auch über das Produkt beraten zu können.[298] Dabei sieht die Richtlinie in Art. 12 Abs. 1 zunächst mitzuteilende Auskünfte über den Vermittler selbst, dessen Beziehung zum Versicherer, über die Ausgewogenheit der Marktuntersuchung sowie über etwaige Rechtsbehelfe vor. Nach den Absätzen 2 und 3 wird dem Vermittler eine an den Bedürfnissen des Kunden und der Komplexität des Versicherungsproduktes ausgerichtete Beratungsverpflichtung auferlegt.[299] Die nötigen Auskünfte müssen in klarer, genauer und verständlicher Form grundsätzlich auf Papier oder einem anderen dem Kunden zur Verfügung stehenden und zugänglichen dauerhaften Datenträger erteilt werden.[300]

An dieser Stelle zu erwähnen ist noch der Vorschlag der Europäischen Kommission für eine Richtlinie über die Versicherungsvermittlung vom 03.07.2012.[301]

---

294 Erwägungsgrund 8 der Richtlinie 2002/92/EG.

295 Erwägungsgrund 19 und insbesondere für die Information und Beratung Art. 12 Abs. 5 der Richtlinie 2002/92/EG.

296 Erwägungsgrund 21 der Richtlinie 2002/92/EG.

297 Art. 4 der Richtlinie 2002/92/EG; vgl. auch Römer, VuR 2007, 94; Herrmann, in: Bruck/Möller, Einf. B, S. 104 Rn. 38 ff.; Hinzu treten ein Eintragungserfordernis, Art. 3, sowie weitere berufliche Anforderungen an einen guten Leumund und das Vorhandensein einer Berufshaftpflichtversicherung, Art. 4.

298 Art. 12 Abs. 3 der Richtlinie 2002/92/EG.

299 Vgl. auch Herrmann, ebd., Einf. B, S. 104 Rn. 38 f., welcher auch auf die Anlehnung der vorgegebenen Informations- und Beratungspflichten an die Wertpapierhandelsrichtlinie 93/22/EWG (jetzt Richtlinie 2004/39/EG) hinweist.

300 Art. 13 der Richtlinie 2002/92/EG. Zur Frage, wann eine Information klar und verständlich ist und weiter, ob eine Verbrauchertransparenz oder eine Expertentransparenz angestrebt wird, vgl. Ebers, aaO (Fn. 276), S. 132 f. Auch nach Auffassung des Verfassers muss die Information an den Verbraucher gerichtet sein.

301 Vgl. KOM (2012) 360 endg., abrufbar unter „ec.europa.eu/internal_market/insurance/docs/consumers/mediation/ 20120703-directive_de.pdf"; Ziel des Vorschlages der überarbeiteten Richtlinienfassung ist es, allen am Vertrieb von Versicherungsprodukten beteiligten Akteuren gleiche Wettbewerbsbedingungen zu gewährleisten und den Schutz der Versicherungsnehmer zu verbessern, S. 3 des

3.3.4. Der neue Wettbewerb im Versicherungswesen

Die eröffnete Produktgestaltungs- bzw. Bedingungsfreiheit führte im Versicherungsrecht zu der Frage, inwieweit ein effektiver Wettbewerb über Versicherungsbedingungen überhaupt in Betracht kommt.

Hierzu vertritt eine Ansicht[302] die Auffassung, dass ein wirksamer Klauselwettbewerb nicht möglich sei, weil der Versicherungskunde die Bedingungen – das Kleingedruckte – nicht lese und auch nicht verstehen könne. Aufgrund der Kompliziertheit der Produkte sei die Annahme eines rationalen Entscheidungsverhaltens des Kunden abzulehnen. Vielmehr werde die Markttransparenz durch die Deregulierung und die einhergehende Produktvielfalt und Produktdifferenzierung noch gemindert. Einfache Produktlösungen wären durch positive Effekte des Wettbewerbs nicht zu erwarten.[303] Es wäre für den Kunden auch nicht ökonomisch sinnvoll, sich ausführlich mit den Details der Bedingungen zu befassen, die er letztlich ohnehin nicht nachvollziehen könne.[304] Den komplizierten Lebensversicherungsprodukten wohne im Übrigen stets eine Intransparenz der zukünftigen Entwicklung inne.[305]

Dagegen argumentieren andere Stimmen für einen möglichen und effektiven Wettbewerb mit Allgemeinen Versicherungsbedingungen.[306]

Hierfür spreche die gesetzliche Intention mit der Vorgabe einer allgemeinen Veröffentlichungspflicht von AGB gemäß § 305 Abs. 2 BGB und speziell im Versicherungsrecht mit der Übermittlungspflicht von Informationen vor Abschluss des Vertrages.[307] Damit korrespondiere zudem das europäische Leitbild vom

---

Vorschlages. Aufgrund des bisherigen „bloßen“ Vorschlagsstadiums ist ein weiteres Eingehen in dieser Bearbeitung nicht angezeigt. Eine weitere Harmonisierung wird aber auch hier zu erwarten sein.

302 Basedow, VersR 1999, 1045, 1051; Rehberg, aaO (Fn. 223), S. 39 ff.; Schäfer, in FS für Claus Ott zum 65. Geburtstag, 279, 305 f.; allgemein vgl. auch Basedow, in Münchener Kommentar zum BGB, 5. Aufl., vor § 305 Rn. 4 ff.

303 Rehberg, ebd., S. 41.

304 Zur Informationsökonomie allgemein, vgl. z.B. Ackermann, ZEuP 2009, 235; Basedow, in Münchener Kommentar zum BGB, ebd.

305 Basedow, ebd., S. 1051; In diese Richtung auch Römer, VersWissStud 2009, Bd. 34, S. 171 f.

306 Vgl. nur Herrmann, ebd., Einf. B, Rn. 31 f, 54 f. m.w.N.; im Ansatz zu Gunsten des Wettbewerbs Römer, ebd.; ders. VersR 2007, 618 f.

307 Vgl. Herrmann, ebd.

mündigen und informationsbereiten Verbraucher.[308] Auch die Gesetzesbegründung zum Versicherungsvertragsgesetz stellt ausdrücklich auf die „Bedürfnisse eines modernen Verbraucherschutzes" bei einem „funktionsfähigen Wettbewerb" ab.[309] Einige erachten daher zumindest dann einen funktionsfähigen Klauselwettbewerb für möglich, wenn mit Informations- und Beratungspflichten, insbesondere auch mit einem erläuternden Produktinformationsblatt[310], dem Kunden das Kleingedruckte näher gebracht wird.[311]

Hinzu tritt die Argumentation[312], welche die Möglichkeit effektiven Bedingungswettbewerbs gerade mit dem Entstehen von sog. Markttrends begründet. Indem die Informationen zu den einzelnen Produkten transparent zur Verfügung gestellt werden, könnten Verbraucherschutzverbände, Fachzeitschriften oder die sich seit geraumer Zeit bildenden Rating-Agenturen Produktvergleiche anstellen. Diese Vergleiche nutzen einerseits die potentiellen Versicherungskunden für ihre (wettbewerbliche) Entscheidung. Andererseits versuchen die Versicherer antizipierend Produkte zu entwickeln, welche später in den Vergleichen besonders gut dastehen.[313]

Nach Meinung des Verfassers sprechen die besseren Argumente für einen zumindest dem Grunde nach möglichen und effektiven Klauselwettbewerb im Versicherungsrecht allgemein und gerade auch für die Lebensversicherungsprodukte im Speziellen. Denn sowohl die europäischen wie auch die nationalen Normen und das Verbraucherleitbild[314] geben diese Lösung grundsätzlich vor.[315] Im Hinblick auf den zu erwartenden zukünftig weiter steigenden Stellenwert der privaten Altersvorsorge sowie der zunehmenden Sensibilisierung der Kunden für die einzelnen Versicherungsprodukte durch neue Informations- und Beratungsleistungen wird auch die eigenständige Informationsbereitschaft der Versicherungs-

308 Herrmann, ebd.; zum Leitbild des mündigen und informationsbereiten Verbrauchers siehe unten unter Pkt. 4.1.1.1.

309 BT-Drcks. 16/3945. S. 47.

310 Hierzu unten unter Pkt. 3.5.2.3.3.5.

311 Römer, ebd., S. 618; Herrmann, ebd., Einf. B. Rn. 31.

312 Vgl. nur Herrmann, VersR 2003, 1333, 1336. Allgemein zum Rating vgl. z.B. Finsinger, VW 1997, 208.

313 Zur a.A. vgl. nochmals Rehberg, aaO (Fn. 223), der von „hinkender Transparenz" spricht.

314 Vgl. soeben und näher unten unter Pkt. 4.1.1.1.

315 Vgl. Herrmann, aaO (Fn. 22), § 7 Rn. 4, der zu Recht auf die bereits seit geraumer Zeit vorliegende rechtsnormative Entscheidung verweist und die maßgeblichen Normen lediglich „mehr oder weniger weit im Rahmen der zugrunde liegenden ökonomischen Zwecke" auslegen will.

kunden zunehmen. Eine pauschale Ablehnung des Wettbewerbs kann daher nicht überzeugen, zumal die Klauseln gerade das Versicherungsprodukt gestalten. Es wird allerdings danach zu fragen sein, ob im Einzelfall eine gesetzgeberische Regulierung gegenüber dem freien Wettbewerb vorzugswürdig oder gar geboten ist und ob der nationale Gesetzgeber im Rahmen seiner Einschätzungsprärogative eine Regulierungslösung auch bei möglichem Wettbewerb wählen kann.

3.3.5. Stellungnahme

Die europäischen Harmonisierungsbestrebungen zeitigen ohne Zweifel einen erheblichen Einfluss auf das deutsche Versicherungswesen.[316] Mit dem Verbot der aufsichtsrechtlichen Präventivkontrolle und der damit bezweckten Produktgestaltungsfreiheit sowie dem neuen verbraucher-/versicherungsnehmerschützenden Konzept der Information- und Beratung über das Versicherungsprodukt erfährt auch die vertragliche Beziehung zwischen Versicherer und Versicherungsnehmer eine neue Prägung. Es ist naheliegend, dass der deutsche Gesetzgeber im Rahmen der Reform des Versicherungsvertragsgesetzes diese wesentlichen Entwicklungen aus Europa zu berücksichtigen hatte.[317]

3.4. Vorgaben der nationalen Rechtsprechung

Die versicherungsvertragliche Relevanz der Harmonisierung zeigt sich zudem in der nunmehr grundsätzlich möglichen zivilgerichtlichen Überprüfung der einzelnen Versicherungsbedingungen.[318] Auch dies brachte eine Neuorientierung im Hinblick auf die Gestaltung allgemeiner Versicherungsbedingungen für (Verbraucher-) Informationen im Allgemeinen und für die Überschussbeteiligung und die Regelungen über die Rückkaufswerte im Speziellen mit sich.[319]

Nach der Deregulierung war es dann auch nur eine Frage der Zeit, bis erste Entscheidungen der Obergerichte sich der neu gewonnenen Bedingungsfreiheit der Versicherer annahmen. Die maßgeblichen Grundsatzentscheidungen

---

316 Wobei von einem abgeschlossenen Harmonisierungsprozess nicht die Rede sein kann. Vgl. auch Ebers, aaO (Fn. 276), S. 123, 126.

317 Vgl. Ebers, ebd.

318 Die Rechtsprechung erkannte nämlich bis zur Deregulierung dem Geschäftsplan sowie den Allgemeinen Versicherungsbedingungen eine öffentlich-rechtliche Wirkung zu, weshalb diese einer AVB-rechtlichen Kontrolle entzogen waren. Vgl. z.B. BGH, Urteil vom 08.06.1983, VersR 1983, 746; Benkel, VersR 1994, 515; Biagosch/Scherer, VW 1995, 429, 433.

319 Vgl. z.B. Biagosch/Scherer, ebd.

im Hinblick auf die Lebensversicherung, welche auch den Gesetzgeber bei den neu gefundenen Regelungen beeinflusst haben, sollen folglich skizziert werden.[320]

3.4.1. Entscheidungen zur transparenten Darstellung der Überschussermittlung und Überschussbeteiligung

3.4.1.1. BGH vom 09.05.2001

Der Bundesgerichtshof äußerte sich im Jahre 2001 zu der Frage der Unangemessenheit und transparenten Darstellung einer Überschussbeteiligungsklausel.[321]

Nach Ansicht des Bundesgerichtshofs verstehe der durchschnittliche Versicherungsnehmer, dass die Faktoren zur Ermittlung des Überschusses variieren und deshalb die eindeutige Höhe des Überschusses nicht vorhergesagt werden könne. Soweit ein Versicherer sich nicht vertraglich festlegt[322], sondern dem Versicherungsnehmer die Ungewissheit der Überschussentwicklung aufzeige, widerspreche es auch nicht dem Grundsatz von Treu und Glauben, wenn der Versicherer ihm eröffnete gesetzliche Bilanzierungsspielräume ausnutzt.

Das Transparenzgebot verlange eine verständliche Darstellung nur insoweit, wie dies nach den Umständen gefordert werden kann. § 81 c VAG und die zugehörigen Rechtsverordnungen seien derart komplex und kompliziert, dass sie dem durchschnittlichen Versicherungsnehmer nicht weiter erklärt werden können. Der Vorbehalt anderweitiger Verwendung von (Roh-)Überschüssen sei auch dem durchschnittlichen Versicherungsnehmer in den wirtschaftlichen Folgen verständlich.[323]

---

320 Insbesondere die nachstehenden Entscheidungen des Bundesverfassungsgerichtes betreffen freilich noch Verträge vor der Deregulierung.

321 BGH, Urteil vom 09.05.2001, Az.: IV ZR 121/00 = VersR 2001, 841.

322 Eine Pflicht hierzu sieht der BGH nicht.

323 BGH, ebd., S. 846. Der BGH weist dabei ausdrücklich darauf hin, dass die zum Entscheidungszeitpunkt geltenden öffentlich-rechtlichen Informationspflichten nach § 10 Abs. 1 Nr. 7, 10a Abs. 1 i.V.m. Anlage D Abschnitt I Nr. 2a VAG a.F. ebenfalls keine andere Ableitung zuließen.

3.4.1.2. BVerfG vom 26.07.2005

Das Bundesverfassungsgericht befasste sich dann in seinem Urteil vom 26.07.2005[324] mit der Frage der grundrechtlichen Schutzanforderungen bei kapitalbildenden Lebensversicherungen mit Überschussbeteiligung.[325]

Dabei stellte das Gericht fest, dass es aufgrund der nach Art. 2 Abs. 1 GG gewährleisteten Privatautonomie und der Eigentumsgarantie nach Art. 14 Abs. 1 GG rechtlicher Vorkehrungen bedürfe, welche die vom Versicherer, aus gezahlten Versicherungsprämien gebildeten Vermögenswerte bei der Berechnung des bei Vertragsende zu zahlenden Schlussüberschusses angemessen berücksichtige.

Da die Versicherten nach alter Rechtslage keine hinreichende Möglichkeit gehabt hätten, ihre Belange effektiv zu verfolgen[326], seien Vorgaben nötig, ob und wie weit stille Reserven bei der Berechnung des Überschusses einzubeziehen sind und

---

324 BVerfG, Urteil vom 26.07.2005 - 1 BvR 80/05 = NJW 2005, 2376 ff.; Auf dieses Urteil nimmt die Gesetzesbegründung ausdrücklich Bezug, BT-Drcks. 16/3945 S. 1.

325 Am gleichen Tag ergingen zwei weitere Entscheidungen des BVerfG zur ähnlichen Problematik der Übertragung des Bestands von Lebensversicherungsverträgen (1 BvR 782/94 und 1 BvR 957/96 = NJW 2005, 2363). Das Gericht verlangte im Ergebnis wegen des Schutzauftrages der Art. 2 I und 14 I GG Sicherungen dafür, dass die mittels Prämienzahlungen beim Versicherer gebildeten Vermögenswerte für den Fall von Bestandsübertragungen als Quelle für die Erwirtschaftung von Überschüssen erhalten bleiben. Es bestehe nämlich von Anfang an eine Aussicht auf zukünftige Beteiligung. Der Gesetzgeber sei gehalten, Vorkehrungen zum Schutz auch der im Werden begriffenen Positionen der Überschussbeteiligung zu treffen. Vgl. hierzu auch Baumann, r+s 2005, 401ff.; Schröder, VW 2005, 1226.

326 Das Bundesverfassungsgericht bewertete die Vorkehrungen des Aufsichtsrechts als nicht ausreichend, um den Versichertenbelangen gemäß dem gesetzlichen Schutzauftrag gerecht zu werden. Der zu entscheidende Fall fiel noch unter das bis 1994 aufsichtsrechtlich stark regulierte Recht. Nach der Rechtslage vor 1994 wurde von den weitgehend standardisierten AVB auf den von der Aufsichtsbehörde genehmigten Geschäftsplan Bezug genommen. Die Behandlung der stillen Reserven sowie die Möglichkeit der Querverrechnung zur Berechnung des für die Überschussbeteiligung maßgebenden Rohüberschusses stand dabei größtenteils im Belieben der Versicherer. Die ordentliche Gerichtsbarkeit hielt sich jedoch an die öffentlich-rechtliche Vorgabe, also an den aufsichtsrechtlich genehmigten Geschäftsplan, gebunden. Anstoßpunkt des Bundesverfassungsgerichtes war die fehlende positive, an den individuellen Belangen der Versicherten anknüpfende Prüfung der angemessenen Berücksichtigung an den Überschüssen durch die Versicherungsaufsicht. Es erfolgte nämlich lediglich eine Negativkontrolle, dass die Interessen der Versicherten nicht unangemessen beeinträchtigt wurden. Vgl. hierzu auch Baumann, ebd., S. 404.; Schröder, ebd., S. 1226.

Querverrechnungen den Schlussüberschuss vermindern können. Die bisherigen Vorkehrungen des Aufsichtsrechts erfüllten diesen Schutzauftrag jedenfalls nicht.

Es bedürfe nämlich einer auf die Besonderheiten des Lebensversicherungsrechts ausgerichteten abwägenden Prüfung, wie weit die Ausklammerung stiller Reserven bei der Berechnung des Schlussüberschusses im Interesse der Solidargemeinschaft von dem einzelnen Versicherungsnehmer hinzunehmen ist oder wann eine ungerechtfertigte Bereicherung vorliegt. Ebenso müsse die Möglichkeit der Querverrechnung transparent und inhaltlich begrenzt werden.

Zwar liege es im Sinne der Versichertengemeinschaft und der Funktionsfähigkeit des Versicherungswesens, stille Reserven möglichst für die Zukunft zu erhalten, den Belangen Einzelner könne dies aber widersprechen.

Die seit der Deregulierung des Versicherungswesens im Jahre 1994[327] geschaffene neue Rechtslage habe die aufgezeigte Problematik nicht behoben.

Die Umsetzung des nach Art. 2 Abs. 1, 14 Abs. 1 GG vorgegebenen Schutzauftrages könne auf verschiedenen Wegen erfolgen. Dabei sei, auch unter Berücksichtigung der europäischen Richtlinienvorgaben und des gestiegenen Wettbewerbs zwischen in- und ausländischen Versicherungsunternehmen, aus Sicht des Gesetzgebers zu klären, ob die zukünftige Zuordnung der Rechtspositionen im bisher vorhandenen Rahmen oder im Zuge weiterer Veränderungen der rechtlichen Strukturen des Lebensversicherungsrechts, des mit ihm verknüpften Gesellschaftsrechts sowie des Bilanzrechts erfolgen soll.

Das Bundesverfassungsgericht führt als Möglichkeiten die Sicherung größerer Transparenz, die Schaffung neuer verfahrensrechtlicher Wege, die Wettbewerbsverbesserung durch ergänzende Informationen, neue Regelungen über eine versicherungsspezifische Bilanzierung der Vermögenswerte sowie eine erleichterte Möglichkeit zum Wechsel des Versicherers beispielhaft an.

3.4.2. Entscheidungen zur transparenten Darstellung der Rückkaufswerte

3.4.2.1. BGH vom 09.05.2001

Der Bundesgerichtshof befasste sich in der bereits zitierten und in einer weiteren Entscheidung aus dem Jahre 2001 mit der Frage, welche Erfordernisse für eine transparente Klausel zur Berechnung des Rückkaufswertes in der kapitalbildenden Lebensversicherung nötig sind.[328]

327 Siehe oben unter Pkt. 3.3.

328 BGH, Urteil vom 09.05.2001, VersR 2001, 839; BGH, Urteil vom 09.05.2001, VersR 2001, 841; vgl. auch Präve, VersR 2006, 1190, 1192.

Dabei stellte der Bundesgerichtshof heraus, dass die Ermittlung des Rückkaufswertes zwar auf anerkannten Regeln der Versicherungsmathematik basiere, jedoch stets Spielräume verblieben, die erst durch geschäftspolitische Entscheidungen ausgefüllt würden. Daraus folge, dass sich unterschiedliche Rückkaufswerte ergeben können. Zudem würde es bei der damaligen Bezugnahme der diskutierten AVB auf §§ 176 Abs. 3 S. 1, 174 Abs. 2 VVG a.F. an einer Information fehlen, in welcher Höhe die Rückkaufswerte bei Vertragsschluss zu vereinbaren bzw. ob der Versicherer im Fall der Kündigung die Höhe des Rückkaufswertes nach anerkannten Regeln selbst bestimmen könne.[329] Insoweit wären ergänzende Informationen nötig.[330]

Für eine klare und durchschaubare Rückkaufswertregelung sei nach Ansicht des Gerichts in den Versicherungsbedingungen auch auf die nachteiligen Auswirkungen einer praktizierten Verrechnung hinzuweisen. Rückkaufswerttabellen[331] müssten aussagekräftige und umfassende Angaben enthalten, gegebenenfalls für die Anfangsjahre der Versicherung auch den Ausweis eines Nullwertes. Das Informationsinteresse des potentiellen Kunden gehe nämlich dahin, schnell und übersichtlich darüber unterrichtet zu werden, ob die Art des angebotenen Vertrages seinem Interesse auch für den Fall entspreche, dass er bereits vor dem vereinbarten Vertragsende die Prämien vermindern, einstellen oder eingezahlte Beträge zurückerhalten möchte.[332] Die kapitalbildende Lebensversicherung stehe auch im Wettbewerb mit Angeboten über andere Kapitalanlagen. Ein Kunde benötige daher solche Informationen, die ihm für seine Entscheidung bei Vertragsschluss eine Vergleichsziehung ermögliche.[333]

Durch die übersichtliche Verknüpfung der zusätzlichen Informationen mit den Versicherungsbedingungen wäre dem Transparenzerfordernis hinreichend genüge getan.[334]

---

329 BGH, ebd, S. 840, 843.

330 Eine solche ergänzende Information sei insbesondere in einer Rückkaufswerttabelle zu sehen.

331 Soweit eine Darstellung in Tabellenform erfolgt, bedürfe es keiner weiteren Erläuterung der versicherungsmathematischen Berechnungsmethodik – BGH, ebd.; vgl. Engeländer, aaO (Fn. 46), S. 1301. Dies ist nach Auffassung des Verfassers bei einem Ausweis für garantierte Rückkaufswerte zu bestätigen. Sobald nur oder zusätzlich auch ein Ausweis unverbindlicher Rückkaufswerte erfolgt, bedarf es einer ergänzenden Information auf vorhandene Spielräume des Versicherers. Vgl. insoweit die ausdrückliche Vorgabe des BGH, ebd., S. 844. Vgl. dazu unter Pkt. 3.4.3.2.

332 BGH, VersR 2001, 839.

333 BGH, VersR 2001, 841, 844.

334 BGH, ebd., S. 844; Präve, ebd., 1192.

3.4.2.2. BGH vom 12.10.2005

In weiteren Grundsatzentscheidungen[335] äußerte sich der BGH im Jahre 2005 zur Frage der wirksamen Ersetzung einer wegen Verstoßes gegen das Transparenzgebot für unwirksam erklärten Verrechnungsklausel bei der kapitalbildenden Lebensversicherung.

Der Bundesgerichtshof stellte zunächst heraus, dass die bei Vertragsschlüssen entstehenden Abschlusskosten nicht allein der Versicherer zu tragen hätte. Zum einen gebiete nicht nur die betriebswirtschaftliche Vernunft, sondern ebenso das Aufsichtsrecht die Bildung ausreichender Deckungsrückstellungen, so dass auch den vertragsrechtlichen Vorschriften die Vorstellung zugrunde läge, dass die Abschlusskosten in die Prämienkalkulation einfließen würden. Zum anderen verursache nicht immer der Versicherer die Vermittlungskosten, beispielsweise im Falle der Einschaltung eines Versicherungsmaklers durch einen Versicherungsnehmer. Schließlich sei ein vollständiger Wegfall der Verrechnung der Abschlusskosten mit den Prämien auch keine Entlastung für die einzelnen Versicherungsnehmer, da dies mittelbar die Überschüsse vermindern würde. Jedenfalls die Versicherungsnehmer seien betroffen, die den Vertrag bis zum Ende oder für eine längere Zeit aufrechterhalten. Begünstigt wären dagegen Versicherungsnehmer, welche den Vertrag nach kurzer Laufzeit kündigen bzw. beitragsfrei stellen. Eine Lösung, die sich jedoch vorwiegend an der Optimierung der Interessen letztgenannter Versicherungsnehmer orientiert, würde dem für das Versicherungsrecht typischen Gedanken einer Risikogemeinschaft widersprechen.[336]

Nachdem keine gesetzliche Regelung zur Verfügung stand und ein ersatzloser Wegfall der intransparenten Klausel nach obigen Ausführungen nicht interessengerecht wäre, musste der BGH die entstandene Vertragslücke im Wege der ergänzenden Vertragsauslegung schließen.[337]

---

335 Neben der Entscheidung des Bundesgerichtshofes - Az.: IV ZR 162/03 = VersR 2005, 1565 - wurden am gleichen Tag zwei weitere Urteile mit nahezu identischer Begründung verkündet (Az.: IV ZR 177/03 und IV ZR 245/03). Auch auf die Entscheidungen des BGH nimmt die Gesetzesbegründung ausdrücklich Bezug, BT-Drcks. 16/3945 S. 1.

336 BGH, VersR 2005, 1565, 1569.

337 Die Ersetzung der intransparenten Klausel durch eine inhaltsgleiche transparente Klausel kam nicht in Betracht. Dies würde zwar den Versicherungsnehmern, die den Vertrag bis zum Ende beitragspflichtig fortführen, nicht weiter betreffen. Der Versicherungsnehmer, welcher den Vertrag jedoch frühzeitig kündige oder beitragsfrei stelle, erleide durch eine rückwirkende inhaltsgleiche Klauselersetzung aber einen wirtschaftlichen Nachteil von erheblichem Gewicht. Diesen treffe nämlich

Als maßgeblichen Zeitpunkt für die Feststellung und Bewertung des mutmaßlichen typisierten Parteiwillens und der Interessenlage sei der Zeitpunkt des Vertragsschlusses heranzuziehen.[338] Eine Regelungslücke wäre dann derart zu schließen, dass es grundsätzlich bei der Verrechnung der geleisteten, einmaligen Abschlusskosten nach dem Zillmerungsverfahren bleibe.[339] Im Fall der vorzeitigen Beendigung der Beitragszahlung wäre weiterhin die versprochene Leistung geschuldet. Diese Leistung dürfe aber einen Mindestwert nicht unterschreiten. Der Mindestbetrag bestimme sich durch die Hälfte des mit den Rechnungsgrundlagen der Prämienkalkulation berechneten ungezillmerten Deckungskapitals[340].[341]

Bei der Beurteilung der Interessenlage geht der Bundesgerichtshof von einem weitgehenden Gleichlauf der Interessen des Versicherers und der Versicherungsnehmer aus, die den Vertrag bis zum Ende durchhalten wollen. Zu berücksichtigen sei aber auch eine vorzeitige Beendigungsquote der Verträge von ca. 50%.[342] Die Ursachen einer frühen Vertragsbeendigung seien unterschiedlich und in der Regel nicht vorhersehbar. Die Versicherungsnehmer hätten daher eine „gespaltene Interessenlage", wobei die ausbleibende hohe Leistung bei vorzeitiger Vertragsbeendigung dem Versicherungsnehmer gerade nicht vor Augen geführt

---

gerade der Transparenzmangel. Die Lücke müsse somit anderweitig geschlossen werden. Vgl. hierzu auch Elfring, NJW 2005, 3677.

338 BGH, ebd., S. 1570. Der BGH stellt ausdrücklich auf einen objektiv generalisierenden Maßstab ab, welcher den Willen sämtlicher betroffenen Verkehrskreise und nicht nur die konkreten Vertragsparteien betrifft. Es komme daher nicht darauf an, dass es mehrere Gestaltungsmöglichkeiten zur Ausfüllung einer Regelungslücke gebe.

339 Der BGH lässt die Frage im Hinblick auf das bisher übliche System der Einmalprovision ausdrücklich offen.

340 Bei der Bestimmung des Mindestbetrages lehnt sich der Bundesgerichtshof an den Vorschlag der vom Justizministerium eingesetzten unabhängigen Expertenkommission aus dem Jahre 2004 zur Reform des VVG an, vgl. unten Pkt. 3.5.2.2.3.1. Damit wird vom Begriff des Zeitwertes Abstand genommen. Hintergrund ist, dass nach Ansicht des BGH der Zeitwert mangels auch nach 10 Jahren anerkannter Berechnungsmethode als Grundlage der Rückkaufswertberechnung ungeeignet erschien. Vgl. BGH, ebd., S. 1572. Der Streit, ob sich die Zillmerung überhaupt auf die Zeitwertberechnung auswirkt, vgl. Brömmelmeyer, aaO (Fn. 7), § 42, S. 2575 Rn. 159, erübrigt sich demzufolge.

341 BGH, ebd. Den Eingriff in Rechnungsgrundlagen hält der BGH dabei für hinnehmbar, da die Verrechnung der einmaligen Abschlusskosten im Wege der Zillmerung als solche bestehen bleibt. Es müssten lediglich erhöhte Deckungsrückstellungen gebildet werden.

342 Der BGH verweist insoweit auf verschiedene Veröffentlichungen, z.B. VW 2004, 1884; 2005, 419; 2005, 988.

werde. Deshalb sei für den rückwirkend nicht mehr behebbaren Transparenzmangel ein angemessener Ausgleich zu schaffen. Jedoch komme den Interessen derjenigen, welche den Vertrag frühzeitig beenden ein geringeres Gewicht zu, als den Interessen der Versicherungsnehmer, die den Vertrag bis zum Ende durchhalten.[343]

3.4.2.3. BVerfG vom 15.02.2006

In einem Nichtannahmebeschluss vom 15.02.2006[344] beschäftigte sich dann auch das Bundesverfassungsgericht mit der Verrechnung von Abschlusskosten bei vorzeitiger Auflösung einer kapitalbildenden Lebensversicherung.

Dabei bestätigte das Gericht den Schutzauftrag gemäß Art. 2 Abs. 1, 14 Abs. 1 GG, dass Vorkehrungen für die Versicherungsnehmer bei kapitalbildenden Lebensversicherungen notwendig seien, um zu erkennen, in welcher Höhe Abschlusskosten mit der Prämie verrechnet werden.

Auch bei vorzeitiger Beendigung des Lebensversicherungsverhältnisses sei eine Rückvergütung zu gewähren, deren Wert auch unter Berücksichtigung in Rechnung gestellter Abschlusskosten sowie des Risiko- und Verwaltungskostenanteils in einem angemessenen Verhältnis zu den bis zu diesem Zeitpunkt gezahlten Versicherungsprämien stehe. Der Versicherungsvertrag sei nämlich von Beginn an nicht nur auf die Abdeckung des Versicherungsrisikos, sondern auch auf die Bildung von Vermögenswerten gerichtet. Ein unverhältnismäßiger Rückkaufswert vereitele diese Zielsetzung.

Das Bundesverfassungsgericht lässt ausdrücklich offen, welcher Weg eine verhältnismäßige Berücksichtigung der verschiedenen Interessen darstelle. Die gefundene Lösung des BGH, im Wege der ergänzenden Vertragsauslegung für

343 BGH, VersR 2005, 1571.

344 BVerfG, Beschluss vom 15.02.2006 – 1 BvR 1317/96 = NJW 2006, 1783 = VersR 2006, 489 - Die Verfassungsbeschwerde betraf die Rechtslage vor dem 29.07.1994 und wurde nicht zur Entscheidung angenommen, da die aufgeworfenen Rechtsfragen wegen der Urteile des Bundesverfassungsgerichtes vom 26.07.2005, siehe oben Pkt. 3.4.1.2. und des Bundesgerichtshofs vom 12.10.2005 – siehe oben Pkt. 3.4.2.2. keine grundsätzliche verfassungsrechtliche Bedeutung mehr hatten. Trotz der Nichtannahme entschied das Gericht jedoch, dem Beschwerdeführer die notwendigen Auslagen zu erstatten, da die Beschwerde ursprünglich grundsätzliche Bedeutung gehabt hatte, diese Bedeutung nur wegen der zwischenzeitlichen Entscheidung des BGH weggefallen und die Beschwerde im Übrigen im Wesentlichen begründet gewesen sei. Vgl. auch Grote, VersR 2006, 957, 958.

Altverträge mit intransparenten Klauseln einen Interessenausgleich zu schaffen, widerspreche jedenfalls nicht verfassungsrechtlichen Vorgaben.

3.4.2.4. *Ausdehnung auf fondsgebundene Lebensversicherung*

Die Oberlandesgerichte Nürnberg und Hamm lehnten eine Übertragung der aufgestellten Grundsätze des Bundesgerichtshofes aus dem Jahre 2001 auf die fondsgebundene Rentenversicherung ab.[345] Bei der fondgebundenen Rentenversicherung sei die Erstellung einer Tabelle zum Rückkaufswert nicht möglich, da wegen des täglich wechselnden Kurswertes der Fondanteile eine genaue Festlegung der Anteile und damit des Rückkaufswertes nicht möglich wäre.[346] Es stelle mithin eine ausreichende Verbraucherinformation dar, wenn aufgezeigt wird, dass die Wertentwicklung des Vertrages in ihrer Höhe von den Erträgen der Anlagestöcke abhängig sei und verbindliche Angaben über die künftigen Rückkaufswerte und beitragsfreien Werte nicht möglich wären. Eine nähere Präzisierung könne „typenbedingt" nicht verlangt werden.[347]

Dem schloss sich ausdrücklich das Oberlandesgericht Bamberg[348], nunmehr auch unter Einbeziehung der zwischenzeitlich ergangenen Grundsätze aus den Entscheidungen des Bundesgerichtshofes im Jahre 2005[349], an.

Der Bundesgerichtshof will seine aufgestellten Grundsätze jedoch auch für die fondsgebundene Lebensversicherung angewendet sehen.[350] Der Versicherungsnehmer sei hinsichtlich der wirtschaftlichen Nachteile bei einer Kündigung an der entsprechenden Stelle in den AVB „in den Grundzügen" zu unterrichten. Soweit dies nicht erfolgt, sei von Intransparenz der Klausel auszugehen und ein vertraglicher Mindestrückkaufswert anzunehmen. Dieser ergebe sich in Anlehnung zur kapitalbildenden Lebensversicherung bei der fondsgebundenen Lebensversicherung durch die Hälfte des ungezillmerten Fondsguthabens.[351]

345 OLG Nürnberg, Urteil vom 22.09.2004 (8 U 632/03) = VersR 2004, 182; OLG Hamm, Beschluss vom 31.08.2005 (20 U 105/05) = VersR 2006, 777.

346 VersR 2004, 182, 183.

347 Ebd.

348 OLG Bamberg, Beschluss vom 21.02.2007 (1 U 130/06) = VersR 2007, 1354.

349 BGH, Urteil vom 12.10.2005, siehe oben Pkt. 3.4.2.2.

350 BGH, Urteil vom 26.09.2007 (IV ZR 321/05) = VersR 2007, 1547.

351 BGH, ebd., S. 1548.

3.4.3. Die Entscheidung des BGH vom 25.07.2012

In einer Entscheidung vom 25.07.2012 beschäftigte sich der BGH ein weiteres Mal mit so genannten Verrechnungsklauseln für kapitalbildende Lebensversicherungen.[352] Die zur Diskussion gestandenen Klauseln wurden im Zeitraum von 2001 bis 2006 verwandt, also vor in Kraft treten der VVG-Reform. Jedoch ging es auch um die Verwendung beim Neuabschluss von Verträgen. Gegenständlich war neben der Frage nach der Transparenz der Klauseln nunmehr auch die Frage der inhaltlichen Unangemessenheit. So ließ der BGH einen Verstoß gegen das Transparenzgebot weitestgehend dahinstehen und erkannte für die Kostenverrechnungsklauseln eine unangemessene Benachteiligung der Versicherungsnehmer gemäß § 307 Abs. 2 Nr. 2, Abs. 1 S. 1 BGB.[353]

Der Bundesgerichtshof sieht in der Abschlusskostenverrechnung eine unzulässige Beeinträchtigung des Versicherungsnehmers. Die kapitalbildende Lebensversicherung diene mindestens gleichrangig der Kapitalanlage und Vermögensbildung. Dieser Vertragszweck werde für die verhältnismäßig große Gruppe der Versicherungsnehmer, die den Vertrag vorzeitig beenden, unverhältnismäßig belastet.[354] Das Recht auf den Rückkaufswert sei eine andere Erscheinungsform des Rechts auf die Versicherungssumme. Dieser Schluss folge aus der Entscheidung des Bundesverfassungsgerichts vom 15.02.2006[355], wonach es aus materieller Sicht nicht hinnehmbar sei, dass aufgrund der Verrechnung von Abschlusskosten mit der Prämie in den ersten Jahren kein Rückkaufswert vorhanden bzw. nur sehr niedrig wäre. Die Bildung von Vermögenswerten sei von Anfang an ein maßgebliches Ziel des Vertrages, welches dem Schutz des Art. 14 GG unterstehe. Das Bundesverfassungsgericht habe in seiner Entscheidung zweifelsfrei „Grenzen der Verrechnung von Abschlusskosten bei vorzeitiger Vertragsauflösung festgelegt und die vertragsrechtliche Lage zugunsten der vermögensrechtlichen Ansprüche von Versicherungsnehmern maßgeblich

352 BGH, Urteil vom 25.07.2012, Az.: IV ZR 201/10. Gegenständlich waren insbesondere auch entsprechende Klauseln aus der aufgeschobenen Rentenversicherung und der fondsgebundenen Rentenversicherung.

353 BGH, ebd, Rz. 14, m.w.N.

354 ebd., Rz. 23. Der BGH spricht an, dass er bislang in seiner Rechtsprechung die materiell-rechtliche Unzulässigkeit nicht festgestellt habe, sondern nur den Aspekt des Transparenzgebots aufgriff.

355 Vgl. aaO, worauf der BGH ausdrücklich abstellt.

verändert“[356], und dies unabhängig von der Frage der Transparenz entsprechender Klauseln.[357]

3.4.4. Stellungnahme

Benannte Entscheidungen beschäftigen sich maßgeblich mit Einzelfragen des Lebensversicherungsvertragsrechts zu den Problemfeldern Überschussbeteiligung, Rückkaufswert und der transparenten Darstellung sowie der inhaltlichen Angemessenheit entsprechender Klauseln. Die Erwägungen besitzen aber grundsätzliche, für das Lebensversicherungsrecht wegweisende Relevanz.[358]

3.4.4.1. (Schluss-)Überschussbeteiligung

Das Bundesverfassungsgericht betont in seiner Entscheidung vom 26.07.2005, dass die durch Prämien gebildeten Vermögenswerte beim Versicherer im Hinblick auf die Schlussüberschussberechnung eine anteilige eigentumsrelevante Position des einzelnen Versicherungsnehmers darstellen.[359] Die Annahme dieser grundrechtlich gesicherten Position wird teilweise kritisiert[360], da Bewertungsreserven schlicht nicht realisiert seien.

In der Entscheidung knüpft das Bundesverfassungsgericht zwar vornehmlich an die Frage der Schlussüberschussbeteiligung an.[361] Es weist aber im Ergebnis auf ein im Bereich der Überschussbeteiligung insgesamt vorhandenes Schutzdefizit hin. Sowohl in der Zeit vor der Deregulierung als auch danach fehlte

---

356 BGH, ebd., Rz. 26f.

357 Bemerkenswert ist, wie der BGH bei der Interpretation der Vorgaben der Bundesverfassungsgerichts die Frage der Transparenz ausklammert, obwohl es sich um einen Nichtannahmebeschluss des Bundesverfassungsgerichts handelte, welcher gerade deswegen erfolgte, weil die grundsätzliche Bedeutung durch die Transparenzrechtsprechung des BGH (Urteile vom 09.05.2001, 12.10.2005) entfallen war. So ist die Argumentation des BGH auch eher eine Anreihung von Verweisen auf das Bundesverfassungsgericht, die Gesetzgebung und der Feststellung, dass unangemessene Beeinträchtigungen von Versicherern und Versichertengemeinschaft nicht ersichtlich und auch nicht dargetan sind.

358 Vgl. z.B. auch für die Transparenzanforderungen Präve, VersR 2001, 846 ff.

359 Vgl. auch Knappmann, NJW 2005, 2893. Es komme nicht darauf an, ob die Position bereits zu einem subjektiven Recht erstarkt sei. Die Frage, zu welchem Zeitpunkt zivilrechtliche Ansprüche entstehen, wird damit offengelassen.

360 Vgl. z.B. Römer, VersR 2006, 865; Schenke, VersR 2006, 871; Stind, aaO (Fn. 8), S. 112 ff.

361 Vgl. auch Stindt, ebd.

es an effektiven Schutzvorkehrungen für den einzelnen Versicherungsnehmer, hinreichende Informationen über und Beteiligung an den auch aus seinen Prämien gebildeten Vermögenswerten zu erhalten.

Mithin wird dem Gesetzgeber ein Schutzauftrag vorgegeben, welcher insbesondere zwei Problemfelder zu berücksichtigen hat.

Zum einen ist die Möglichkeit der Querverrechnung von Kosten der Versicherer zu beachten.

Zum anderen muss jeder Versicherungsnehmer auch an den durch seine Prämienzahlungen gebildeten stillen Reserven partizipieren.[362] Nach der alten Rechtslage, zu welcher die Entscheidungen ergangen sind, war der einzelne Versicherungsnehmer weder positiv noch negativ[363] unmittelbar an den durch seine Prämienbeiträge gebildeten Reserven beteiligt, soweit diese nicht innerhalb der Vertragslaufzeit realisiert wurden. Allerdings, und damit befasst sich das Verfassungsgericht leider nicht tiefgründiger[364], partizipiert der jeweilige Versicherungsnehmer zumindest mittelbar an stillen Reserven und Lasten auch früherer Versichertengenerationen, welche vor seinem Vertragsschluss begründet und während seiner Vertragslaufzeit realisiert werden.[365]

Das Gericht verlangt jedoch im Ergebnis völlig zurecht eine auf die Besonderheiten des Lebensversicherungsrechts ausgerichtete Abwägung, inwieweit stille Reserven bei der Berechnung des Schlussüberschusses im Interesse der Versichertengemeinschaft verbleiben müssen oder inwieweit ein Verbleib eine ungerechtfertigte Beeinträchtigung des einzelnen Versicherungsnehmers wäre.[366]

---

362 Vgl. oben unter Pkt. 1. Solche Reserven bestehen auf der Aktivseite einer Bilanz in der Differenz zwischen Buchwert und Zeitwert. Ermöglicht wird die Bildung stiller Reserven aufgrund der Bilanzierungs- und Bewertungsregeln der §§ 341 ff. HGB i.V.m. § 253 HGB – Stichwort: Niederstwert- und Realisationsprinzip - für Versicherungsunternehmen.

363 Das Bundesverfassungsgericht erkennt freilich auch die Möglichkeit der stillen Reserven auf der Passivseite der Bilanz, die so genannten stillen Lasten.

364 Das Bundesverfassungsgericht spricht in seiner Entscheidung vom 26.07.2005 noch das anglo-amerikanische Bewertungsprinzip des „fair value" an. Darunter versteht man den „üblichen Marktpreis" bzw. den „beizulegenden Zeitwert", also den Betrag, zu dem zwischen sachverständigen, vertragswilligen und voneinander unabhängigen Geschäftspartnern ein Vermögenswert getauscht oder eine Verbindlichkeit beglichen werden könnte, vgl. nur www.wikipedia.org/wiki/Fair_Value.

365 Vgl. in diese Richtung auch Knappmann, NJW 2005, 2892.

366 Im Hinblick auf die für die Abwägung zu berücksichtigende Interessenlage sei bereits an dieser Stelle folgendes angemerkt: Unter dem Gesichtspunkt der Funktionsfähigkeit des Versicherungswesens erscheint die Erhaltung der stillen

Es bleibt daher für die weitere Bearbeitung zu prüfen, ob und wie der Gesetzgeber diesem Schutzauftrag nachkommt und die nötige Abwägung der Interessen auch im Rahmen der Neuregelungen des VVG bewerkstelligt.[367] Dabei wird auch nach einer verständlichen Darstellung der Überschussermittlung und Überschussbeteiligung zu fragen sein.

3.4.4.2. Rückkaufswert

Der Bundesgerichtshof verlangt in seinen Entscheidungen aus dem Jahre 2001 für eine transparente Darstellung ergänzende, über einen Gesetzesverweis hinausgehende Informationen über Spielräume bei der Berechnung eines Rückkaufswertes und dessen konkreter Höhe bzw. den Zeitpunkt, wann der Rückkaufswert bestimmt wird. Das Gericht erachtet dabei die übersichtliche Veranschaulichung mit Hilfe einer Rückkaufswerttabelle für die Transparenz als dienlich. Nach Ansicht des Verfassers sind die Vorgaben gerade wegen der Entscheidung des BGH – Urteil vom 09.05.2001, Az.: IV ZR 121/00 – so zu verstehen, dass eine ausreichende Darstellung von Spielräumen mittels einer Tabelle nur gewährleistet ist, wenn die Tabelle aus garantierten Werten besteht. Aufgrund der Verbindlichkeit dieser Werte bedarf es dann keiner weiteren Erläuterung zu Spielräumen. Soweit dies nicht der Fall ist, sind neben der Tabelle weitergehende Hinweise zu geben.

Zudem soll der Versicherungsnehmer auf die nachteiligen Wirkungen der Verrechnung von Abschlusskosten hingewiesen werden.

Herrmann[368] kritisiert diese Transparenzanforderungen teilweise als zu streng.

Reserven für die Zukunft erstrebenswert (so auch BVerfG, NJW 2005, 2376, 2381). Dies ist grundsätzlich das Interesse des Versicherers, der Versichertengemeinschaft und auch des einzelnen Versicherungsnehmers.

Das Interesse der Versichertengemeinschaft und des einzelnen Versicherten geht des Weiteren dahin, eine möglichst hohe Überschussbeteiligung und somit einen hohen Auszahlungsbetrag bei Beendigung des Vertrages zu erhalten. Es besteht insoweit ein Spannungsverhältnis, welches sämtliche Versicherungsnehmer betrifft.

367 Vgl. ebenso Baumann, aaO (Fn. 325), S. 404 ff. der für dieses schwierige Unterfangen ein überzeugendes Gesamtkonzept des Gesetzgebers für notwendig erachtet.

368 Vgl. z.B. Herrmann, DZWiR 2004, 45, 51; ders. in NWiR 2008, 4 – abrufbar unter „www.nwir.de"; ders. in Bruck/Möller, § 7 Rn. 55. Nach dieser Ansicht ist ein weitergehender Hinweis auf die geringe Höhe des Rückkaufswertes in den Anfangsjahren zu abschreckend und mit dem wettbewerblichen Aspekt der Information sowie dem Leitbild des mündigen Verbrauchers nicht zu vereinbaren. Etwas anderes solle nur gelten, wenn besondere Umstände wie Arbeitslosigkeit oder ein fehlendes geregeltes Einkommen vorliegen.

Nach hiesiger Auffassung weist der Bundesgerichtshof aber zu Recht auf das Erfordernis einer Ergänzung der Informationen hin.[369] Nur so erhält der Versicherungsnehmer ein vollständiges Bild von der Funktionsweise der Bildung und Berechnung eines Rückkaufswertes.[370] Allerdings ist die Kritik einer zu abschreckenden Information nicht von der Hand zu weisen. Es kann insoweit keines Hinweises auf einen Nachteil bedürfen. Dies läuft den wettbewerblichen Bedürfnissen des Marktes zuwider. Dem Versicherungsnehmer ist aber die Wirkungsweise der Verrechnung verständlich zu machen.[371] In diesem Zusammenhang wäre dann, um einer nicht vertretbaren abschreckenden Wirkung entgegenzusteuern, das Aufzeigen der Vorteile der anfänglichen Verrechnung möglich. Es verbleibt insoweit der gewollte Warneffekt.

Für den Gesetzgeber stellt sich daher die Frage, wie dem Versicherungsnehmer unter Berücksichtigung wettbewerblicher Aspekte der Versichererinformation und auch im Zusammenhang mit anderen die Transparenz fördernden Umständen[372] ein vollständiges und verständliches Bild von der Funktionsweise der Berechnung und/oder der Höhe des konkreten Rückkaufswertes zu zeichnen ist. Diese Frage stellt sich gleichfalls bei fondsgebundenen Verträgen.

Für den Fall einer intransparenten nicht mehr rückwirkend behebbaren Darstellung zeigte der Bundesgerichtshof zunächst im Jahre 2005 weiter auf, wie die Interessenlage der Beteiligten im Wege der ergänzenden Vertragsauslegung zu bewerten ist. Das Ergebnis bestätigt das Bundesverfassungsgericht in seinem Nichtannahmebeschluss von 2006 als verfassungsgemäß. Danach gebührt dem Versicherungsnehmer im Falle einer intransparenten Rückkaufswertregelung stets ein Mindestrückkaufswert, welcher nach den Vorgaben des Gerichts die Hälfte des zum Kündigungszeitpunkt ungezillmerten Deckungskapitals betragen sollte.

Grundsätzlich laufen die Interessen von Versicherer, Versichertengemeinschaft und einzelnem Versicherungsnehmer überein. Sobald ein Versicherungsnehmer den Vertrag vorzeitig beenden will, kommt aber ein anderes Interesse des kündigenden Versicherungsnehmers zum Vorschein. Der den Vertrag auflösende Versicherungsnehmer möchte nunmehr einen möglichst hohen Anteil

---

369 So im Ergebnis auch Präve, aaO (Fn. 358), S. 847 f., der dem BGH AGB-rechtliches Neuland konstatiert. Der BGH stärke mit der Entscheidung die Transparenzkontrolle als grundsätzlich milderes Mittel einer Inhaltkontrolle.

370 Zum inhaltlichen Ausmaß der Information siehe unter Pkt. 3.5.2.3.3.3.2.

371 So auch Herrmann, aaO (Fn. 22), § 7 Rn. 56, der die Auffälligkeiten des Rückkaufswertverlaufes sachlich aufzeigen will.

372 Stichworte Beratung und Produktinformationsblatt.

seiner eingezahlten Prämien zurückerhalten. Dies steht im Widerspruch zu dem Interesse des Versicherers und auch der vertragswilligen Versichertengemeinschaft. Der Bundesgerichtshof spricht daher zu Recht von einer „gespaltenen Interessenlage" des Versicherungsnehmers.[373] Das Gericht zeigt dabei in der Entscheidung vom 12.10.2005 ausdrücklich auf, dass den Interessen der Versichertengemeinschaft Vorrang einzuräumen ist, da sich eine vorzeitige Auszahlung zwingend auf die Überschüsse der verbleibenden Versicherungsnehmer auswirkt und damit den Zweck der Risikogemeinschaft, die Existenzsicherung, vornehmlich die Alterssicherung, beeinträchtigt. Dem ist zuzustimmen.[374]

Im Unterschied zur Schlussüberschussbeteiligung, welche die gesamte Versichertengemeinschaft betrifft, fällt die Frage des Rückkaufswertes nur bei einigen Versicherten ins Gewicht. Dabei kann die Wahrscheinlichkeit der frühzeitigen Vertragsauflösung wegen der Vielgestaltigkeit der Lebensverhältnisse nicht für jeden Versicherungsnehmer gleich angesetzt werden.

Die vom Bundesgerichtshof bei intransparenten Klauseln in einer ex post Betrachtung und anhand eines objektiv generalisierenden Maßstabes gefundene Lösung zum Rückkaufswert ist im Ergebnis begrüßenswert.[375] Sie fällt jedenfalls nicht aus dem verfassungsrechtlichen Einschätzungsrahmen.

Im Anschluss an diese Entscheidung erkannte das Bundesverfassungsgericht, seiner Entscheidung zum Schlussüberschuss folgend, auch für den Rückkaufswert einen verfassungsrechtlich gebotenen Schutzauftrag an. Demnach seien Vorkehrungen nötig, dass der Versicherungsnehmer nachvollziehen kann, in welcher Höhe Abschlusskosten mit der Prämie verrechnet werden dürfen.

Diese Vorgabe zielt auf eine höhere Transparenz ab, fördert eine privatautonome Entscheidung und ist daher begrüßenswert.[376]

---

373 Die Gründe für eine vorzeitige Vertragsbeendigung können vielseitig und unvorhersehbar sein. Der Bundesgerichtshof stellt auf eine vorzeitige Beendigungsquote von 50% der Verträge ab, wobei diese Werte natürlich auf der alten Rechtslage beruhen. Es ist fraglich, ob wegen der neu geregelten Informations- und Beratungspflichten sowie der steigenden Wertigkeit der privaten Lebensversicherung an der Altersvorsorge diese Quote fortwährend Bestätigung findet.

374 Zur Interessenlage auch Stindt, aaO (Fn. 8), S. 62 ff.

375 Vgl. zur Differenzierung zwischen vertraglicher Gestaltungsmöglichkeit und objektivem Ansatz bei der ergänzenden Vertragsauslegung, Basedow, aaO (Fn. 31), S. 436.

376 Demgegenüber kritisiert Engeländer diese Anforderungen, da allein die Tabellenwerte für die notwendige Transparenz bei den Rückkaufswerten sorgen würden, VersR 2009, 1309, 1310. Zu den Tabellenangaben bereits soeben.

Weiterhin fordert das Bundesverfassungsgericht, dass Rückvergütung und eingezahlte Prämien unter Berücksichtigung verrechneter Abschlusskosten sowie des Risiko- und Verwaltungskostenanteils in einem angemessenen Verhältnis stehen.

Eine Lesart der Entscheidung könnte dahingehen, dass dem Versicherungsnehmer unabhängig von der Frage der transparenten Darstellung der Abschlusskostenverrechnung stets ein Mindestbetrag i.S.d. Rechtsprechung des Bundesgerichtshofes zuzusprechen ist. Hierauf deuten die Ausführungen des Bundesverfassungsgerichtes hin, wonach ein überproportionaler Ansatz von Abschlusskosten zu Lasten der Neuversicherungsnehmer unangemessen sei.[377] Diese Lesart wird jedoch von verschiedener Seite kritisiert.[378] Eingewandt wird vor allem, dass der Bundesgerichtshof in seinen früheren Entscheidungen immer nur intransparente Klauseln zu bewerten hatte und damit keine Aussage über die inhaltliche Zulässigkeit der Klauseln traf.[379] Dies wäre auch auf eine unzulässige Äquivalenzkontrolle von AGB-Klauseln hinausgelaufen.[380] Der Bundesgerichtshof hat sich dieser Lesart jedoch in seiner Entscheidung vom 25.07.2012 angeschlossen.[381]

Dem Verfassungsgericht blieb es freilich unbenommen, die zu berücksichtigenden verfassungsrechtlich gebotenen Schutzaufträge aufzuzeigen.

---

377 BVerfG vom 15.02.2006, NJW 2006, 1783, 1785, Urteilsnummer 62.

378 Vgl. z.B. Herrmann, aaO (Fn. 22), Einf. B, S. 100 Rn. 29 ff.; Wohl auch Engeländer, ebd., S. 1309 ff., der in der Tatsache, dass „kein vollwertiges Verfahren durchgeführt" wurde einen Grund für Unklarheiten des Beschlusses sieht. Die Kritik erfolgte noch vor der Positionierung des BGH.

379 So merkte der ehemalige vorsitzende Richter am BGH Römer zudem bei den 47. Bitburger Gesprächen 2006 an, dass der BGH stets auch eine konkludente inhaltliche Prüfung vornehme, wenn er sich mit der Frage der Transparenz einer Klausel auseinandersetze. Soweit eine inhaltliche Unzulässigkeit nicht festgestellt, sondern nur das mildere Mittel der formalen Unzulässigkeit wegen Intransparenz ausgeurteilt werde, müsse von der inhaltlichen Angemessenheit der Klausel ausgegangen werden. VersR 2007, 331, 333.

380 Zur AGB-rechtlichen Problematik der Ausdehnung von Aspekten der Intransparenz auf eine inhaltliche Billigkeitskontrolle vgl. Herrmann, ebd., Einf B., S. 96 Rn. 22 und S. 100 Rn. 30; Zur Inhaltkontrolle von AVB vgl. auch Schünemann, in: Gedächtnisschrift für Johann Georg Helm, S. 865, 871 ff. und ausführlich Präve, Versicherungsbedingungen und AGB-Gesetz, S. 117 ff.

381 Zu den Konsequenzen der BGH-Entscheidung vgl. z.B. die Urteilsanmerkung von Präve, VersR 2012, 1159; auch Reiff, VersR 2013, 785 ff.; Ein näheres Eingehen hierzu an dieser Stelle ist nicht angezeigt. Für die Praxis wäre eine Überprüfung der Rechtsprechung des BGH anhand europäischer Vorgaben angezeigt. Vgl. unten Pkt. 5.2.2.

Insofern basiert nach hiesiger Auffassung die Entscheidung des Versicherungsnehmers bei transparenter Darstellung der Verrechnung von Abschlusskosten gerade auf der Privatautonomie. Der Versicherungsnehmer entscheidet sich zwar für einen geringeren Rückkaufswert im Falle der frühzeitigen Vertragsbeendigung. Er wählt aber auch privatautonom die Vorteile einer derartigen Verrechnung.[382] Dies hat freilich Auswirkung auf die Frage der Angemessenheit, denn dem drohenden Nachteil stehen auch Vorteile gegenüber, was die Angemessenheit beeinflusst. Zudem weist das Bundesverfassungsgericht gerade auf verschiedene Lösungsmöglichkeiten hin, die dem Gesetzgeber zur Ausfüllung des Schutzauftrages bereitstehen. Die „klaren Grenzen", die der BGH dem Nichtannahmebeschluss des BVerfG entnehmen möchte, sind gerade nicht zweifelsfrei vorgegeben. Dem Gesetzgeber verbleiben vielmehr neben zivilrechtlichen Schutzmechanismen bspw. auch solche des Aufsichtsrechts. Auch die ausdrückliche Bezugnahme des Verfassungsgerichts auf den Risiko- und Verwaltungskostenanteil, der ja neben der Abschlusskostenverrechnung steht, bestätigt eher die hier bevorzugte Lesart, nämlich dass ein Mindestrückkaufswert i.S.d. Rechtsprechung des Bundesgerichtshofes nicht zwingend auch bei transparenter Darstellung geboten ist.

Dieser (zweiten) Lesart ist somit zu folgen.

Die Prämienzahlungen der neuen Versicherungsnehmer dürfen letztlich nicht über Gebühr mit Kosten belastet werden. Für Abschlusskosten wäre beispielsweise auf einen verhältnismäßigen Höchstzillmersatz zu achten. Auch Verwaltungs- und Risikokosten dürfen nicht unmittelbar von den ersten Prämienzahlungen abgezogen, sondern müssen verhältnismäßig auf sämtliche Prämienzahlungen verteilt werden. Demnach bedarf es Vorkehrungen, die zwar nicht von der ersten Prämienzahlung an, aber mit Anwachsen des eingezahlten Vermögens eine angemessene Rückvergütung sichern.[383] Ein transparenter Ausweis von anfallenden Kosten eröffnet dabei einen größeren Spielraum für angemessene Varianten. Lediglich der vollständige Ansatz sämtlicher Kosten zu Beginn des Vertrages scheidet als unangemessen von vornherein aus. Im Übrigen ergibt sich ein Spielraum des Gesetzgebers.[384]

---

382 Vgl. dazu unten Pkt. 3.5.2.2.3.3.2.

383 Vgl. in diese Richtung wohl auch Jacob, zfs 2009, 483, 486, der es bei einer „reinen Zillmerung" ohne Korrektiv in Fällen des Frühstornos zutreffend voraussagte, dass der Bundesgerichtshof in Fortentwicklung seiner Rechtsprechung eine unangemessene Benachteiligung i. S. d. § 307 BGB annehmen wird, was im Jahre 2012 geschah.

384 Nach hiesigem Verständnis kann dann auch ein Rückkaufswert von Null Euro in einer frühzeitigen Phase des Vertrages angemessen sein. Das Verfassungsrecht gebietet jedenfalls keinen vertraglichen (!) Mindestrückkaufswert.

Der Gesetzgeber hat somit im Rahmen des aufgezeigten Spielraumes Vorkehrungen für einen angemessenen Rückkaufswert zu schaffen. Dabei muss er aus einer ex ante Betrachtung heraus unter Berücksichtigung der vorhandenen privatautonomen Gestaltungsmöglichkeiten die Interessen der Vertragsparteien angemessen in Ausgleich bringen.

3.5. Reformdiskussion, gesetzgeberische Ziele - Alternativvorschläge und Bewertung

Die Reformbedürftigkeit des fast 100-jährigen Versicherungsvertragsgesetzes zeigte sich an vielen Stellen. Darüber bestand dem Grunde nach Einigkeit.[385]

Nach Ansicht des Gesetzgebers riefen die Bedürfnisse des modernen Verbraucherschutzes, die über die Jahre fortschreitenden rechtspolitischen und rechtstatsächlichen Entwicklungen einen solchen Reformbedarf hervor, welcher nicht mehr durch punktuelle Änderungen oder Ergänzungen vollbracht werden konnte.[386]

Neben den über die Jahrzehnte einhergehenden gesellschaftlichen Entwicklungen, den veränderten Bedürfnissen an den Versicherungsmarkt und Neuerungen in der Versicherungstechnik riefen insbesondere die Deregulierung des Versicherungswesens sowie die darüber hinausgehenden Harmonisierungsbestrebungen aus Europa[387] einen erheblichen Reformbedarf hervor. Schließlich waren auch die seit der Deregulierung im Jahre 1994 aufgezeigten höchstrichterlichen Entscheidungen[388] zu berücksichtigen, welche ausdrücklich einen gesetzgeberischen Auftrag enthielten, den es umzusetzen galt.[389]

---

385 Vgl. z.B. Präve, VersR 1999, 1211; ders., in: VersWissStud 2003, Bd.24, S. 278; Schimikowski, r+s 2000, 353; Schünemann, NVersZ 1999, 345: Bultmann, VersWissStud 2003, Bd. 24, S. 247; Scholl, VersWissStud 2003, Bd. 24, S. 251; Hennrichs, NVersZ 2002, 5; zurückhaltend Michaels, Tagungsberichte zum 16. Münsterischen Versicherungstag, VersR 1999, 290, 291.

386 BT-Drcks. 16/3945 S. 1.

387 Zu den maßgeblichen Richtlinien s.o. unter Pkt. 3.3.

388 S.o. speziell für die Lebensversicherung nochmals unter Pkt. 3.4., insbesondere die Entscheidungen des Bundesverfassungsgerichtes vom 26.07.2005 (3.4.1.2.); Wobei die bezeichnete Bundesverfassungsgerichtsentscheidung noch für die Rechtslage vor der Deregulierung getroffen wurde. Allerdings erklärte das Verfassungsgericht die entscheidenden Gesichtspunkte, die zum gesetzgeberischen Auftrag führten, auch für die Zeit nach der Deregulierung, und damit für die Rechtslage vor der Reform, als relevant.

389 Vgl. BT-Drcks. 16/3945 S. 1; Römer, Der Betrieb, 2007, 2523.

So gab das Bundesjustizministerium schließlich im Jahre 2000 einer Kommission zur Reform des Versicherungsvertragsrechts den Auftrag, Vorschläge zu erarbeiten, die es dem Gesetzgeber ermögliche, allgemeine Versicherungsvertragsbestimmungen sowie das Vertragsrecht der einzelnen Versicherungszweige neu zu gestalten.[390]

Bezüglich der Lebensversicherung teilte Bundeskanzler Schröder bereits Ende des Jahres 1998 in seiner Regierungserklärung zum Amtsantritt mit, „für mehr Wettbewerb und mehr Transparenz" sorgen zu wollen.[391] Im Lebensversicherungsrecht zeigte sich nämlich eine große Anzahl kritischer Stimmen aus der Wissenschaft zur damaligen Rechtslage.[392] Die geäußerte Kritik veranlasste den Gesetzgeber, einen Schwerpunkt der Reform im Lebensversicherungsrecht zu suchen.[393]

3.5.1. Notwendigkeit und Ziele der Reform im Hinblick auf die Lebensversicherung

Im Bereich der Lebensversicherung standen neben den allgemeinen Maßgaben des modernen Verbraucherschutzes und der zeitgemäßen und übersichtlichen Gestaltung des Versicherungsprodukts[394] vor allem die Fragen der angemessenen Überschussbeteiligung und des angemessenen Rückkaufswertes bei vorzeitiger Beendigung des Vertrages im Blickpunkt.[395]

Wie bereits der Blick auf die Problematik der Rechtsnatur des Lebensversicherungsvertrages gezeigt hat, erfolgte eine kontroverse Diskussion über die angemessene Beteiligung der Versicherungsnehmer an den Überschüssen und einer gesetzlichen Regelung hierzu, denn nach alter Rechtslage fand die Überschussbeteiligung im VVG keine Normierung. Auch das Aufsichtsrecht enthält keine normierte Verpflichtung zur Überschussbeteiligung. Natürlich war es dem Versicherer aus Gründen des Wettbewerbs auch früher schon kaum möglich, sich der Gewährung einer Überschussbeteiligung zu entziehen, so dass in der

---

390 Vgl. dazu z.B. Weyers/Wandt, aaO (Fn. 140), A.II., S. 5 Rn. 13; Präve, aaO (Fn. 169); ders. in VW 2002, 1836; Brömmelmeyer VersR 2003, 939. Der Kommission gehörten Wissenschaftler, Richter, Rechtsanwälte, ehemalige Ministeriums- bzw. Behördenvertreter, Vertreter der Versicherungswirtschaft sowie des Verbraucherschutzes an.

391 Vgl. Präve, aaO (Fn. 169), S. 277.

392 Vgl. oben Fn. 385.

393 Vgl. z.B. Römer, ebd., S. 2523.

394 BT-Drcks. 16/3945 S. 1.

395 Vgl. bereits oben Pkt. 1.

Regel eine vertragliche Vereinbarung erfolgte. Die Überschussbeteiligung stellte insofern bereits vor der Reform einen beträchtlichen Leistungswert im Rahmen der Lebensversicherung dar.[396] Jedoch stand die genaue inhaltliche Ausgestaltung weithin im Ermessen des Versicherers. Insbesondere enthielt die Überschussbeteiligung gerade keine Partizipation an den Bewertungsreserven. Zudem waren für den Versicherungsnehmer nicht nachvollziehbare Querverrechnungen des Versicherers möglich, welche den auszuzahlenden Überschuss schmälerten.[397]

Des Weiteren stellte die in aller Regel sehr lange Vertragslaufzeit und die damit einhergehende Prämienzahlungspflicht, eine vermehrte Anzahl von Versicherungsnehmern vor beträchtliche Schwierigkeiten. Das Gesetz gewährt zwar seit jeher ein ordentliches Kündigungsrecht. Dieses Recht dürfe aber nicht durch unangemessene nachteilige Folgen der Kündigung oder Umwandlung des Vertrages ausgehöhlt werden.[398]

Der Gesetzgeber hatte somit neben der transparenten Darstellung des Lebensversicherungsproduktes das Ziel, einen angemessenen Interessenausgleich sowohl für den Bereich der Überschussbeteiligung als auch für die Frage der vorzeitigen Vertragsbeendigung durch gesetzliche Vorgaben herbeizuführen.[399]

Nach Einsetzung der VVG-Reformkommission im Jahre 2000 legte diese im Mai 2002 einen ersten Zwischenbericht vor, welchem am 19.04.2004 der Abschlussbericht folgte. Auf dieser Basis erging ein Referentenentwurf des Bundesministeriums der Justiz vom 13.03.2006. Dieser mündete schließlich in dem Gesetzesentwurf der Bundesregierung nebst Begründung vom 11.10.2006, ergänzt von der Beschlussempfehlung des Rechtsausschusses vom 28.06.2007[400]. Hinzu traten eine Vielzahl von Beiträgen und Stellungnahmen aus der Versicherungspraxis und der Versicherungswissenschaft.

396 Vgl. z.B. Zwischenbericht der VVG-Kommission, S. 96; Der zu zahlende Überschuss kann danach bei lang laufenden Verträgen die garantierte Versicherungssumme sogar übersteigen.

397 Vgl. BT-Drcks. 16/3945 S. 1, 52 und 95; Eine Grenze fand der Gestaltungsspielraum des Versicherers natürlich zum einen in der Missstandskontrolle der Versicherungsaufsicht nach § 81 c VAG i.V.m. § 81 Abs. 2 VAG, wenn die gebotene vorsichtige Kalkulation nicht durch entsprechende Partizipation an den Überschüssen ausgeglichen würde. Zum anderen stand unter zivilrechtlichen Gesichtspunkten bei ausbleibender Beteiligung eine gravierende Äquivalenzstörung im Raum, welche zur Nichtigkeit des Vertrages führen könnte. Vgl. Zwischenbericht der VVG-Kommission, S. 97.

398 Vgl. BT-Drcks. 16/3945 S. 52.

399 Vgl. ebd., S. 51 ff.

400 Vgl. BT-Drcks. 16/5862.

Im Folgenden will die Arbeit die Reformbemühungen im Hinblick auf die angesprochenen Problemkreise herausarbeiten und näher beleuchten.

3.5.2. Berichte/Ansichten zu den Reformpunkten des Lebensversicherungsvertragsrechts

Ausgehend von den tragenden Gedanken der Gesetzesbegründung sollen die Problembereiche in ihrer Entwicklung dargestellt und diskutierte Alternativvor schläge aufgezeigt werden, um daran anschließend die jetzige Rechtslage zu bewerten und damit Erkenntnisse für die weitere Bearbeitung zu gewinnen. Dabei sei angemerkt, dass die Reformdiskussion und einhergehend auch das Gesetzgebungsverfahren durch verschiedene zwischenzeitlich zu berücksichtigende Fakten beeinflusst wurden.[401] Aus Sicht des Verfassers erscheint es für das Verständnis der Problematik dennoch ratsam, die Reformüberlegungen umfassend zu betrachten.

3.5.2.1. Überschussbeteiligung

3.5.2.1.1. Begriff und Ausschluss der Überschussbeteiligung - § 153 Abs. 1 VVG

Zum neuen § 153 Abs. 1 VVG muss der Blick auf drei zusammengehörende Problemkreise gelenkt werden. Hierzu zählt zunächst die grundsätzliche Frage, ob eine Beteiligung an den Bewertungsreserven im Rahmen der Überschussbeteiligung erfolgen muss. Mitten in die Reformüberlegungen drang dabei das bereits besprochene Urteil des Bundesverfassungsgerichtes vom 26.07.2005[402]. Weitere Folgefragen waren sodann, ob die Erfassung sämtlicher Kapitalanlagen im Rahmen der angemessenen Beteiligung an den Bewertungsreserven geboten ist und inwiefern die Möglichkeit des Ausschlusses der Überschussbeteiligung besteht.

3.5.2.1.1.1. Vorschläge der Reformkommission und gesetzgeberische Entwürfe/Stellungnahmen

Die Regelung zur Überschussbeteiligung in § 153 Abs. 1 VVG ist neu und von umfassender Bedeutung. Auf der Basis der Entscheidung des Bundesverfassungsgerichtes aus dem Jahre 2005 wird erstmals einem Versicherungsnehmer,

---

401 Vgl. z.B. auch Niederleithinger, VersR 2006, 437. Mit Bezug zum Referentenentwurf werden die Finanzdienstleistungsrichtlinie, die Vermittlerrichtlinie, die Entscheidungen des Bundesverfassungsgerichtes und des Bundesgerichtshofes zu dieser Thematik sowie auch der Koalitionsvertrag zwischen CDU, CSU und SPD 2005 genannt.

402 Vgl. oben Pkt. 3.4.1.2.

welcher aus dem Kollektiv ausscheidet, vom Gesetzgeber ein gesetzlicher zivilrechtlicher Anspruch auf eine Überschussbeteiligung, insbesondere auch an den Bewertungsreserven, zugebilligt[403].[404]

Eine Klarstellung für den Ausschluss der Überschussbeteiligung erfolgte seitens des Rechtsausschusses des Bundestages, wonach diese nur vollumfänglich ausgeschlossen werden dürfe, da es andernfalls bei der vom Verfassungsgericht gerügten verfassungswidrigen Rechtslage verbleibe.[405]

Nach dem Zwischenbericht der VVG-Kommission sollte zwar das bisherige aufsichtsrechtliche Überschussbeteiligungssystem trotz bekannter Gefahren nicht in Frage gestellt werden.[406] Als Regelfall der Überschussbeteiligung wäre aber ein vertraglicher Anspruch des Versicherungsnehmers mit gesetzlich vorgeschriebener Berechnung vorzusehen, wonach „eine angemessene Überschussbeteiligung im Sinne einer verursachungsgerechten und zeitnahen Zuteilung des auf den Versicherungsnehmer entfallenden Teilbetrages der RfB-Zuführung" erfolgen muss.[407]

Die VVG-Kommission hielt es dann aber in ihrem Abschlussbericht für wünschenswert, die Einheit der handelsrechtlichen Rechnungslegungsvorschriften

---

403 Vor der Reform bestanden zwar gewisse aufsichtsrechtliche Regelungen zur Überschussbeteiligung. Einen zivilrechtlichen Anspruch konnte der einzelne Versicherungsnehmer aber nur begründen, wenn eine vertragliche Abrede zur Überschussbeteiligung getroffen wurde.

404 Vgl. BT-Drcks. 16/3945 S. 51 f., 95 f.; Grundlage der Überschussbeteiligung bis zur VVG-Reform war der sich aus dem Jahresabschluss des Versicherers ergebende Überschuss. Dieser bleibt auch fortwährend entscheidend. Im Hinblick auf die neu einzubeziehenden Bewertungsreserven wird ein neuer § 54 RechVersV eingeführt, vgl. Art. 6 des Gesetzesentwurfs, BT-Drcks. 16/3945 S. 42, wonach bei zum Anschaffungs- oder zum Nennwert ausgewiesene Kapitalanlagen im Anhang jeweils der Zeitwert anzugeben ist. Dadurch soll auch Transparenz im Hinblick auf die Bewertungsreserven entstehen. Bereits oben Pkt. 1.1.

405 BT-Drcks. 16/5862 S. 99.

406 Vgl. hierzu die Ausführungen der VVG-Kommission auf S. 99 f. des Zwischenberichtes mit der Darstellung der aufsichtsrechtlichen Situation. Die Kommission diskutierte zwei weitere Modelle, das so genannte „gebundene Vermögens" -Modell und das Modell der „getrennten Vermögen". Aufgrund erwarteter Umsetzungsschwierigkeiten wurde jedoch für das altbewährte Aufsichtsmodell plädiert. Eingehender zu den Modellen auch Stindt, aaO (Fn. 8), S. 34 ff.

407 Zwischenbericht, S. 103, dort Pkt. 15.3.4.2. Die VVG-Kommission äußerte sich dabei noch nicht zu den genauen gesetzgeberisch zu treffenden Vorgaben, zeigte aber an, dass sie die Problematik der Umstellung auf eine zeitnahe Zuteilung eines erst später fällig werdenden Anspruchs des Versicherungsnehmers erkannt hat.

für die Versicherer sowie die Berechnung der Ansprüche der Versicherungsnehmer auf Überschussbeteiligung in der bisherigen Form beizubehalten.[408] Sie sprach sich damit gegen eine zeitnahe Berücksichtigung der Bewertungsreserven bei der Überschussbeteiligung aus.

Dabei stellt die VVG-Kommission heraus[409], dass die Bewertungsreserven dem Versicherungskollektiv nicht verloren gehen würden. Denn mit Realisierung der Reserven entstehe zu diesem Zeitpunkt ein Gewinn, an welchem auch das Versicherungskollektiv über die Überschüsse partizipiert sei. Problematisch an dieser bisherigen mittelbaren Beteiligung sei jedoch, dass nur diejenigen Versicherten von der Realisierung profitieren, die zum Zeitpunkt der Realisierung überschussberechtigt sind. Vorher ausgeschiedene Versicherungsnehmer partizipieren insoweit nicht an den durch ihre Prämien geschaffenen Reserven, gegebenenfalls aber an vor ihrer Zeit gebildeten Reserven, welche sich während ihrer Vertragszeit realisiert haben.

Diese bisherige Beteiligung verstoße jedoch gegen die Vorstellung, wonach der Versicherungsnehmer zeitnah und verursachungsgerecht an dem wirtschaftlichen Erfolg der Anlage beteiligt werden solle.

Zudem gebe es Bewertungsreserven, welche dem Versichertenkollektiv auf Dauer entzogen seien. Hierunter fallen z.B. Beteiligungswerte oder Immobilien, welche vornehmlich im Unternehmens- oder Konzerninteresse ge- und erhalten werden.

Die zeitnahe Beteiligung, insbesondere die Berücksichtigung nicht realisierter Reserven habe aber erhebliche Konsequenzen. Neben starken Schwankungen der jährlichen Zuteilung der Überschüsse seien gerade auch „negative Gutschriften" möglich, z.B. bei nicht ausgleichbaren Wertverlusten im Aktienbestand. Die Vermeidung solcher Schwankungen durch die Rückführung der jährlichen Gutschriften während der Vertragslaufzeit zu Gunsten des Schlussüberschussanteils bei Vertragsende benachteilige wiederum die vorzeitig durch Tod oder Kündigung ausscheidenden Versicherungsnehmer. Andererseits würde die Verpflichtung zur jährlichen Zuführung der nicht realisierten Bewertungsreserven die Gefahr bergen, dass es zu Ausschüttungen von nicht realisierten Gewinnen komme und in der Folgezeit, etwa durch Kursverluste, diese Gewinne gar nicht mehr bestünden. Dann wäre eine nachträgliche Korrektur von Nöten, entweder rückwirkend zu Lasten der Überschussbeteiligung früherer Abrechnungsperioden oder zu Lasten der Abrechnungsperiode, in welcher die Verluste eingetreten

408 Abschlussbericht, S. 102 ff.

409 Vgl. ebd., S. 103 ff.

sind. Eine Vermeidung dieser Problematik durch vollständige Realisierung der Reserven in einer Versicherungsperiode bringe das Risiko mit sich, dass in einer folgenden Periode bei Kursverlusten keine ausgleichenden Reserven mehr entgegengehalten werden können. Insbesondere würden die Aktienkursentwicklungen und Preisentwicklungen auf dem Immobilienmarkt der letzten Jahre auf die möglichen Schwankungen hinsichtlich des Umfangs der Bewertungsreserven hinweisen. Schließlich sei unter dem Gesichtspunkt, dass die Rechnungslegungsvorschriften als im Umbruch befindlich anzusehen sind und die Angleichung an internationale Vorgaben erwartet werden muss[410], nach Ansicht der Kommission eine zeitnahe Beteiligung an den Bewertungsreserven nach der noch geltenden Rechtslage abzulehnen.

Unter dem Einfluss des nach dem Abschlussbericht der VVG-Kommission erlassenen Urteils des Bundesverfassungsgerichtes zur Überschussbeteiligung vom 26.07.2005[411] sah dann der Referentenentwurf im Gegensatz zur VVG-Kommission eine umfassende Beteiligung an den Bewertungsreserven vor.[412] Diese solle angemessen erfolgen, wobei § 153 Abs. 2 Satz 2, 2.HS VVG des Entwurfes eine gesetzliche Vermutung der Angemessenheit bei einer hälftigen Beteiligung vorsah. Einhergehend mit der Berücksichtigung der stillen Reserven sollte in § 341 d HGB nach dem Referentenentwurf eine Zeitwertbilanzierung bestimmter Kapitalanlagen normiert werden.[413]

Der GdV[414] schlug in seiner Stellungnahme zum Referentenentwurf eine Beteiligung an den stillen Reserven durch eine Schlusszahlung vor. Den Versicherungsnehmern wäre der Beteiligungswert an den stillen Reserven nicht verbindlich festzuschreiben. Dadurch entlaste man einerseits die Versicherer vor einem Realisierungszwang von stillen Reserven, andererseits vermindere sich die Gefahr für Versichertengemeinschaft und Versicherer, durch spätere stille Lasten über Gebühr beansprucht zu werden. Mangels sicherem Anspruch des einzelnen Versicherungsnehmers auf die Beteiligung an den Bewertungsreserven

410 So bereits der Zwischenbericht der Kommission, S. 102; Hintergrund ist die diskutierte Abschaffung des in Deutschland geltenden sog. strengen Niederstwertprinzips.

411 Vgl. nochmals Pkt. 3.4.1.2.

412 Zur Beteiligungshöhe siehe unten Pkt. 3.5.2.1.3.

413 Der Referentenentwurf suchte demnach eine auch bilanzrechtliche Lösung zur Überschussproblematik, S. 180 ff. des Referentenwurfes vom 13.03.2006. Vgl. dazu auch Stindt, aaO (Fn. 8), S. 124 ff.

414 Stellungnahme des Gesamtverbandes deutscher Versicherer zum Referentenentwurf, S. 16 ff.

würde das Risiko der Kapitalmarktschwankungen natürlich von den Versicherungsnehmern getragen.

Weiterhin solle die Beteiligung an den Bewertungsreserven in Abhängigkeit von der Kapitalanlageart und aufsichtsbehördlichen Stresstest-Voraussetzungen erfolgen. Gemäß den Stresstestvorgaben wäre zum Erhalt der Risikopufferfunktion ein gewisser Anteil der Kapitalanlagen von der Überschussbeteiligung ausgenommen.[415] Im Gegenzug wäre eine Beteiligung der Versicherungsnehmer an dem verbleibenden Anteil in Höhe von 90 % zuzusprechen. Jedoch seien nur Bewertungsreserven aus Aktien und Immobilien erfasst, nicht festverzinsliche Kapitalanlagen, da diese Anlagen in Abhängigkeit des aktuellen Zinsniveaus starken Schwankungen unterlägen und sich über die Laufzeit von selbst auflösen würden.

Der letzte Gedanke wird auch in der Stellungnahme des Bundesrates vom 24.11.2006[416] aufgegriffen. Die Versicherungsnehmer seien an festverzinslichen Kapitalanlagen durch die laufende Überschussbeteiligung hinreichend partizipiert. Dem trat die Bundesregierung entgegen. Ausgangspunkt sei die Vorgabe des Bundesverfassungsgerichtes, den Versicherungsnehmer an den stillen Reserven angemessen zu beteiligen. Das Urteil des Bundesverfassungsgerichtes differenziere aber nicht nach der Art der Kapitalanlage.[417]

Weiterhin wurde vom Bundesrat in dessen Stellungnahme angeregt, die neue Regelung zur Überschussbeteiligung auf den Bereich der kapitalbildenden Lebensversicherung zu beschränken. Nur darauf bezögen sich die Vorgaben des Bundesverfassungsgerichtes.[418] Die Bundesregierung hält diese Beschränkung dagegen für nicht erforderlich, da die Überschussbeteiligung durch ausdrückliche Vereinbarung ausgeschlossen werden könne.

3.5.2.1.1.2. Stimmen der Literatur

Nach der Entscheidung des Bundesverfassungsgerichtes mit der Vorgabe, dass eine angemessene Beteiligung an den Bewertungsreserven zu erfolgen habe, kritisieren Teile der Wissenschaft die zwei weiteren strittigen Punkte der

415 Vgl. dazu auch Stindt, ebd., S. 130.

416 BT-Drcks. 16/3945, S. 128.

417 BT-Drcks. 16/3945, S. 132. Zudem weist die Bundesregierung auf die Notwendigkeit einer ausführlicheren Begründung hin, was doch fragwürdig erscheint. Mit dem LVRG ändert der Gesetzgeber jedoch diesen Aspekt ganz entscheidend. Dazu sogleich (Fn. 426).

418 Ebd., S. 128.

umfassenden Beteiligung an den Kapitalanlagen sowie des vollständigen Ausschlusses der Überschussbeteiligung.

Eine Ansicht[419] schließt sich dem Vorschlag des GdV an und begründet eine Ausnahme für festverzinsliche Anlagen mit dem Versicherungsnehmerschutz. Daher sei die verfassungsgerichtliche Vorgabe der Berücksichtigung von Bewertungsreserven teleologisch zu reduzieren.

Die Möglichkeit des vollständigen Ausschlusses der Überschussbeteiligung wird ebenso kritisiert. Einerseits erkennt man darin eine den europäischen Vorgaben geschuldete Variante, welche realistisch betrachtet wegen der Wettbewerbssituation für die Versicherer als nicht praktikabel angesehen wird.[420] Andererseits stelle es einen Missstand i.S.d. §§ 81c, 81 Abs. 2 VAG dar, wenn die durch die vorsichtige Beitragskalkulation zwangsläufig entstehenden Werte nicht im Wege einer angemessenen Überschussbeteiligung der Versicherungsnehmer ausgeglichen würden.[421] Zudem käme unter Berücksichtigung des möglichen Ausmaßes der Überschusserträge eine Verletzung von §§ 138, 307 Abs. 1 BGB in Betracht, da die vorsichtige Beitragskalkulation nach § 11 Abs. 1 VAG aufsichtsrechtlich vorgegeben ist.[422]

3.5.2.1.1.3. Zwischenergebnis/Stellungnahme

Die verfassungsrechtlich gebotene angemessene Beteiligung des einzelnen Versicherungsnehmers an den Überschüssen, insbesondere auch an den Bewertungsreserven, stellt den Gesetzgeber vor eine beträchtliche Umsetzungsschwierigkeit. Auf der einen Seite stehen die Gefahren der vorzeitigen Realisierung von stillen Reserven bzw. der Ausschüttung noch nicht realisierter Gewinne. Auf der anderen Seite ist die komplexe Materie von verschiedenen Rechtsgebieten beeinflusst, welche es im Sinne von Wettbewerb und Schutz des Einzelnen aufeinander abzustimmen gilt.

---

419 Römer, aaO (Fn. 45), S. 2523 dort in Fußnote 29; Stindt, aaO (Fn. 8), S. 135 f.; Mudrack, ZfV 2007, 41, 42. Wobei sich die beiden letztgenannten der gesetzgeberischen Lösung anschließen.

420 In diese Richtung Römer, ebd., S. 2526; ebenso Ortmann, aaO (Fn. 32), § 153 Rn. 47, zumindest für die kapitalbildenden Lebensversicherungsverträge.

421 Vgl. nur Brömmelmeyer, aaO (Fn. 7), S. 2610 Rn. 278, unter Verweis auf § 11a Abs. 3 Nr. 4 VAG.

422 Ebd.; Dabei merkt Brömmelmeyer an, dass die Erwägung dann nicht greifen würde, wenn (EU-)ausländischer Versicherer nach dem für sie geltenden Aufsichtsrecht des jeweiligen Mitgliedsstaates nicht zur vorsichtigen Beitragskalkulation angehalten sind.

Einerseits wohnt einer umfassenden Beteiligung auf den ersten Blick eine größere Rechtsklarheit und Rechtssicherheit inne. Aufsichtsrechtliche Stresstests gelten für Versicherer anderer EU-Staaten nicht. Des Weiteren unterliegen die einzelnen Versicherer der verschiedenen EU-Staaten unterschiedlichen aufsichtsrechtlichen und bilanzrechtlichen Vorschriften.[423] Führt man sich weiterhin den Anteil der festverzinslichen Anlagen an den Gesamtanlagen vor Augen[424], so käme der Ausblendung der festverzinslichen Anlagen Aushöhlungscharakter zu.

Schließlich droht auch eine Differenzierung zwischen den verschiedenen Lebensversicherungsarten, die Produktgestaltungsfreiheit im Rahmen von Lebensversicherungsverträgen erheblich einzuschränken.

Gegen die Beteiligung an sämtlichen Bewertungsreserven, also auch an den festverzinslichen Anlagen, spricht andererseits die fortlaufende Realisierung dieser Reserven. Die Koppelung an Schutzinstrumente, wie aufsichtsrechtliche Stresstests, bestärkt die schützende Pufferfunktion der stillen Reserven.[425]

Die verfassungsgerichtlich vorgegebene angemessene Beteiligung an den Bewertungsreserven gebietet nach hiesiger Auffassung keineswegs eine umfassende Beteiligung an den Reserven. Eine angemessene Beteiligung kann ohne weiteres auch bei nicht umfassender Beteiligung an sämtlichen Bewertungsreserven vorliegen. Vielmehr lassen Komplexität der Lebensversicherung, Produktvielfalt und Versicherungsbinnenmarkt eine differenzierte Lösung auf bestimmte Kapitalanlagen und bestimmte Lebensversicherungsverträge sachgerechter erscheinen. Auf die mit dieser Lösung einhergehenden Kontrollrisiken wird noch einzugehen sein.[426]

---

423 Im Hinblick auf den Jahresabschluss verweist die Gesetzesbegründung aber zu Recht auf die einheitliche Vorgabe nach den Richtlinien 91/674/EWG und 2003/51/EG, BT-Drcks. 16/3945 S. 96.

424 Festverzinsliche Anlagen stellen ca. 80% der Kapitalanlagen der Lebensversicherer dar. Vgl. Stindt, ebd., S. 130.

425 Eine EU-weite Überprüfung erscheint sicherlich zweckmäßig.

426 In diesem Zusammenhang ist auf ein Gesetzesvorhaben der Koalitionsfraktionen der CDU/CSU und FDP nach der VVG-Reform hinzuweisen, wonach zur Stärkung der Leistungsfähigkeit der deutschen Lebensversicherer durch eine aufsichtsrechtliche Regelung (§ 56a VAG-E) nur noch bestimmte Teile der Bewertungsreserven festverzinslicher Wertpapiere bei der Überschussbeteiligung nach § 153 VVG zum Ansatz kommen sollten, vgl. BT-Drcks. 17/11395. Das Gesetzesvorhaben war dem SEPA-Begleitgesetz angehangen. Hintergrund war die anhaltende Niedrigzinsphase in der EU, die die Lebensversicherungsunternehmen fortwährend vor Schwierigkeiten stelle. Die drohende Schmälerung der Überschussbeteiligung der Versicherungsnehmer rief jedoch zahlreiche kritische Stimmen und Fragen der Opposition hervor, vgl.

Darüber hinaus bleibt im Hinblick auf die Möglichkeit des vollständigen Ausschlusses der Überschussbeteiligung abzuwarten, ob diesem aufgrund der Wettbewerbssituation der Versicherer überhaupt Praxisrelevanz zukommt. Hierbei sind sowohl die aufsichtsrechtlichen Regelungen des jeweiligen (Sitzland-)Staates als auch die zivilrechtlichen Äquivalenzvorgaben des BGB zu beachten. Zwar stünden der Ausschlussmöglichkeit gerade unter Berücksichtigung der neuen Regelungen zur Information und Beratung auf den ersten Blick keine Bedenken entgegen. Ob dadurch allerdings eine Rechtfertigung der weiteren Regelungen des § 153 VVG begründet werden kann, ist fraglich.[427]

Die gefundene Lösung zum Begriff und zum Ausschluss der Überschussbeteiligung in § 153 Abs. 1 VVG wird unter verfassungsrechtlichen Gesichtspunkten von der Einschätzungsprärogative des nationalen Gesetzgebers gedeckt sein. Die Konformität der Regelung mit europäischen Vorgaben bedarf allerdings weitergehender Betrachtung.[428]

---

z.B. BT-Drcks. 17/12158. Der Vermittlungsausschuss wurde einberufen, wo man zu dem Ergebnis kam, zunächst keine entsprechende Neuregelung einzuführen, vgl. Der Betrieb, Meldung vom 08.03.2013, Heft 10, S. 18f. Wie bereits ausgeführt, s.o. (Fn. 35) ist mittlerweile das sog. LVRG in Kraft getreten, welches nunmehr in einem neuen § 56 a Abs. 3 und 4 VAG im Falle der Niedrigzinsphase die Beteiligung der Versicherungsnehmer an den Bewertungsreserven dahingehend anpasst, dass die Ausschüttung an ausscheidende VN begrenzt werden kann, soweit dies zur Sicherung der den Bestandskunden zugesagten Garantien erforderlich ist. Der sog. Sicherungsbedarf darf jedoch nur von den gegebenenfalls vorhandenen Bewertungsreserven auf die insbesondere für die Abdeckung der Zinsgarantie bestimmten festverzinslichen Wertpapiere und Zinsabsicherungsgeschäfte abgezogen werden, vgl. BT-Drucks. 18/1772 S. 22. Damit wird die vertragsrechtliche Vorgabe der Beteiligung an den Überschüssen in § 153 VVG hinsichtlich der letztlich vorzunehmenden tatsächlichen Ausschüttung für den aufgezeigten Sicherungsbedarf im Rahmen einer Niedrigzinsphase über das nationale Aufsichtsrecht erheblich relativiert. Dieser aufsichtsrechtliche Weg gilt freilich nicht für EU-ausländische Versicherer, was für Versicherer aus anderen Mitgliedstaaten einen erheblichen, existenziellen Nachteil im derzeitigen Niedrigzinsumfeld darstellen kann. Hier bestätigt sich die diesseitige Kritik an der starren vertragsrechtlichen Lösung des Gesetzgebers. Hierzu auch Lux, NWiR 2015/I.

427 Siehe unten insbesondere Pkt. 3.5.2.1.3.

428 Siehe unten Pkt. 5.1.

3.5.2.1.2. *Ermittlung und Beteiligung nach verursachungsorientierten Verfahren - § 153 Abs. 2 VVG*

Absatz 2 der neuen Regelung betrifft den Bereich der Ermittlung und Zuteilung der Überschüsse.

3.5.2.1.2.1. Vorschläge der Reformkommission und gesetzgeberische Entwürfe/Stellungnahmen

Wie zukünftig die konkrete Ermittlung des Überschusses erfolgen soll, lässt sich dem neuen VVG nicht entnehmen. Insoweit sind weiterhin die handelsrechtlichen Vorschriften heranzuziehen.[429] Es bleibt demnach bei der alten Rechtslage, dass kein zivilrechtlicher Anspruch auf eine bestimmte Zuführung zur Rückstellung für Beitragsrückerstattung (RfB) besteht. Der Gesetzgeber belässt es bei den aufsichts- und bilanzrechtlichen Begrenzungen der nicht zugeteilten Rückstellungen, woraus sich für den einzelnen Versicherungsnehmer nur tatsächliche Vorteile ergeben sollen.[430]

Allerdings regelt der neue § 153 Absatz 2 VVG, dass die Beteiligung der Versicherungsnehmer an den ermittelten Überschüssen dann nach einem verursachungsorientierten Verfahren zu erfolgen hat. Insoweit ist wiederum ein gesetzlicher Anspruch vertragsrechtlicher Art vorgesehen.

Der Gesetzgeber sieht die Verpflichtung des Versicherers zur Beteiligung nach einem verursachungsorientierten Verfahren dann erfüllt, wenn dieser ein Verteilungssystem entwickelt und widerspruchsfrei praktiziert, wonach die Versicherungsverträge hinsichtlich des Merkmales Überschussbeteiligung sachgerecht zu Bestandsgruppen und Gewinnverbänden zusammengefasst werden und der zur Verteilung bestimmte Betrag nach den Kriterien der Überschussverursachung einer Gruppe zugeordnet wird, so dass dem einzelnen Versicherungsnehmer dessen rechnerischer Anteil am Gruppenbetrag gutgeschrieben werden

429 Vgl. nochmals oben Pkt. 1.1.

430 BT-Drcks. 16/3945 S. 96. Dem zustimmend auch Engeländer, aaO (Fn. 39), S. 156, wonach „eine formale Überprüfungsmöglichkeit der Verteilung der verfügbaren Beträge zwischen den einzelnen VN-Generationen“ geboten und ausreichend sei. Vgl. weiter Römer, aaO (Fn. 45), S. 2527. Zu beachten gilt zu Gunsten der Versichertengemeinschaft, dass nach § 81 c VAG i.V.m. § 1 Abs. 1 und 2 ZRQuotenV mindestens 90% der Überschüsse aus den Kapitalerträgen der Versichertengemeinschaft zusteht. Andernfalls läge ein aufsichtsrechtlicher Missstand vor, vgl. auch BVerfG NJW 2005, 2367. Die ZRQuotenV gilt freilich nur national.

kann. Es ist daher keine verursachungsgerechte[431], sondern lediglich eine verursachungsorientierte Verteilung erforderlich.[432]

Eine Vereinbarung über vergleichbare und angemessene andere Verteilungsgrundsätze[433] soll möglich bleiben. Aus Sicht des Gesetzgebers sei der Versicherungsnehmer aufgrund der nötigen Informationen, durch das Erfordernis der transparenten Gestaltung der Versicherungsbedingungen und die gesetzliche Vorgabe des Angemessenheitskriteriums hinreichend geschützt.[434]

Der Gesetzgeber folgt mit dem Abstellen auf ein verursachungsorientiertes Verfahren den Vorschlägen der VVG-Kommission[435], welche darin auch den Schutz der Vertragsfreiheit ausreichend gewahrt sieht. Die Verpflichtung zur verursachungsorientierten Verteilung habe gerade keinen Einfluss darauf, in welchem Umfang der Versicherer die entstandenen Überschüsse in dem freien Teil der Rückstellung für Beitragsrückerstattung belässt, um Rücklagen für mögliche Schwankungen zu bilden. In zeitlicher Hinsicht erfordere die verursachungsorientierte Verteilung, dass der Versicherer die Überschüsse nicht zeitlich unbegrenzt einer Vertragsgeneration vorenthalten kann. Zwar bestehe weiterhin die Möglichkeit, „notleidende" Vertragsgruppen zu Lasten andere Gruppierungen zu stützen. Innerhalb einer angemessenen Zeitspanne müssen die Werte aber wieder den belasteten Gruppierungen zustehen.

Zu Gunsten der Produktgestaltungsfreiheit sei die gesetzliche Vorgabe in zweierlei Hinsicht dispositiv. Die Vorgabe gelte zum einen nur, wenn die Überschussbeteiligung nicht ausgeschlossen wird. Zum anderen bestehe der Weg einer anderweitigen Vereinbarung, soweit die vereinbarte Regelung angemessen ist.[436]

Der Referentenentwurf stellte noch auf eine unmittelbare Zuteilung der für die Überschussbeteiligung bestimmten Beträge ab, wobei dies spätestens zwei Jahre nach Ermittlung des Überschusses in einem verursachungsorientierten

---

431 Zur Möglichkeit der verursachungsgerechten Beteiligung vgl. Ortmann, aaO (Fn. 32) § 153 Rn. 55, 68, wo eine getrennte Verwaltung der Kapitalanlagen nach britischem Vorbild vorgeschlagen wird, was aus Transparenzgründen und Verbraucherschutzgesichtspunkten wünschenswert sei.

432 BT-Drcks. 16/3945 S. 96.

433 Vgl. z.B. das sog. Glättungsverfahren nach britischem Vorbild, Ortmann, ebd., § 153 Rn. 63 ff.

434 BT-Drcks. ebd.

435 Abschlussbericht der VVG-Kommission, S. 106 f.

436 Ebd.

Verfahren hätte erfolgen müssen.[437] Mit dem Vorschlag wollte der Referentenentwurf an § 56a VAG anknüpfen. Die zweijährige Frist sei aufgrund der Vorgaben des Bundesverfassungsgerichtes einerseits erforderlich, andererseits wegen der zu berücksichtigenden Interessen der Versichertengemeinschaft auch ausreichend. Zudem erreiche man damit eine Verstetigung der Überschussbeteiligung.[438]

3.5.2.1.2.2. Stimmen der Literatur

Brömmelmeyer[439] versteht die verfassungsgerichtlichen Vorgaben zur Überschussbeteiligung dahingehend, dass eine bestimmte Zuführung zu der Rückstellung für Beitragsrückerstattung nicht lediglich als tatsächlicher Vorteil[440], sondern ebenfalls als vertragsrechtlicher Anspruch des Versicherungsnehmers i.R.v. § 153 Abs. 1 VVG verlangt werden müsste. Beschränke sich der zivilrechtliche Anspruch des Versicherungsnehmers lediglich auf die gerechte Verteilung des dem Versichertenkollektivs gutgeschriebenen Rohüberschussanteils, so seien weiterhin die vom Bundesverfassungsgericht kritisierten Spielräume der Versicherer zu Lasten der Versicherten vorhanden, denn zum Zeitpunkt der Verteilung des kollektiven Rohüberschussanteils wären die in Rede stehenden Spielräume bereits ausgefüllt. So würden beispielsweise die kritisierte Belastung des Rohüberschusses durch überrechnungsmäßige Kosten und die Maßstäbe, nach denen über die Mindestzuführung hinaus eine Beurteilung am Kapitalanlage-, Kosten- und

437 Vgl. § 153 Abs. 3 des Referentenentwurfes.

438 Referentenentwurf, S. 130 f.

439 Brömmelmeyer, aaO (Fn. 7), § 42 Rn. 287, S. 2613, mit dem Verweis auf § 2 Abs. 1a S. 1 der ALB 2008.

440 Nach der Verordnung über die Mindestbeitragsrückerstattung in der Lebensversicherung (Mindestzuführungsverordnung) vom 04.04.2008 (BGBl. I S. 690) ist gemäß § 4 Abs. 3 MindZV eine Mindestzuführung unter Berücksichtigung der Direktgutschrift zur RfB auf 90 % der anzurechnenden Kapitalerträge festgelegt. Darüber hinaus ist eine Mindestzuführung auf das Risikoergebnis i.H.v. 75 % (§ 4 Abs. 4 MindZV) und auf das übrige Ergebnis i.H.v. 50 % (Abs. 5) zu machen. Es stellt einen Missstand i.S.v. § 81 c Abs. 1 S. 2 VAG dar, wenn die Mindestzuführungsquote nicht eingehalten würde. Die RfB dürfen auch grds. nur für die Überschussbeteiligung der Versicherten verwendet werden, soweit nicht eine Ausnahme greift, nunmehr § 56 b VAG (früher § 56a Abs. 3 VAG). Vgl. hierzu nur Brömmelmeyer, ebd., § 42 Rn. 276, S. 2609; Die Mindestzuführungsverordnung wurde durch das LVRG abgeändert. Die Mindestzuführung vom Risikoergebnis ist nun auf 90% heraufgesetzt worden, § 4 Abs. 4 MindZV. Auch wird entsprechend § 81 c Abs. 3 VAG eine Mindestzuführung für einen kollektiven Teil innerhalb der RfB geregelt, § 4 Abs. 3a MindZV, vgl. BT-Drcks. 18/1772, S. 28.

Risikoergebnis stattfinden soll, dem vertraglichen Anspruch vorgelagert sein, sofern sich dieser nur auf die Verteilung des kollektiven Rohüberschusses beziehe. Es bedürfe daher einer verfassungskonformen Auslegung des § 153 Abs. 1 und 2 VVG.[441] (vertragsrechtliche Lösung)

Auch *Ortmann*[442] sieht die verfassungsgerichtlichen Vorgaben nach dem Verständnis des Gesetzgebers nur teilweise umgesetzt, da zwar die Voraussetzungen für die individuelle Zuteilung des Überschusses geregelt wird, nicht jedoch die konkrete Aufteilung der Überschüsse zwischen Versicherer und Versichertengemeinschaft.[443]

Entgegen dieses vertragsrechtlichen Ansatzes plädiert eine andere Ansicht[444] für die gefundene Lösung und will die Interessen der Versicherten durch eine „auch europarechtlich abgesicherte Vorabkontrolle und laufende Aufsicht" schützen. Ein verursachungsorientiertes Verfahren spreche den Gedanken des Versicherungskollektivs an, da eine Glättung der zuzuweisenden Beträge und damit auch ein Ausgleich zwischen den Versichertengenerationen möglich wären. Den Gefahren, welche ein (nur) verursachungsorientiertes (Beteiligungs-)

---

441 Brömmelmeyer, ebd., Rn. 288, sieht daher zur Gewährleistung eines effektiven Rechtsschutzes des Versicherungsnehmer notfalls auch einen zivilrechtlich Anspruch auf Rechenschaftslegung für gegeben an.

442 Ortmann, ebd., § 153 Rn. 66, der neben dem Gesetzestext ebenfalls § 2 der Musterbedingungen in seine Betrachtung einbezieht.

443 Weiterhin sei nach Ortmann, ebd., Rn. 68, entgegen der Ansicht des Gesetzgebers eine verursachungsgerechte Zuteilung des Überschusses möglich. Hierbei wird eine 100 %ige Beteiligung am Kapitalanlageergebnis vorgeschlagen. Ähnlich einem Investmentfonds solle ein interner fiktiver Fonds gebildet und darin die Beiträge, zusammengefasst nach gleichartigen Verträgen, investiert werden. Die Wertentwicklung sei dann verursachungsgerecht nachvollziehbar. Der Schlussüberschuss als Differenz zwischen dem durch laufende Überschüsse erhöhten Vertragsstand und dem tatsächlichen Wert müsse dann noch einer Glättung unterzogen werden. Dieser mit einer Glättungsformel durchgeführte Ausgleich werde den Interessen des einzelnen Versicherten wie auch der Versichertengemeinschaft gerecht und vermeide einen Geldabfluss aus dem Versichertenkollektiv. Unter Einbeziehung eines Sachverständigen wäre auch eine gerichtliche Kontrolle der angemessenen Beteiligung gewährleistet.

444 Engeländer, aaO (Fn. 39), S. 157 ff. Dabei wird die Ansicht vertreten, dass eine transparente Darstellung der Überschussbeteiligung aufgrund ihrer Komplexität unmöglich sei. Es bedürfe nämlich einer „ganzheitlichen Sicht" um die Regelungen zur Überschussbeteiligung im Hinblick auf VVG, VAG, HGB, RechVersV, ZRQuotenV in ihrem neuen Ausmaß zu erfassen. Auch Stindt, aaO (Fn. 8), S. 137. Zur transparenten Darstellung der Überschussbeteiligung unten Pkt. 3.5.2.3.3.3.1. und Pkt. 3.5.3.1.

Verfahren mit sich bringe[445], könne mit aufsichtsrechtlichen Mitteln begegnet werden. (aufsichtsrechtliche Lösung)

Im Hinblick auf die Verteilung der Überschüsse sieht *Ortmann*[446] einen Ausschluss für gewisse Überschussquellen[447] als zulässig an, da dies der angemessenen Überschussbeteiligung des Versicherungsnehmers nicht entgegenstünde und der Herstellung von mehr Transparenz diene. Der Gesetzgeber wolle mit dem Erfordernis des vollständigen Ausschlusses nur eine alleinige Abbedingung der Beteiligung an den Bewertungsreserven verhindern. Ein Ausschluss für die einzelnen Überschussergebnisse bleibe aber möglich, solange sich daraus kein Missverhältnis der vertraglichen Leistungen ergebe. Hierfür spreche auch, dass EU oder EWR Versicherer den Überschuss nach den für sie jeweils geltenden aufsichtsrechtlichen Vorgaben ermitteln.

Des weiteren sieht *Ortmann*[448] in der Vorgabe des verursachungsorientierten Verfahrens die Möglichkeit eröffnet, auch eine nicht zeitnahe Überschussbeteiligung zu vereinbaren, solange eine verursachungsorientierte Beteiligung sichergestellt sei.[449]

Wandt[450] gesteht der Lösung über ein verursachungsorientiertes Verfahren zwar eine hohe Flexibilität zu. Das Verfahren sei für den Versicherungsnehmer jedoch intransparent, da aufsichtsrechtliche Regelungen maßgeblich bleiben. Vorgeschlagen wird, die Höhe des Anspruches auf Überschussbeteiligung als gesetzliche Mindestquote zu definieren.

3.5.2.1.2.3. Zwischenergebnis/Stellungnahme

Im Rahmen des § 153 Abs. 2 VVG sind entsprechend obiger Ausführungen zwei Gesichtspunkte zu differenzieren. Zum einen die Frage der Ermittlung der

---

445 Hierzu nochmals Engeländer, ebd.

446 Ortmann, ebd., § 153 Rn. 48, 36, 68. Der Vorschlag geht dahin, eine konkrete Vereinbarung über die jeweilige Höhe der Beteiligung am Kapitalanlage-, Risiko- und ggfls. Kostenüberschuss herbeizuführen. Würde sich beim Kapitalanlageüberschuss auf eine hohe Beteiligung (z.B. 100%) geeinigt, so könne die Beteiligung am Risiko- und Kostenergebnis auch entfallen. Dies führe insgesamt dennoch zu einer angemessen Überschussbeteiligung.

447 Zur Ermittlung des Überschusses nochmals oben Pkt. 1.1.

448 Ortmann, ebd., § 153 Rn. 57 ff.

449 Demgegenüber forderte die Rechtsprechung und Teile der Literatur nach alter Rechtslage eine zeitnahe Beteiligung an den Überschüssen, vgl. nur BVerwG, VersR 1996, 569, 572; Schwintowski, aaO (Fn. 44), 227.

450 Wandt, VersR 2007, 331, 332, Tagungsberichte von den 47. Bitburger Gesprächen.

Überschüsse und zum anderen die Verteilung der ermittelten Überschüsse unter den Versicherungsnehmern.

Auch nach Ansicht des Verfassers ist die Frage aufzuwerfen, ob mit der gefundenen Lösung ein hinreichender Schutz der Versicherungsnehmer normiert wurde. Soweit allein handelsrechtliche Vorschriften für die Bestimmung der Zuführung für Rückstellungen zur Beitragsrückerstattung maßgebend sein sollen, bestehen weiterhin Bilanzierungsspielräume und damit Ergebnisbeeinflussungspotential[451]. Zwar wird man den Versicherungsunternehmen den Vorwurf unzulässiger Praktiken freilich nicht pauschal unterstellen können.[452] Dennoch ergibt sich aus rechtlicher Sicht ein Schutzdefizit, welches das Bundesverfassungsgericht ausdrücklich bemängelte. Dies gilt auch unter Berücksichtigung des neu eingeführten § 4 der Mindestzuführungsverordnung, welcher die Möglichkeit der Querverrechnung unter den einzelnen Ergebnisquellen untersagt und gemäß § 4 Abs. 1 Satz 2 nur eine Beteiligung an positiven Ergebnisquellen vorschreibt.[453] Denn zum einen kommen weiterhin Verrechnungsspielräume in Betracht, die die Überschussbeteiligung der Versicherungsnehmer negativ beeinflussen können und die für den Versicherungsnehmer verborgen bleiben.[454] Zum anderen gelten die neuen handelsrechtlichen und aufsichtsrechtlichen Vorschriften nicht für ausländische Versicherer.

Der Gewährung von Vorteilen tatsächlicher Art im Rahmen der Ermittlung der Überschüsse, wie es der Gesetzgeber beabsichtigt, stehen deshalb verfassungsrechtliche Bedenken gegenüber. Das nach alter Rechtslage vorhandene Schutzdefizit wird allein durch die Regelungen des § 153 Abs. 1 und 2 VVG und den zum Teil neuen handels- und aufsichtsrechtlichen Vorschriften nicht umfassend behoben.[455]

Der Ansicht, welche das Schutzdefizit allein im Wege des Aufsichtsrechts beheben will, ist zu Gute zu zuhalten, dass eine aufsichtsbehördliche Kontrolle für die komplexe Materie der Überschussermittlung zweckmäßig erscheint. Jedoch ist eine zwingende aufsichtsbehördliche Vorabkontrolle insoweit problematisch. Dem Versicherungsnehmer für den Fall, dass ein ausländischer Versicherer nicht entsprechenden aufsichtsrechtlichen Vorgaben unterliegt, einen

451 Vgl. hierzu z.B. Stindt, aaO (Fn. 8), S. 92 ff.

452 Ebd. S. 68 m.w.N.

453 Vgl. Ortmann, ebd., § 153 Rn. 15, 38 ff.

454 Vgl. ebd., wo als Beispiel die Aufwendungen für die Kapitalanlage angeführt wird.

455 Zur Behebung des Defizits mittels Information und Beratung siehe sogleich bzw. unter Pkt. 3.5.2.3.3.3.1.

erweiterten Vertragsanspruch zuzusprechen[456], ist im Hinblick auf das europarechtliche Diskriminierungsverbot bedenklich.[457] Überlegenswert erscheinen jedoch Lösungsansätze über repressive Aufsichtsmaßnahmen.[458]

Der Weg über eine Anknüpfung auf vertragsrechtlicher Ebene zur Behebung des Schutzdefizits bei der Ermittlung des Rohüberschusses erscheint dem Grunde nach möglich.[459]

Als Mindestanforderung bedarf es nach hiesiger Auffassung zunächst einer informatorisch/beratenden Sensibilisierung des Versicherungskunden über gesetzlich gewährte Spielräume bei der Ermittlung des Rohüberschusses und damit zusammenhängende aufsichtsrechtliche Vorgaben.[460] Dabei wird der Frage nachzugehen sein, inwieweit die neu normierten Beratungs- und Informationspflichten das aufgezeigte Schutzdefizit bereits absenken können.[461] Ob darüber hinaus auch eine Vereinbarung über die konkrete Ermittlung und Verteilung des Rohüberschusses zwischen Versicherer und Versichertengemeinschaft nötig ist, erscheint fraglich. Dagegen spricht, dass eine starre Regelung dem Versicherer den nötigen unternehmerischen Spielraum nimmt. Auch im Hinblick auf zukünftige gesetzliche Änderungen der handelsrechtlichen Vorschriften dürfte eine starre Festlegung des lang laufenden Versicherungsvertrages wenig praktikabel sein. Für die Verteilung des Rohüberschusses zwischen Versicherer und Versichertengemeinschaft kommt die Vorgabe einer zivilrechtlich ausgestalteten Mindestquote aber durchaus in Betracht.

Soweit der Versicherungsnehmer über aufsichtsrechtlich überwachte gesetzliche Spielräume und Verrechnungsmöglichkeiten des Versicherers verständlich informiert wird, hält der Verfasser eine hinreichende Beseitigung des aufgezeigten Schutzdefizits für gegeben, soweit von nationalen Aufsichtsstandards auszugehen ist. Diese Einschätzung ist dem komplexen Produkt Lebensversicherung

456 So Engeländer, aaO (Fn. 39), S. 155.

457 Da ein Schutzbedürfnis des einzelnen Versicherungsnehmers besteht, wäre bei einer aufsichtsrechtlichen Lösung weiterhin der Gesichtspunkt der Amtshaftung zu bedenken. Vgl. in diese Richtung auch Brömmelmeyer, aaO (Fn. 7), S. 2615 f.

458 Hierzu unten Pkt. 4.1.2.5.2.1.2.7.

459 Befürwortend auch Ortmann, ebd., § 153 Rn. 67.

460 Natürlich müssen dem Versicherungsnehmer nicht die jeweils anwendbaren handelsrechtlichen Vorschriften im Detail dargelegt werden. Dies wäre nicht zielführend. Ausreichend erscheint eine knappe Erläuterung vom Vorhandensein etwaiger Spielräume für den Versicherer.

461 Siehe dazu unten, insbesondere unter Pkt. 3.5.2.3.3.3.1. Zu verweisen ist insbesondere auf § 2 Abs. 1 Nr. 3 VVG-InfoV.

geschuldet und damit systemimmanent. Der Versicherungskunde verzichtet in Kenntnis der Möglichkeiten des Versicherers auf eine umfassend kontrollierbare Überschussermittlung und vertraut insoweit den unternehmerischen Maßnahmen des Versicherers, welcher der Aufsicht unterliegt. Der Versicherungsnehmer erhält in aufgeklärter Form die vom Gesetzgeber als „nur tatsächliche Vorteile" bezeichnete Situation, die freilich auch Nachteile birgt.[462] Nicht abschließend beantwortet werden kann an dieser Stelle die Frage, ob sämtliche EU- bzw. EWR-Mitgliedstaaten hinreichende aufsichtsrechtliche Vorkehrungen bereithalten.[463]

Durch die Verteilung des ermittelten, den Versicherungsnehmern zustehenden Überschusses nach einem verursachungsorientierten bzw. vergleichbar angemessenen Verfahren wird den Versicherern ein gewisser Gestaltungsspielraum eröffnet.[464] Dies ist unter wettbewerblichen Aspekten grundsätzlich begrüßenswert. Erforderlich ist dabei natürlich, dass das praktizierte Verfahren dem Versicherungsnehmer transparent dargestellt wird.

Eine verbindliche Zuweisung der Überschussanteile wird durch die Vorgabe eines verursachungsorientierten oder vergleichbar angemessenen Verfahrens im Übrigen nicht nötig. Dies bestätigt der Gesetzgeber ausdrücklich[465], weshalb auch vom Vorschlag des Referentenentwurfes abgerückt wurde. Ausreichend ist eine angemessene rechnerische Zuordnung. Den einzelnen Versichertengenerationen

---

462 Vgl. nochmals insbesondere zur Beschränkung der Querverrechnung Ortmann, VuR 2008, 256, 258.

463 Ein Vergleich des Aufsichtsrechts der Mitgliedsstaaten würde den Rahmen dieser Bearbeitung sprengen. In diesem Zusammenhang ist auch darauf hinzuweisen, dass für Finanzprodukte generell eine rege Diskussion über die Stärkung des Verbraucherschutzes durch die Aufsichtsbehörde stattfindet. Die Vorschläge gehen hier bis hin zum individualrechtlich gewährten Verbraucherschutz, welcher dem Versicherungsaufsichtsrecht bisher fremd ist, § 81 Abs. 1 S. 3 VAG. Die Diskussion zu etwaigen aufsichtsrechtlichen Maßnahmen kann im Rahmen dieser Arbeit freilich nicht im Einzelnen besprochen werden. Der Blick soll vielmehr auf die Bewertung der neuen versicherungsvertragsrechtlichen Regelungen gerichtet bleiben. Zur Diskussion aber bspw. Delhaes, in: Handelsblatt, Aigner: Bafin soll Verbraucherschutzbehörde werden, Ausgabe vom 02.07.2009, abrufbar unter www.handelsblatt.com/politik/deutschland/aigner-bafin-soll-berbracherschutzbehörde-werden/3211424.html.; vgl. auch die Gesetzesinitiativen diverser Bundestagsabgeordneter sowie der SPD-Fraktion und der Fraktion BÜNDNIS 90/DIE GRÜNEN, BT-Drcks. 17/2136 und BT-Drcks. 17/6503. Zum Gegenstand der Solvency-II Richtlinie bereits oben, Fn 248.

464 Ebenso Römer, aaO (Fn. 45), S. 2526, der darauf hinweist, dass den Erfordernissen des Transparenzgebotes und der übrigen Kriterien der Inhaltskontrolle natürlich stets Rechnung zu tragen sei.

465 Vgl. auch Römer, ebd., S. 2527.

dürfen die Überschüsse allerdings nicht zeitlich unbegrenzt vorenthalten werden. Wo dabei eine Grenze zu ziehen ist, kann pauschal nur schwer beantwortet werden. Jedenfalls wird diese Grenze jenseits von zwei Jahren liegen. Hier erscheint auch eine vertragliche Vereinbarung möglich, soweit die verursachungsorientierte Zuteilung gewährleistet ist. Die zeitliche Grenze beurteilt sich dann im Rahmen der Angemessenheit des jeweiligen Einzelfalls und steht im Zusammenhang mit einer transparenten Darstellung der Zuteilung. Erfolgt eine transparente Darstellung, steht nach Ansicht des Verfassers der verbindlichen Zuteilung der Überschüsse nach längeren Perioden nichts entgegen.[466]

Beigepflichtet wird zudem der von *Ortmann*[467] angedachten Möglichkeit, einzelne Überschussquellen durch Vereinbarung auszuschließen, soweit dies transparent und angemessen erfolgt. Hierfür spricht die Produktgestaltungsfreiheit, insbesondere auch mit Blick auf andere EU und EWR Staaten.[468]

3.5.2.1.3. Ermittlung und Verteilung der Bewertungsreserven – § 153 Abs. 3 VVG

3.5.2.1.3.1. Vorschläge der Reformkommission und gesetzgeberische Entwürfe/Stellungnahmen

Im neuen § 153 Abs. 3 VVG regelt der Gesetzgeber als Spezialregelung zu Absatz 2, wie die Ermittlung und Verteilung der Bewertungsreserven zu erfolgen hat. Diese sind jährlich neu zu ermitteln und nach einem verursachungsorientierten Verfahren rechnerisch zuzuordnen. Damit soll nach dem Willen des Gesetzgebers eine jährliche Informationspflicht des Versicherers über den Anteil an den Bewertungsreserven korrespondieren.[469] Weiterhin ordnet der Gesetzgeber eine Art außerbilanzielle Darstellung des Zeitwertes der Kapitalanlagen im Anhang der Bilanz nach § 54 RechVersV n. F. an.[470]

Den unbedingten gesetzlichen Anspruch auf Beteiligung an den Bewertungsreserven soll der einzelne Versicherungsnehmer bei der Beendigung des Vertrages erhalten, wobei der maßgebliche Betrag für den Zeitpunkt der

---

466 Der Nachteil einer verbindlichen Zuweisung der Überschussanteile liegt darin, dass zwangsläufig die Deckungsrückstellungen erhöht werden müssen. Vgl. Ortmann, ebd., § 153 Rn. 18. Andererseits tragen die Versicherungsnehmer bei zeitlich längeren Zuteilungsperioden das Risiko von Marktschwankungen. Abschlussbericht, S. 102 ff.

467 Nochmals Ortmann, ebd., § 153 Rn. 57 ff.

468 Die aufsichtsrechtlichen Vorgaben des § 4 Abs. 3 bis 6 der Mindestzuführungsverordnung bedürften daher einer Anpassung.

469 BT-Drcks. 16/3945, S. 96 f.; zur Informationspflicht siehe unten Pkt. 3.5.2.3.3.2.

470 Vgl. nur Stindt, aaO (Fn. 8), S. 132 f.

Vertragsbeendigung zu ermitteln ist. Dieser Betrag steht hälftig dem Versicherungsnehmer bzw. dem bezugsberechtigten Dritten zu. Die hälftige Teilung begründe sich nach der zu berücksichtigenden Interessenlage. Danach seien, wie auch das Bundesverfassungsgericht in seinem Urteil vom 26.07.2005 aufgezeigt hatte, neben den Interessen einzelner aus dem Versicherungsverhältnis ausscheidender Versicherungsnehmer, auch die Interessen der Versicherten als Risikogemeinschaft zu berücksichtigen. Stille Reserven dienten den Versicherungsunternehmen als Risikopuffer, um Schwankungen des Kapitalmarktes auszugleichen.[471] Nach der Gesetzesbegründung sei die mit dem nicht abdingbaren Anspruch auf Beteiligung an den Bewertungsreserven nach § 153 Abs. 3 VVG verbundene Beschränkung der Dienstleistungsfreiheit durch das Verbraucherschutzinteresse gerechtfertigt. Die Beteiligung sei geeignet und erforderlich, um sicherzustellen, dass bei der Ermittlung eines bei Vertragsende zuzuteilenden Überschusses die Vermögenswerte angemessen berücksichtigt würden, die durch Prämienzahlungen des Versicherungsnehmers mit geschaffen worden sind.[472] Eine Vereinbarung über die frühere Zuteilung der Bewertungsreserven wird für zulässig erklärt.[473]

Im Hinblick auf Absatz 3 Satz 3 hebt der Rechtsausschuss hervor, dass die Klarstellung den Vorrang der aufsichtsrechtlichen Regelungen ausdrücken wolle. Vorrangig für den Versicherer sei daher die aufsichtsrechtliche Verpflichtung, die dauernde Erfüllbarkeit der Verträge sicherzustellen.[474]

Die Vorgabe der hälftigen Beteiligung an den Bewertungsreserven wurde bereits im Referentenentwurf als angemessen angesehen. Nach § 153 Abs. 2 des Referentenentwurfes sollte bei der Ermittlung des Überschusses der Unterschiedsbetrag zwischen Anschaffungskosten und einem darüber liegenden Zeitwert angemessen berücksichtigt werden. Als Kriterium der Angemessenheit galt dabei im Zweifel die hälftige Beteiligung am Unterschiedsbetrag. Die Verteilungsquote basiere auf der Erkenntnis, dass über 50 % der Versicherungsnehmer den Vertrag vorzeitig beenden. Dies lasse eine gleichmäßige Verteilung erforderlich erscheinen.

---

471 BT-Drcks. 16/3945 S. 97.

472 BT-Drcks. 16/3945 S. 96.

473 Vgl. hierzu Ortmann, ebd., § 153 Rn. 80. Dieser hält eine solche Vereinbarung für nicht praxisrelevant, da eine solche Vereinbarung den Interessen der Versichertengemeinschaft an einer möglichst hohen Rendite und dem Schutz vor Kapitalmarkteinbrüchen mangels Pufferfunktion widerspräche.

474 BT-Dcks. 16/5862 S. 99; Zur Neuerung durch das LVRG bereits oben (Fn. 61) und noch sogleich (Fn. 507).

Der Referentenentwurf sah auch eine abweichende Vereinbarung über eine spätere Zuteilung der Bewertungsreserven für zulässig an. Es sei im Rahmen der nötigen Angemessenheitsprüfung dann zu klären, ob die Nachteile einer solchen Vereinbarung durch Vorteile, z.B. eine höhere Gewinnbeteiligung ausgeglichen würden.[475] Der Referentenentwurf statuierte mit dieser Lösung eine Pflicht zur Zeitwertbilanzierung der Kapitalanlagen.[476]

3.5.2.1.3.2. Stimmen der Literatur

Die Literatur weist auf eine Reihe von Folgefragen hin, die sich aus der neuen Regelung ergeben.

Entsprechend den obigen Ausführungen zur Beteiligung am Überschuss nach einem verursachungsorientierten Verfahren[477] wird die spezielle Pflicht zur jährlichen Neuermittlung der Bewertungsreserven nicht so verstanden, dass dem Versicherungsnehmer die Bewertungsreserven auch jährlich unwiderruflich gutzuschreiben seien. Dem einzelnen Versicherungsnehmer müsse vielmehr von Jahr zu Jahr der entsprechende rechnerische Anteil zugeordnet werden.[478]

Eine Ansicht betont weiter, dass sich auch keine Pflicht zur Realisierung von Bewertungsreserven für den Versicherer ergebe. Die Bewertungsreserven könnten auch nur als reine Bemessungsgrundlage[479] dienen, so dass die auszuzahlende Überschussbeteiligung aus anderen Mitteln erfolgen dürfe. Dann stelle sich aber die Frage, aus welchen Mitteln der auszuzahlende Betrag zu entnehmen ist und was mit dem Anteil passieren soll, der beim Versicherungsunternehmen verbleibt.[480]

Römer[481] schlussfolgert zudem aus dem Gesetzeswortlaut, dass die Zuteilung stiller Lasten gesetzlich nicht vorgesehen ist.

---

475 Referentenentwurf, S. 131.

476 Vgl. Stindt, ebd., S. 125 ff.; Römer, VersR 2006, 865, 867ff.; Präve, VersR 2006, 1190, 1193; Bürkle, VersR 2006, 1042, 1043. Der Vorschlag zur Zeitwertbilanzierung wurde vor allem im Hinblick auf die Problematik der zeitnahen Überschusszuteilung sowie aufgrund der Ungleichbehandlung der Aktiv- und Passivseite kritisiert.

477 Siehe oben, insbesondere unter Pkt. 3.5.2.1.2.3.

478 Vgl. z.B. Römer, aaO (Fn. 45), S. 2527; Ortmann, aaO (Fn. 32), § 153 Rn. 68, der eine unwiderrufliche Zuteilung für frei vereinbar hält. Nochmals, nach alter Rechtslage forderte das Bundesverwaltungsgericht noch, dass die stillen Reserven „zeitnah" und „verursachungsgerecht endgültig" den Versicherten gutgeschrieben werden müssten. Vgl. BVerwG, VersR 1990, 73, Schwintowski, aaO (Fn. 43), 227.

479 Vgl. zu den rechnerischen Zuordnungsverfahren Stindt, ebd., S. 138 f.

480 Vgl. ausführlich dazu Engeländer, aaO (Fn. 39), S. 158; Stindt, ebd., S. 139 f.

481 Römer, ebd., S. 2527.

Von Teilen der Literatur wird die frei heraus gegriffene 50 %ige Vorgabe der Beteiligung bei Beendigung des Vertrages kritisiert. Es sei nicht ersichtlich, warum gerade die hälftige Aufteilung der Bewertungsreserven interessengerecht sein soll[482], denn es stelle sich die Frage, ob diese Beteiligung im Zeitpunkt der Vertragsbeendigung stets sachlich gerechtfertigt ist[483]. Die Angemessenheit der Beteiligung müsse sich an dem tatsächlich geleisteten Anteil orientieren. Eine fixe Regelung lasse stille Lasten sowie stille Reserven früherer Versichertengenerationen außer Acht. Dadurch könne durchaus eine Störung des bürgerlichrechtlichen Äquivalenzprinzips eintreten. *Schwintowski*[484] hält daher eine abweichende Vereinbarung für möglich. In diesem Zusammenhang vorgeschlagen wird eine – der Flexibilität Rechnung tragende - einseitige Leistungsbestimmung unter dem Gesichtspunkt der Angemessenheit i.S.v. § 315 Abs. 1 BGB.[485]

Auch der Verweis auf die aufsichtsrechtlichen Regelungen stößt auf Kritik, da er im Widerspruch zu den Vorgaben des Bundesverfassungsgerichts stehe.[486]

Zudem sei unklar, welche Regeln ein Gericht bei der Überprüfung der ordnungsgemäßen Zuteilung von Bewertungsreserven heranziehen kann. Es bedürfe nach *Römer*[487] insoweit klarer gesetzlicher Vorgaben, welche aufsichtsrechtlichen Regelungen bei der Ermittlung und Zuteilung stiller Reserven berücksichtigt werden müssen. Die Zuteilung der Bewertungsreserven sei vor dem Hintergrund der dauernden Erfüllbarkeit der Verträge zu bewerten. Gerade wegen der langen Laufzeit der Lebensversicherungsverträge besäßen die stillen Reserven eine gewichtige Pufferfunktion. Daher dürfe auch ein gewisser Teil der stillen Reserven nicht zu Gunsten der ausscheidenden Versicherungsnehmer aufgelöst werden. Es sei bei der neuen Regelung fraglich, wer die

---

482 Vgl. z.B. Römer, aaO (Fn. 46), S. 2527; Ortmann, aaO (Fn. 32), § 153 Rn. 88, m.w.N.; Bürkle, ebd., S. 1044.

483 Wandt, VersR 2007, 332.

484 Schwintowski, Stellungnahme zum Entwurf eines Gesetzes zur Reform des Versicherungsvertragsrechts vom 27.03.2007, dort S. 6.

485 Vgl. Engeländer, aaO (Fn. 39), S. 159. Auf diesen Bezug nehmend auch Brömmelmeyer, aaO (Fn. 7), S. 2617 Rn. 299. Dieser Vorschlag muss natürlich unter dem Blickwinkel der umfassenden vertraglichen Ausgestaltung, insbesondere auch durch Offenbarungs- und Rechenschaftspflichten des Versicherers verstanden werden. Vgl. bereits oben unter Pkt. 3.5.2.1.2.2.

486 Vgl. Ortmann, ebd., § 153 Rn. 66, 90, der einen Verstoß gegen die Gebote der Normenbestimmtheit und Normenklarheit sieht.

487 Römer, ebd.; Ebenso kritisch Ortmann, ebd., § 153 Rn. 87.

Voraussetzungen im Hinblick auf die dauernde Erfüllbarkeit der Verträge unter welchen Bedingungen[488] feststellen soll.

Ortmann[489] schlägt zur Lösung des Spannungsverhältnisses zwischen stillen Reserven als Risikopuffer auf der einen und der angemessenen Beteiligung der Versicherungsnehmer an den stillen Reserven auf der anderen Seite eine 100 %ige verursachungsgerechte Zuweisung der Bewertungsreserven bei gleichzeitiger Nutzung eines anderen Risikopuffers vor. Wiederum[490] seien gleichartige Risiken zusammenzufassen, wobei jede Gruppe in einen internen Fonds investieren müsse. Dann käme nicht den Bewertungsreserven, sondern der Zuteilung des in diesem Fall hoch ausfallenden Schlussüberschusses Pufferfunktion zu.

3.5.2.1.3.3. Zwischenergebnis/Stellungnahme

Mit der Beteiligung der Versicherungsnehmer an unrealisierten Bewertungsreserven wird eine bisher dem deutschen Handelsbilanz- und Gesellschaftsrecht systemfremde Vorgabe normiert.[491] Damit will der Gesetzgeber das von der Rechtsprechung festgestellte Kontrolldefizit des einzelnen Versicherungsnehmers auf versicherungsvertragsrechtlicher Ebene lösen.[492] Wie bereits aufgezeigt[493], erscheint eine umfassende Berücksichtigung von Bewertungsreserven ohne Ausnahme als Teil einer gesetzgeberischen Angemessenheitslösung problematisch. Konsequenter Weise gilt gleiches für eine starre Beteiligungsvorgabe.

Der Gesetzgeber erachtet die hälftige Zuteilung der Bewertungsreserven im Rahmen der Überschussbeteiligung als eine angemessene und hinreichende Berücksichtigung der zu beachtenden Interessen.

Geht man davon aus, dass zum einen die jährliche Zuordnung des rechnerischen Anteils keinen faktischen Realisierungszwang für Bewertungsreserven mit sich bringt und zum anderen bei der hälftigen Zuteilung noch die Glättungsfunktion der stillen Reserven greift[494], so wird die Festlegung einer zwingenden

488 Zur Durchführung sog. Stresstests vgl. Ortmann, ebd., § 153 Rn. 83 ff. Die Zuteilung nur derjenigen Bewertungsreserven, die für das Bestehen der Stresstests nicht benötigt würden und allgemein das Bestreben zum Erhalt der Kapitalstärke, berge die Gefahr, dass der Anspruch des einzelnen Versicherungsnehmers auf Beteiligung an den Bewertungsreserven weitgehend ausgehöhlt werde.

489 Ebd., § 153 Rn. 93.

490 Vgl. dazu bereits oben Pkt. 3.5.2.1.2.2.

491 Vgl. auch Stindt, aaO (Fn. 8), S. 138.

492 Brömmelmeyer, ebd., S. 2615 f.

493 Siehe oben unter Pkt. 3.5.2.1.1.3.

494 Engeländer, ebd., S. 159; Stindt, ebd., S. 142.

50 %-igen Teilhabe an den Bewertungsreserven von der gesetzgeberischen Einschätzungsprärogative gedeckt sein.[495]

Allerdings führt der Gesetzgeber selbst aus, dass die Kostenentwicklung aufgrund der neuen Vorgaben abzuwarten bleibt.[496] Die maßgeblichen Risiken von Kapitalmarktschwankungen wurden von der Reformkommission ausführlich diskutiert.[497] Es bleibt danach festzuhalten, dass aufgrund der Unmöglichkeit der Vorhersage der Marktentwicklung die konkrete Belastung der Versicherungsunternehmen im Hinblick auf stille Lasten unterschiedlich ausfallen kann und damit einhergehend die Risikopufferfunktion der stillen Reserven. Auch sind bei den Versicherern noch in unterschiedlichem Maße Reserven früherer Generation vorhanden, welche sich irgendwann realisieren. Das Argument, wonach eine starre Regelung der Rechtssicherheit dienen würde[498], verfängt nur bedingt. Denn zum einen bedarf bereits das Merkmal des verursachungsorientierten Verfahrens der Konkretisierung im Einzelfall und gegebenenfalls der Feststellung durch einen Sachverständigen. Zum anderen läuft die Vorgabe des Bundesverfassungsgerichtes auf eine angemessene Beteiligung hinaus.[499] Die Vielfalt der Lebensversicherungsprodukte mit Überschussbeteiligung nicht nur im nationalen Markt[500] und nicht absehbare künftige Entwicklungen, bedürfen einer gewissen Flexibilität. Dem wird eine starre Regelung nach Auffassung des Verfassers nicht gerecht.[501] Dies jedenfalls dann nicht, wenn eine transparente vertragliche Abrede hierzu hinreichende Rechtssicherheit bringen würde.[502] Des Weiteren begründet das Argument, dass bisher etwa die Hälfte der Versicherungsverträge vorzeitig beendet wurde, keine Rechtfertigung für die behauptete interessengerechte Lösung der hälftigen Beteiligungsvorgabe. Ob sich eine derartige Stornoquote bei den nunmehr normierten Beratungs- und Informationspflichten zu Gunsten der Versicherungsnehmer gleichbleibend verhält, kann gerade nicht

495 Ebenso Ortmann, ebd., § 153 Rn. 89.

496 Vgl. unten Pkt. 3.5.2.2.6., auch Abschlussbericht, S. 92 f.

497 Siehe oben unter Pkt. 3.5.2.1.1.1.

498 So im Ergebnis Stindt, ebd., S. 141.

499 Nochmals oben Pkt. 3.4.4.1.

500 Vgl. nochmals das Beispiel von Ortmann (Fn. 431 und 443).

501 Ebenso z.B. Römer, aaO (Fn. 360), S. 868; Bürkle, aaO (Fn. 476), S. 1044.

502 Natürlich stellt sich hierbei die Frage, welche Anforderung an die transparente Darstellung geboten erscheinen. Zum Vorschlag, die Beteiligungsquote über eine Vereinbarung durch den Versicherer im Sinne von § 315 Abs. 1 BGB einseitig nach billigem Ermessen bestimmen zu lassen, vgl. Brömmelmeyer, aaO (Fn. 7), § 42 Rn. 299, S. 2617. Dann wäre eine hinreichende Überprüfung mittels Sachverständigen möglich, vgl. bereits oben unter Pkt. 3.5.3.1.3.2.

vorhergesagt werden. Freilich könnte der Gesetzgeber eine Beteiligungsquote für den Zweifelsfall allgemein bestimmen.[503]

Im Ergebnis ist eine flexible Lösung unter Berücksichtigung der Interessen und des Risikos der Beteiligten nach hiesigem Dafürhalten vorzugswürdig, soweit eine solche Lösung realisierbar wäre.[504]

Das Gesetz spricht weiter von der Auszahlung des ermittelten Betrages. Daraus kann geschlussfolgert werden, dass ein theoretisch möglicher Negativbetrag dem ausscheidenden Versicherungsnehmer nicht zur Last fällt. Ein anderes Ergebnis würde auch das Kündigungsrecht des einzelnen Versicherungsnehmers unangemessen beeinträchtigen. Zudem sei auf die aufsichtsrechtliche Regelung des § 4 Abs. 1 S. 2 MindestZV hingewiesen. Danach darf eine Beteiligung nur an positiven Ergebnisquellen erfolgen. Dies soll die Verrechnung mit negativen Ergebnisquellen begrenzen.[505] Allerdings gilt die aufsichtsrechtliche Vorgabe nicht für andere EU-Versicherer. Ob und in welchem Umfang ein EU-Versicherer eine negative Ergebnisquelle entsprechend dem für ihn geltenden Aufsichtsrecht verrechnen darf, unterfällt wiederum der Frage der Angemessenheit im Rahmen der zu berücksichtigenden Interessen. Aus hiesiger Sicht muss dies zulässig sein, soweit dem Versicherungsnehmer die Verrechnungsmöglichkeit transparent in den Bedingungen aufgezeigt wird.

Der Verweis auf das Aufsichtsrecht in § 153 Abs. 3 S. 3 VVG wird zu Recht für bedenklich gehalten. Der damit bezweckte Vorrang der aufsichtsrechtlichen Pflicht, die dauernde Erfüllbarkeit der Verträge sicherzustellen[506], belässt in dieser Form ein Schutzdefizit für den Versicherungsnehmer, denn hinreichende

503 Zu bedenken gilt aber, dass eine pauschale Beteiligungsvorgabe nie stets interessengerecht sein wird. Vgl. Tagungsberichte zu den 47. Bitburger Gesprächen, VersR 2007, 331, 333. So bewertet Zimmerer die gesetzlich vorgesehene Beteiligung der Kunden an den Bewertungsreserven positiv, wohingegen ihm die Bevorzugung vertragsuntreuer Versicherungsnehmer zweifelhaft erscheint. Dem stimmt Lörper zu. Mudrack, ZfV 2007, 41, fordert eine höhere prozentuale Beteiligung für Versicherungsnehmer.

504 Auf Fragen der Transparenz oder anderweitiger Lösungen wird noch einzugehen sein.

505 Vgl. Ortmann, ebd., § 153 Rn. 15.; Zum 07.08.2014 ist die Mindestzuführungsverordnung durch das LVRG geändert worden, vgl. bereits oben (Fn. 35). Die entsprechenden Vorgaben, dass schlechtesten Falls ein Nullwert anzusetzen wäre, findet sich nunmehr in § 4 Abs. 3, 3a, 4, 5, 7 und 7 MindestZV n.F. zu den jeweiligen Überschussergebnissen.

506 Vgl. BT-Drcks. 16/5862 S. 99.

Kriterien werden nicht deutlich[507]. Die dauernde Erfüllbarkeit der Verträge ist freilich das maßgebliche Interesse der Versichertengemeinschaft. Dieses Interesse wäre bei der hier vertretenen Auffassung im Rahmen des flexiblen Angemessenheitskriteriums zu gewichten. Die gefundene gesetzgeberische Lösung einer starren Angemessenheitsvorgabe stößt vorliegend augenscheinlich bereits an ihre Grenze.

3.5.2.1.4. Anwendung auf Rentenversicherung - § 153 Abs. 4 VVG

Für Rentenversicherungen soll die Beendigung der Ansparphase der nach § 153 Abs. 3 S. 2 VVG maßgebliche Zeitpunkt sein, § 153 Abs. 4 VVG. Demnach müsste für die Zuordnung der Bewertungsreserven nicht auf das Ende des Vertrages, sondern auf das Ende der Ansparphase abgestellt werden.[508]

Die Literatur kritisiert diese Lösung, da auch nach dem Ende der Ansparphase weitere Bewertungsreserven entstehen können, weil der Kapitalstock als Anlagekapital, zwar abzüglich der als Rente ausgezahlten Beträge, aber dennoch einen erheblichen Zeitraum weiter erhalten bleibe. Noch deutlicher werde die

---

507 Siehe hierzu nochmals die Kritik der Literaturstimmen unter Pkt. 3.5.2.1.3.2.; vgl. auch die Diskussion zum Gesetzesvorhaben § 56a VAG-E in BT-Drcks. 17/12158, S. 4f, wo die Rechtsunsicherheit des § 153 Abs. 3 S. 3 VVG aufgegriffen wurde. Aus dem Gesetzesvorhaben wurde, wie gesagt, zunächst nichts, vgl. Fn. 426. Mittlerweile hat der Gesetzgeber, wie er selbst ausführt, BT-Drcks. 18/1772, S. 25f., durch das LVRG den Versuch unternommen, in § 153 Abs. 3 S. 3 VVG eine Präzisierung vorzunehmen, indem er auf verschiedene nationale aufsichtsrechtliche Regelungen verweist. So wird „insbesondere" auf die Regelungen des § 53c, § 54 Absatz 1 und 2, § 56a Absatz 3 und 4 sowie § 81c Absatz 1 und 3 des Versicherungsaufsichtsgesetzes verwiesen, vgl. bereits oben (Fn. 61). Der Verweis erfasst die aufsichtsrechtlichen Regelungen zur Kapitalausstattung, zu den Anlagegrundsätzen, zum bereits angesprochenen neuen Fall des Sicherungsbedarfs (Fn. 426) sowie zur Missstandsaufsicht. Freilich wird man den Verweis auf das deutsche Aufsichtsrecht im neugefassten § 153 Abs. 3 S. 3 VVG nicht auch als für EU-Versicherer geltender verbindlicher Verweis sehen. Dies bezweckt der Gesetzgeber nicht, wofür auch die Wendung „insbesondere" spricht. Allerdings zeigt sich auch hier die Problematik der vom Gesetzgeber gefundenen vertragsrechtlichen Lösung, denn für EU-Versicherer greift die Ausnahmemöglichkeit, die jetzt im VAG vorgesehen ist, gerade nicht, vgl. nochmals (Fn. 426). Auch nach dieser vermeintlichen Präzisierung verbleibt jedoch die zu Recht kritisierte Unklarheit, wer den aufsichtsrechtlichen Vorrang mit welchen Informationen prüfen soll.

508 Vgl. BT-Drcks. 16/3945 S. 97.

Problematik bei Rentenverträgen ohne Ansparphase. Die Regelung sei daher mit den Vorgaben des Bundesverfassungsgerichts nicht vereinbar.[509]

Der Kritik der Literaturstimmen ist beizupflichten.

3.5.2.2. Rückkaufswert

Aus der Sicht des Gesetzgebers brachte die alte im Jahre 1994 eingeführte Regelung zum Rückkaufswert gemäß § 176 VVG a.F. keine hinreichende Transparenz. Die neue Regelung weicht daher erheblich von der bisherigen Rechtslage ab.[510]

3.5.2.2.1. Anwendungsbereich - § 169 Abs. 1 VVG

§ 169 Abs. 1 VVG gewährt dem Versicherungsnehmer einen Anspruch auf Auszahlung des Rückkaufswertes bei einer Versicherung, die Schutz für ein Risiko[511] bietet und bei der der Eintritt der Verpflichtung[512] des Versicherers gewiss ist.[513] Der Gesetzgeber beschränkt jedoch den Anwendungsbereich im Vergleich zur Vorgängerregelung in doppelter Hinsicht. Zum einen sind die Fälle der Kündigung durch den Versicherer ausgeklammert. Diese werden abschließend nach § 166 VVG behandelt. Zum anderen regelt § 169 VVG nicht mehr die Fälle des Rücktritts und der Anfechtung durch den Versicherungsnehmer. Da der Versicherer in diesen Fällen den Anlass zur Vertragsbeendigung gegeben habe, sei

509 Vgl. Römer, aaO (Fn. 45), S. 2527, der für eine verfassungskonforme Auslegung plädiert; Ortmann, ebd., § 153 Rn. 95 ff.; Mudrack, VuR 2006, 41, 43; a.A. ist Grote, in Marlow/Spuhl, 4. Aufl. 2010, S. 472, welcher den Anspruch auf die versprochene lebenslange Rentenleistung nur dann für erfüllbar erachtet, wenn der Versicherer in der Zeit nach der Ansparphase frei über die Bewertungsreserven verfügen könne.

510 BT-Drcks. 16/3945 S. 52, 101f.; vgl. auch Engeländer, aaO (Fn. 46), S. 1297.

511 Unter dem Tatbestandsmerkmal „Risiko“ ist schlicht ein reales Ereignis, wie bspw. der Tod, zu verstehen, Vgl. Engeländer, ebd., S. 1299.

512 Das Tatbestandsmerkmal der „Verpflichtung“ erfasst im Gegensatz zur früheren Rechtslage - dort sprach das Gesetz in § 176 Abs. 2 VVG a.F. von „vereinbartem Kapital“ nunmehr auch eindeutig fonds- und indexgebundene Lebensversicherungen, da die Verpflichtung zwar nicht in der Zahlung eines festen Kapitals aber in der Zahlung des aktuellen Gegenwerts von Fondsanteilen und Indexwerten besteht, vgl. nochmals Engeländer, ebd.

513 Erfasst sind demnach Lebensversicherungsverträge auf den Todes- und Erlebensfall, lebenslange Todesfallversicherungen, Rentenversicherungen mit Todesfallleistung, fondsgebunden Lebensversicherungen oder auch Unfallversicherungen mit Beitragsrückgewähr. Vgl. hierzu bspw. Brömmelmeyer, ebd., § 42 Rn. 153, S. 2573.

eine Privilegierung zum allgemeinen Vertragsrecht nicht gerechtfertigt. Es könne daher auch zur vollständigen Rückabwicklung des Vertrages kommen.[514]

Im Vergleich zur Vorgängerregelung enthält § 169 Abs. 1 jedoch einen konzeptionellen Anwendungsbereich, was im Hinblick auf die Produktgestaltungsfreiheit begrüßenswert ist.[515]

Engeländer[516] erkennt in der Verwendung der Begrifflichkeit „Versicherung", dass sich die Rückkaufsfähigkeit nur auf die Vertragsteile bezieht, bei denen die Verpflichtung gewiss sei. Andernfalls hätte der Gesetzgeber die Begrifflichkeit „Versicherungsvertrag" gewählt.

Dieser Einschränkung des Rückkaufswertes ist jedoch nicht zu folgen.[517] Aus dem Wortlaut des Absatzes 1, der an die Gestaltungsrechte Kündigung, Rücktritt und Anfechtung anknüpft, ergibt sich diese differenzierte Betrachtungsweise nicht. So beziehen sich diese Rechte stets auf den Vertrag als Ganzen. Eine Berücksichtigung des Vertragsanteils, welcher sicher geleistet wird, findet sich vielmehr bei der Frage der Höhe des Rückkaufswertes wieder.[518]

3.5.2.2.2. Rückkaufswertbegrenzung - § 169 Abs. 2 VVG

In § 169 Absatz 2 Satz 1 VVG beschränkt der Gesetzgeber den Anspruch auf Auszahlung des Rückkaufswertes für den Ausnahmefall, dass der berechnete Rückkaufswert höher als die Versicherungsleistung zum Zeitpunkt der Kündigung ist.[519] Der Restbetrag soll für eine beitragsfreie Versicherung verwendet werden. Für den Fall des Rücktrittes oder der Anfechtung durch den Versicherer soll der volle Rückkaufswert zu zahlen sein, da die Fortsetzung des Vertrages als prämienfreie Versicherung für die Vertragsparteien nicht mehr zumutbar sei.

3.5.2.2.3. Berechnung des Rückkaufswertes/Mindestrückkaufswert/ EU-Versicherer - § 169 Abs. 3 VVG

Nachdem bis zuletzt in Rechtsprechung und Lehre Uneinigkeit bestand, wie der Zeitwert für die Berechnung des Rückkaufswertes[520] zu bestimmen

514 BT-Drcks. ebd., S. 101.
515 Vgl. auch Engeländer, ebd., S. 1299.
516 Engeländer, ebd.
517 Ebenso, Brömmelmeyer, ebd., § 42 Rn. 155, S. 2574; Ortmann, ebd., § 169 Rn. 13.
518 Brömmelmeyer, ebd.
519 Ein solcher Fall liegt nach der Gesetzesbegründung vor, wenn das Deckungskapital für eine vereinbarte lebenslange Rente höher ist als die vereinbarte Rückzahlung aller Prämien im Todesfall vor Beginn der Rentenzahlung, BT-Drcks. 16/3945, S. 101.
520 Der Rückkaufswert ist stets von der eingezahlten Beitragssumme zu differenzieren.

war[521], ist der Rückkaufswert nunmehr das nach den anerkannten Regeln der Versicherungsmathematik mit den Rechnungsgrundlagen der Prämienkalkulation zum Schluss der laufenden Versicherungsperiode berechnete Deckungskapital der Versicherung, § 169 Abs. 3 S. 1 HS 1 VVG.

3.5.2.2.3.1. Vorschläge der Reformkommission und gesetzgeberische Entwürfe/Stellungnahmen

Intention des Gesetzgebers war, an die Stelle des bisherigen Zeitwertes „eine möglichst klare und nachvollziehbare Berechnung des Rückkaufswertes"[522] zu setzen. Einerseits solle dem Versicherungsnehmer bei der Inanspruchnahme des Kündigungsrechts der durch die gezahlten Prämien angesparte Wert des Vertrages erhalten werden. Andererseits sei der Versicherer weder über seine bereits entstandenen Verpflichtungen hinaus zu belasten noch dürfe ihm gestattet werden, Vorteile aus der Tatsache der Kündigung zu ziehen. Der Gesetzgeber sieht mit der neuen Regelung der verfassungsgerichtlichen Forderung nach mehr Transparenz im Rahmen der Berechnung des Rückkaufswertes genüge getan. Dies ergebe sich durch die Bezugnahme auf das Deckungskapital, denn dieses wird versicherungsmathematisch nach den Rechnungsgrundlagen der Prämienkalkulation unter Berücksichtigung der bilanz- und aufsichtsrechtlichen Regelungen der Deckungsrückstellung berechnet.[523]

Darüber hinaus enthält Absatz 3 Satz 1 HS 1 VVG eine Sonderregelung für Frühstornofälle. Bei der Berechnung des Rückkaufswertes im Falle einer Kündigung[524] ist mindestens der Betrag des Deckungskapitals zugrunde zu legen, welcher sich bei gleichmäßiger Verteilung der angesetzten Abschluss- und Vertriebskosten auf die ersten fünf Vertragsjahre ergibt, § 169 Abs. 3 S. 1 VVG.

Hintergrund hierfür ist aus Sicht des Gesetzgebers, die als nicht interessengerecht empfundene Praxis der Versicherer, die ersten Prämien zur Deckung der Abschlusskosten zu verwenden und auf dieser Grundlage die Prämie zu

---

521 Vgl. bereits oben unter Pkt. 3.4.2.; BT-Drcks. 16/3945 S. 102; Römer, ebd., S. 2528; Brömmelmeyer, ebd., § 42 Rn. 158, S. 2575 m.w.N.; ebenso Schwintowski, aaO (Fn. 259), S. 1425 ff., der aufzeigt, weshalb das Verfahren zur Bestimmung des Zeitwerts nicht zweifelsfrei feststehe; Jaeger, VersR 2002, 135.

522 BT-Drcks. 16/3945 S. 102.

523 Ebd. unter Hinweis auf § 341 f HGB, § 65 VAG; vgl. auch Gatschke, aaO (Fn. 63), S. 448.

524 Die Regelung greift sowohl bei einer Kündigung des Versicherungsnehmers als auch über §§ 166 Abs. 1, 165 Abs. 2 VVG bei einer Kündigung des Versicherers. Vgl. BT-Drcks. 16/3945 S. 103.

kalkulieren. Denn dadurch ergebe sich regelmäßig zumindest in den ersten beiden Vertragsjahren gar kein Rückkaufswert. Diese Verfahrensweise berücksichtige nicht ausreichend die Interessen der Versicherungsnehmer, welche frühzeitig von ihrem gesetzlichen Kündigungsrecht aus unterschiedlichsten Gründen Gebrauch machen. Daher gebiete sich für den Fall der Kündigung durch den Versicherungsnehmer ein Mindestrückkaufswert.

Klarstellend erfolgt der Hinweis in § 169 Abs. 3 Satz 1 HS 2 VVG, wonach Abschluss- und Vertriebskosten nur im Rahmen des jeweils geltenden Höchstzillmersatzes berücksichtigt werden können. Damit soll die Besserstellung des kündigenden Versicherungsnehmers gesichert werden.[525]

Der Gesetzeswortlaut führt zwar nicht ausdrücklich an, dass eine Belastung mit Abschlusskosten einer vertraglichen Grundlage bedarf. Dies solle aber stillschweigend vorausgesetzt sein. Denkbar seien nämlich auch Vereinbarungen dahingehend, dass dem Versicherungsvermittler die Provision direkt gezahlt werde oder das Abschlusskosten nicht mit den Prämien verrechnet, sondern sofort gesondert gezahlt werden müssen. Keinen Mindestrückkaufswert, d.h. keine gesetzliche Bindung zur Verrechnung auf die ersten fünf Vertragsjahre, solle es nach Ansicht des Gesetzgebers bei letztgenanntem Fall geben. Denn wenn die Abschlusskosten gesondert in Rechnung gestellt würden, komme es nicht zu einer Verrechnung im Sinne der Neuregelung.[526]

Der Gesetzgeber knüpft mit der Regelung zum Mindestrückkaufswert an das Vorbild der sog. Riester-Produkte nach dem Altersvorsorgeverträge-Zertifizierungsgesetz an, bei welchen die Abschlusskosten zunächst auf zehn, später dann auf fünf Jahre verteilt wurden.[527]

Damit folgt der Gesetzgeber nicht dem Vorschlag der VVG-Reformkommission[528], welchen auch der BGH in seinem Urteil vom 12.10.2005[529] aufgriff. Nach Letzterem sollte die Hälfte des ungezillmerten Deckungskapitals zur Berechnung des Mindestrückkaufswertes angesetzt werden. Die neue Regelung

525 Auf Vorschlag des Rechtsausschusses des Bundestages wurde der Gesetzeswortlaut redaktionell umgestellt, damit klargestellt werde, dass die Höchstzillmersätze nur dann Geltung erhalten, wenn deutsches Aufsichtsrecht Anwendung finde.

526 BT-Drcks. 16/3945 S. 102; vgl. auch Römer, aaO (Fn. 45), S. 2528.

527 Altersvorsorgeverträge-Zertifizierungsgesetz vom 26.06.2001, BGBl. I.1322, geändert durch Art. 7 des Gesetzes vom 05.07.2004, BGBl. I S. 1443; BT-Drcks. 16/3945 S. 102; vgl. nochmals Römer, ebd.

528 Abschlussbericht der VVG-Kommission, S. 394.

529 Siehe oben Pkt. 3.4.2.2.

sei verständlicher als der Vorschlag der VVG-Kommission. Zudem würden die Versicherungsnehmer noch leicht höhere Auszahlungsbeträge erhalten.[530]

Die Regelung des § 169 Abs. 3 S. 2 VVG zur Mitteilung über die Rückkaufswerte wurde auf Vorschlag des Rechtsausschusses des Bundestages ausgeweitet, um eine Anpassung an europäische Vorgaben zu erhalten.[531]

Zur Verhinderung einer Benachteiligung von Versicherern aus EU-Mitgliedsstaaten oder einem Vertragsstaat des Abkommens über den Europäischen Wirtschaftsraum erklärt § 169 Abs. 3 S. 3 VVG eine Berechnung des Rückkaufswertes anhand eines Bezugswertes für zulässig, welcher anstelle des Deckungskapitals angesetzt werden könne, soweit er diesem vergleichbar ist. Dabei sei zu berücksichtigen, dass Art. 20 der Richtlinie 2002/83/EG[532] für die Bildung von versicherungstechnischen Rückstellungen einheitliche Kriterien für die Mitgliedsstaaten der Gemeinschaft vorsieht. Der Versicherungsnehmer genieße trotz abweichender Berechnung des Rückkaufswertes hinreichenden Schutz, da er gemäß § 169 Abs. 3 S. 2 VVG die Höhe des Rückkaufswertes für jedes Vertragsjahr bereits bei Vertragsschluss erfahre und somit eine ausreichende Vergleichsbasis auch zu Rückkaufswerten, die nach dem Deckungskapital berechnet werden, bestehe.[533]

Bereits die VVG-Kommission war der Ansicht, dass dem kündigenden Versicherungsnehmer ein Mindestrückkaufswert zustehen müsse. Dies gelte selbst dann, wenn der Versicherer die vorgenommene Zillmerung der Prämien offen legen würde[534], da allein die Darstellung nicht zu einer angemessenen Lastenverteilung

530 BT-Drcks. 16/345 S. 103; so auch bereits der Referentenentwurf, S. 143. Zur gegenteiligen Literaturansicht später, Pkt. 3.5.2.2.3.2.2.

531 So die Begründung, vgl. BT-Drcks. 16/5862 S. 100.

532 Vgl. Art. 76 ff. der Richtlinie 2009/138/EG.

533 Vgl. § 2 Abs. 1 Nr. 4 und 6 VVG-InfoV.

534 Die VVG-Kommission bezweifelte noch in ihrem Zwischenbericht, dass die Kenntnis des Kalkulationsfaktors Kosten relevant für die Entscheidung des Nachfragenden sein kann. Zwar wären aussagekräftige Angaben zu den angesetzten Kosten sehr wohl für den potentiellen Kunden interessant. Einzelne Kostenelemente seien aber nicht zielführend, da für den Kunden die Gesamtleistung des Anbieters im Vergleich zu konkurrierenden Unternehmen entscheidend wäre. Eine Kontrolle über die Kosten sei im Versicherungsvertragsrecht nicht möglich. Es könne nur darum gehen, den Versicherer zur Angabe der Kosten zu veranlassen und dann nur die Abwälzung der angegebenen Kosten zu erlauben. Es läge nahe, die angefallenen Abschlusskosten beziffern zu lassen, da dieser Kostenblock in der Praxis wegen der hohen Provisionen, welche anhand der auf die gesamte Vertragslaufzeit anfallenden Prämien berechnet werden, beträchtlich ausfalle. Allerdings könnten die Abschlusskosten erheblich

führe. Eine entsprechende Kostenverursachung könne den umfassenden Verlust der eingezahlten Prämien nicht rechtfertigen, weil das gesetzliche Kündigungsrecht ausgehöhlt werden würde. Die Abschlusskosten beruhten auf unterschiedlichsten Vergütungsvereinbarungen mit Vermittlern und Vertriebsorganisationen. Die hohen Vergütungen für die Vermittlung von Lebensversicherungsverträgen kämen auch deshalb zustande, weil die Versicherer trotz des Kündigungsrechts von einem bis zum Ablauf ungekündigten Vertrag ausgingen. Es gelte auch zu berücksichtigen, dass die Versicherer im Falle der Rückkaufswertzahlung mit ihren Vermittlern Provisionsrückgewähransprüche vereinbaren. Daher solle als gerechter Interessenausgleich mindestens die Hälfte des ungezillmerten Deckungskapitals bei Frühstornofällen als Rückkaufswert zu zahlen sein.[535] Allerdings werde der Versicherer nicht gehindert, eine offen ausgewiesene Abschlussgebühr einzuführen, welche bei frühzeitiger Kündigung verloren wäre.[536]

3.5.2.2.3.2. Stimmen der Literatur

3.5.2.2.3.2.1. Anknüpfung an Deckungskapital - retrospektiv oder prospektives Verfahren?

Brömmelmeyer[537] sieht in dem Regelungsanliegen, dem Versicherungsnehmer den durch seine Prämien angesparten Wert des Vertrages zu erhalten, die Rückkehr zu einem retrospektiven Berechnungsverfahren für den Rückkaufswert.

---

divergieren. Hintergrund seien die unterschiedlichen Vertriebsformen der einzelnen Versicherer. So wären bei einem ausschließlich vermittlergestützten Vertrieb die Abschlusskosten des einzelnen Vertrages grundsätzlich hoch, während z.B. bei einem Direktvertrieb kaum einzelvertragliche Abschlusskosten anfallen. Dagegen dürften aber bei letztgenannten die auch unter die Gesamtvertriebskosten fallenden sonstigen Vertriebskosten entsprechend höher ausfallen. Zudem könne ein Versicherer nicht mehr den einzelnen Vertragsabschluss mit einer Provision honorieren, sondern auf die abstrakte Vergütung eines Gesamtvertriebsergebnisses abstellen, so dass einzelne Abschlussprovisionen nicht aussagekräftig seien. Einzelne Kostenausweise ließen sich daher leicht manipulieren. Allenfalls könnten die gesamten Vertriebskosten ausgewiesen werden. Aber dann gebe es Abgrenzungsprobleme zu den laufenden Kosten. Deshalb hält die VVG-Kommission im Zwischenbericht die Angabe von etwaigen Kostenbestandteilen im Hinblick auf den Rückkaufswert für nicht empfehlenswert und sieht ausschließlich die Vorgabe eines Mindestrückkaufswertes als zweckmäßig an. Die Verbesserung der Transparenz bei Rückkaufswerten wäre nur ergänzend. Vgl. Zwischenbericht der VVG-Kommission, S. 112 ff.

535 Abschlussbericht, S. 112 ff.

536 Ebd., S. 114.

537 Brömmelmeyer, aaO (Fn. 7), § 42 Rn. 160, S. 2576.

Dies wäre bedenklich, da die Richtlinienvorgabe des Art. 20 Abs. 1A i und ii der Richtlinie 2002/83/EG[538], welche der deutsche Gesetzgeber in § 341 f HGB umsetzt, als Grundsatzfall eine prospektive Berechnung festlegt.[539]

Demgegenüber verbleibt es nach *Engeländer*[540] bei einem prospektiven Berechnungsansatz, weil weiter auf § 341 f HGB Bezug genommen wird. Nach der Intention des Gesetzgebers sei auch nicht der angesparte Wert der gezahlten Prämien, sondern der Wert des Vertrages zu berücksichtigen, was gerade für das prospektive Verfahren spreche.

Engeländer[541] zeigt auch eine weitere Deutung der Berechnungsvorgabe auf, wonach ein vereinbarter Rückkaufswert mindestens dem bestimmten Deckungskapital bzw. dem vergleichbaren Bezugswert nach § 169 Abs. 3 Satz 3 VVG entsprechen müsse. Insoweit läge darin dann eine Rückkaufswertgarantie, was zum Ausschluss sämtlicher endfälliger Garantieprodukte führen würde[542].

Ortmann[543] versteht die Rechtsprechung des Bundesgerichtshofes jedoch dahingehend, dass „garantierte Mindestrückkaufswerte im Hinblick auf mögliche Kapitalmarktschwankungen" nicht vorgegeben wurden. Im Sinne eines gerechten Interessenausgleichs sollte vielmehr eine gerechte Kostenverteilung vor allem im Hinblick auf die Abschlusskosten sichergestellt sein. Niedrige Rückkaufswerte wegen Kapitalmarktschwankungen sind von der Rechtsprechung nicht kritisiert worden. Mit § 169 Abs. 3 S. 1 VVG lege der Gesetzgeber lediglich eine Berechnungsvorgabe für Rückkaufswerte[544] fest. Daraus begründe sich nach dem Willen des Gesetzgebers jedoch nicht gleichzeitig eine Garantie des Rückkaufswertes. Hierfür spreche eine Änderung des § 169 Abs. 3 Satz 2 im Gesetzgebungsverfahren, wonach die Rückkaufswerte nicht, wie zunächst vorgesehen, „für jedes Versicherungsjahr anzugeben sind"[545], sondern nunmehr die Rückkaufswerte und das Ausmaß, in welchem sie garantiert sind, mitgeteilt werden müssen. Eine Differenzierung zwischen den Rückkaufswerten und dem Ausmaß

---

538 Vgl. Art. 76 ff. der Richtlinie 2009/138/EG.

539 Vgl. dazu z.B. auch Engeländer, aaO (Fn. 46), 1302.

540 Engeländer, VersR 2009, 1313, dort Fn. 57.

541 Engeländer, ebd., S. 1304.

542 Hierzu noch näher unten unter Pkt. 5.2.2.

543 Ortmann, aaO (Fn. 32), § 169 Rn. 35.

544 Ortmann nennt hier das Beispiel einer Angebotsberechnung, ebd. § 169 Rn. 36; Zur Berechnungsvorgabe, insbesondere für die Frühstornofälle vgl. unter Pkt. 3.5.2.2.3.2.2.

545 So BT-Drcks. 16/3945, S. 33.

der Garantie mache aber nur Sinn, wenn eine Abweichung entsprechend möglich wäre.[546]

3.5.2.2.3.2.2. Gesetzlicher Mindestrückkaufswert

In der neuen Regelung des § 169 Abs. 3 VVG wird dann einhellig die Vorgabe eines gesetzlichen Mindestrückkaufswertes für gezillmerte Verträge erkannt.[547]

Die Regelung für Frühstornofälle in § 169 Abs. 3 S. 1 VVG enthält eine Einschränkung der Vertragsfreiheit.[548] Durch die Vorschrift werde die Berechnung des Deckungskapitals modifiziert. Dabei dürfe der im Zusammenhang mit den angesetzten Abschluss- und Vertriebskosten oft verwendete Begriff der Zillmerung nicht in seinem ursprünglichen versicherungsmathematischen Wesen verstanden werden, sondern als Synonym für jede Form der „Vorabberücksichtigung" von Beitragszuschlägen.[549] Diese vorab zu berücksichtigenden Zuschläge könnten grundsätzlich zwischen den Vertragsparteien frei vereinbart werden und seien von beitragsproportionalen Kostenansätzen[550] zu differenzieren. Durch die zwingende gesetzliche Vorgabe, die vorab zu berücksichtigenden Zuschläge auf die ersten fünf Vertragsjahre zu verteilen, werde die Vertragsfreiheit der Parteien „schwerwiegend"[551] eingeschränkt und somit die Möglichkeit teilweise verwehrt, die Vorteile der Vereinbarung der Zillmerung von Abschlusskosten zu nutzen.[552] Der Vorteil liege v.a. in einer höheren möglichen Ablaufleistung der Versicherung, da Finanzierungskosten für die anfänglich angefallenen Abschlusskosten eingespart würden.[553] Damit einhergehend besitze die Zillmerung

546 So Ortmann, ebd., § 169 Rn. 36, m.w.N.

547 Z.B. Engeländer, aaO (Fn. 46), S. 1300; Marlow/Spuhl, aaO (Fn. 509), S. 240; Ortmann, ebd., § 169 Rn. 31 ff., der mit dem Gesetzeswortlaut „mindestens" argumentiert; Schick/Franz, VW 2007, 764.

548 Vgl. Engeländer, ebd., S. 1305.; ebenso Hermann, VersR 2009, 7; Ortmann, ebd., § 169 Rn. 34;

549 So Engeländer, ebd. Es sei weiter gleichgültig, ob der Versicherer die Zuschläge intern als Abschlusskostenzuschlag, Zillmerzuschlag, Amortisationszuschlag oder Gewinnzuschlag einordnet.

550 Beitragsproportional angesetzte Kosten beeinflussen die Prämien über die gesamte Vertragslaufzeit. Sie besitzen daher keinen erheblichen Einfluss auf die Rückkaufswerte und seien von der neuen Regelung des § 169 Abs. 3 VVG nicht betroffen. Ebd.

551 Engeländer, ebd., S. 1299.

552 Römer, aaO (Fn. 45), S. 2528, spricht beispielsweise von „eingeschränkter Zillmerung".

553 Vgl. Engeländer, ebd., S. 1306; Ortmann, ebd., § 169 Rn. 66; Veit, VersR 2008, 324, 325.

eine Finanzierungsfunktion, da der Kunde die anfallenden Vermittlungskosten ratenweise mit seinen Prämien ausgleiche.[554] *Herrmann*[555] versteht die Wirkung der Zillmerung zudem als eine Art Treuerabatt für diejenigen, welche den Vertrag so lange wie möglich einhalten.

Anknüpfend an diese Einschränkung will eine Ansicht[556] den Anwendungsbereich für den Anspruch des Versicherungsnehmers auf den Mindestrückkaufswert dahingehend begrenzen, dass nur bei intransparenter Vereinbarung über die Abschlusskosten ein garantierter Mindestrückkaufswert beansprucht werden könne. Würde man die neue Regelung auch für transparente Verträge anwenden wollen, wären vor allem klassische Versicherungsprodukte ausländischer Versicherer, die sehr häufig nur Garantien zu einem bestimmten Zeitpunkt gewähren, bei der Garantie eines Mindestrückkaufswertes benachteiligt.[557]

Herrmann[558] stellt heraus, dass die Entscheidungen des Bundesgerichtshofes aus den Jahren 2001 und 2005 stets intransparente Klauseln betrafen. Solle nun ein gesetzlicher Mindestrückkaufswert für sämtliche Arten von gezillmerten Lebensversicherungsverträgen gelten, soweit diese in den Anwendungsbereich des § 169 Abs. 1 VVG fallen, dann wäre es gleichgültig, ob eine sog. „Zillmerungsklausel" transparent sei oder nicht.[559] Der Wettbewerb mit Rückkaufswertgarantien würde ausgeschlossen bzw. durch eine untere Grenze gedeckelt und vereinheitlicht.[560]

---

554 Herrmann, NWiR 2008, 3. Dies gilt gerade gegenüber der vom Gesetzgeber aufgezeigten Variante, dass der Versicherungsnehmer dem Vermittler eine separate Gebühr zahlt.

555 Herrmann, ebd., S. 4; ders. in VersR aaO (Fn. 548), S. 8.

556 Ortmann, ebd., § 169 Rn. 31ff.; Herrmann, ebd.; in die gleiche Richtung zur alten Rechtslage Schwintowski, aaO (Fn. 253), S. 1431.

557 Vgl. Engeländer, aaO (Fn. 46), S. 1304f., der auch auf die vom Bund angebotene Bundesobligation verweist, welche ihrerseits ein Produkt mit endfälliger Garantie ist.

558 Herrmann, ebd., S. 9; ders. in Bruck/Möller, § 7 Rn. 29.

559 Dem ist freilich entgegen zu halten, dass ein Informationsbedürfnis des Versicherungsnehmers auch bei einem Mindestrückkaufswert besteht, da auch in diesem Fall die eingezahlten Beiträge nicht wieder vollständig zurückgewährt werden. Vgl. Ortmann, ebd., § 169 Rn. 59.

560 Im Übrigen führe - entgegen der Ansicht des Gesetzgebers - die neue Regelung zu einem geringeren Rückkaufswert, als die zur alten Rechtslage gefundene Lösung der Rechtsprechung und der VVG-Kommission. Vgl. Schaubild bei Herrmann, NWiR, ebd., S. 6; in die gleiche Richtung wohl Schick/Franz, aaO (Fn. 63), S. 764.

Relevant seien daher nur intransparente und somit unwirksame Kostenvereinbarungen.

Dagegen befürworten andere Stimmen auch bei einer transparenten Zillmerungsklausel einen (gesetzlichen) Mindestrückkaufswert. Für einen umfassend garantierten Mindestrückkaufswert spreche der Wortlaut der neuen Regelung.[561] Auch die Intention des Gesetzgebers und dem vorgehend der Reformkommission läuft auf den ersten Blick in diese Richtung.[562] Die Gesetzesbegründung nennt v.a. das Argument, dass ein zu geringer Rückkaufswert das Recht der Kündigung des Vertrages durch den Versicherungsnehmer aushöhlen würde. Die Wettbewerbsregulierung sei aus Verbraucherschutzgründen geboten.[563] Hierfür spreche die grundrechtliche Gewährleistung, den Rückkaufswert als untere Grenze des dem Versicherungsnehmer zustehenden Teils aus dem eigentumsrechtlich geschützten Anspruch auf die Versicherungsleistung zuzubilligen.[564] Weiterhin sei bei gleicher Verteilung der Abschlusskosten auf die ersten Jahre von einem besonderen Interesse des Vermittlers zur Betreuung des Vertrages auszugehen.[565]

3.5.2.2.3.2.3. Verweisung auf aufsichtsrechtliche Höchstzillmersätze

Die Verweisung auf die aufsichtsrechtlichen Höchstzillmersätze in § 169 Abs. 3 Satz 2 Halbsatz 2 VVG lasse nach einer Ansicht darauf schließen, dass die in § 4 der Deckungsrückstellungsverordnung getroffene Regelungen des deutschen Aufsichtsrechts für sämtliche Versicherer und somit auch für Versicherer mit Sitz im Ausland eine zivilrechtlich bindende Angemessenheitsvorgabe mit sich bringe.[566]

Dies würde jedoch eine Bindung ausländischer Versicherer an deutsche Aufsichtsregeln bedeuten, was europarechtliche Bedenken auslöse.

---

561 Ortmann, ebd. Rn. 31.

562 Siehe oben unter Pkt. 3.5.2.2.3.1. Vgl. auch den Abschlussbericht der VVG-Kommission, dort Pkt. 1.3.2.1.4.3., S. 112 ff.

563 Schünemenn, aaO (Fn. 45), S. 446, der bereits zur alten Rechtslage für einen vertraglich geschuldeten Rückkaufswert den vom BGH statuierten Wert als zwingende Untergrenze heranziehen will. Denn für AGB-Klauseln bilde die Transparenz lediglich ein Wirksamkeitskriterium. Daneben müsse für die Wirksamkeit auch die Voraussetzung der Inhaltskontrolle im engeren Sinn geprüft werden.

564 Vgl. Ortmann, ebd., § 169 Rn. 26.

565 Vgl. Herrmann, ebd., S. 8, mit Verweis auf die Begründung zu § 1 Abs. 1 Nr. 8 AltZertG in BT-Drcks. 14/5150, S. 40.

566 Schick/Franz, ebd., S. 764, die auf den Gesetzesentwurf der Bundesregierung vom 11.10.2006 Bezug nehmen, welcher noch nicht die redaktionelle Umstellung nach der Beschlussempfehlung des Rechtsausschusses enthält.

Wie bereits aufgezeigt, bezweckte der Gesetzgeber jedoch nicht die verbindliche Anwendung deutschen Aufsichtsrechts für ausländische Versicherer. Lediglich für der deutschen Aufsicht unterliegende Versicherer soll der Verweis maßgeblich sein.[567] Daher erkennt *Brömmelmeyer*[568] in dem Verweis auf die Höchstzillmersätze eine sog. Inländerdiskriminierung, da EU- und EWR-ausländische Lebensversicherer an diese nicht gebunden seien[569]. Diese können vielmehr von dem in ihrem Sitzland vorgegebenen Höchstzillmersatz bzw. vergleichbaren Bezugswert ausgehen oder gänzlich von einer Anknüpfung absehen.[570]

3.5.2.2.3.2.4. Vergleichbarer Bezugswert anstelle des Deckungskapitals

Im Hinblick auf den Begriff des Deckungskapitals und den vergleichbaren Bezugswert nach § 169 Abs. 3 S. 3 VVG weist *Engeländer*[571] darauf hin, dass es verschiedene Kalkulationsmöglichkeiten der Prämien gebe. Es könne daher zwar stets ein Deckungskapital berechnet werden. Dies beruhe aber nicht immer auf bestimmbaren Rechnungsgrundlagen.[572] Die Rechnungsgrundlagen der Prämienkalkulation existierten daher nicht objektiv, sondern bedürfen der vertraglichen Ausgestaltung. Eine solche Ausgestaltung sei aber wegen des Umfangs, der Komplexität und der Vertraulichkeit der Rechnungsgrundlagen schwierig. Es komme daher nur eine indirekte Bestimmung der Rechnungsgrundlage durch explizite Angabe der einzelnen Werte im Rahmen der vertraglichen Vereinbarung in Betracht. Für Versicherer, welche auf moderne Beitragsberechnungsverfahren ohne Rechnungsgrundlagen zurückgreifen, ergebe sich daraus eine erhebliche Rechtsunsicherheit im Hinblick auf die Bestimmung des gesetzlichen

567 Vgl. nochmals BT-Drcks. 16/5862 S. 100.

568 Brömmelmeyer, aaO (Fn. 7), § 42 Rn. 165, S. 2578.

569 Der ursprüngliche Wortlaut wurde als europarechtswidrig eingestuft, da die Richtlinie 2002/83/EG keine Höchstzill-mersätze kennt. Gleiches gilt für die Solvency-II Richtlinie.

570 Vgl. Ortmann, ebd., § 169 Rn. 69; Schick/Franz, ebd., S. 764 f. zur Gesetzesfassung nach BT-Drcks. 16/3945.

571 Engeländer, aaO (Fn. 46), S. 1302 f.

572 Die Rechnungsgrundlagen der Kalkulation waren vor der Deregulierung in den sog. technischen Geschäftsplänen festgeschrieben. Auch heute könnten interne technische Arbeitsanweisungen, sog. Tarife, herangezogen werden. Diese stellen aber wesentliche Geschäftsgeheimnisse dar. Zudem weist Engeländer auf Verfahren hin, die keine traditionellen Rechnungsgrundlagen mehr benötigen, z.B. rein analytische Verfahren. Vgl. ebd.

Mindestrückkaufswertes. Diese Rechtsunsicherheit wirke auf ausländische Versicherer diskriminierend.

Brömmelmeyer[573] sieht diesen Einwand als Missverständnis, da der Begriff des Deckungskapitals i.S.d. § 169 Abs. 3 VVG nicht als „Familie von Formeln", sondern als im „Einklang mit den nationalen (aufsichtsrechtlichen) Regelungen berechnet" verstanden werden müsse.[574]

3.5.2.2.3.3. Zwischenergebnis/Stellungnahme

3.5.2.2.3.3.1. Anknüpfung an Deckungskapital

Ob mit der Regelung des § 169 Abs. 3 VVG eine zwingende Rückkehr zum retrospektiven Berechnungsverfahren einhergehen sollte, erscheint fraglich. Zwar spricht hierfür die erkannte Unsicherheit der Rückkaufswertberechnung aufgrund zahlreicher Berechnungsmethoden beim früheren Zeitwertbegriff.[575] Allerdings lässt sich ein zwingender Schluss auf eine retrospektive Betrachtungsweise weder dem Wortlaut des Absatzes 3 noch der Gesetzesbegründung entnehmen. Nach der Gesetzesbegründung wird das Deckungskapital „versicherungsmathematisch nach den Rechnungsgrundlagen der Prämienkalkulation unter Berücksichtigung der bilanz- und aufsichtsrechtlichen Regelungen der Deckungsrückstellungen (§ 341 f HGB, § 65 VAG) berechnet"[576]. Dies schließt die prospektive Berechnung nach hiesiger Auffassung aber gerade nicht aus. Das Deckungskapital ist vielmehr als Anteil des einzelnen Vertrages an den gesamten Deckungsrückstellungen[577] und „damit als Barwert zukünftiger Zahlungsströme auf Basis der Beitragskalkulation zu verstehen"[578].

Die Frage der Transparenz des Begriffes Deckungskapital und dessen Berechnung wird an anderer Stelle zu klären sein.[579]

Die Deutung, dass ein Rückkaufswert durch die Berechnungsvorgabe jeweils anknüpfend am Deckungskapital zu garantieren ist, würde, wie *Engeländer*[580]

---

573 Brömmelmeyer, ebd., § 42, S. 2580, Rn. 172.

574 Ebd., insbesondere wird auf die Angleichung der Kriterien zur Bildung von versicherungstechnischen Rückstellungen nach Art. 20 der Richtlinie 2002/83/EG (Art. 76 ff. Richtlinie 2009/138/EG) Bezug genommen. Vgl. bereits oben unter Pkt. 3.5.2.2.3.1. Zur historischen Entwicklung vgl. nur Müller, aaO (Fn. 25), S. 34 f.

575 Nochmals Brömmelmeyer, ebd., § 42, S. 2576, Rn. 160; BT-Drcks. 16/3945, S. 102.

576 BT-Drcks. 16/3945, S. 102.

577 Gatschke, aaO (Fn. 63), 448.

578 Schick/Franz, ebd., S. 764.

579 Siehe unter Pkt. 3.5.2.3.3.3.2.

580 Engeländer, ebd., S. 1304.

zu Recht anmerkt, erhebliche europarechtliche Bedenken mit sich bringen, da ganze Produkttypen vom Wettbewerb in Deutschland ausgeschlossen wären. Der Gesetzgeber geht in seiner Begründung offensichtlich selbst nicht von einem solchen Verständnis der Berechnungsvorgabe aus, da er von einem Mindestrückkaufswert nur im Rahmen der Sonderregelung für gezillmerte Verträge spricht.[581] Dies bestätigt sich auch im Wortlaut des § 169 Abs. 3 Satz 2 VVG und in der dahingehenden Klarstellung im Rahmen des Gesetzgebungsverfahrens. Daher ist dem dargelegten Verständnis *Ortmanns*[582] beizupflichten. Eine an das Deckungskapital bzw. an den vergleichbaren Bezugswert geknüpfte Rückkaufswertgarantie ist abzulehnen.

3.5.2.2.3.3.2. Gesetzlicher Mindestrückkaufswert

Bedenklich erscheint dann aber die Statuierung eines gesetzlichen Mindestrückkaufswertes für sämtliche unter § 169 Abs. 1 VVG fallenden gezillmerten Lebensversicherungsverträge unabhängig davon, ob eine transparente oder intransparente Zillmerungsklausel verwendet wird.

Dabei muss natürlich danach gefragt werden, inwiefern überhaupt eine transparente Darstellung der sofortigen Verrechnung etwaiger Kosten möglich ist. Dieser Frage wird sich die Arbeit an anderer Stelle noch anzunehmen haben.[583]

Geht man, wie im Übrigen offensichtlich auch der Gesetzgeber[584] davon aus, dass eine transparente Darstellung derartiger Klauseln im Rahmen von allgemeinen Geschäftsbedingungen möglich ist, so muss den Stimmen beigepflichtet werden, die einen Mindestrückkaufswert nur für Fälle der Intransparenz bejahen.

Die Begründung der Produktregulierung mit Verbraucherschutzerwägungen vermag nicht zu überzeugen. Es wird vielmehr dem Versicherungskunden, welcher sich informiert und beraten lässt, die Chance verwehrt, die Vorteile einer

581 BT-Drcks. 16/3945 S. 102. Der Gedanke eines generellen Mindestrückkaufswertes ist dem Versicherungsrecht allerdings nicht fremd. Nach früherer Rechtslage war ein solcher bei der Vermögensbildungsversicherung zur Sicherung etwaiger Rückzahlungen an das Finanzamt vorgesehen, vgl. Lührs, aaO (Fn. 86), S. 61.

582 Siehe oben unter Pkt. 3.5.2.2.3.2.1.

583 Siehe unten Pkt. 3.5.2.3.3.3.2.

584 Die gesetzgeberischen Ausführungen lassen nach Auffassung des Verfassers nur diesen Schluss zu, da von der Unmöglichkeit der transparenten Darstellung einer Rückkaufswertklausel keine Rede ist, die Transparenz des Produktes Lebensversicherung ein maßgebliches Ziel der Reformbestrebungen war und daher auch nicht unerhebliche Beratungs- und Informationspflichten für den Versicherer normiert wurden.

„Zillmerung" in Anspruch zu nehmen. Das Risiko der Änderung der Lebensverhältnisse trägt zwar jeder Versicherungsnehmer. Jedoch wird dieses Risiko je nach beruflichen und familiären Verhältnissen im Einzelfall äußerst unterschiedlich ausfallen. Des Weiteren kann auch der eigentumsrechtliche Schutz eine andere Beurteilung nicht rechtfertigen, denn es bleibt dem Versicherungsnehmer, soweit er die Verrechnung nachvollziehen kann, unbenommen, Risiken einzugehen, welche als Äquivalent die Vorteile in Rede stehender Verrechnungen bereithalten. Je nach Risikobereitschaft erscheint es ausreichend, den potentiellen Versicherungsnehmer in die Lage zu versetzen, das angebotene Produkt mit anderen Finanzprodukten vergleichen zu können. Im Bewusstsein des bestehenden Kostenrisikos wirkt dem verantwortungsbereiten Versicherungsnehmer gegenüber das Argument der Aushöhlung des Kündigungsrechtes konstruiert. Zudem stehen einem Versicherungsnehmer bei plötzlich veränderten Lebensverhältnissen verschiedene Möglichkeiten zur Verfügung, die Belastung aus dem Versicherungsvertrag abzuwenden. Die Kündigung ist nur einer dieser Möglichkeiten.[585]

Auch die leicht zu verwirklichende Möglichkeit der Umgehung der gesetzlich zwingenden Mindestrückkaufswertvorgabe widerspricht der vorgenommenen Regulierung, da der vorgegebene Schutzzweck der Regulierung ohne weiteres ausgehebelt werden kann.[586] Die Gesetzesbegründung erklärt selbst, dass eine gesonderte und damit gleichfalls transparente Vereinbarung über die Abschlusskosten zulässig und somit auch angemessen wäre.[587] Für den Versicherungsnehmer bedeutet dies, dass bei gleichem wirtschaftlichen Ergebnis[588] der Weg über eine Verrechnungsklausel von Gesetzes wegen unterbunden, der Weg über

585 Vgl. dazu auch die Beispiele bei Ortmann, ebd., § 169 Rn. 1, 5. Dieser will sogar eine Hinweispflicht des Versicherers auf den sog. Lebensversicherungsvertrags-Zweitmarkt annehmen. Vgl. hierzu unten Pkt. 3.5.3.2.

586 So auch Ortmann, ebd., § 169 Rn. 62.

587 Vgl. BT-Drcks. 16/3945, S. 102. Natürlich kann danach gefragt werden, ob sich der aufgezeigte und rechtliche mögliche Weg einer gesonderten Abschlusskostenvereinbarung in der Praxis als wettbewerbstauglich herausstellt. Bislang praktiziert die Mehrheit der deutschen Versicherer die sog. Zillmerung, vgl. Jakob, aaO (Fn. 49), S. 483.

588 Vgl. ebenso Ortmann, ebd., § 169 Rn. 62; Engeländer, ebd., S. 1310, die die Zahlungsströme und Effekte zu Recht als ähnlich qualifizieren. Nach Ansicht des Verfassers kann theoretisch gar der Weg über die gesonderte Abschlusskostenvereinbarung noch ungünstiger für den Versicherungsnehmer ausfallen, da insgesamt sogar ein höherer Negativbetrag möglich wäre als bei einer Verrechnung mit den Prämienzahlungen.

eine gesonderte Abschlussgebühr demgegenüber erlaubt ist. Weshalb allein der Weg über die Verrechnung mit eingezahlten Prämien unzulässig sein soll, wenn doch auch dieser Weg transparent dargestellt wird, kann nicht nachvollzogen werden.[589]

Aufgrund des Gesetzeswortlautes und der gesetzgeberischen Intention wird man dennoch nach dem bisherigen Stand der Prüfung von einer sämtliche Verträge betreffenden Vorgabe eines Mindestrückkaufswertes ausgehen müssen. Die Regelung ist unter verfassungsrechtlichen Gesichtspunkten von der gesetzgeberischen Einschätzungsprärogative gedeckt.[590] Es wird jedoch neben der bereits angesprochenen Frage der transparenten Darstellung die Frage nach der Vereinbarkeit mit den europäischen (Wettbewerbs-)Vorgaben gestellt werden müssen.[591]

3.5.2.2.3.3.3. Verweisung auf aufsichtsrechtliche Höchstzillmersätze

Nach der Klarstellung durch den Rechtsausschuss[592] ist eine Bindungswirkung der Verweisung auch für ausländische Versicherer nach § 169 Abs. 3 S. 1 HS 2 VVG abzulehnen. Indem der Gesetzgeber die Stellung des kündigenden Versicherungsnehmers stärken will, stellt sich jedoch die Frage, welche zivilrechtliche Wirkung der Verweisung beigemessen werden soll. Will man eine zivilrechtliche Verpflichtung deutscher Versicherer gegenüber ihren inländischen Versicherungsnehmern annehmen, die aufsichtsrechtlichen Regelungen über die Höchstzillmersätze einzuhalten, so würde, obwohl das gleiche Gesetz Anwendung fände, in diesem Gesichtspunkt eine unterschiedliche Rechtslage für in- und ausländische Versicherer bestehen. Dies erscheint fragwürdig und begründet gleichfalls eine Inländerdiskriminierung.

Nach Auffassung des Verfassers ist der Verweis daher rein deklaratorischer Natur und begründet keinerlei zivilrechtlichen Rechte und Pflichten.[593]

---

589 In diese Richtung auch Schick/Franz, ebd., S. 768; Ortmann, ebd., § 169 Rn. 50 sieht darüber hinaus eine Tendenz zur Erhöhung der laufenden Kosten vorprogrammiert, da es bei den Frühstornofällen auf die Art der Erhebung der Kosten ankäme und die laufenden Verwaltungskosten nicht erfasst wären.

590 Ebenso Ortmann, ebd., § 169 Rn. 57 mit Verweis auf die Entscheidung des BVerfG vom 15.02.2006.

591 Vgl. Herrmann, aaO (Fn. 23), § 7 Rn. 29; ders. in VersR 2009, 7, 9 ff.; Schwintowski, aaO (Fn. 256), S. 1430 f.; Bürkle, aaO (Fn. 476), S. 1047 f.; Ortmann, ebd., § 169 Rn. 62.

592 Vgl. nochmals oben unter Pkt. 3.5.2.2.3.1.

593 Ein Eingriff in die Produktgestaltungsfreiheit wäre daher bei der aufsichtsrechtlichen Regelung zu hinterfragen. Dies kann jedoch nicht Gegenstand dieser Bearbeitung

3.5.2.2.3.3.4. Vergleichbarer Bezugswert anstelle des Deckungskapitals

Der Einwand *Engeländers* greift zwar auch nach hiesigem Verständnis nicht, da der Gesetzgeber insoweit von einem Einklang mit den nationalen aufsichtsrechtlichen Regelungen ausgeht.[594] Zudem kommt wohl auch eine indirekte Herleitung der Rechnungsgrundlagen über einzelne Tabellenwerte in Betracht. Den Wertangaben dürfte dann eine notwendige Transparenz innewohnen. Allerdings sind rechtliche Unwägbarkeiten des an die Stelle des Deckungskapitals tretenden Bezugswertes hinsichtlich des angedachten Mindestrückkaufswertes nicht von der Hand zu weisen. Die Unwägbarkeiten halten sich letztlich jedoch im Rahmen, da an vereinheitlichte Kriterien für versicherungstechnische Rückstellungen angeknüpft wird.[595]

3.5.2.2.4. Fondsgebundene Lebensversicherungsverträge – § 169 Abs. 4 VVG

Für die in § 169 Abs. 4 VVG geregelten fondsgebundenen Lebensversicherungsverträge[596] verbleibt es bei der bisherigen Berechnung des Rückkaufswertes nach dem Zeitwert.[597] Die Sonderstellung der fondgebundenen Lebensversicherung sei der unmittelbaren Risikotragung des Versicherungsnehmers für die Kapitalanlagen geschuldet. Im Übrigen soll die Verteilung der Abschluss- und Vertriebskosten zur Sicherung eines Mindestrückkaufswertes auch für die Fälle des Absatzes 4 gelten.[598]

3.5.2.2.5. Stornokosten – § 169 Abs. 5 VVG

Die neue Regelung des § 169 Abs. 5 VVG verlangt im Vergleich zur Vorgängerregelung des § 176 Abs. 4 VVG a.F., dass der sog. Stornoabzug beziffert werden muss. Zudem ist nach neuer Rechtslage die Vereinbarung eines Abzuges für noch nicht getilgte Abschluss- und Vertriebskosten unwirksam.

---

sein. Fraglich ist bei der europäischen Perspektive aber offensichtlich das grenzüberschreitende Element nationaler Aufsichtsregeln.

594 Vgl. nochmals oben unter Pkt. 3.5.2.2.3.2.4.

595 So explizit nochmals die Gesetzesbegründung, BT-Drcks. 16/3945, S. 102. Brömmelmeyer, ebd., § 42, S. 2580 Rn. 172, merkt hierzu an, dass im Rahmen der VVG-InfoV versäumt wurde, den ausländischen Versicherer zur Information über den abweichenden Bezugswert zu verpflichten.

596 Sowie andere Versicherungen, die Leistungen der in § 54b VAG bezeichneten Art vorsehen.

597 Vgl. nur Römer, aaO (Fn. 45), S. 2529.

598 In die gleiche Richtung ja bereits die Rechtsprechung des BGH zur alten Rechtslage. Siehe oben Pkt. 3.4.2.4.

3.5.2.2.5.1. Vorschläge der Reformkommission und gesetzgeberische Entwürfe/Stellungnahmen

Nach alter Rechtslage bestand noch die Möglichkeit, Stornokosten bei frühzeitiger Kündigung des Versicherungsnehmers zu erheben, soweit sich eine entsprechende Klausel in den Allgemeinen Versicherungsbedingungen befand und der Abzug angemessen war. Die Regelung konnte entweder abstrakt oder beitragsmäßig konkret getroffen werden.[599] Eine fehlende Bezifferung des Abzuges bei Vertragsschluss führe aber nach Ansicht des Gesetzgebers dazu, dass der Versicherungsnehmer die wirtschaftliche Bedeutung des Abzuges bei Kündigung seines Vertrages nicht abschätzen könne. Der Abzug dürfe mangels Transparenz nicht im Ermessen des Versicherers stehen oder allein in dem Verweis auf versicherungsmathematische Grundsätze geregelt werden. Das Erfordernis der Bezifferung wurde bereits zur alten Rechtslage diskutiert und sei nun ausdrücklich klargestellt.[600]

Mit dem Abzugsverbot für noch nicht getilgte Abschluss- und Vertriebskosten entscheidet der Gesetzgeber einen Streit im Hinblick auf das Kriterium der Angemessenheit des Stornoabzuges. Das Kriterium der Angemessenheit könne zwar als unbestimmter Rechtsbegriff grundsätzlich der Entscheidung im Einzelfall durch die Rechtsprechung überlassen werden. Für noch nicht getilgte Abschluss- und Vertriebskosten bedurfte es jedoch nach Ansicht des Gesetzgebers einer abschließenden Klärung. Hintergrund sei, dass man von Seiten der Versicherer den Ansatz von Stornokosten grundsätzlich mit Bearbeitungskosten, Risikoverschlechterungen und vor allem mit noch nicht getilgten Abschluss- und Vertriebskosten rechtfertigte, wobei letztgenanntem Posten der größte Teilbetrag zukam.[601] Abschluss- und Vertriebskosten werden, soweit sie den Höchstzillmersatz übersteigen oder soweit keine oder nur eine sehr geringe Zillmerung erfolgt, als Amortisationsbeiträge auf zukünftige Prämien kalkuliert. Im Falle der Kündigung würden sodann wegen der ausbleibenden Amortisationsbeiträge in den nicht mehr eingehenden Prämien für die nicht getilgten Kosten Stornoabzüge vorgenommen. Ein Stornoabzug für noch nicht getilgte Abschluss- und Vertriebskosten vernachlässige aber das zwingende gesetzliche Kündigungsrecht des Versicherungsnehmers. Zwar müsse der Versicherungsnehmer grundsätzlich hinnehmen, dass der Versicherer zur Deckung seiner Abschlusskosten eine Art Abschlussgebühr erhebe, die bei Kündigung nicht erstattet wird. Der Versicherer

---

599 Vgl. BT-Drcks. 12/6959, S. 102.

600 BT-Drcks. 16/3945 S. 103.

601 Ebd.

habe aber nur Anspruch auf den Betrag von verrechneten Abschlusskosten, die bis zur Wirksamkeit der Kündigung fällig geworden sind. Da der Versicherungsnehmer nur sein gesetzlich gesichertes Kündigungsrecht wahrnehme und sich gerade nicht vertragswidrig verhalte, müsse ein darüber hinaus gehender Stornoabzug ausscheiden. Die Belastung mit Abschluss- und Vertriebskosten, welche in zukünftigen, nicht mehr geschuldeten Prämien enthalten wären, würde eine Art unzulässige Vertragsstrafe für vertragsgemäßes Verhalten darstellen und wäre insoweit unverhältnismäßig.[602]

3.5.2.2.5.2. Stimmen der Literatur

Nach *Engeländer*[603] bezieht sich der Anwendungsbereich des neuen § 169 Abs. 5 VVG nur auf den gesetzlich vorgegebenen Mindestrückkaufswert, da ein über die gesetzliche Vorgabe hinausgehender Rückkaufswert stets angemessen wäre. Es komme daher nur darauf an, dass ein mit Abzügen gekürzter vertraglicher Rückkaufswert den gesetzlichen Mindestrückkaufswert im Ergebnis nicht unterschreite.

Dagegen will eine andere Ansicht[604] die Regelung zum Stornoabzug für sämtliche Rückkaufswerte anwenden. Andernfalls drohe eine unzulässige Umgehung.

Weiterhin will eine Ansicht[605] die Vereinbarung eines prozentualen Abzuges als bezifferte Angabe ausreichen lassen, soweit die Vereinbarung leicht verständlich sei. Dies wäre vom Wortlaut der Regelung nicht ausgeschlossen und stehe der gesetzgeberischen Intention auch nicht entgegen.

Gatschke[606] entnimmt dem Gesetzeswortlaut „beziffert", dass die Abzugsvereinbarung als konkreter Betrag in Euro ausgewiesen sein muss. Eine prozentuale Angabe führe wegen unterschiedlicher Bezugsgrößen in den einzelnen Abzugsklauseln zur mangelnden Vergleichbarkeit für die Versicherungsnehmer und damit zur Intransparenz.

3.5.2.2.5.3. Zwischenergebnis/Stellungnahme

Im Hinblick auf den Anwendungsbereich des Absatzes 5 spricht der Wortlaut der Norm dafür, dass alle Rückkaufswerte erfasst sein sollen, denn der Gesetzgeber

602 Ebd.

603 Engeländer, aaO (Fn. 39), 1310 f.; ähnlich wohl Schick/Franz, aaO (Fn. 63)VW 2007, 764, 766.

604 Brömmelmeyer, aaO (Fn. 7), § 42 Rn. 174; Ortmann, aaO (Fn. 32), § 169 Rn. 101.

605 Ortmann, ebd., § 169 Rn. 89; Schick/Franz, ebd., S. 766.

606 Gatschke, aaO (Fn. 63), 450.

verweist auf den berechneten Betrag nach Absatz 3 oder 4 und nicht explizit auf den berechneten Betrag nach § 169 Abs. 3 Satz 1 VVG. Auch nach dem Sinn und Zweck erscheint eine umfassende Anwendung geboten. Eine Art unzulässige Vertragsstrafe wäre nämlich auch bei einem Abzug vom vertraglichen Rückkaufswert anzunehmen. Gegen die Annahme *Engeländers* spricht schließlich, dass sich ein Versicherer mit im Vergleich zum gesetzlichen Mindestrückkaufswert höheren vertraglichen Rückkaufswerten rühmen könnte, diese aber mit einem erweiterten Stornoabzug im wirtschaftlichen Ergebnis ebenfalls auf den gesetzlichen Mindestrückkaufswert begrenzt.

Bezüglich des Tatbestandmerkmals der Bezifferung spricht für die Zulässigkeit auch eines prozentualen Abzuges vor allem die Flexibilität einer solchen Lösung, insbesondere im Hinblick auf das Risiko der Antiselektion. Andererseits bleibt dann eine stete Rechtsunsicherheit, wann die Vereinbarung leicht verständlich wäre. Einem strengen Bezifferungserfordernis wohnt demgegenüber hinreichende Klarheit inne. Das Risiko der Antiselektion besteht zudem grundsätzlich, so dass eine prozentuale Vereinbarung gerade kein Ausnahme bzw. Einzelfall sein würde. Daher sprechen die besseren Gründe für den konkreten Euroausweis.

Mit der Entscheidung über die Angemessenheit eines Abzuges für noch nicht getilgte Abschluss- und Vertriebskosten versucht der Gesetzgeber einen fairen Interessenausgleich herbeizuführen. Die Ausgestaltung ist aus verfassungsrechtlicher Sicht von der gesetzgeberischen Einschätzungsprärogative gedeckt[607], wobei durch das Abzugsverbot natürlich der Großteil der bisherigen Stornokosten entfällt[608].

Unabhängig von der Frage, ob dem Rückkaufswert eine prospektive oder retrospektive Berechnung zu Grunde liegt, ist die Regelung insofern konsequent, als damit eine Aushöhlung der Mindestrückkaufswertvorgabe vorgebeugt wird.[609] Von Seiten des Verfassers wird allerdings die Vorgabe eines Mindestrückkaufswertes bei transparenter Darstellung der Verrechnung von Abschluss- und Vertriebskosten für nicht zielführend erachtet. Der Ausschluss eines Abzuges für nicht mehr mit zukünftigen Prämien verrechenbaren Kosten kann zwar durchaus in Betracht gezogen werden, um einen Einfluss auf überhöhte Vermittlervergütungen zu gewinnen. Der Abschreckungswirkung im Sinne einer Angemessenheitsentscheidung kommt jedoch nicht mehr derartiges Gewicht

---

607 Vgl. Ortmann, ebd., § 169 Rn. 100.

608 Vgl. nur Römer, ebd., S. 2529; BT-Drcks. 16/3945, S. 103.

609 Ähnlich Engeländer, ebd., S. 1311.

zu, nachdem der Versicherungsnehmer sowohl über die garantierten Rückkaufswerte als auch die Stornogebühren in bezifferter Form zu informieren ist. Dem mündigen Versicherungsnehmer verbleibt es, den angetragenen Vertrag mit anderen Produkten zu vergleichen und insbesondere das Risiko einer frühzeitigen Vertragsbeendigung zu bedenken. Will er die Finanzierungsvorteile der Verrechnung zu seinen Gunsten nutzen, erscheint es auch nicht unverhältnismäßig, ihm im Fall der Kündigung noch nicht getilgte Abschlusskosten aufzuerlegen. Insofern sollte der übermäßige Ansatz von Abschluss- und Vertriebskosten im Wege des Wettbewerbs reguliert werden.

Es bleibt daher danach zu fragen, ob das gesetzgeberische Verbot den europarechtlichen Anforderungen gerecht wird.

3.5.2.2.6. Gefährdungslage - § 169 Abs. 6 VVG

3.5.2.2.6.1. Vorschläge der Reformkommission und gesetzgeberische Entwürfe/Stellungnahmen

Der Gesetzgeber ist der Ansicht, dass die Umstellung der Rückkaufswertberechnung auf das Deckungskapital, die Begrenzung der Stornoabzüge und die Sonderregelung für das Frühstorno neue vertragliche Rahmenbedingungen schaffen, die in Zukunft in die Kalkulation der Versicherer eingehen werden. Die neuen Regelungen könnten aber zukünftig bei einem Versicherer auch wirtschaftliche Schwierigkeiten verursachen[610]. Daher soll dem Versicherer die Befugnis eingeräumt werden, den nach Absatz 3 berechneten Rückkaufswert ausnahmsweise zu kürzen, wenn ohne eine solche Kürzung die Belange der Versicherungsnehmer gefährdet wären. Hierbei könne auf die Belange der Versicherten i.S.d. VAG zurückgegriffen werden. Der Gesetzgeber nimmt ausdrücklich Abstand von der von der VVG-Kommission vorgeschlagenen Lösung

---

610 Als Beispiel führt die Gesetzesbegründung den Fall an, wonach eine über die bisherige Erfahrung hinausgehende Anzahl von Kündigungen erfolgt. Dadurch träfen den Versicherer die den kündigenden Versicherungsnehmer begünstigenden Regelungen in besonderer Weise. Es bestünde die Gefahr, Vermögensgegenstände zur Unzeit veräußern zu müssen. Weiterhin könne durch die neuen Regelungen eine kritische Grenze für den Versicherer überschritten werden, wenn die vorhandenen Vermögenswerte bei marktgerechter Bewertung nicht mehr die Verbindlichkeiten decken. Auszahlungen des Deckungskapitals, welches wirtschaftlich gar nicht mehr vollständig zur Verfügung stünde, benachteilige die verbleibenden Versicherungsnehmer im Verhältnis zu den frühzeitig ausscheidenden Versicherungsnehmern. BT-Drcks. 16/3945, S. 104; zu den Gefahren auch Gatschke, ebd. S. 449 f.

einer aufsichtsrechtlichen Sonderregelung. Eine Sonderregelung wäre mit der Funktion der Aufsichtsbehörde und deren Neutralität nur schwer zu vereinbaren. Die Gefahr, dass der Versicherer das einseitige Leistungskürzungsrecht missbrauchen werde, wird aufgrund wirtschaftlicher Gesichtspunkte als unwahrscheinlich eingeschätzt.[611]

Die VVG-Kommission hielt ein einseitiges vertragsrechtliches Leistungskürzungsrecht für unzweckmäßig, da dem Versicherungsnehmer im Streitfalle die konkrete Vermögenslage des Versicherers offen gelegt werden müsste. Zusätzlich bedürfte es der Darlegung, weshalb die Erfüllung der vertraglichen Ansprüche des Versicherungsnehmers unter Berücksichtigung sämtlicher in Betracht kommender Umstände, die Gefährdung des Unternehmens und damit die Erfüllbarkeit sämtlicher Versicherungsverträge mit sich brächte. Das Aufsichtsrecht kenne bereits mit § 56 a Satz 5 VAG[612] und § 89 Abs. 2 VAG zwei vergleichbare Regelungen zur Sicherung der Versichertenbelange. In diesem Sinne sei auch eine Sonderregelung für Gefahren der neuen vertraglichen Rahmenbedingungen zu schaffen.[613] Allerdings benennt die VVG-Kommission die Problematik, dass für ausländische Versicherer, welche Lebensversicherungsverträge in Deutschland vertreiben, nach den gemeinschaftsrechtlichen Vorgaben das Vertragsstatut zwingend die Anwendung des Versicherungsvertragsgesetzes, das Aufsichtsstatut jedoch die Anwendung des Aufsichtsrechtes des jeweiligen Sitzlandes vorgibt. Eine nationale aufsichtsrechtliche Sonderregelung greife daher nicht für die ausländischen Versicherer auf dem deutschen Versicherungsmarkt. Dieser Konflikt könne nur über allgemeine IPR-Grundsätze gelöst werden.[614]

Bereits der Referentenentwurf lehnte den Vorschlag der VVG-Kommission, eine aufsichtsrechtliche Sonderregelung einzuführen, ab. Die Voraussetzungen der Leistungskürzung und der Angemessenheit sollten danach aber von einem unabhängigen Treuhänder geprüft werden.[615]

611 BT-Drcks., ebd., S. 104.

612 Später bis 08.04.2013 war dieser Fall in § 56 a Abs. 3 S. 2 VAG geregelt. Heute findet sich die entsprechende Regelung in § 56 b Abs. 1 VAG.

613 Abschlussbericht, S. 114 ff.

614 Ebd., S. 116.

615 Referentenentwurf, S. 147.

3.5.2.2.6.2. Stimmen der Literatur

Die Literatur hält die Regelung des Absatzes 6 für bedenklich.[616] Dem Versicherer werde ein einseitiger Eingriff in das „(verfassungsrechtliche) Eigentum“[617] der Versicherungsnehmer ermöglicht, wobei der Gesetzeswortlaut äußerst weit gefasst sei. So könne die Gefährdung der Belange der Versicherten nie gänzlich ausgeschlossen werden. Die Regelung müsse daher restriktiv ausgelegt werden. Sie spiegele das Unbehagen des Gesetzgebers wieder, mit der zwingenden Vorgabe von Garantien etwaige Kapitalmarktschwankungen nicht abfedern zu können.[618]

3.5.2.2.6.3. Zwischenergebnis/Stellungnahme

Die Bedenken der Literaturstimmen sind gerechtfertigt.

Der Gesetzgeber versucht das durch seine Vorgaben beeinflusste Spannungsfeld zwischen den Interessen frühzeitig Kündigender und den Interessen der Versichertengemeinschaft sowie der Versicherer auszubalancieren. Selbstverständlich sind die Belange der Versichertengemeinschaft dabei ein berechtigter Grund für einen Eingriff in die Ansprüche des einzelnen Versicherungsnehmers. Auch muss eine aufsichtsrechtliche Sonderregelung bei der gewählten vertragsrechtlichen Mindestrückkaufswertlösung wegen des Aufsichtsstatuts als nicht gangbarer Weg betrachtet werden. Das Argument, dass die Versicherer von dem Leistungskürzungsrecht aus wirtschaftlichen Gründen kaum Gebrauch machen werden, kann allerdings nicht überzeugen.[619]

Im Ergebnis ist das Leistungskürzungsrecht zwingende Folge der zwingenden Berechnungsvorgabe im neuen § 169 VVG. Die effektive Abwehr einer unberechtigten Leistungskürzung durch den einzelnen Versicherungsnehmer muss jedoch bezweifelt werden. Jedenfalls besteht eine erhebliche rechtliche Unsicherheit, wann die unbestimmten gesetzlichen Tatbestandsmerkmale erfüllt sein sollen und wann nicht. Hinzu tritt die Frage nach der Beweisführung für eine Gefährdung der Belange der Versicherungsnehmer.[620] In Anbetracht der

---

616 Brömmelmeyer, ebd., § 42 Rn. 181, S. 2584; Engeländer, ebd. S. 1312.

617 Brömmelmeyer, ebd.

618 Vgl. Engeländer, ebd., der von einem „Notausgang für Helden“ spricht.

619 So haben beispielsweise auch Banken während der Bankenkrise auf staatliche Hilfe nicht verzichten wollen. In „schlechteren Zeiten“, etwa bei bedeutsamen Kapitalmarktschwankungen, dürfte die Möglichkeit einer Leistungskürzung daher nicht von der Hand zu weisen sein.

620 Hierauf weist die VVG-Kommission im Abschlussbericht völlig zu Recht hin, vgl. Abschlussbericht, S. 114 ff.

Situation, dass von einer Leistungskürzung stets mehrere Versicherungsnehmer betroffen sein würden, hätte die Einschaltung eines Treuhänders von Gesetzes wegen die praktikablere Lösung dargestellt.

3.5.2.2.7. Bereits zugeteilte Überschussanteile - § 169 Abs. 7 VVG

Die Regelung dient lediglich der Klarstellung, dass bereits erworbene Ansprüche des Versicherungsnehmers aus einer vereinbarten Überschussbeteiligung durch die Kündigung nicht beeinträchtigt sind.[621]

3.5.2.3. Transparenz durch Beratung und Information

Um den gewollten funktionsfähigen Wettbewerb[622] zwischen den Versicherern zu gewährleisten, bedarf es der Bereitstellung einer Entscheidungsgrundlage, auf welcher der Versicherungsnehmer eine rationale Auswahl aus den unterschiedlichen Versicherungsangeboten treffen kann.[623] Basierend auf den verschiedenen europäischen Richtlinienvorgaben begründet der Gesetzgeber ein neues versicherungsvertragliches Konzept der Information und Beratung des Versicherungsnehmers, welches teilweise über die Richtlinienvorgaben hinaus[624], die Entscheidungsgrundlage des Versicherungsnehmers eröffnen soll.[625]

Nach einhelliger Ansicht[626] begründen die neuen im VVG und der zugehörigen InfoV[627] vorgegebenen Beratungs- und Informationspflichten privatrechtlich durchsetzbare Ansprüche des Versicherungsnehmers gegenüber dem

621 BT-Drcks. 16/3945, S. 104; Der Klarstellung von wird Seiten der Literatur teilweise mit Verwunderung aufgenommen, vgl. Brömmelmeyer, ebd., § 42 Rn. 2584; Engeländer, ebd., S. 1312. Letzterer deutet die Klarstellung derart, dass eine Korrektur des vereinbarten Schlussüberschussanteils zulässig sei.

622 Vgl. oben unter Pkt. 3.3.4.

623 Vgl. BT-Drcks. 16/3945 S. 47.

624 Vgl. z.B. Begründung zur VVG-InfoV, VersR 2008, 183, 186.

625 Vgl. auch zum gewollten Strukturwandel mit der Vorgabe von Beratungspflichten durch die Vermittlerrichtlinie, Herrmann, aaO (Fn. 22), Einf. B, S. 107.

626 So u.a. Präve, VersR 2008, 151 ff.; Dörner/Staudinger, aaO (Fn. 229), S. 1710 f.; Schimikowski, r+s 2006, 441; BT-Drcks. S. 47 und 60.

627 Wobei Ortmann, VuR 2008, 256, 257, darauf hinweist, dass die VVG-InfoV Informationspflichten konkretisiert, welche sich andernfalls auch aus dem allgemeinen Transparenzgebot heraus für den Versicherer ergeben. Dies ist freilich dem Grunde nach nicht von der Hand zu weisen.

Versicherer. Dadurch erhöht sich deren Stellenwert im Vergleich zur alten Rechtslage wesentlich[628].[629]

Die für die Lebensversicherungsverträge relevanten neuen Informations- und Beratungspflichten sollen folgend beleuchtet werden, um daran anschließend einen Rückschluss auf die europäische Vereinbarkeit der lebensversicherungsrechtlichen Regelungen zu ermöglichen.

3.5.2.3.1. Allgemeine Informations- und Beratungspflichten

Zunächst ist ein kurzer Blick auf die für alle Versicherungssparten geltenden Beratungs- und Informationsregelungen des allgemeinen Teils des VVG zu werfen.[630]

3.5.2.3.1.1. § 6 VVG

Die Vorschrift des § 6 VVG ist neu und normiert eine produkt-, situations- und kundenbezogene Frage-, Beratungs- und Dokumentationspflicht des Versicherers in Anlehnung an die durch die Vermittlerrichtlinie eingeführten eigenständigen Pflichten des Versicherungsvermittlers.[631]

Der Gesetzgeber[632] weitet dabei mit einem Erst-Recht-Schluss die nach den europäischen Vorgaben nur die Vermittler treffenden Pflichten auf den Versicherer aus. Es mache nämlich keinen Sinn, dem für Rechnung des Versicherers handelnden Vermittler, Pflichten im Interesse des Versicherungsnehmers aufzugeben, den Versicherer von solchen Pflichten aber freizuhalten. Handelt ein Versicherungsvermittler für den Versicherer, nimmt der Vermittler mit Erfüllung seiner Pflichten auch die Pflichten des Versicherers wahr. Einer doppelten Beratung bedarf es insoweit nicht.

---

628 Vgl. ebenso Römer, VersR 2006, 740, 742.

629 Die sich aus dem neuen zivilrechtlichen Beratungs- und Informationskonzept ergebenden allgemeinen Konsequenzen im Hinblick auf den Grundsatz der Eigenverantwortlichkeit, die möglichen Rechtsfolgen einer Pflichtverletzung, das Transparenzgebot etc. sollen nicht Gegenstand dieser Bearbeitung sein und bleiben daher anderer wissenschaftlicher Begutachtung vorbehalten. Zur früheren Problematik der Rechtsnatur der Informationspflichten siehe unten Pkt. 4.1.1.2.3.4.

630 Der Vielzahl von Fragen, dies sei nochmals angezeigt, die mit den neuen Regelungen der §§ 6, 7 VVG aufgeworfen werden, kann sich diese Bearbeitung freilich nicht annehmen. Das Augenmerk soll maßgeblich auf die besondere lebensversicherungsvertragliche Problematik gelegt sein.

631 Vgl. § 61 VVG.

632 BT-Drcks. 16/3945, S. 58.

Der Gesetzgeber eröffnet dem Versicherer in Abs. 3[633] über die Vermittlerrichtlinie hinaus die Möglichkeit, sich durch gesonderte schriftliche Erklärung des Versicherungsnehmers von der Frage-, Beratungs- und Dokumentationspflicht „zu entledigen". Diese Einschränkung der Richtlinienvorgaben sei aus Gründen der Privatautonomie zu Gunsten des mündigen Verbrauchers gerechtfertigt.[634]

In Absatz 4 wird eine Frage- und Beratungspflicht des Versicherers für die Dauer der Vertragslaufzeit geregelt, soweit hierfür ein Bedarf objektiv erkennbar ist.[635] Diese Verpflichtung für die Zeit während des Vertragslaufes geht über die Vorgaben aus dem Vermittlerrecht hinaus. Eine entsprechende Pflicht des Vermittlers sei wegen des abschließenden Charakters der Vermittlerrichtlinie nicht möglich und wegen der Verpflichtung des Versicherers auch nicht angezeigt. Die Verpflichtung des Versicherers ergebe sich aufgrund des im Einzelfall erheblichen Interesses des Versicherungsnehmers an Beratung auch während des Vertragslaufes.[636]

Teile der Literatur[637] schlussfolgern aus der neuen Regelung für das Produkt Lebensversicherung eine grundsätzliche umfassende Beratungspflicht. Dies erfordere die regelmäßig besondere Bedeutung eines solchen Vertrages für den Versicherungsnehmer aber auch die Komplexität des Produktes. Insoweit bestehe eine Fragepflicht des Versicherers, welche Bedürfnisse und Wünsche der Versicherungsnehmer mit dem Versicherungsvertrag verfolge.[638]

Römer[639] bezeichnet die Lebensversicherungsprodukte als „relativ intransparent", weshalb aus der Beratungspflicht auch die Verpflichtung erwachse, die etwaigen Nachteile des angesprochenen Lebensversicherungsvertrages zu veranschaulichen.

---

633 Sowie dem Vermittler in § 61 Abs. 2 VVG.

634 Vgl. bereits Abschlussbericht der VVG-Kommission, S. 15.; BT-Drcks. 16/1935, S. 24.

635 Nach der Gesetzesbegründung liegt ein solcher Bedarf beispielsweise vor, wenn eine Kapitallebensversicherung zum Zwecke der Absicherung eines Baudarlehens abgeschlossen wurde und sich aufgrund nicht vorhersehbarer Einbußen bei den Überschüssen eine Finanzierungslücke abzeichnet, vgl. BT-Drcks. 16/3945 S. 59.

636 BT-Drcks., ebd., S. 58f.

637 Vgl. nur Römer, aaO (Fn. 45), S. 2523.

638 Es wird von anderer Seite darauf hingewiesen, dass durchaus zweifelhaft sei, ob die maßgebliche Bestimmung der Vermittlerrichtlinie (Art. 12 Abs. 3 RL 2002/92/EG) überhaupt eine Beratungspflicht vorgibt. Vgl. nur Prölss, in: Prölss/Martin, § 6 Rn. 1 m. w. N. Bei der Regelung des § 6 VVG ist jedoch wegen des klaren Wortlautes „zu beraten" davon auszugehen, dass eine derartige Pflicht besteht. Zur europarechtskonformen Umsetzung siehe unten unter Pkt. 5.3.1.

639 Römer, ebd.

Diese Einschätzung kann jedoch nur dahingehend verstanden werden, dass der nachfragende Kunde anhand der ermittelten Bedürfnisse auf Risiken und Schutzlücken des Vertrages hingewiesen wird. Es besteht aber weder eine Pflicht, dass Produkt als nachteilig darzustellen noch vom Abschluss des Vertrages ausdrücklich abzuraten[640], geschweige denn auf etwaige preisgünstigere oder bessere Produkte anderer Anbieter hinzuweisen[641]. Die Beratung bezieht sich insoweit auch nur auf eigene Produkte.[642]

Die anlassbezogene[643] Beratung[644] nach § 6 VVG gewährt keine umfassende Betreuung, sondern bietet vielmehr eine Hilfestellung, um den Versicherungsnehmer in die Lage zu versetzen, die Versicherungsprodukte einzuschätzen und darauf basierend eine eigenverantwortliche Entscheidung zu treffen.[645] In diesem Sinne muss eine umfassende Beratung in der Tat als Regelfall bei Lebensversicherungsprodukten angesehen werden.

Nach *Rixecker*[646] soll für einen wirksamen Verzicht im Sinne des Absatzes 3 eine auch vorformulierte gesonderte schriftliche Erklärung ausreichen. Dabei genüge eine räumlich vom Antrag abgegrenzte aber nicht notwendig auf einem separaten Papier abgedruckte Verzichtserklärung.

Hiergegen spricht jedoch die eindeutige Intention des Gesetzgebers, welcher ausdrücklich eine „gesonderte Erklärung in einem eigenen Dokument" für den Verzicht verlangt.[647] Ein Verzicht muss im Übrigen als gesetzlicher Ausnahmefall gesehen werden.[648] Die Verwendung in einem Vordruck mit dem Antrag stünde der gesetzgeberischen Grundentscheidung entgegen, da dies den Eindruck stärker dahingehend lenkt, ein Verzicht gehöre typischerweise zur Antragsstellung.[649]

640 Vgl. z.B. Herrmann, aaO (Fn. 22), § 7 Rn. 55; Prölss, in: Prölss / Martin, § 6 Rn. 24.

641 Vgl. z.B. OLG Köln, NVersZ 2002, 519; OLG Hamm, r+s 2008, 161; Rixecker, in: Prölss / Martin, § 18a Rn. 17.

642 Vgl. Prölss, ebd., § 6 Rn. 2.

643 Zur Problematik der Erkennbarkeit des Beratungsanlass, vgl. nur Prölss, ebd., § 6 Rn. 3ff.

644 Zur Annahme eines selbständigen Beratungsvertrages neben den Pflichten aus § 6 VVG vgl. Rixecker, ebd., Rn. 6.

645 Vgl. Rixecker, ebd., Rn. 3; ebenso Prölss, ebd., § 6 Rn. 20, wonach eine „Klarheit verschaffende Eigeninitiative" des Versicherungsnehmer zu erwarten sei.

646 Rixecker, ebd., Rn. 18 f.

647 Vgl. BT-Drcks. 16/1935, S. 23; ebenso Blankenburg, VersR 2008, 1446, 1447; Gaul, VersR 2007, 21, 23; Ebers, in Schwintowski/Brömmelmeyer, § 6 Rn. 34.

648 Vgl. auch Schimikowski/Höra, aaO (Fn. 55), S. 105.

649 Zur Problematik der formularmäßigen Verwendung vgl. ausführlich Blankenburg, ebd., S. 1447 ff.

Römer[650] hält den Beratungsverzicht nach § 6 Abs. 3 VVG bei „weniger wichtigen Versicherungen" für hinnehmbar, bei der Lebensversicherung jedoch für „unerträglich". Zudem sei die Verzichtsmöglichkeit europarechtswidrig. Der Verzicht bei den „wichtigen Versicherungen" führe dazu, dass der Verbraucherschutz verloren gehe, womit im Übrigen auch nicht den Versicherern gedient sei. Es wird unter dem Deckmantel der Privatautonomie lediglich ein scheinbarer Interessenausgleich herbeigeführt.[651]

Die Bedenken sind nach hiesiger Auffassung nicht von der Hand zu weisen. Gerade bei so komplexen und vorsorgerelevanten Produkten wie den Lebensversicherungsverträgen stellt sich die Frage, ob ein Versicherungsnehmer das Ausmaß seines im Sinne der Privatautonomie gewährleisteten Verzichtrechts überhaupt erfassen kann. Dies wird nur in den wenigsten Fällen ohne Information und Beratung der Fall sein. Jedoch sind es gerade die letztgenannten Fälle, die belegen, dass der Gesetzgeber grundsätzlich im Rahmen seiner verfassungsrechtlichen Einschätzungsprärogative handelt.[652] Die Entwicklung in der Praxis bleibt hier abzuwarten. An die Verzichtserklärung sind sicherlich hohe Anforderungen zu stellen. Im Übrigen wird auf die Frage der Vereinbarkeit mit europäischen Vorgaben noch einzugehen sein.[653]

3.5.2.3.1.2. § 7 VVG

Mit der neuen Vorschrift des § 7 VVG fasst der Gesetzgeber sämtliche Informationspflichten zusammen, die sich aus EU-rechtlichen Vorschriften für alle Versicherungszweige ergeben. Darunter fallen die bisher in § 10a VAG i.V.m. der Anlage D Abschnitt I und II zum VAG geregelten Informationspflichten[654] ebenso wie die Informationspflichten aus Art. 3 und 5 der Fernabsatz-

650 Römer, VersWissStud 2009, Bd. 34, 159, 163; ders. in, VuR 2007, 94 f.; in die gleiche Richtung z.B. auch Dörner/Staudinger, aaO (Fn. 229), S. 1711.

651 Römer, aaO (Fn. 51), S. 95.

652 So im Ergebnis gleichfalls Prölss, ebd., § 6 Rn. 38, wonach eine Zwangsberatung auch nicht stattfinden könne. Der Versicherungsnehmer dürfe nur nicht zu einem unüberlegten Verzicht gedrängt werden.

653 Siehe unten unter Pkt. 5.3.2.; vgl. auch Prölss, ebd. der eine Europarechtswidrigkeit ablehnt.

654 Vgl. bereits oben Pkt. 3.1.3.4. und unten Pkt. 4.1.1.2.3.4.; Bereits die VVG-Kommission kündigte im Zwischenbericht an, die seit 1994 in § 10a VAG i.V.m. der Anlage D zum VAG geregelten Verbraucherinformationen in das neue VVG aufnehmen zu wollen. Die genaue Art und der genaue Umfang wären ebenso wie die Rechtsfolgen bei ausbleibender Information noch festzulegen. Insbesondere sei die Vermittlerrichtlinie zu berücksichtigen, da es sinnvoll erscheine, die Pflichten

richtlinie II[655]. Auf eine Differenzierung der Informationspflichten nach Art des Zustandekommens des Vertrages könne verzichtet werden, da der überwiegende Teil der Informationen unabhängig von der Vertriebsform von Bedeutung sei. Auch würde einem Versicherer die Unterscheidung der Informationserteilung nach der Vertriebsform schwer fallen.

Die Informationspflichten treffen nur den Versicherer. Eine eigenständige Informationspflicht des Vermittlers sei demgegenüber weder gemeinschaftsrechtlich vorgegeben noch sachlich geboten.[656] Die Informationspflichten, die im Einzelnen in der VVG - Informationspflichtenverordnung geregelt sind, welche auf der Ermächtigungsgrundlage des § 7 Abs. 2 VVG basiert[657], gelten mit Ausnahme von Großrisiken für sämtliche Versicherungsnehmer. Eine Beschränkung des Personenkreises auf Verbraucher i.S.v. § 13 BGB erscheint dem Gesetzgeber nicht gerechtfertigt, denn auch Kleinunternehmer und Freiberufler besäßen ein ähnliches Schutzbedürfnis wie Verbraucher. Auch die Unterscheidung von natürlichen und juristischen Personen, welche die Richtlinie 92/49/EWG[658] vorgibt, hält der Gesetzgeber mit Ausnahme der Informationspflicht nach Absatz 5 Satz 2 für kein geeignetes Kriterium.[659]

Mit der Festlegung des maßgeblichen Zeitpunktes – rechtzeitig - in § 7 Abs. 1 Satz 1 VVG, an welchem die Informationen dem Versicherungsnehmer zur Kenntnis dienen müssen, will der Gesetzgeber an den Wortlaut des § 312 c Abs. 1 BGB anknüpfen und Art. 3 Abs. 1 und Art. 5 Abs. 1 der Fernabsatzrichtlinie für Finanzdienstleistungen umsetzen.[660] Die in § 7 Abs. 1 Satz 3 VVG benannten Ausnahmen hiervon beruhen zum einen, für den Fall, dass die Informationserteilung wegen des gewünschten Kommunikationsmittels nicht möglich ist, auf Art. 5 Abs. 2 vorgenannter Richtlinie. Zum anderen müsse dem Versicherungsnehmer der Verzicht auf Information möglich bleiben, da sich der

der Vermittler und der Versicherer einheitlich zu regeln. Vgl. Zwischenbericht S. 34 f., dort Pkt. 4.1.

655 Vgl. oben Pkt. 3.3.3.2.

656 Natürlich sind aber die Pflichten der Vermittler nach der Vermittlerrichtlinie zu beachten.

657 Zur Frage der ordnungsgemäßen Umsetzung siehe unten unter Pkt. 3.5.2.3.2.1.

658 Dritte Richtlinie Schadenversicherung 92/49/EWG des Rates vom 18.06.1992.

659 BT-Drcks. 16/3945 S. 59 f.

660 Damit nimmt der Gesetzgeber auch vom sog. Policenmodell Abstand. Dieses Modell war zuvor im Hinblick auf EU-rechtliche Vorgaben Kritik ausgesetzt. Vgl. z.B. Römer, aaO (Fn. 628), S. 741; Wandt, Verbraucherinformation und Vertragsschluss nach neuem Recht, S. 10 ff.

mündige Verbraucher nicht gegen seinen Willen beraten und informieren lassen brauche.[661] Eine andere Lösung würde zu einer „Entmündigung des Verbrauchers" führen und „dem Ziel, den Verbraucher in seiner Eigenverantwortung zu stärken, widersprechen"[662]. Sowohl die Fernabsatzrichtlinie als auch die Vermittlerrichtlinie ließen die Regelung eines Verzichts offen. Dem Sinn und Zweck werde aber dadurch gedient, dass für den Verzicht eine ausdrückliche Erklärung des Versicherungsnehmers auf einem gesonderten und unterschriebenen Schriftstück vorgeschrieben sei.

Mit der in Absatz 2 geschaffenen Ermächtigungsgrundlage vermag der Verordnungsgeber, nach Ansicht des Gesetzgebers, die vom Versicherer zu erteilenden Informationen im Einzelnen zu regeln. Der Verordnungsgeber habe dabei den Mindeststandard der Richtlinien umzusetzen. Soweit in den Richtlinien keine abschließende Regelung enthalten sei, könnten darüber hinausgehende Informationen festgeschrieben werden, wenn diese für die Entscheidung des Versicherungsnehmers von Interesse wären. Dies träfe insbesondere bei der Lebensversicherung auf die Überschussbeteiligung, ihre Ermittlung und Bedeutung, den Rückkaufswert und die bei dessen Berechnung zugrunde gelegten Abschluss- und Vertriebskosten sowie auf die Modellrechnung zu.[663] Weiterhin solle durch den Verordnungsgeber zusätzlich sichergestellt werden, dass der Versicherungsnehmer über die Höhe der Abschluss- und Vertriebskosten sowie über die voraussichtlich zu erwartende Prämienentwicklung informiert wird. Dies verschaffe dem Versicherungsnehmer die nötige Entscheidungsgrundlage, da er anhand der Informationen die mögliche Prämienentwicklung beurteilen könne. Um eine Vergleichbarkeit der Produkte herbeizuführen, müsse auch die Art und Weise der Darstellung in der Verordnung festgelegt sein. Hierdurch werde die Transparenz insbesondere in der Lebensversicherung deutlich verbessert und somit auch den Anforderungen des Bundesverfassungsgerichtes Rechnung getragen.[664]

---

661 Einen Informationsverzicht hält der Gesetzgeber v.a. dann für wahrscheinlich, wenn es um umgehenden Versicherungsschutz mit überschaubaren Konsequenzen geht, z.B. bei einem vorläufigen Haftpflichtversicherungsvertrag. Für einen Lebensversicherungsvertrag bedürfe es sorgfältiger Überlegung, ob trotz der besonderen Bedeutung ein Verzicht auf Vorabinformation – oder auch auf Beratung und Dokumentation – sinnvoll wäre. Eine Verwehrung der Verzichtsmöglichkeit sei aber nicht zulässig. BT-Drcks. 16/3945 S. 60.

662 BT-Drcks. 16/3945 S. 48; vgl. auch BT-Drcks. 16/3945 S. 60.

663 BT-Drcks. 16/3945 S. 60.

664 Ebd., S. 61.

Der in Absatz 4 normierte Anspruch des Versicherungsnehmers, die Vertragsbestimmungen einschließlich der maßgeblichen Bedingungen in Papierform zu verlangen, rechtfertigt sich nach Ansicht des Gesetzgebers in der Vorgabe des Art. 5 Abs. 3 Satz 1 der Fernabsatzrichtlinie über Finanzdienstleistungen.[665]

Die Ausnahme von Großrisiken aus dem Anwendungsbereich in Absatz 5 Satz 1 entspreche gemeinschaftsrechtlichen Vorgaben. Gleiches gelte für die in Absatz 5 Satz 2 geregelte Mitteilungspflicht.[666]

Die VVG-Kommission stellte in ihrem Zwischenbericht die Informationsanforderungen und Informationsnotwendigkeit bei der Lebensversicherung als grundsätzlich höher als bei anderen Versicherungsprodukten heraus. Dies sei der besonderen Bedeutung der Lebensversicherung geschuldet. Zu berücksichtigen wäre aber auch die begrenzte Möglichkeit und Bereitschaft des Versicherungsnehmers, sich z.B. schwierige finanzmathematische Berechnungen zu Gemüte zu führen, um eine eigenverantwortliche Entscheidung zu treffen.[667] Die Kommission wollte die Vorgabe von Informationen daher an zwei Voraussetzungen knüpfen:

- Die Informationen müssen objektiv entscheidungsrelevant und für den durchschnittlichen Versicherungsnehmer verständlich und verwertbar sein.
- Eine „kritische Masse“ an Informationen darf nicht überschritten werden, da zu viele Informationen zur Unübersichtlichkeit führen und die Bereitschaft zur Kenntnisnahme durch den Versicherungsnehmer abnimmt.[668]

Im Gegensatz zum Gesetzgeber hielt die Kommission in Ihrem Abschlussbericht die konkrete Angabe der Abschlusskosten für nicht angebracht.[669]

Allerdings sollte ein ausdrücklicher Hinweis im Gesetz für überschussberechtigte Verträge festgeschrieben werden, dass die Zuführung für Rückstellung zur Beitragsrückerstattung und deren Verwendung als wirtschaftliche Grundlage der Überschussverteilung nach Maßgabe versicherungsaufsichtsrechtlicher

665 Ebd.

666 Ebd.

667 Zwischenbericht der VVG-Kommission, Pkt. 15.5.1, S. 108 f.

668 Ebd.; Die Kommission folgert aus dieser Maßgabe, dass das Augenmerk der Informationen daher auf die Versicherungsleistung im Normalfall (Tod- oder Erlebensfall) und auf den Kündigungsfall auszurichten wäre.

669 Dazu bereits oben unter Fn. 534 (zu § 169 III VVG), Abschlussbericht S. 121; Bereits im Referentenentwurf wurde dann aber die Ansicht vertreten, dass die Angabe der Abschluss- und Vertriebskoten erheblich zum Transparenzgewinn beitrage, Referentenentwurf, dort Pkt. 8.

und steuerrechtlicher Vorschriften erfolge. Die Information müsse dann weiter aufzeigen, dass dem Versicherer bei der Zuführung zur Rückstellung für Beitragsrückerstattung ein Spielraum verbleibe und erst nach Ausfüllung dieses Spielraumes und der damit durchgeführten Zuteilung ein Anspruch auf den Überschuss dem Grunde nach bestehe.[670]

In der Literatur wird entsprechend zum Verzicht auf Beratung auch die Verzichtsmöglichkeit auf die Information kritisiert.[671] Dies eröffne dem Versicherer weiterhin die Möglichkeit, einen Vertrag im Wege des sog. Policenmodells abzuschließen.[672]

Ferner ist umstritten, wie der unbestimmte Rechtsbegriff der Rechtzeitigkeit als zeitliche Vorgabe für die Informationsmitteilung vor Abgabe der Vertragserklärung verstanden werden muss. Hier vertritt eine Ansicht[673] bereits zum Fernabsatzrecht, an welches sich das Kriterium des § 7 Abs. 1 Satz 1 VVG ausdrücklich anlehnt, dass stets eine fixe Mindestfrist von drei Tagen nötig sei. Eine andere Ansicht[674] stellt darauf ab, dass der Gesetzgeber mit dem Kriterium der Rechtzeitigkeit lediglich das Policenmodell abschaffen wollte. Im Übrigen sei eine sofortige Entscheidung des Versicherungsnehmers nach Erhalt der Informationen möglich. Eine dritte Ansicht[675] will je nach Komplexität des einzelnen Produkts eine Überlegungsfrist zubilligen.

Letztgenannter Ansicht ist beizupflichten, wobei das Zusammenspiel von Information, Produktinformationsblatt und Beratung Berücksichtigung finden muss.[676] Es bedarf weder einer starren Frist noch zwingend eines zweiten Vertreterbesuches. Jedoch muss nach hiesiger Auffassung dem Versicherungskunden für die komplexen Lebensversicherungsprodukte stets hinreichend Zeit zur eigenen Informationsverarbeitung gegeben werden. Dies wird einige Minuten in Anspruch nehmen bevor der Vertreter seine Beratungsleistung erbringen kann bzw. es müssen eigenständige Informationsverarbeitungszeiträume während der Beratung zwingend gewährleistet sein. Der potentielle Versicherungsnehmer braucht, geleitet vom Produktinformationsblatt, diese Zeit, um sich für die Kernpunkte des konkreten Produkts zu sensibilisieren. Nur dann ist er auch in

670 Ebd. S. 120f.

671 Vgl. z.B. Römer, aaO (Fn. 51), S. 95; Schimikowski, aaO (Fn. 74), S. 136.

672 Vgl. z.B. Schimikowski, ebd.; ders., aaO (Fn. 626), S. 443.

673 Micklitz/Tonner, Vertriebsrecht (2002), § 312c Rn. 32; hierauf verweisend auch Herrmann, aaO (Fn. 22), § 7, S. 472 Rn. 60.

674 Funck, VersR 2008, 163.

675 Herrmann, ebd. S. 472 f.; Brömmelmeyer, aaO (Fn. 26), S. 586 f.

676 Ebenso Herrmann, ebd., S. 173.

der Lage, gegebenenfalls notwendige Nachfragen beim Vermittler zu stellen. Eine alleinige Beratungsleistung birgt eine größere Gefahr dahingehend, dass bestimmte wesentliche Punkte durch geschickte Erwähnung zwar angesprochen aber vom Kunden nicht hinreichend erfasst werden. In diesem Zusammenhang muss auch der zu differenzierende Zeitpunkt zwischen Rat- und Informationsgewährung beachtet werden.[677] Zudem ist davon auszugehen, dass die angestrebte Möglichkeit des Vergleichs mit anderen Produkten (von Drittanbietern) bei durchgängiger und ausschließlicher Beratung[678] zu kurz käme.[679]

Für den Fall des Beratungsverzichts nach §§ 6 Abs. 3 S. 1, 61 Abs. 2 VVG muss dem Versicherungskunden eine entsprechend längere Zeit zur Informationsverarbeitung gewährt werden, um ihn in die Lage zu versetzen, eine eigenständige informierte Entscheidung zu treffen.[680]

Im Ergebnis kommt eine starre Grenzziehung aufgrund der Produktvielfalt, des Zusammenspiels von Beratung und Information aber auch im Hinblick auf die Person des Versicherungskunden nicht in Betracht. Vielmehr bleibt es der Rechtsprechung im Einzelfall vorbehalten, die rechtzeitige Informationsgewährung zu bestimmen, wobei es neben Verbraucher-/Versicherungsnehmerschutzgesichtspunkten auch den wettbewerblichen Aspekt des Produktvergleichs zu beachten gilt.

Den geltend gemachten Bedenken zur Verzichtsmöglichkeit muss beigepflichtet werden. Die Gefahr der Umgehung des angestrebten informationellen Schutzes ist naheliegend, denn der Mühe der Informationsverarbeitung könnte sich - auch unter Zuspruch des Vermittlers - einfachst entledigt werden.[681] Die Vorgabe bedarf zudem einer europarechtlichen Würdigung.

Im Folgenden soll nun der Blick auf die einzelnen konkreten Informationsvorgaben im Bereich der Lebensversicherung gelenkt werden.

---

677 §§ 6 Abs. 2 S. 1 („vor dem Abschluss des Vertrages"), 7 Abs. 1 S. 1 („rechtzeitig vor Abgabe von dessen Vertragserklärung") VVG. Vgl. dazu auch Prölss, aaO (Fn. 638), § 6 Rn. 28.

678 Diese bezieht sich nach der hier vertretenen Ansicht ja auch nur auf Produkte des jeweiligen Anbieters. Vgl. oben unter Pkt. 3.5.2.3.1.1.

679 Anders wohl Herrmann, ebd., S. 173 Rn. 60, der eine eigenständige Informationsverarbeitung bei einer Beratung für nicht notwendig ansieht, wobei natürlich die Beratungsleistung auf das Studium der AVB gerichtet ist.

680 In diese Richtung auch Herrmann, ebd., S. 173 Rn. 63, welcher dann auch einen zweiten Besuch des Vermittlers für erforderlich hält.

681 Vgl. allgemein Ackermann, aaO (Fn. 304), S. 258.

3.5.2.3.2. *Transparenz von Lebensversicherungsprodukten durch Angabe von Kosten*

3.5.2.3.2.1. Kosteninformationen nach § 2 Abs. 1 Nr. 1 und 2, Abs. 2 VVG -InfoV

Neu sind die Regelungen zur Kostentransparenz in der Lebensversicherung nach § 2 Absatz 1 Nr. 1 und 2 VVG-InfoV.[682] Die Regelungen zur Mitteilung der Abschluss-, Vertriebs- und sonstigen Kosten[683] des Vertrages basieren auf der gesetzlichen Grundlage des § 7 Absatz 2 Satz 1 Nr. 2 VVG. Sie gehen über die gemeinschaftsrechtlichen Vorgaben hinaus.

Der Verordnungsgeber[684] sieht den Sinn und Zweck der Regelungen in der Verbesserung der Transparenz im Bereich der Lebensversicherung, womit auch den Vorgaben der höchstrichterlichen Rechtsprechung hinreichend genüge getan werde. Alle für den konkreten Vertrag entstehenden Kosten seien im Einzelnen anzugeben. Zu den in § 2 Absatz 1 Nr.1 genannten einkalkulierten Kosten gehörten insbesondere die Abschluss- und Vertriebskosten, aber auch alle sonstigen Kosten, die in die Prämien einkalkuliert und damit über die Prämie vom Versicherungsnehmer getragen werden[685]. Maßgeblich seien die rechnungsmäßig angesetzten Kosten, nicht der tatsächliche Aufwand.[686] Auch laufende Zuschläge zur Deckung von Abschlusskosten (sog. Amortisationszuschläge) seien mit auszuweisen.

Gemäß § 2 Absatz 1 Nr. 2[687] wären darüber hinaus alle möglichen sonstigen Kosten anzugeben, wobei im Einklang mit der gesetzlichen Ermächtigung keine Beschränkung auf die mit der Prämie verrechneten Kosten vorgesehen ist.

682 Im Gegensatz zu den übrigen Regelungen der VVG-InfoV sind diese erst zum 01.07.2008 in Kraft getreten. Hintergrund war der kurze Zeitraum zwischen Veröffentlichung der VVG-InfoV am 21.12.2007 und dem Inkrafttreten des neuen VVG am 01.01.2008. Daher sah die Verordnung für den Kostenausweis der Lebensversicherung mittels Übergangsregelung ein späteres Inkrafttreten vor. Vgl. dazu auch insgesamt Schwintowski/Ortmann, aaO (Fn. 81), S. 728; Baroch Castellvi, aaO (Fn. 81), S. 1 ff.

683 Zu den einzelnen Begrifflichkeiten vgl. nur Baroch Castellvi, ebd., S. 2.

684 Amtliche Begründung zur VVG-InfoV, VersR 2008, 186, 188.

685 Darunter sind maßgeblich die sog. Verwaltungskosten zu verstehen. Vgl. dazu auch Baroch Castellvi, ebd., S. 3.

686 Es sollen also die einkalkulierten Kostensätze, nicht die im konkreten Einzelfall zu gewährende Provision offenbart werden. Vgl. auch Präve, aaO (Fn. 626), S. 155; Schwintowski, VersWissStud, 2009, Bd. 35, S. 215 f., der darin eine Vermeidung von Wettbewerb auf den Märkten für Vermittlungs- und Beratungsdienstleistungen sieht.

687 Diese Regelung ist deckungsgleich mit den zu gebenden Informationen nach § 1 Abs. 1 Nr. 8 VVG-InfoV, Präve, ebd., S. 156; Mauntel, in: Brömmelmeyer / Schwintowski, § 2 VVG-InfoV Rn. 7.

Erfasst sein sollen daher alle anderen Kosten, die aufgrund des eingegangenen Vertragsverhältnisses entstehen können, unabhängig davon, ob die Kosten in der Prämie des Versicherungsnehmers berücksichtigt wurden.

Da es sich bei den Abschlusskosten regelmäßig um höhere Beträge handele, welche nicht über die gesamte Laufzeit des Vertrages einheitlich in die Prämie einkalkuliert würden, seien sie als einheitlicher Betrag auszuweisen. Die übrigen einkalkulierten Kosten seien als Anteil der Jahresprämie unter Angabe der jeweiligen Laufzeit anzugeben und von der Darstellung der Abschlusskosten kenntlich abzuheben. Schließlich seien sonstige Kosten zusätzlich gesondert anzugeben.[688]

Die in Absatz 2 angeordnete konkrete Bezifferung in Euro bezweckt eine bessere Verständlichkeit und sei nach Ansicht des Verordnungsgebers aus Gründen der Transparenz geboten.[689] Vergleichbare Bestrebungen seien z.B. im Wertpapierhandelsrecht oder im Bankrecht zu erkennen. Sie dienten sämtlich dem Zweck, dem Kunden durch hinreichende Information eine eigenständige Entscheidung beim Vertragsschluss zu ermöglichen. Bei Verträgen, wie speziell den Lebensversicherungsprodukten, welche typischerweise hohe Kosten mit sich brächten, solle die an anderer Stelle bereits vorhandene Kostentransparenz nunmehr auch in das Versicherungsvertragsrecht Einzug halten.[690] Die Vorgabe in Absatz 2 Satz 2, das Ausmaß der Garantie anzugeben, diene ebenfalls der Transparenz, mit der Folge, dass für den Fall der fehlenden Garantie eine Bezifferung i.H.v. „0 (Null) Euro“ erfolgen müsse.[691]

Eine Ansicht in der Literatur[692] sieht in der Vorgabe nach § 2 Abs. 1 Nr. 1 VVG-InfoV, sämtliche in die Prämie eingerechnete Kosten auszuweisen, einen Verstoß gegen die Verordnungsermächtigung. Verwaltungs- und übrige Kosten seien von der Ermächtigungsgrundlage des § 7 Abs. 2 Nr. 2 VVG nur insoweit erfasst, als diese Kosten neben der Prämie stehen. Im Lichte der Ermächtigungsnorm müsse § 2 Abs. 1 Nr. 1 dahingehend ausgelegt werden, dass nur die Abschluss- und Vertriebskosten erfasst sind. Andernfalls liege ein Verstoß gegen Art. 80 Abs. 1 Satz 2 Grundgesetz vor. Für diese Auslegung spreche auch der

---

688 VersR 2008, 186, 188.

689 Nach dem klaren Wortlaut des § 2 Abs. 2 VVG-InfoV gilt die Bezifferung natürlich auch für die anderen Informationsvorgaben des § 2 Abs. 1 Nr. 3-8 VVG-InfoV. Dazu unten unter Pkt. 3.5.2.3.3.

690 So die amtl. Begründung, ebd.

691 Ebd.

692 Präve, ebd., S. 155; Herrmann, aaO (Fn. 22), § 7 Rn. 31; Mauntel, ebd., § 2 VVG-InfoV Rn. 3; Baroch Castellvi, ebd., S. 2 f.

Wortlaut des § 4 Abs. 4 der VVG-InfoV. Des Weiteren habe der Gesetzgeber an der zunächst vorgesehenen Offenlegungspflicht hinsichtlich der Verwaltungskosten gerade nicht festgehalten.[693] Zudem spreche die Maximalwirkung des Art. 36 Abs. 3 der vierten Richtlinie Leben für eine Ausklammerung der Verwaltungskosten.[694]

Dem treten andere Stimmen[695] entgegen. Die Ermächtigung des Verordnungsgebers belaufe sich ausdrücklich auch auf Informationen über „sonstige Kosten". Die Intention des Gesetzgebers sei es gewesen, den Versicherungsnehmer in die Lage zu versetzen, die mögliche Prämienentwicklung zu beurteilen und zur Grundlage seiner Entscheidung zu machen. Der Sinn und Zweck der Ermächtigungsgrundlage könne daher nur so verstanden werden, neben den zu erwartenden Leistungen auch über die Ermittlung und Berechnung dieser Leistungen zu informieren. Sonstige Kosten, insbesondere Verwaltungskosten, sind maßgeblicher Bestandteil der Kostenlast und deshalb zur Bewertung des Lebensversicherungsproduktes notwendig. Es bedürfe daher einer zweckorientierten Auslegung, wonach auch Verwaltungs- und übrige Kosten auszuweisen seien. Dies stehe der Bestimmtheit der Ermächtigungsgrundlage gerade nicht entgegen.

Für die erste Ansicht spricht auf den ersten Blick der Wortlaut der Ermächtigungsgrundlage, welche nur auf „Abschluss- und Vertriebskosten, soweit eine Verrechnung mit Prämien erfolgt" abstellt. Andererseits ist die Ermächtigungsgrundlage nicht abschließend – „insbesondere" – gefasst. Daher kommt es umso mehr auf die von anderer Seite angeregte zweckorientierte Auslegung an. Der Gesetzgeber bezweckt eine „umfassende Information des Versicherungsnehmers"[696], soweit diese Informationen notwendig für das Verständnis des Produktes bzw. der Kostenlast sind. Aus Sicht des Verfassers erscheint daher ein weites Verständnis vorzugswürdig, auch um Umgehungen im Rahmen der Kostendefinition bzw. Fehlvorstellungen über Kostenanteile zu vermeiden.[697] Die Angabe der übrigen einkalkulierten Kosten dient mithin dem Grunde nach der Kostentransparenz.

693 Präve, ebd.

694 Herrmann, ebd., hierzu noch ausführlich unter Pkt. 5.3.5.

695 Schwintowski, ebd., S. 216; Ortmann, aaO (Fn. 462), S. 258.

696 § 7 Abs. 2 S. 1 VVG.

697 Vgl. auch die Begründung zur VVG-InfoV, VersR 2008, 186, 188; Mit dem LVRG bestätigt der Gesetzgeber nunmehr ausdrücklich dieses Verständnis und benennt die einkalkulierten Verwaltungskosten ausdrücklich, vgl. bereits oben (Fn. 81). Die

Verfassungsrechtliche Gründe stehen dem Ausweis der übrigen einkalkulierten Kosten gemäß § 2 Abs. 1 Nr. 1 VVG-InfoV nach der hier vertretenen Auffassung nicht entgegen. Mit einer europarechtlichen Würdigung wird sich die Arbeit noch zu befassen haben.[698]

3.5.2.3.3.2. Notwendigkeit weiterer Kostenangaben

In der Literatur[699] wird kritisiert, dass dem Versicherungsnehmer nach den neuen Regelungen der VVG-InfoV nicht sämtliche notwendigen Kosteninformationen zur Verfügung stünden. Gefordert wird eine weitere Pflicht zum Ausweis der Kapitalanlage- und ähnlicher Kosten in Prozent der Kapitalanlage bzw. des Deckungskapitals.[700] Die neuen Regelungen seien einerseits Ausfluss des Transparenzgebotes. Andererseits füllten die Kostenangaben des § 2 Abs. 1 Nr. 1 und 2 VVG-InfoV das Transparenzgebot nach § 307 Abs. 1 S. 2 BGB nicht vollständig aus.[701] Neben einer klaren und verständlichen Vereinbarung über zu verrechnende Abschluss- und laufende Kosten bedürfe es ferner einer Vereinbarung über die Belastung mit Kosten der Kapitalanlage[702], über die Belastung mit Risikoprämien und über das Zuführen von Kapitalanlagezinsen.[703] Mangels Vorhersehbarkeit der Entwicklung von Kapitalanlage und Deckungskapital sei eine Bezifferung der Kapitalanlagekosten bzw. der Kosten, die auf das Deckungskapital erhoben werden, im Voraus in Euro nicht möglich, woraus zu schließen sei, dass diese Kosten weder zu den einkalkulierten Kosten nach § 2 Abs. 1 Nr. 1 noch nach Nr. 2 der VVG-InfoV zu zählen sind.[704] Die Angabe muss in Prozent erfolgen. Dennoch bedürfe es nach den Vorgaben des Bundesverfassungsgerichtes auch der

Ergänzung ist letztlich deklaratorischer Natur, vgl. auch Schwintowski/Ortmann, VersR 2014, 1401, 1402.

698 Hierauf verweisen u.a. Präve, ebd., S. 155; Herrmann, ebd., § 7 Rn. 31; Mauntel, ebd., § 2 VVG-InfoV Rn. 4.; vgl. dazu unten unter Pkt. 5.3.5.

699 Schwintowski/Ortmann, aaO (Fn. 81), S. 731; Ortmann, aaO (Fn. 32), § 153 Rn. 40 ff., 66ff.; ders. in VuR 2008, 256, 259; Schwintowski, aaO (Fn. 686), S. 213 f.

700 Vgl. z.B. Ortmann, ebd., § 153 Rn. 40 ff., Rn. 66 ff.; ders. VuR 2008, 256, 260, wonach eine derartige Angabe bei fondsgebundenen und ausländischen Produkten ohnehin üblich sei.

701 Schwintowski/Ortmann, ebd.

702 Unter Kapitalanlagekosten fallen beispielsweise Depotgebühren oder Transaktionskosten.

703 Ortmann, ebd., S. 261 ff.

704 Schwintowsi/Ortmann, ebd., S. 730.

Angabe dieser Kosten zur Herbeiführung von Kostentransparenz[705], denn jegliche Arten von Kosten vermindern die Überschussbeteiligung[706]. Insoweit bestehe eine Pflicht, den Kunden vor Vertragsschluss über sämtliche anfallenden Kosten und Rückvergütungen[707] zu informieren, damit dieser eine selbst bestimmte Entscheidung treffen kann.[708] Obwohl sich die Informationspflicht bereits aus dem Transparenzgebot ergebe, wäre eine Ergänzung der VVG-InfoV angezeigt.[709]

Es wird weiter kritisiert, dass während der Rentenphase anfallende (laufende) Kosten nach der VVG-InfoV nicht auszuweisen sind. Die Information würde aber ebenso, basierend auf dem allgemeinen Transparenzgebot, erforderlich. Da die tatsächliche Höhe der Rente nicht im Voraus bestimmt werden kann, soll eine Angabe in Prozent ausreichen. Damit werde eine hinreichende Vergleichbarkeit erreicht.[710]

Baroch Castellvi[711] sieht demgegenüber, mangels Vorhersehbarkeit der Rentenlaufzeit und Unsicherheit über die Höhe des Deckungskapitals, eine Angabe zu diesen Kosten für nicht geboten an.

Schließlich wird zu Recht die Frage angestoßen, wie dynamische Kostenbeiträge aufzuzeigen wären.[712] Im Hinblick auf die Produktgestaltungsfreiheit sei jedenfalls nicht davon auszugehen, dass derartige Ansätze unzulässig sein sollen.[713] Vorgeschlagen wird die Angabe der Kostenbestandteile für die ersten Jahre, weitere exemplarisch angeführte Werte für spätere Jahre und ferner eine kurze Beschreibung der Ermittlung dieser Kosten. Auch die Angabe der sich verändernden Kosten für jedes Jahr sei eine mögliche Variante. Letztlich komme auch eine Kostenentwicklung in prozentualer Anknüpfung an das Deckungskapital in Betracht. Da dieses nicht vorweg bestimmbar ist, sei auch eine Prozentangabe ohne Euroausweis möglich.[714]

---

705 Ebd. unter Bezugnahme auf BVerfG, Beschluss vom 15.02.2006. Vgl. oben Pkt. 3.4.2.3.

706 Ortmann, ebd., § 153 Rn. 40.

707 Dazu sogleich unter Pkt. 3.5.2.3.2.3.3.

708 Ortmann, ebd., S. 257; ders., in Schwintowski/Brömmelmeyer, Vorbem. §§ 150-171 Rn. 103.

709 Schwintowski/Ortmann, ebd., S. 731.

710 Schwintowski/Ortmann, ebd., S. 731.

711 Baroch Castellvi, aaO (Fn. 81), S. 5.

712 Ebd.

713 Ebd.

714 Ebd., der zu Recht auf die Gefahr der ausufernden Informationsmenge hinweist.

3.5.2.3.2.3. Überlegungen zum Vergleich der Kosten – Renditeeffekt/ Effektivrendite/Kickbacks

In der Diskussion um die Kostentransparenz werden vermehrt weitergehende Überlegungen besprochen. Hintergrund sind verschiedenen Möglichkeiten der Kostenerhebung[715], weshalb allein die Euroangabe der Abschluss- und Vertriebskosten sowie der laufenden Kosten für einen Produktvergleich nicht ausreichend erscheint. Auch auf diese Diskussion soll an dieser Stelle kurz der Blick gerichtet werden.

3.5.2.3.2.3.1. Renditeeffekt

Der Gesamtverband der Deutschen Versicherungswirtschaft e.V. (GDV) unterbreitet die unverbindliche Empfehlung[716], neben den vom Gesetzgeber normierten Kostenangaben auch den sog. Renditeeffekt anzugeben. Dieser gibt an, um wie viel höher die Beitragsrendite eines Versicherungsvertrages wäre, bei dem keinerlei laufende Kosten einkalkuliert sind.[717] Hiermit soll v.a. auch eine Vergleichbarkeit mit Investmentfonds einhergehen, welche eine Total Expense Ratio (TER) ausweisen.[718]

Der Vorschlag wird jedoch von Stimmen der Literatur scharf kritisiert, da weder die einmaligen Abschlusskosten noch Kapitalanlagekosten bei der Berechnung Berücksichtigung finden.[719] Die Angabe des Renditeeffekts führe den potentiellen Kunden daher in die Irre. Die Kosteninformation würde aufgrund einer solchen Angabe intransparent.[720]

---

715 Vgl. nur Ortmann, ebd., S. 260.

716 Vgl. nur unter „www.gdv.de / Themen / LebensversicherungAltersvorsorge / Produktfragen / inhaltsseite22725.html".

717 Vgl. nur Schwintowski/Ortmann, ebd., S. 728. Die Ermittlung des Renditeeffekt verläuft wie folgt: In einem ersten Schritt wird aus dem Bruttojahresbeitrag und der in der Beispielsrechnung gefundenen Ablauflaufleistung die Beitragsrendite des Vertrages ermittelt. In einem zweiten Schritt berechnet man den Zinssatz, mit welchem der um die einkalkulierten laufenden Kosten verminderte Bruttojahresbetrag verzinst werden muss, um die gleiche Ablaufleistung zu erhalten. Der Renditeeffekt bestimmt sich dann aus der Differenz der gefundenen Zinssätze. So Ortmann, ebd., S. 261 auch mit entsprechenden Rechenbeispiel.

718 Ortmann, ebd.

719 So z.B. Ortmann, ebd.

720 Vgl. nur Schwintowski/Ortmann, ebd., S. 732.

3.5.2.3.2.3.2. Gesamtkostenbelastung

Die kritischen Stimmen zum Renditeeffekt sprechen sich für die ergänzende Angabe der sog. Effektivkosten aus. Der Versicherungsnehmer sei nämlich an der Gesamtkostenbelastung des Vertrages interessiert.[721] Dabei wird vorgeschlagen, die jährliche durchschnittliche Renditeminderung aufgrund sämtlicher Kosten anzugeben, so dass sich mithin die sog. Effektivrendite ergebe.[722] Diese Angabe wird in Großbritannien als „Reduction in Yield" bezeichnet.[723] Hierdurch werde auch eine echte Vergleichbarkeit mit Fondsprodukten erreicht.[724]

Nur durch diese ergänzende Angabe werde den Informationsanforderungen für einen hinreichenden Wettbewerb genüge getan. Die allein vom Gesetzgeber geregelten Kosteninformationen seien daher nicht ausreichend. Die Angabe der Effektivrendite müsse zudem jährlich erfolgen.[725]

---

721 Schwintowski/Ortmann, ebd.

722 Die Ermittlung erfolgt im ersten Schritt ebenso wie beim Renditeeffekt. Im zweiten Schritt wird jedoch die Rendite ohne jegliche Kosten berechnet. Aus der Differenz ergibt sich im dritten Schritt der tatsächliche durchschnittliche Gesamtkostenwert - so Ortmann, ebd., S. 262 mit Rechenbeispielen – und aus umgekehrtem Blickwinkel die Effektivrendite, also den Prozentsatz, mit welchem sich die bisher eingezahlten Beträge verzinst haben, um zum aktuellen Vertragsguthaben zu gelangen – so Schwintowski/Ortmann, ebd., S. 728 -.

723 Schwintowski/Ortmann, ebd.

724 Ortmann, ebd., S. 261 f.; Diese Angabeverpflichtung ist nun mit dem LVRG in die VVG-InfoV als § 2 Abs. 1 Nr. 9 eingeführt und gilt seit 01.01.2015. Die Vorgabe wurde übrigens erst kurz vor Schluss noch mit in das LVRG aufgenommen, vgl. BT-Drcks. 18/2016. Hierzu auch Schwintowski/Ortmann, aaO (Fn. 697), S. 1405.

725 Schwintowski, aaO (Fn. 43), S. 219 ff. Dabei greift Schwintowski einen interessanten weitergehenden Aspekt, welcher, soweit ersichtlich, in der Diskussion zum Gesetzgebungsverfahren überhaupt nicht angesprochen wurde, auf. Neben der Transparenz für einen Wettbewerb um das bestmöglichste Produkt für den Kunden zum Vertragsabschluss soll auch ein „weitergehender" Wettbewerb um geringe (Verwaltungs-)kosten während der Vertragslaufzeit, einschließlich der Möglichkeit des Kunden seinen Vertrag bei einem anderen Anbieter fortzuführen, hinzutreten. Dieser Frage kann jedoch im Rahmen dieser Bearbeitung nicht weiter nachgegangen werden. Problematisch erscheint auf dem ersten Blick die Vereinbarung von Wechselmöglichkeit und Produktvielfalt.

3.5.2.3.2.3.3. Kickbacks

In Anlehnung an die Rechtsprechung des Bundesgerichtshofes im Bankrecht[726] wird des Weiteren die Angabe von verdeckten Provisionszahlungen, sog. Kickbacks, gefordert.[727] Dabei handele es sich um Zahlungen von anteiligen Managementgebühren, welche Investmentfonds direkt dem Fondsvermögen entnehmen. Einen anteiligen Betrag dieser unmittelbar die Rendite des Versicherungsnehmers schmälernden Entnahme zahlt die Kapitalanlagegesellschaft oftmals an den Versicherer zurück. Dieser gibt den Betrag entweder an die Vermittler weiter, an die Versicherungsnehmer zurück oder streicht die Zahlung als eigenen Gewinn ein. Im Bankrecht hat die Rechtsprechung die Offenlegung von derartigen verdeckten Provisionen für geboten erachtet.[728]

Aufgrund der vergleichbaren Situation sei die Angabe auch im Bereich der Lebensversicherung nötig.[729]

3.5.2.3.2.4 Zwischenergebnis/Stellungnahme zur Kostentransparenz

Die Regelungen zur Herbeiführung von Kostentransparenz bei Lebensversicherungsprodukten nach § 2 Abs. 1 Nr .1 und 2 VVG-InfoV weisen zwar in die richtige Richtung. Die Kritik am mangelnden Umfang der Vorgaben ist jedoch nicht von der Hand zu weisen, weshalb weiterhin ein Rückgriff auf das allgemeine Transparenzgebot nach § 307 Abs. 1 S. 2 BGB nötig werden wird.

Die Kostentransparenz ist ein wesentlicher Teil der Produkttransparenz. Soweit Kosten ein relevantes wirtschaftliches Gewicht im Hinblick auf den Vertragsgegenstand erlangen, bedarf es einer Information des Kunden darüber. Denn ohne diese Information ist eine bewusste Entscheidung des Kunden für oder gegen das Produkt nicht möglich.[730] Wird keine umfassende Information gewährt, beinhaltet die gegebene (Teil-)Information beträchtliches Irreführungspotential.[731] Die transparente Kosteninformation zum Verständnis der wirtschaftlichen Belastung darf freilich nur soweit ins Detail gehen, wie dies

726 BGH, Urteil vom 19.12.2006, Az. XI ZR 56/05, VersR 2007, 953, 955; BGH, Beschluss vom 20.01.2009, XI ZR 510/07, VersR 2009, 690.

727 Schwintowski/Ortmann, ebd., S. 732f.

728 Ebd.

729 Schwintowski/Ortmann, ebd.; Dafür hat sich zwischenzeitlich bereits das Landgericht Bochum ausgesprochen, Urteil vom 21.08.2008, Az: 1 O 36/07; gegen die Übertragung der Kick-Back-Rechtsprechung vgl. jedoch OLG Köln, Urteil vom 25.11.2011, Az.: 20 U 126/11, OLG Hamm, Beschluss vom 31.08.2011, 20 U 81/11.

730 Siehe auch oben unter Pkt. 3.5.2.3.1.2.

731 Vgl. z.B. Ortmann, aaO (Fn. 32), § 169 Rn. 68.

nach den Umständen des Einzelfalls (im Hinblick auf Vertragspartner und Produkt) gefordert werden kann.[732]

Der Gesetzgeber beabsichtigt mit der Regelung des § 2 Abs. 2 VVG-InfoV einen absoluten Kostenausweis. Diesem Bestreben ist dem Grunde nach zuzustimmen, da ein konkreter Betrag grundsätzlich auch die größte Klarheit über den Umfang der Kosten mit sich bringt. Insbesondere für die Einzelproblematik der Verrechnung von Abschlusskosten ist dies dienlich. Allerdings wird diese Vorgabe allein, dem komplexen Produkt Lebensversicherung nicht gerecht. Zu beachten gilt der Einwand, dass Kosten der Kapitalanlage bzw. an das Deckungskapital geknüpfte Kosten nur in Prozent angegeben werden können und dadurch nicht unter die Ausweispflicht nach der VVG-InfoV fallen. Berücksichtigt man die Tatsache, dass die Kosten der Kapitalanlage gerade bei langen Vertragslaufzeiten erhebliches Gewicht besitzen[733], so hält auch der Verfasser eine dahingehende Information zur Erreichung von Transparenz für nötig.

Im Übrigen ist nach der hier vertretenen Auffassung eine Information über sämtliche den Leistungsumfang verringernde Kosten und Umstände zu verlangen, soweit diesen ein über die Bagatellgrenze hinausgehendes Gewicht zukommt. Denn ein unvollständiger Kostenausweis ist ebenso wenig zielführend, wie der für Lebensversicherungen untaugliche alleinige Euroausweis von Kosten.

Danach muss beispielsweise neben dem Ausweis von Kapitalanlagekosten auch über die Höhe von Kickback-Zahlungen informiert werden.[734] Auch ist zumindest ein begleitender Hinweis zum Kostenanfall während der Rentenauszahlungsphase nötig.[735] Es bedarf ferner eines weitergehenden Hinweises, dass die Kosten der Kapitalanlage eine vorgegebene nicht garantierte Ablauflaufleistung nochmals mindern.[736]

---

732 Zur Anknüpfung des Transparenzmaßstabes noch unten Pkt. 4.1.1.1.

733 Vgl. Ortmann, aaO (Fn. 462), S. 260.

734 Hier darf kein Missverständnis entstehen. Die obige Rechtsprechung (vgl. Fn. 729), welche die Übertragung der Kickback-Rechtsprechung verneint, da ein Vergleich mit der Anlageberatung mangels ähnlicher Interessen für den Lebensversicherungsabschluss nicht in Betracht käme, knüpft an den Interessenkonflikt im Rahmen der Beratung an. Die Bezugnahme auf die Kickback-Rechtsprechung ist insoweit ungenau. Vorliegend geht es nicht um Interessenkonflikte bei der Beratung, sondern um die Kostentransparenz. In diesem Rahmen müssen kostenrelevante Provisionszahlungen – Kickbacks - ausgewiesen sein.

735 Gleiches kommt für Kosten bei der Einmalbeitragsversicherung in Betracht. Vgl. dazu Baroch Castellvi, ebd., S. 5 f.

736 Vgl. Ortmann, ebd., S. 261, womit auch der Zusammenhang etwaiger Treuegutschriften aufgedeckt wird. Diese Hinweise vermindern somit begleitend

Werden dem Versicherungskunden diese Informationen zur Verfügung gestellt, so ist nach hiesiger Auffassung eine den Umständen entsprechende Kostentransparenz erreicht, denn der Kunde wird umfassend und in hinreichendem Maße auf etwaige Beitragsbelastungen hingewiesen. Er wird für die komplexen Zusammenhänge sensibilisiert und kann gegebenenfalls weitergehende Beratungsnachfragen stellen[737].

Es liegt in der Natur des Produktes Lebensversicherung, dass für eine transparente Unterrichtung nicht jeder Kostenbetrag bis ins letzte Detail konkret angegeben werden kann und muss.[738] So steht im Hinblick auf die laufenden Verwaltungskosten die Angabe nur der kalkulierten Kosten dem Transparenzerfordernis nicht entgegen. Zwar erhält der Versicherungsnehmer keine Kenntnis von steigenden oder fallenden tatsächlichen Verwaltungskosten. Der Transparenz ist aber bereits hinreichend genüge getan, da dem Versicherungsnehmer der kalkulierte Kostenbetrag bekannt ist und ein Abweichen von diesem zu Lasten des Versicherungsnehmers nicht ohne weiteres möglich wäre.[739]

Der Ansicht, die eine objektive Vergleichbarkeit der Lebensversicherungsprodukte anhand der auszuweisenden Kosten verlangt[740], kann aber aus hiesiger Sicht nicht umfassend gefolgt werden. Insoweit erscheint auch die generelle Angabe der Effektivrendite nicht zwingend geboten. Ziel der Kosteninformation muss es sein, den Versicherungskunden für das (ungefähre) Ausmaß der Belastung zu sensibilisieren und keine täuschungsbedingten Fehlvorstellungen über die Attraktivität des Produktes hervorzurufen.

Gegen den Ausweis einer Kennzahl für die Gesamtkostenbelastung[741] im Rahmen der notwendigen Informationen spricht, dass auch diese Kennzahlen Irreführungspotential in sich bergen. Risikokosten erfasst die Berechnung der Effektivrendite nicht. Zudem bedarf es für eine hinreichende Vergleichbarkeit eines ähnlichen Anlagekonzeptes der Produkte.[742] Schließlich kommt der Angabe der

---

das Täuschungspotential. Vgl. hierzu auch die damit einhergehende Problematik der Modellrechnung unter Pkt. 3.5.2.3.3.1.

737 Zum Zusammenspiel von Information und Beratung siehe auch unten unter Pkt. 3.5.2.3.4.

738 Stichwort: Zinseszinseffekt.

739 Eine Preisanpassung muss im Ergebnis freilich unter bestimmten Voraussetzungen möglich bleiben. Vgl. hierzu näher Ortmann, ebd., S. 259.

740 Vgl. oben unter Pkt. 3.5.2.3.2.3.

741 Die geäußerte Kritik am Renditeeffekt kann überdies nur bekräftigt werden.

742 Vgl. Schwintowski/Ortmann, ebd., S. 729. Die Angabe der Gesamtkostenkennzahl beflügelt natürlich den in dieser Bearbeitung nicht weiter nachgegangen Gedanken

Effektivkosten nur dann eine Aussagekraft zu, wenn der Vertrag auch tatsächlich bis zum Ende fortgeführt wird. Um eine Irreführung zu verhindern, ist die jetzt mit dem LVRG normierte Angabeverpflichtung durch vorbenannte Erwägungen informatorisch im Sinne des Transparenzgebotes zu ergänzen, denn andernfalls kann ein Versicherungsnehmer die Vergleichszahl nicht in gebotener Weise einordnen.

Gegen das Begehren nach objektiver Vergleichbarkeit der Lebensversicherungsprodukte anhand der Kosten muss schließlich ins Feld geführt werden, dass die Kostentransparenz stets nur ein Teil der Produkttransparenz ist. Lebensversicherungsprodukte sind vielgestaltig. Die Produktvielfalt und -gestaltungsfreiheit ist gerade bezweckt. Eine Konzentration des Produktvergleichs allein auf die Kosten wird dem jedoch nicht gerecht.[743]

Im Ergebnis bleibt festzuhalten, dass die Regelungen über die Kosteninformationen nach der VVG-InfoV einer Ergänzung bedürfen, um überhaupt dem Vollständigkeitsgebot im Rahmen der Transparenz gerecht zu werden. Insoweit muss jedoch noch eine europarechtliche Würdigung vorbehalten bleiben.

Wie bereits in § 2 Abs. 2 VVG-InfoV eingeführt, wäre auch für die weiteren Angaben eine einheitlich Methode der Darstellung zu wählen. Die Kosteninformationen müssen einerseits, können aber andererseits auch nur einen Richtwert für den Kunden im Hinblick auf das gesamte Lebensversicherungsprodukt bilden.

Demzufolge wird sich die Bearbeitung nun mit der weiterführenden Produkttransparenz befassen.

3.5.2.3.3. *Weiterführende Produkttransparenz*

Zunächst ist ein Blick auf die speziell im VVG geregelten Vorgaben nach §§ 154, 155 VVG[744] und im Anschluss daran auf die Regelungen der VVG-InfoV zu werfen.

---

des Wechselwettbewerbs während des Vertragslaufes. Unabhängig von diesem Gesichtspunkt ist die Kenntnis der Gesamtkostenkennzahl bei einer Vielzahl von anlageorientierten Produkten begrüßenswert, soweit ein Hinweis auf die nicht berücksichtigten Risikoanteile erfolgt. Gegen eine dahingehende Unterrichtung im Beratungsgespräch oder im Rahmen von Informationsbeispielen in Zeitschriften bestehen dann keine Einwände.

743 In diese Richtung argumentierte bereits die VVG-Kommission, vgl. Zwischenbericht, Pkt. 15.5.3.3., S. 115 f., die eine weitergehende Kostenangabe im Ergebnis nicht für sachdienlich hielt.

744 Diese Regelungen gehören zur Darstellung der Überschussbeteiligung, welche natürlich auch Gegensand der Informationsvorgaben der VVG-InfoV ist.

3.5.2.3.3.1. Modellrechnung - § 154 VVG

Der Gesetzgeber[745] erkennt ein erhebliches Interesse des Versicherungsnehmers darin zu erfahren, welche Leistungen der Versicherer über die garantierten Werte hinaus erbringen könnte. Gleichfalls bestehe ein Interesse des Versicherers an der Bezifferung etwaiger Werte, um das eigene Produkt gegenüber Angeboten anderer Versicherungsunternehmen sowie anderen Finanzdienstleistungsanbietern vergleichend hervorzuheben. Eine auch bisher schon weit verbreitete Praxis solcher Angaben sei ohne gesetzliche Regelung stark missbrauchsanfällig. Um einem Missbrauch entgegenzusteuern, müsse eine normierte Modellrechnung übermittelt werden, sobald der Versicherer bezifferte Angaben über Entwicklungen der Überschussbeteiligung trifft. Hierfür bedürfe es einer Berechnung der Ablaufleistung mit drei verschiedenen einheitlich vorgegebenen Zinssätzen. Trotz der Gefahr der Fehlinformation könne ein Versicherer jedoch zusätzliche unternehmensindividuelle Beispielsrechnungen und Prognoseangaben anführen.[746]

Da die Vorgabe einer Modellrechnung nur bei einer Überschussbeteiligung von erheblichem Gewicht relevant sei, schließt Absatz 1 Satz 2 die Fälle der bloßen Risikoversicherungen sowie fondsgebundene Versicherungen i.S.v. § 54 b Abs. 1 und 2 VAG aus.

Absatz 2 diene dem Schutz vor Missverständnissen der Versicherungsnehmer und verlangt daher einen klaren und verständlichen Hinweis, dass es sich nur um ein unverbindliches Rechenmodell handele.

Trotz dieser Hinweispflicht sehen Literaturstimmen die gesetzgeberische Lösung kritisch, da Missbrauchsgefahren fortbestünden.[747]

---

745 BT-Drcks. 16/3945 S. 97.

746 Die VVG-Kommission hielt in ihrem Zwischenbericht eine Beispielsrechnung mit früheren Anlageergebnissen oder voraussichtlichen Ergebnissen wegen der Missbrauchsanfälligkeit für unvertretbar und wollte derartige Beispiele untersagen, Zwischenbericht, S. 110, Pkt. 15.5.2.2. Dagegen erachtete man eine Rechnung mit vorgegebenen Zinssätzen nach englischem Vorbild für förderlich, wenn nicht gar für die einzig geeignete Information und Entscheidungsgrundlage des Versicherungsnehmers, ebd., Pkt. 15.5.2.3. Im Abschlussbericht sah dann die Kommission zwar immer noch die Missbrauchsgefahr der zusätzlichen Rechenbeispiele, wertete aber ein Verbot unternehmensindividueller weiterer Beispielsrechnungen für unzulässig. Durch die vorgegebene Modellrechnung werde dem Versicherungsnehmer wenigstens eine vertretbare Rechnung an die Hand gegeben, Abschlussbericht S. 121 f. Vgl. hierzu auch Römer, aaO (Fn. 45), S. 2524; Brömmelmeyer, aaO (Fn. 52), S. 941 ff.

747 Vgl. z.B. Römer, ebd.

Darüber hinaus erkennt *Ortmann*[748] Defizite bei der transparenten Darstellung der normierten Modellrechnung. Es fehle an der notwendigen Einbeziehung sämtlicher Kosten, insbesondere der Kosten für die Kapitalanlage, da diese die Vertragsrendite erheblich reduzieren können. Der Gesetzgeber hätte anstatt der Modellrechnung eine Offenlegungspflicht sämtlicher Kosten gesetzlich vorschreiben sollen.

Dem tritt *Brömmelmeyer*[749] entgegen. Der für die Modellrechnung in der VVG-InfoV vorgegebene Rechnungszins dürfe sich nämlich immer nur auf die tatsächlich für die Kapitalanlage bereitstehenden Beträge beziehen. Andernfalls sei sowohl ein Missstand nach § 81 Abs. 2 Satz 2 VAG als auch ein Wettbewerbsverstoß wegen Irreführung gegeben.

Es ist den kritischen Stimmen zuzugeben, dass eine Modellrechnung[750] stets Missbrauchsgefahren birgt. Andererseits sensibilisiert die normierte Modellrechnung den Versicherungsnehmer für die Ungewissheit des vertragswesentlichen Umstandes der zukünftigen Überschussbeteiligung. Soweit ein transparenter und unmissverständlicher Hinweis auf die Unverbindlichkeit der angegebenen Werte erfolgt, kann der gesetzgeberischen Lösung dem Grunde nach beigepflichtet werden. Dem Versicherer wäre es unter dem Gesichtspunkt des Marketings zu ermöglichen, auch auf frühere Renditeerfolge zu verweisen. An derartigen Informationen hätte auch ein potentieller Kunde Interesse, da dies ein Qualitätsmoment im Sinne erfolgreicher früherer Arbeit darstellt. Entscheidende Grenze würde dann im Einzelfall die Ausgestaltung des konkreten Hinweises und der Umfang etwaiger zusätzlicher Rechenbeispiele sein. Die Zulässigkeit zusätzlicher Rechenbeispiele bedarf aber zunächst noch einer europarechtlichen Würdigung.

Die Kritik *Ortmanns* setzt einen Schritt vor der Modellrechnung, nämlich an der transparenten Darstellung der Überschussbeteiligung überhaupt an.[751]

3.5.2.3.3.2. Jährliche Unterrichtung

Mit der Pflicht zur jährlichen Unterrichtung über die Entwicklung der Ansprüche und der Abweichung dieser von den anfänglich getroffen Angaben

748 Ortmann, ebd., § 154 Rn. 10.

749 Brömmelmeyer, aaO (Fn. 7), § 42 Rn. 303.

750 Zu der lang anhaltenden Diskussion über das Für und Wider von Beispielsrechnung vgl. bereits für die Rechtslage vor der Deregulierung Stöffler, Markttransparenz in der Lebensversicherung, S. 186 ff.

751 Nach der hier vertretenen Auffassung ist ein Hinweis auf die Belastung mit Kapitalanlagekosten unumgänglich. Vgl. dazu die Ausführung zur Kostentransparenz unter Pkt. 3.5.2.3.2.4. sowie unten unter Pkt. 3.5.2.3.4.

bei überschussberechtigten Verträgen will der Gesetzgeber[752] die bisherige auf Verbraucherverträge beschränkte Informationspflicht nach Anlage D Abschnitt II Nr. 3 zu § 10 a VAG im Interesse der Versicherungsnehmer erweitern und präzisieren. Der Mindestinhalt der zu gewährenden Information soll in der VVG-InfoV festgelegt werden.[753] Die aufsichtsrechtliche Verpflichtung führte zu vielgestaltigen, teils unverständlichen und auch nur schwer vergleichbaren Informationsschreiben. Dies entspreche nicht dem Interesse des Versicherungsnehmers über die Entwicklung seiner Ansprüche fortwährend Klarheit zu erlangen.

Die Unterrichtung über abweichende Entwicklungen von den anfänglich zusätzlich neben der Modellrechnung gemachten Angaben erfordere aber nicht die Abgabe einer neuen Modellrechnung.

Die VVG-Kommission erkennt in dieser Regelung eine nicht unerhebliche Kostenbelastung für die Versicherer. Allerdings sei diese Belastung wegen des Informationsinteresses der Versicherungsnehmer hinzunehmen.[754]

Ortmann[755] sieht die jährliche Unterrichtung in Form einer ausführlichen Darstellung in Anbetracht der höchstrichterlichen Rechtsprechung zur Transparenz für verfassungsrechtlich geboten an.

Dem ist zuzustimmen.

3.5.2.3.3.3. § 2 Abs. 1 Nr. 3-8, 3 VVG-InfoV

Mit § 2 Absatz 1 Nr. 3-8 VVG-InfoV werden die Vorgaben der Richtlinie 2002/83/EG umgesetzt, die bereits zuvor in Anlage D Abschnitt I Nr. 2 zu § 10a VAG normiert waren.[756]

Nach § 2 Abs. 1 Nr. 3 VVG-InfoV sind Angaben über die für die Überschussermittlung und Überschussbeteiligung geltenden Berechnungsgrundsätze und Maßstäbe zu machen.

Nr. 4 korrespondiert mit und konkretisiert die in § 169 Absatz 3 Satz 2 VVG geregelte Mitteilungspflicht zur Angabe des Rückkaufswertes. An diesen Angaben habe der Versicherungsnehmer ein berechtigtes Interesse.

Die Regelung des Absatzes 3 konkretisiert die Vorgaben zur Modellrechnung nach § 154 VVG. Der Verordnungsgeber schließt sich dabei dem von der

752 BT-Drcks. 16/3945, S. 97 f.

753 Dazu sogleich unten unter Pkt. 3.5.2.3.3.4.

754 Abschlussbericht der VVG-Kommission, S. 125.

755 Ortmann, ebd., § 155 Rn. 3.

756 VersR 2008, 186, 188.

VVG-Kommission vorgeschlagenen Weg an, da dieser eine sachgerechte und für den „Verbraucher“ nachvollziehbare Darstellung ermöglicht.[757]

3.5.2.3.3.3.1. Informationen zur Überschussermittlung und Überschussbeteiligung - § 2 Abs. 1 Nr. 3 VVG-InfoV

Über den genauen Umfang der Darlegungspflicht der für die Überschussermittlung und Überschussbeteiligung geltenden Berechnungsgrundsätze und Maßstäbe besteht Streit.[758]

Unstreitig gilt es, sowohl eine „Über- als auch eine Unterinformation zu vermeiden“[759]. Zuviel an Information führt zur Unverständlichkeit. Eine zu starke Vereinfachung wird der Komplexität der Überschussbeteiligung nicht gerecht.

Teilweise wird vertreten[760], es genüge dem Transparenzgebot, wenn kurz die handelsrechtlichen Grundsätze sowie die Maßstäbe des § 81c VAG mitgeteilt werden. Wobei auch ein Hinweis auf den ausnahmsweise möglichen Zugriff auf die Rückstellungen für Beitragsrückerstattungen nach § 56a Abs. 3 S. 2 und 3 VAG[761] erfolgen solle. Weiter bedürfe es Angaben zur Überschussbeteiligung, insbesondere auch im Hinblick auf die Beteiligung an den Bewertungsreserven. Dem Versicherungsnehmer müsse unter Angabe von Wartezeiten und Stichtagen vor Augen geführt werden, ob die Überschussbeteiligung durch Direktgutschrift oder Entnahme aus den Rückstellungen für Beitragsrückerstattungen herrührt. Zudem seien Informationen zur laufenden und zur Schlussüberschussbeteiligung sowie zur Schlusszahlung hinsichtlich der Beteiligung an den Bewertungsreserven nötig. Auch solle auf die für den konkreten Vertrag geltenden Bemessungsgrößen und die Art der Überschussverwendung hingewiesen werden. Der Umfang der Angaben könne jedoch nicht so weit gehen, dass der Versicherungsnehmer in die Lage versetzt wird, einen nachprüfbaren Wert festzustellen. Demzufolge sind

---

757 Ebd.; Der Zinssatz soll den möglichst wirklichkeitsnahen Kapitalmarktzins treffen. Vgl. zum Hintergrund der Berechnung den Abschlussbericht der VVG-Kommission S. 122 f.

758 Und zwar seit geraumer Zeit, da die Informationsvorgaben bereits in Anlage D zu § 10a VAG festgeschrieben waren. Einigkeit besteht für den Fall, dass ausdrücklich keine Überschussbeteiligung vereinbart ist. Dann erübrigen sich freilich weitere Informationen. Zum früheren Streitstand vgl. Biagosch/Scherer, VW 1995, 433.

759 Mauntel, aaO (Fn. 7), § 2 Rn. 8; in dieselbe Richtung vgl. z.B. auch Präve, aaO (Fn. 626), S. 153.

760 Vgl. Präve, ebd.; Herrmann, aaO (Fn. 22), § 7 Rn. 24; Mauntel, ebd., § 2 Rn. 8.

761 Seit dem 09.04.2013 in § 56 b VAG geregelt.

weitere Informationen und Ausführungen zu den gesetzlichen Vorschriften und auch zu unternehmerischen Spielräumen nicht notwendig.

Andere[762] fordern weitergehende Informationen, insbesondere einen Hinweis auf unternehmerische Spielräume. Nur so könne der Versicherungsnehmer die im Vergleich zu anderen Finanzprodukten fehlende unmittelbare Beteiligung erkennen.[763]

Unter Berücksichtigung des oben herausgearbeiteten Schutzdefizits im Hinblick auf die Überschussermittlung[764] ist fraglich, ob der Gesetzgeber Angaben zu etwaigen Spielräumen der Versicherer erwartet. Es ist auch zuzugeben, dass die Verarbeitung derartiger Informationen den Versicherungsnehmer gehörig beanspruchen wird.

Andererseits muss sich die Frage der zumutbaren Informationen auch an dem gegenständlichen Produkt und dessen Umfang orientieren. Soweit für das Verständnis etwaiger Entwicklungen und Werte auch unternehmerische Spielräume maßgeblich sind, bedarf es einer dahingehenden Information. Andernfalls läge nur ein unvollständiges Informationsgebilde vor, welches dem Kunden keinen hinreichenden Rückschluss ermöglicht und mithin insgesamt betrachtet nicht verständlich ist. Daher sind hinsichtlich der Überschussermittlung[765] informatorische Hinweise auf rechtlich eröffnete unternehmerische Spielräume geboten.[766] Nur in diesem Fall kann der durchschnittliche Versicherungsnehmer die Überschussermittlung und -beteiligung in groben Zügen aber vollständig nachvollziehen. Einer detaillierten Aufschlüsselung der unternehmerischen Möglichkeiten bedarf es freilich nicht. Dies würde in der Tat zu einer intransparenten Überfrachtung führen.

---

762 Vgl. Brömmelmeyer, aaO (Fn. 26), S. 591; AG Hamburg, JZ, 2002, 460. 461 mit Anmerkung Schünemann, JZ 2002, 462 ff., welcher noch weitergehende Anforderungen sieh.

763 Vgl. Brömmelmeyer, ebd.

764 Vgl. oben unter Pkt. 3.5.2.1.2.3. Stichwort: nur tatsächlicher Vorteil bei der Rohüberschussermittlung.

765 Es sei nochmals angezeigt, dass die Beseitigung des Schutzdefizits allein durch eine kurze Erläuterung von Spielräumen und Aufsicht in den AVB zumindest nach dem Maßstab des derzeitigen deutschen Aufsichtsrechts durchaus angenommen werden kann. Inwiefern dies auch für andere Aufsichtsrechte gilt, muss anderer Bearbeitung überlassen bleiben.

766 In diese Richtung bereits die VVG-Kommission in ihrem Abschlussbericht, S. 120 f.; Hierunter fallen freilich auch die durch das LVRG eingeführten Änderungen, insbesondere die Möglichkeit nach § 56a Abs. 3 und 4 VAG n.F.

Für die umfassende Anzeige von Spielräumen spricht eine Vergleichbarkeit mit dem Hinweis auf § 56 b VAG. Auch dieser führt zu einer Sensibilisierung des Versicherungsnehmers, dass der gutgeschriebene Überschuss gewissen Unbekannten unterliegt.

Im Übrigen ist die Skizzierung anhand der Maßstäbe nach §§ 81 c, 56 a VAG natürlich nur eine Orientierungshilfe. Versicherer anderer EU/EWR-Staaten können vergleichbare Maßstäbe ihres Sitzlandes zugrunde legen.[767] Entscheidend ist die Sensibilisierung des Versicherungsnehmers für das Wesen der Überschussermittlung und Überschussbeteiligung insgesamt sowie für die Entstehung der konkreten vertraglichen Ansprüche hierauf. Nur mit diesen Informationen kann der geneigte Versicherungsnehmer auch eine Beratungsnachfrage formulieren.

3.5.2.3.3.3.2. Informationen zum Rückkaufswert - § 2 Abs. 1 Nr. 4 VVG-InfoV

Nach § 2 Abs. 1 Nr. 4 VVG-InfoV sind dem Versicherungsnehmer Angaben zu den „in Betracht kommenden" (individuellen) Rückkaufswerten des Vertrages zu machen. Allgemeine Angaben zu den Rückkaufswerten reichen daher nicht aus.[768] Für die Angabe der individuellen Werte bietet sich die Tabellenform an.[769] Dabei muss eine „repräsentative Auswahl" an Werten über die gesamte Vertragslaufzeit mitgeteilt werden.[770] Zwar deutet die Verordnungsbegründung[771] auf eine unterjährige bzw. mindestens jährliche Ausweisung der Werte hin. Die Literatur interpretiert die gesetzliche Regelung aber zu recht flexibler, weshalb bspw. in den ersten fünf bis zehn Jahren jährliche Angaben erforderlich wären, im späteren Vertragslauf aber auch größere Abstände möglich seien.[772] Entscheidend ist nämlich, dass der Versicherungsnehmer den Verlauf der Rückkaufswertentwicklung nachvollziehen kann. Einer jährlichen Angabe bedarf es insoweit nicht.[773] Allerdings ist die Angabe von sieben Werten bei einer Vertragslaufzeit von 30 Jahren nicht ausreichend.[774]

---

767 Soweit diese vorhanden sind.

768 Vgl. z.B. Herrmann, ebd., § 7 Rn. 25.

769 Vgl. z.B. Präve, ebd., S. 154.

770 So die Begründung zur VVG-InfoV, VersR 2008, 186, 188.

771 Ebd; Die Gesetzesbegründung zu § 169 Abs. 3 S. 2 VVG spricht explizit von einer jährlichen Angabe, BT-Drcks. 16/3945 S. 103.

772 Präve, ebd., S. 154; Herrmann, ebd., § 7 Rn. 25; Maunel, ebd., § 2 Rn. 9, die jeweils auch die Geschehnisse des Gesetzgebungsverfahrens als Argument heranziehen.

773 Herrmann, ebd.

774 BGH VersR 2001, 839, 841.

Für den Versicherungsnehmer notwendig und vom Gesetz- und Verordnungsgeber nach § 169 Abs. 3 S. 2 VVG i.V.m. § 2 Abs. 1 Nr. 6 VVG-InfoV aufgegriffen, ist die Angabe, in welcher Höhe die Rückkaufswerte garantiert sind.

An dieser Stelle muss die bereits aufgeworfene Problematik des gesetzlichen Mindestrückkaufswertes für Frühstornofälle noch einmal angesprochen werden.[775] Nach der Intention des Gesetzgebers bedarf es der Angabe des garantierten gesetzlichen Mindestrückkaufswertes bis zu dem Zeitpunkt, in welchem ein vertraglich garantierter Rückkaufswert den gesetzlichen Mindestrückkaufswert übersteigt. Nach der hier vertretenen Auffassung, dass ein solcher Mindestrückkaufswert nur bei Vereinbarung einer intransparenten Verrechnungsklausel beansprucht werden kann, müsste vorsorglich und der Vollständigkeit halber, neben den vertraglich garantierten Rückkaufswerten, ein ausdrücklicher weitergehender Hinweis auf den konkreten gesetzlichen Mindestrückkaufswert erfolgen, für den Fall, dass die Klauselvereinbarung aus irgend einem Grunde unwirksam wäre. Insoweit erscheint eine Art „Hilfstabelle" bis zur Klärung dieser Rechtsfrage durch die Obergerichte und auch darüber hinaus angebracht.[776]

Strittig ist, ob weitergehende Erläuterungen zur Berechnung der Rückkaufswerte erforderlich sind.[777]

---

775 S.o. unter Pkt. 3.5.2.2.3.3.2.

776 Eine solche Tabelle bietet natürlich Platz für Verwirrung. Jedoch ist ein anderer Weg, die gesetzlichen Vorgaben sowie die vertraglichen Freiheiten einzuhalten, nicht ersichtlich. Werden lediglich die vertraglich garantierten Rückkaufswerte angeführt, so verletzt der Versicherer seine Informationspflichten, da im Falle der unwirksamen Vereinbarung der Abschlusskostenverrechnung dem Versicherungsnehmer sein gesetzlich garantierter Mindestrückkaufswert nicht zur Kenntnis dient. Führt der Versicherer nur den gesetzlichen Mindestrückkaufswert an, fehlt es bereits an einer hinreichend transparenten Vereinbarung für einen anderen Rückkaufswert.

777 Teilweise wird auch ein Hinweis auf den Zweitmarkt für Lebensversicherungen als Alternative zur Kündigung gefordert. Dies ist jedoch zurückzuweisen. Eine gesetzgeberische Intention hierzu ist nicht ersichtlich. Eine solche Information dient auch nicht dem Sinn und Zweck der Informationen zum Rückkaufswert. Ein Zweitmarkt stellt lediglich vage Verkaufsmöglichkeiten in Aussicht, hilft aber nicht bei der Entscheidung über das passende Versicherungsprodukt für den Einzelnen weiter. Im Vergleich zur verbrauchbaren Ware Auto hat die Möglichkeit der Weiterveräußerung eines Versicherungsvertrages zum Zeitpunkt des Vertragsabschlusses keinerlei Relevanz. In die gleiche Richtung, Präve, ebd., S. 154.

Eine Ansicht lehnt dies ab.[778] Hierfür spreche der Wortlaut der Regelung. Während bei der Überschussermittlung/-beteiligung ausdrücklich auf die „Berechnungsgrundsätze und Maßstäbe“ hingewiesen werden muss, sollen bei den Rückkaufswerten lediglich die „in Betracht kommenden“ Werte angegeben werden.

Eine andere Ansicht[779] verlangt im Sinne eines effektiven Rechtsschutzes, dass der Versicherungsnehmer auch die Berechnung der Rückkaufswerte überprüfen können muss. Der Versicherer müsse seine Rechnungsgrundlagen soweit preisgeben, dass eine richterliche Kontrolle über die Höhe der gezahlten Rückkaufswerte möglich sei.[780] Das Interesse der Versicherer, ihre Kalkulation nicht gegenüber Dritten offenbaren zu müssen, trete hinter dem Interesse des Versicherungsnehmers an einer neutralen Überprüfungsmöglichkeit der ermittelten Rückkaufswerte zurück.[781]

Der ersten Ansicht ist zuzugeben, dass der Verordnungswortlaut und auch die Gesetzesmaterialien darauf hindeuten, dass sich eine transparente Darstellung der Rückkaufswerte allein anhand der aufgezeigten Tabellenwerte ergeben soll. Hierfür spricht insbesondere der Verweis in der Gesetzesbegründung zur Vergleichbarkeit der Verwendung von anderen Bezugswerten i.S.v. § 169 Abs. 3 S. 3 VVG. Danach sei den Interessen des Versicherungsnehmers trotz abweichender Berechnung bereits deshalb Rechnung getragen, weil ihm bei Vertragsschluss die Höhe der Rückkaufswerte für jedes Vertragsjahr im Voraus mitzuteilen ist.[782] Hinzu tritt das systematische Argument, dass im Gegensatz zur Überschussermittlung und -beteiligung eine Angabe zu den Berechnungsgrundsätzen bei Rückkaufswerten keine Erwähnung findet.

Andererseits will der Gesetzgeber mit dem Abstellen auf das Deckungskapital in § 169 Abs. 3 S. 1 VVG auch den Transparenzanforderungen für die Berechnung der Rückkaufwerte nachkommen. Allein die Nennung von absoluten

---

778 Präve, ebd.; Herrmann, ebd., § 7 Rn. 25; zur alten Rechtslage OLG Nürnberg, VersR 2005, 1375, 1377; in die gleiche Richtung Engeländer, aaO (Fn. 46), S. 1302, der die Vereinbarung einer Rückkaufswerttabelle für ausreichend erachtet.

779 Brömmelmeyer, aaO (Fn. 7), § 42 Rn. 171, S. 2580.

780 Ebd.

781 Ebd., unter Verweis auf die frühere Rechtsprechung. Danach wurde ein Auskunftsanspruch des Versicherungsnehmers nach den Berechnungsgrundlagen für den Rückkaufswert wegen des Geheimhaltungsinteresses des Versicherers an den mathematischen Grundlagen abgelehnt, vgl. OLG Köln, Urteil vom 05.02.2010, Az.: 20 U 80/08; OLG München, Urteil vom 17.02.2009, Az.: 25 U 3975/08, VersR 2009, 770. Die Rechtsprechung sei jedoch nach der Deregulierung und nach den Vorgaben des Bundesverfassungsgerichtes zu den Kontrolldefiziten nicht mehr fortzusetzen.

782 Vgl. BT-Drcks. 16/3945, S. 103.

Zahlen lasse nämlich keinen Rückschluss auf die Berechnung zu.[783] Zu Recht führt *Engeländer*[784] dabei an, dass nicht die Bezugnahme auf das Deckungskapital, sondern die Frage nach den Rechnungsgrundlagen und die nunmehrige gesetzgeberische Lösung der Anknüpfung an die Beitragskalkulation entscheidend sei. Die Rechnungsgrundlagen der Beitragskalkulation würden jedenfalls gegenüber der alten Rechtslage die „größere Klarheit"[785] begründen.

Nach Auffassung des Verfassers reicht für die transparente Darstellung des Rückkaufswertes neben der Angabe der einzelnen Werte die Information auf die gesetzliche Berechnungsvorgabe nach § 169 Abs. 3 S. 1 VVG[786], eine kurze Erläuterung des Begriffes Deckungskapital[787] sowie ein Hinweis, dass die mathematische Kalkulation dem Geschäftsgeheimnis unterliege, aus.[788] Weitergehende Ausführungen zu den Rechnungsgrundlagen der Beitragskalkulation[789] sind aus Gründen der Transparenz nicht angezeigt, da diese vom durchschnittlichen Versicherungsnehmer aufgrund der Menge und Komplexität von dann nötigen mathematischen Informationen schlicht nicht nachvollzogen werden können.[790]

Die aufgezeigte Problematik des Kontrolldefizits stellt insoweit nicht nur eine Frage der Transparenz dar. Vielmehr ist zu untersuchen, ob der Gesetzgeber mit den neuen Regelungen zur Berechnung den gebotenen Schutzvorkehrungen zu Gunsten des Versicherungsnehmers gerecht wird. Als eine Art Mindestschutz kann die Benennung und gleichzeitige Vereinbarung von garantierten Rückkaufswerten gesehen werden. Unabhängig von etwaigen Kalkulationen besitzt der Versicherungsnehmer danach bei Vertragsschluss Sicherheit dahingehend, dass ihm ein bestimmter Rückkaufswert nach einer bestimmten Vertragslaufzeit zusteht.

Soweit der Versicherer aber über die garantierten Werte hinaus Rückkaufswerte darstellt[791], besteht wegen deren Unverbindlichkeit keine dahingehende

783 BT-Drcks. 16/3945, S. 102; vgl. bereits oben unter Pkt. 3.5.2.2.3.1.

784 Engeländer, ebd., S. 1302 (dort Fußnote 38).

785 BT-Drcks., ebd., S. 130 f.

786 Bei fondsgebundenen Versicherungen bedarf es freilich eines entsprechenden Verweises auf den Zeitwert der Versicherung nach § 169 Abs. 4 VVG.

787 Zur Begrifflichkeit bereits oben unter Pkt. 3.5.2.2.3.3.1.

788 Insoweit kann auch einer Hinweispflicht für EU/EWR-Versicherer auf einen abweichenden Bezugswert beigepflichtet werden. Vgl. Brömmelmeyer, ebd., § 42 Rn. 172.

789 Zum Begriff der Rechnungsgrundlagen der Beitragskalkulation und den darunter fallenden möglichen mathematischen Verfahren vgl. z.B. Engeländer, ebd., S. 1302 f.

790 Vgl. ebenso Engeländer, ebd., S. 1303.

791 Diese Möglichkeit wird nach dem klaren Wortlaut des § 169 Abs. 3 S. 2 VVG - „Der Rückkaufswert und das Ausmaß, in dem er garantiert ist,..." – als zulässig anzusehen sein.

Sicherheit. Weicht der über dem garantierten Wert liegende ausgezahlte Betrag vom dargestellten möglichen Wert ab, fehlt es dem Versicherungsnehmer ohne Kenntnis über die Berechnungsgrundlage an einer Überprüfungsmöglichkeit. Das Schutzinteresse des ausscheidenden Versicherungsnehmers an einer nachvollziehbaren Ermittlung kollidiert aber mit dem Geheimhaltungsinteresse des Versicherers, der seine Kalkulationsgrundlagen im Sinne des Wettbewerbs nicht offen legen möchte.[792]

Nach Ansicht des Verfassers muss im Rahmen der gebotenen Interessenabwägung dem Geheimhaltungsinteresse des Versicherers Vorrang eingeräumt werden. Die Interessen des ausscheidenden Versicherungsnehmers stehen nämlich nicht an oberster Stelle.[793] Die Offenlegung der mathematischen Kalkulation wirkt einem effektiven Wettbewerb zwischen den Versicherern entgegen. Dies widerspricht auch dem Interesse der Versichertengemeinschaft. Zudem ist es problematisch, eine Vereinbarung über mathematische Grundlagen zu verlangen, die der durchschnittliche Versicherungsnehmer nicht nachvollziehen kann. Das noch vorhandene Kontrolldefizit muss daher als produktimmanent hingenommen werden.[794]

3.5.2.3.3.4. Informationspflichten während der Laufzeit des Vertrages - § 6 VVG-InfoV

Die während der Vertragslaufzeit auferlegten Informationspflichten sind durch Anhang III Abschnitt B der Richtlinie 2002/83/EG[795] vorgegeben und waren bislang in Anlage D Abschnitt II zu § 10 a VAG geregelt.[796]

---

792 Vgl. Engeländer, ebd., S. 1303; vgl.auch nochmals die bisherige Rechtsprechung zum dahingehenden Auskunftsanspruch, OLG Köln, OLG München, ebd.

793 Vgl. oben Pkt. 3.4.2.2.

794 Auf vertragsrechtlicher Ebene erscheint – wenn überhaupt - eine Art zivilrechtliche Plausibilitätskontrolle möglich. Indem der Versicherer jährlich über die konkrete Entwicklung des möglichen Rückkaufwertes unterrichtet, könnte anhand eines Vergleiches mit den bei Vertragsschluss angegebenen Werten und einer Begründung des Versicherers für etwaige Abweichungen ein Schluss auf die Plausibilität des tatsächlich ausgezahlten Wertes gezogen werden. Ein derartiger Schluss allein anhand der Werte würde zumindest eine willkürliche Bestimmung einer vertragsrechtlichen Kontrolle unterziehen. Inwieweit dies mathematisch praktikabel ist, muss allerdings offen gelassen werden. Eine solche Ableitungsmöglichkeit besteht aber wohl, vgl. Engeländer, ebd., S. 1303 a.E.

795 Die Richtlinie 2009/138/EG führt die Verpflichtung in Art. 185 Abs. 5 an.

796 Verordnungsbegründung, VersR 2008, 186, 191.

§ 6 Absatz 1 Nr. 2 VVG-InfoV wird leicht erweitert, da Vorgaben der Fernabsatzrichtlinie mit berücksichtigt wurden. Aus Gründen der Vereinheitlichung erscheine dies angemessen.[797]

Mit § 6 Absatz 1 Nr. 3 VVG-InfoV werden für Verträge mit Überschussbeteiligung die Vorgaben der Anlage D Abschnitt II Nr. 3 zu § 10 a VAG inhaltlich übernommen. Darüber hinausgehend bedarf es nunmehr noch der Angabe, inwieweit Überschüsse garantiert sind.[798]

3.5.2.3.3.5. Produktinformationsblatt für Verbraucher - § 4 VVG-InfoV

Mit dem sog. Produktinformationsblatt nach § 4 VVG-InfoV bezweckt der Verordnungsgeber, für jeden Versicherungsnehmer, soweit dieser ein Verbraucher ist, einen knappen und verständlichen Überblick über die wesentlichen Merkmale des Vertrages zu schaffen. Das Produktinformationsblatt soll als erste Orientierungshilfe dienen und ist keineswegs abschließend.[799] Es sind nach § 4 Abs. 5 Satz 4 Bezugnahmen auf die jeweilige Vertragsvereinbarung vorzusehen, was dem interessierten Versicherungskunden die Möglichkeit eröffne, schnell in eine vertiefte Befassung mit den entsprechenden Vorschriften der Bedingungswerke zu gelangen.

Der Verordnungsgeber legt fest, dass eine Information zu erteilen ist (Abs. 1), welche Information enthalten sein muss (Abs. 2-4) und welche Mindestanforderungen bei der Informationserteilung einzuhalten sind (Abs. 5). Eine konkrete Formulierung soll aufgrund der Produktvielfalt nicht vorgegeben sein.[800]

Zu den Mindestanforderungen gehört neben der Bezugnahmepflicht, dass das Produktinformationsblatt als solches bezeichnet, von den Allgemeinen Versicherungsbedingungen und übrigen Vertragsinformationen ersichtlich abgegrenzt und diesen vorangestellt werden soll. Zudem ist die Reihenfolge der zu erteilenden Informationen nach Abs. 2 einzuhalten.[801]

Es soll an dieser Stelle nicht auf Detailfragen dieser versicherungsvertragsrechtlichen Neuheit eingegangen werden.[802] Der Zweck des Produktinformationsblattes, dem Kunden die nötigen aber auch umfangreichen

797 Ebd.

798 Ebd.

799 Begründung, VersR 2008, 186, 190.

800 Ebd.

801 Ebd., S. 191.

802 Vgl. hierzu nur die ersten Erfahrungs- und Diskussionsberichte von Römer, VersWissStud 2009, Bd. 35, S. 197 ff.; Schwintowski, VersWissStud 2009, Bd. 35, S. 224 ff.; zu den Kostenangaben z.B. auch Baroch Castellvi, aaO (Fn. 81), S. 2 ff.

Informationen speziell zur Lebensversicherung in den wesentlichen Punkten vorgeschaltet und wegweisend näher zu bringen, ist in jedem Falle begrüßenswert. Eine AVB-Ersatzfunktion geht damit freilich nicht einher.[803] Vielmehr bietet das Produktinformationsblatt auch eine Hilfestellung für den Versicherer, die Transparenzanforderungen zu erfüllen.[804] Dies vor allem unter dem Gesichtspunkt, dass eine Beratung unter Zuhilfenahme des Produktinformationsblattes den Einstieg in und die Arbeit mit den AVB wesentlich erleichtert. Bespricht der Vermittler das Versicherungsprodukt mit dem Kunden anhand des Produktinformationsblattes, wird aufgrund der Bezugnahmepflicht des § 4 Abs. 5 S. 4 VVG-InfoV zwangsläufig auch ein Blick in die AVB erfolgen. Hierdurch verliert der Versicherungsnehmer die Scheu vor dem Bedingungswerk und erhält die notwendige Produktsensibilisierung.[805]

Das Produktinformationsblatt als eine Art Einstiegshilfe birgt natürlich erhebliche Gefahren, da zu viele, zu umfangreiche oder zu wenig Informationen irreführend und damit dem Verständnis des Versicherungskunden für das Produkt abträglich sein können. Gerade im Hinblick auf den Kostenhinweis wird auf obige Ausführungen hingewiesen.[806] Die aufgezeigten Defizite sind auch im Rahmen des Produktinformationsblattes zu berücksichtigen. Aufgrund dieses Gefahrenpotentials sind auch strenge Anforderungen im Hinblick auf das Knappheitsgebot unumgänglich.[807]

Auch die Vorgabe des Produktinformationsblattes bedarf in der Folge noch einer europarechtlichen Würdigung.

3.5.2.3.4. Zwischenergebnis zur Transparenz durch Beratung und Information

Im Ergebnis bleibt festzuhalten, dass die neuen Regelungen zur Information und Beratung des Versicherungsnehmers im Vergleich zur alten Rechtslage den Erfordernissen einer transparenten Darstellung der Lebensversicherungsprodukte zuträglich sind. Allerdings besteht an mehreren Stellen, wie aufgezeigt, weiterer Handlungsbedarf. Die Gefahr einer unvollständigen Information beruht in dem darin liegenden Irreführungspotential.[808] Es gilt, den potentiellen Versiche-

803 Vgl. Römer, ebd., S. 200.

804 Ebd.

805 Schwintowski, ebd., S. 225 f., der von AVB-basierter Beratung spricht.

806 Siehe oben unter Pkt. 3.5.2.3.2.4.

807 Vgl. daher das Anwendungsbeispiel zum Produktinformationsblatt bei Schwintowski, ebd., S. 227 ff. Der dort aufgezeigten kurzen Darstellung wird beigepflichtet.

808 Stichwort: Täuschungsverbot als ein Bestandteil des Transparenzgebotes.

rungsnehmer für die wesentlichen Punkte des Lebensversicherungsvertrages zu sensibilisieren. Dabei ist es für die Transparenz nicht notwendig und im Übrigen auch nicht möglich, die Funktionsweise des konkreten Lebensversicherungsproduktes bis ins letzte Detail darzustellen. Soweit *Römer*[809] die Lebensversicherungsprodukte als „relativ intransparent" bezeichnet, hat dies keineswegs zur Folge, dass ein Lebensversicherungsprodukt nicht transparent im Sinne des Transparenzgebotes dargestellt werden kann. Das für den Versicherungsnehmer nicht bis ins letzte Detail nachvollziehbare Produkt besitzt vielmehr ein (zivilrechtliches) produktimmanentes Schutz- und Kontrolldefizit, auf welches der potentielle Versicherungsnehmer aber vor Abschluss seines Vertrages nach hiesiger Auffassung hingewiesen werden muss.[810] Im Einzelnen:

Ein wesentlicher Punkt der Produkttransparenz von Lebensversicherungen ist die transparente Darstellung der anfallenden Kosten. Der Gesetz-/Verordnungsgeber versucht, eine bessere Vergleichbarkeit der Kosten durch einen Euroausweis zu erreichen. Dies kann jedoch nur eine punktuelle Vergleichbarkeit herbeiführen. Für produktwesentliche Kostenangaben, insbesondere die Kosten der Kapitalanlage, besteht die Möglichkeit des Euroausweises nicht. Eine Vergleichbarkeit mit anderen Finanzprodukten allein anhand etwaiger Eurowerte geht daher fehl. In diesem Zusammenhang sei auch nochmals die Vergleichbarkeit von Finanzprodukten anhand von Renditen aufgegriffen. Lebensversicherungen, speziell auch kapitalbildende Lebensversicherungen, sind ihrem Charakter nach keine reinen Kapitalanlagen. Sie bedingen stets einen Risikoschutz. Daraus folgt aber auch ein zwangsläufiger Unterschied zu anderen Finanzprodukten, welcher eine Vergleichbarkeit allein anhand des Kostenanfalls verbietet.

Die Frage nach einem Wettbewerb um die beste Rendite und die günstigste Vertragsbetreuung läuft zudem auf einen möglichen Wechsel des Versicherers während der Vertragslaufzeit hinaus.[811] Ob dies mit der versicherungsmathema-

---

809 Römer, aaO (Fn. 45), S. 2523.

810 Der Ansicht Engeländers, aaO (Fn. 39), S. 155, und Stindts, aaO (Fn. 8), S. 145, dass bspw. eine transparente Darstellung der Überschussermittlung und -beteiligung nicht möglich sei, ist daher entgegenzutreten. Vielmehr handelt es sich „lediglich" um produktimmanente Kontrolldefizite, welche dem Versicherungsnehmer allerdings i.S.e. transparenten Darstellung klar gemacht werden müssen. Auch der Gesetzgeber geht unter entsprechender Bezugnahme auf europäische Vorgaben von der transparenten Darstellungsmöglichkeit der Lebensversicherungsprodukte aus, was aus der gesamten Regelungssystematik geschlossen werden kann.

811 Vgl. Schwintowski, aaO (Fn. 686), S. 220. Dieser sieht einen Wettbewerb um Kostenquoten, Rückkaufswerte und Überschussbeteiligungen durch die gesetzlichen

tischen Kalkulation der einzelnen Versicherer und der Produktvielfalt zu vereinbaren ist, soll im Rahmen dieser Bearbeitung nicht weiter diskutiert sein.

Der vom Gesetzgeber gewollte und vorliegend betrachtete Versuch, Wettbewerb um das beste Versicherungs-/Finanzprodukt bei Abschluss des Vertrages zu ermöglichen, hängt nach der Meinung des Verfassers nicht ausschließlich aber unter anderem von der Kostentransparenz ab.

Weiter für die Produkttransparenz und damit für den Abschlusswettbewerb zu berücksichtigen sind die aufgezeigten Hinweise zur Überschussermittlung/-beteiligung und eventuellen Rückkaufswerten. Für die Transparenz ist es nicht notwendig und kann es auch nicht notwendig sein, ein Versicherungsprodukt bis ins letzte bilanzrechtliche, mathematische oder ein anderweitiges Detail nachzuvollziehen[812]. Ein Lebensversicherungsprodukt ist immer dann, aber auch nur dann, transparent, wenn der Versicherungsnehmer ein vollständiges Informationsgerüst über die Funktionsweise des Produktes erhält. Informationslücken bergen Irreführungspotentiale und führen zur Intransparenz.

Für die Frage nach Transparenz gilt ferner zu berücksichtigen, dass sowohl das Produktinformationsblatt als auch die Beratung der transparenten Darstellung dienlich sind[813], mithin eine Verbindung zwischen Information, Beratung[814] und Produktinformationsblatt besteht.[815] Es kann auch von einer Art Wechselwirkung gesprochen werden. Inwieweit vor allem die Beratung die Transparenzanforderung an die einzelne Informationsvorgabe verringern kann, soll an dieser Stelle nicht weiter diskutiert werden.[816] Eine gewisse Sensibilisierung durch eine (abstrakte) Information dürfte dem durchschnittlichen Versiche-

---

Vorgaben unterbunden. Die Informationsvorgaben brächten nicht die nötige Transparenz und stünden demzufolge auch den europäischen Vorgaben zu einem funktionsfähigen Wettbewerb entgegen, denn nötig wäre die Möglichkeit, jederzeit seinen Versicherer zu wechseln.

812 In diese Richtung auch Römer, aaO (Fn. 54), S. 172; ders. in VersWissStud 2009, Bd. 35, ebd., S. 200.

813 Die rechtliche Anknüpfung kann zumindest für Verbraucherverträge über § 310 Abs. 3 Nr. 3 BGB erfolgen, wonach sowohl die Beratung als auch das Produktinformationsblatt als den Vertragsschluss begleitender Umstand gelten.

814 Auch Römer, aaO (Fn. 51), S. 94, sieht gerade in dem Zusammenhang mit der Beratung eine maßgebliche Verständnis- und Kenntnisverschaffung, weshalb die zukünftige Stornoquote seiner Ansicht nach geringer ausfallen wird.

815 Vgl. Herrmann, aaO (Fn. 22), § 7 Rn. 33, 55.

816 Vgl. hierzu Herrmann, ebd, Einf. B, S. 110 Rn. 59, der sich für eine Absenkung der Transparenzanforderungen von Informationen in AVB ausspricht, gerade auch um übermäßig wettbewerbsbeeinträchtigende Wirkungen zu vermeiden.

rungsnehmer ausreichen, um eine dahingehende Beratung in Anspruch zu nehmen. Die maßgebliche Basis[817] des transparenten Produktes wird letztlich aber stets den Vertragsinformationen zu entnehmen sein.[818] Von diesem Ausgangspunkt her erscheint auch der zukünftigen Produktentwicklung i.S.d. gebotenen Produktgestaltungsfreiheit hinreichend Rechnung getragen.

Schließlich birgt die Menge der notwendigen Informationen das Risiko, den Versicherungsnehmer zu überfordern. Auf der anderen Seite kann dies nicht zu einer pauschalen Informationsverweigerung führen. Von einem Versicherungskunden, welcher den Abschluss eines Lebensversicherungsvertrages erwägt, darf aufgrund der Bedeutung von Risiko- und Altersvorsorge ein gewisser Aufwand erwartet werden, sich mithin auch einige Seiten Informationsunterlagen durchzulesen. Eine Überforderung kann dies noch nicht bedeuten. Eine übersichtliche, systematisch gegliederte und klare Formulierung der Versicherungsbedingungen ist hierfür natürlich notwendig.

3.5.3. Stellungnahme zur Reform

Die Reform des Versicherungsvertragsrechts hält in der Tat einen Schwerpunkt im Lebensversicherungsvertragsrecht bereit. Die seit geraumer Zeit in der Diskussion stehenden Fragen um die Überschussbeteiligung und den Rückkaufswert bei vorzeitiger Vertragsbeendigung werden grundlegend neu geregelt. Hinzu tritt ein das Versicherungsprivatrecht auch im Bereich der Lebensversicherung treffendes Konzept der Information und Beratung, welches dem Versicherer eine Reihe von Pflichten aufbürdet. Die Darstellung der Reformdiskussion zeigt insbesondere den maßgeblichen Einfluss der höchstrichterlichen Entscheidungen für den gesetzgeberischen Lösungsfindungsprozess auf.

Entgegen dem Vorschlag, zu Gunsten des Wettbewerbs eine möglichst dispositive gesetzliche Vorgabe zu normieren[819], versucht der Gesetzgeber mit für die Versicherer verbindlichen und zwingenden Maßnahmen, Schutzvorkehrungen für die Versicherungsnehmer einzuführen. Hinzu tritt dennoch das Bestreben nach Produkttransparenz durch die teils über die europäischen Richtlinienvorgaben

817 Vgl. auch Herrmann, ebd., der ebenfalls ein gewisses Mindestmaß an Information für notwendig erachtet, da die Beratung nur darauf basieren kann.

818 Dies allein schon wegen der Verzichtsmöglichkeit des § 6 Abs. 3 VVG aber auch, weil ein Produktinformationsblatt beispielsweise „nur" einem Verbraucher und nicht jedem Versicherungsnehmer auszuhändigen ist, § 4 Abs. 1 VVG-InfoV.

819 So ausdrücklich Müller, VersR 2003, 933, 936 ff.; in diese Richtung auch Präve, VW 2002, 1836.

hinaus gehende Statuierung von Beratungs- und Informationspflichten. Zwar wurde von der in der Reformdiskussion zunächst angedachten Einführung von gesetzlichen Leitbildern[820] zu Gunsten der Produktgestaltungsfreiheit Abstand genommen[821]. Die einzelnen zwingenden Vorgaben sind der Produktgestaltungsfreiheit der Versicherer dann wiederum nicht zuträglich. Damit korrespondierend beschränkt sich die Auswahlfreiheit der Versicherungsnehmer. Zudem muss der Reglementierung unstrittig eine Kostenbelastung und damit eine mögliche Verteuerung der Lebensversicherungsprodukte zugesprochen werden.[822]

Die Einhaltung europäischer Vorgaben wurde von vielen Seiten angemahnt[823], weshalb diese auch in der Reformdiskussion eine Rolle spielten. Allerdings fiel die Begründung des Gesetzgebers für die verschiedenen Eingriffe in die europäischen Wettbewerbsbestimmungen, soweit für den Verfasser ersichtlich, letzten Endes meist äußerst kurz aus.[824] Auch ein unter Harmonisierungsgesichtspunkten durchgeführter Vergleich mit Vertrags- und Aufsichtsrechten anderer Mitgliedsstaaten erfolgte, soweit ersichtlich, nicht. Die Einhaltung der europäischen Maßstäbe wird insoweit auch von verschiedenen Stimmen in Zweifel gezogen.[825]

Abschließend betrachtet, birgt die Ausgestaltung der lebensversicherungsvertraglichen Vorschriften doch einige Unwägbarkeiten, die im Hinblick auf die zu berücksichtigenden Interessen nicht frei von Zweifeln bleiben.

Nach einer kurzen Zusammenfassung der neuen Regelungen im Hinblick auf nationale und europäische Gesichtspunkte, erfolgt im Anschluss eine Betrachtung des gefundenen Ergebnisses im Lichte europäischer Kriterien.

3.5.3.1. Überschussermittlung/-beteiligung

Die neue Regelung des § 153 VVG greift die Frage der Überschussbeteiligung auf. Für die Überschussermittlung sollen den Versicherungsnehmern lediglich „tatsächliche Vorteile" zukommen, mithin versucht der Gesetzgeber auf versicherungsvertraglicher Ebene durch Information nach § 2 Abs. 1 Nr. 3 VVG-InfoV und Beratung, Transparenz auch im Hinblick auf die Überschussermittlung zu schaffen. Das verfassungsgerichtlich monierte Schutzdefizit soll

820 Vgl. den Zwischenbericht der VVG-Kommission, S. 95, dort Pkt. 15.2.3.
821 Vgl. ausdrücklich der Abschlussbericht der VVG-Kommission, S. 16 f., Pkt. 1.2.2.4.
822 Vgl. nur Abschlussbericht der VVG-Kommission, S. 92 f., Pkt. 1.3.2.1.
823 Vgl. z.B. Zwischenbericht der VVG-Kommission, S. 28, Pkt. 3.2.; Abschlussbericht der VVG-Kommission, S. 19 ff., Pkt. 1.2.2.5.3.; Präve, aaO (Fn. 169), S. 278; ders. in VW 2002, ebd.; Ebers, aaO (Fn. 276), S. 123 ff.
824 Vgl. auch Herrmann, ebd., Einf. B. S. 98 Rn. 24.
825 Vgl. bereits die einzelnen Zwischenergebnisse zur Reform und näher unten Pkt. 5.

insoweit vertragsrechtlich durch Transparenz behoben werden. Ob die transparente Darstellung der Grundsätze und Maßstäbe der Überschussermittlung allerdings die fehlende Überprüfung aufwiegt, ist problematisch. Zwar sind auch „Ausbesserungen" im nationalen Aufsichtsrecht erfolgt. Eine Transparenzlösung ist aus Sicht des Verfassers auch dem Grunde nach begrüßenswert. Eine Klärung der Situation in anderen EU- oder EWR-Staaten blieb jedoch offen. Verfassungsrechtliche Bedenken sind daher nicht von der Hand zu weisen.[826]

Der Verweis auf das Aufsichtsrecht in § 153 Abs. 3 S. 3 VVG ist in seiner Intention zwar gerechtfertigt, wirft im Hinblick auf die versicherungsvertragliche Ausfüllung in Sachen Normenbestimmtheit und Normenklarheit allerdings verfassungsrechtliche Bedenken auf.[827]

Schließlich ist bei Rentenversicherungsverträgen die Einhaltung des verfassungsrechtlichen Schutzauftrages für die Beteiligung an den Bewertungsreserven nach § 153 Abs. 4 VVG fraglich.[828]

Europarechtliche Relevanz könnte der (zwingenden) umfassenden Beteiligung an den Überschüssen und Bewertungsreserven sowie der zwingend hälftigen Beteiligung an den Bewertungsreserven zukommen. Hier wird die Frage nach der Vereinbarkeit mit dem Europarecht noch zu problematisieren sein.

3.5.3.2. Rückkaufswert

Das verfassungsrechtlich beanstandete Schutzdefizit bei der Bestimmung der Rückkaufswerte bei kapitalbildenden Lebensversicherungen wird mit dem Abstellen auf das nach den Rechnungsgrundlagen der Prämienkalkulation bestimmte Deckungskapital verringert, da im Vergleich zur Anknüpfung an den Zeitwert eine (auch aus mathematischer Sicht) klarere Vorgabe besteht[829]. Dennoch verbleibt ein Schutzdefizit, da dem Versicherungsnehmer nach der hier vertretenen Auffassung wegen des Geheimhaltungsinteresses des Versicherers die genaue mathematische Berechnung zur Bestimmung des konkreten Rückkaufswertes nicht preiszugeben ist. Ohnehin hilft eine bis ins letzte mathematische Detail gehende Darstellung der Beitragskalkulation dem Versicherungsnehmer im Rahmen der Transparenz nicht weiter.

826 Vgl. oben unter Pkt. 3.5.2.1.2.3.

827 Vgl. oben unter Pkt. 3.5.2.1.3.3.; vgl. speziell zur Neuerungen durch das LVRG (Fn. 507).

828 Vgl. oben unter Pkt. 3.5.2.1.4.

829 Vgl. nochmals Engeländer, aaO (Fn. 46), S. 1301 f.

Ob den verfassungsrechtlichen Anforderungen allein durch Information auch im Hinblick auf die mathematische Geheimhaltung und die ausdrücklich garantierten Werte in ausreichendem Maße Rechnung getragen wurde, kann zumindest bezweifelt werden.[830] Das Schutzdefizit kann nach hiesiger Auffassung jedenfalls nicht „pauschal" mit einem Mindestrückkaufswert für sämtliche Fälle - unabhängig von der Frage der Transparenz - behoben werden.

Spiegelbildlich hierzu zeitigt auch die Regelung des § 169 Abs. 6 VVG erheblich Bedenken.

Europarechtliche Relevanz besitzt die Anknüpfung an die Rechnungsgrundlagen der Prämienkalkulation nach § 169 Abs. 3 S. 1 VVG, die Vorgabe eines Mindestrückkaufswertes für Frühstornofälle nach § 169 Abs. 3 S. 1 VVG sowie die Angemessenheitsvorgabe beim Stornoabzug gemäß § 169 Abs. 5 S. 2 VVG.

3.5.3.3. Transparenz durch Information und Beratung

Verfassungsrechtliche Bedenken im Hinblick auf die nach hiesiger Auffassung vereinzelt nicht vollständigen Informationsvorgaben sind bereits deshalb nicht angezeigt, da Ergänzungen über das allgemeine Transparenzgebot herzuleiten wären.[831] Über die europäischen Vorgaben hinausgehende Informations- und Beratungspflichten sind dagegen unter verfassungsrechtlichen Gesichtspunkten von der gesetzgeberischen Einschätzungsprärogative gedeckt.[832] Hier bedarf es allerdings noch einer europarechtlichen Würdigung.

Im Einzelnen werden die Fragen nach der Beratungspflicht für die Versicherer, insbesondere auch während der Vertragslaufzeit sowie die Möglichkeit des Beratungsverzichts zu problematisieren sein. Ferner sind die umfassende Informationsverpflichtung weitestgehend unabhängig von der Person des Versicherungsnehmers und der Art des Vertriebes sowie der Verzicht auf Information zu prüfen. Hinzu treten einzelne Kosteninformationen, die zusätzliche Angabe der Effektivkosten, die zusätzliche Vorgabe einer Modellrechnung, die Ausweitung im Rahmen der jährlichen Unterrichtung, die Erweiterung der Informationspflichten auch während des Vertragslaufes sowie die Verpflichtung zur Übergabe eines Produktinformationsblattes an Versicherungsnehmer mit Verbrauchereigenschaft.

---

830 Bspw. könnte argumentiert werden, dass der Versicherungsnehmer, wissend um die fehlende abschließende Überprüfungsmöglichkeit und die allgemeine Überwachung durch die Versicherungsaufsicht, mit Abschluss des Vertrages einen entsprechenden Kontrollverzicht erklärt.

831 Vgl. nochmals oben unter Pkt. 3.5.2.3.2.4.

832 Ebenso für die Informationspflichten der VVG-InfoV Herrmann, aaO (Fn. 22), § 7 Rn. 33.

4. Kapitel - Mitgliedsstaatliche Begrenzungen aus Europa

Das Versicherungsrecht ist durch europäische Vorgaben, insbesondere durch die Freiheitsrechte der Dienstleistungs-, Niederlassungs- und Kapitalverkehrsfreiheit der Art. 49 ff., 56 ff. und 63 ff. AUEV[833] und die Wettbewerbsbeschränkungsverbote[834] nach Art. 101f. AUEV gekennzeichnet. So war die Deregulierung des Versicherungsbinnenmarktes maßgeblich der Dienst- und Niederlassungsfreiheit geschuldet.[835] Weitere Entwicklungen[836] berühren ebenfalls diese Freiheiten, beruhen aber hauptsächlich auf Gesichtspunkten des Verbraucherschutzes und des Rechtes des unlauteren Wettbewerbs.[837]

Die Arbeit will sich folglich den primärrechtlichen und sekundärrechtlichen europäischen Vorgaben zum Versicherungsrecht widmen, um hieraus Erkenntnisse im Hinblick auf mitgliedsstaatliche Beschränkungen bei der gesetzgeberischen Gestaltung zu gewinnen. Der Vollständigkeit halber sollen dabei zunächst überblicksartig die Eckpfeiler des europäischen (Versicherungs-)Binnenmarktes aufgezeigt werden. Daran anknüpfend gilt es die europäischen Maßstäbe zur Normsetzung im Versicherungsvertragsrecht in abstrakter Form herauszuarbeiten, um anhand der gewonnenen Maßstäbe anschließend, die einzelnen Regelungen des Lebensversicherungsvertragsrechts nach der VVG-Reform zu überprüfen.

4.1. Verbraucherschutz und freier Wettbewerb im europäischen Versicherungsmarkt

Wie bereits erörtert, bezweckt der angestrebte europäische Versicherungsbinnenmarkt die Förderung des Wettbewerbs um das beste Versicherungsprodukt.[838]

---

833 Vgl. z.B. Müller, aaO (Fn. 25), S. 5, noch unter Bezugnahme auf den Vertrag von Amsterdam.

834 In diesem kartellrechtlichen Zusammenhang zu nennen ist insbesondere die frühere Gruppenfreistellungsverordnung 358/2003 der Kommission vom 27.02.2003, die am 31.03.2010 außer Kraft trat, zu nennen. Seit 01.04.2010 gilt die Verordnung der Kommission Nr.: 267/2010 vom 24.03.2010.

835 Hierzu bereits oben unter Pkt. 3.3.2.1.

836 Also weitere, das Versicherungsrecht betreffende Richtlinien.

837 Vgl. nur Herrmann, ebd., Einf. B, S. 88 Rn. 1f.

838 Vgl. bereits oben unter Pkt. 3.3.4.

Dabei sind wirtschaftliche Freiheiten und Wettbewerb nicht um ihrer selbst willen angestrebt, sondern zum Nutzen sämtlicher EU-Bürger.[839] Insoweit besteht ein Zusammenhang zwischen angestrebtem Wettbewerb und den Zielen gemeinschaftsrechtlicher Verbraucherpolitik.[840] Die Ziele europäischer Verbraucherpolitik sind seit dem Vertrag von Lissabon in Art. 169, 12 AUEV festgeschrieben.[841] Zur Förderung der Verbraucherinteressen und zur Gewährleistung eines hohen Verbraucherschutzniveaus soll der Verbraucher mittels Informationen in die Lage versetzt werden, aus den angebotenen Produkten im Binnenmarkt das für ihn Günstigste auswählen zu können. Zudem ist ein Schutz des Verbrauchers hinsichtlich Sicherheit, Gesundheit und wirtschaftlicher Interessen sowie ein Recht auf Erziehung und Bildung durch Vereinigungen zur Wahrung der Verbraucherinteressen bezweckt.[842]

Der Zusammenhang von Wettbewerb und Verbraucherschutz birgt gerade bei Freiräumen der Mitgliedsstaaten im Rahmen der Umsetzung europäischer Vorgaben und dem damit ermöglichten Einfluss nationaler Verbraucherschutzvorstellungen ein Spannungsverhältnis. Soweit die Mitgliedsstaaten nämlich divergierende nationale Verbraucherschutzregelungen festsetzen, gleich ob hinsichtlich des Anwendungsbereichs oder deren Intensität, bedeutet dies stets eine Behinderung des Wettbewerbs im Binnenmarkt.[843] So werden sich Anbieter von Waren und Dienstleistungen aus einem Mitgliedsstaat die Erschließung eines „neuen Marktes" in einem anderen Mitgliedsstaat auch im Hinblick auf die unterschiedlichen Verbraucherschutzanforderungen und die damit gegebenenfalls nötige Produktanpassung überlegen. Aus Verbrauchersicht stellt sich zunächst die Frage, welche Rechtsordnung überhaupt bei einem Vertrag mit einem ausländischen Vertragspartner einschlägig ist und sodann, ob die Rechtsordnung neben dem Produkt Vor- oder Nachteile mit sich bringt.[844]

---

839 Reich, ZEuP 1994, 381, 387.

840 Vgl. Herrmann, aaO (Fn. 17), S. 664.

841 Zuvor im Vertrag von Amsterdam in Art. 153 Abs. 1 EG.

842 Vgl. Reich, ebd., für die Zeit vor der Aufnahme der Ziele in den EG-Vertrag, wo ausdrücklich auch der Zugang zum Recht und die Mitwirkung an der Rechtsdurchsetzung angesprochen wird.

843 Vgl. z.B. Müller, ebd., S. 45.

844 Die hiermit auch angesprochenen Fragen des Internationalen Privatrechts können im Einzelnen nicht weiter Gegenstand dieser Bearbeitung sein. Der Vollständigkeit halber sei erwähnt, dass die Rechtswahlfreiheit für die hier relevanten Lebensversicherungsverträge im Massengeschäft durch die gesetzlichen Vorgaben stark eingeschränkt ist. Vgl. dazu unter Pkt. 4.1.2.2.3. Die freie Rechtswahl zeitigt im Übrigen aus Verbrauchersicht – zumindest für den Lebensversicherungsbereich – schon dem Grunde nach Bedenken, da

4.1.1. Verbraucherschutz im Versicherungsrecht

In Anbetracht des gezeichneten Spannungsverhältnisses bei divergierenden nationalen Verbraucherschutzregelungen bedarf es eines Blickes auf Möglichkeiten zur Erreichung eines notwendigen Verbraucherschutzes im Versicherungsrecht.

4.1.1.1. Der Verbraucherbegriff und das Verbraucherleitbild

Zuvor sollen aber noch der Begriff des Verbrauchers umrissen und das im Versicherungsrecht anzusetzende Verbraucherleitbild kurz geklärt werden.

Eine Person gilt grundsätzlich dann als Verbraucher, wenn sie als Erwerber oder Nutzer von Waren oder Dienstleistungen nicht im Rahmen ihres Gewerbes oder Berufes handelt.[845] Entscheidend ist daher die ökonomische Eigenschaft, in welcher eine Person ein marktrelevantes Verhalten vornimmt.[846]

Der EuGH hat als Verbraucherleitbild die Lehre vom mündigen Verbraucher entwickelt.[847] Der europäische Gesetzgeber geht ebenfalls von diesem

---

es dem Verbraucher schwer fallen wird, die Rechtsordnungen zu seinen Gunsten zu vergleichen. Näher hierzu Roth, aaO (Fn. 16), S. 119 ff.; Zur europarechtlichen Zulässigkeit des Kollisionsrechts vgl. ausführlich P. Schmidt, aaO (Fn. 216), S. 106, 238 ff.

845 Diese Definition kann als gängiger europäischer Verbraucherbegriff herangezogen werden. Zur Uneinheitlichkeit der Begriffsverwendung vgl. Dreher, JZ 1997, 167 ff.

846 Vgl. auch Nitschke, Maßstäbe für Transparenz Allgemeiner Versicherungsbedingungen, S. 57; Reich, ZEuP 1994, 381, 389.

847 Vgl. z.B. EuGH vom 06.07.1995, Rs. C-470/93 „Mars“, Slg. 1995, I-1923 (1944); EuGH vom 04.04.2000, Rs. C-465/98 „Darbo“, wo in Urteilsnummer 20 auf den durchschnittlich informierten, aufmerksamen und verständigen Durchschnittsverbraucher abgestellt wird; ebenso EuGH vom 13.01.2000, Rs. C-220/98 „Estée Lauder“, Slg. 2000, I-117, Rn.27; Dieses für das Lauterkeitsrecht entwickelte Leitbild verdient freilich auch Anwendung im Vertragsrecht, denn wenn die aufgestellten Anforderungen für diejenigen gelten, die vorbereitenden Werbeerklärungen ausgesetzt sind, so muss dies erst recht für diejenigen gelten, die in Vertragsverhandlungen eintreten. Vgl. Fleischer, ZEuP 2000, 772, 791. Der EuGH zieht das Leitbild des informierten Verbrauchers jedoch nicht überall heran, namentlich nicht, wo Gesundheit und Leben betroffen wären. Diese bilden ein zu wichtiges, existenzielles Gut, als dass auf den Schutz jedes Verbrauchers verzichtet werden könnte. Existenzielle Risiken können sich teils auch aus finanziellen Verlusten ergeben, typischerweise erst, wenn nicht nur vorhandene Ressourcen verloren gehen, sondern auch zukünftige Einkünfte verbraucht werden, vgl. Grundmann in: Riesenhuber, Europäische Methodenlehre, S. 295.

Leitbild aus.[848] Dem folgend stellt der BGH mittlerweile[849] auch auf den verständigen Durchschnittsverbraucher ab, wobei es konkretisierend auf die jeweilige Situation im Einzelfall ankommen soll.[850] In ständiger Rechtsprechung überträgt der Bundesgerichthof dieses Leitbild auf Versicherungsnehmer, mithin wird die Frage der Transparenz einer Klausel aus der Sicht des durchschnittlichen Versicherungsnehmers[851] bewertet.[852] Auch die Gesetzesbegründung zum VVG betont ausdrücklich die „Bedürfnisse eines modernen Verbraucherschutzes“[853].[854]

Wie das dem Grunde nach einhellig angewandte Leitbild im Versicherungsrecht konkret auszufüllen wäre, ist jedoch nicht hinreichend geklärt.[855] Erkenntnisse der Psychologie und Verhaltensökonomik[856] sollen ebenso Berücksichtigung finden wie wettbewerbliche Aspekte[857]. Ausgangspunkt des Leitbildes muss dabei stets sein, den Versicherungsnehmer im Grundsatz eine eigenverantwortliche Entscheidung treffen zu lassen.[858]

---

848 Vgl. Dreher, ebd., S. 171; Schön, in Festschrift für Claus Wilhelm Canaris zum 70. Geburtstag, 2007, 1191, 1200; Vgl. auch Art. 169 AUEV.

849 Zuvor ging man vom Leitbild des „flüchtigen und unkritischen Verbraucher“ aus.

850 Vgl. BGH, Urteil vom 20.10.1999, Az. I ZR 167/97 „ Orient-Teppichmuster“, abgedruckt in GRUR 2000, 619.

851 Wobei die Versicherungsrichtlinien nur teilweise zwischen dem Verbraucher und dem Versicherungsnehmer differenzieren. Letzterer könnte beispielsweise auch ein Gewerbetreibender, ein Existenzgründer oder auch eine juristische Person sein. Auf die Abgrenzungsprobleme des Verbraucherbegriffes soll an dieser Stelle aber nicht weiter eingegangen werden.

852 Bereits oben unter Pkt. 3.4.1.1.

853 BT-Drcks. 16/3945, S. 1; hierauf weist zu Recht auch Herrmann hin, aaO (Fn. 22), § 7 Rn. 6; siehe auch oben unter Pkt. 3.5.1.

854 Für den versicherungsvertragsrechtlichen Bereich zwar nicht einschlägig, dennoch das gesetzgeberische Verbraucherleitbild aufzeigend, kann auf den Entwurf eines Gesetzes zur Neuregelung des Rechts der Verbraucher vom 09.05.2006 verwiesen werden. Dort wird ausdrücklich vom „Leitbild des mündigen Verbrauchers“ gesprochen. BT-Drcks. 16/1408, S. 7.

855 Brömmelmeyer, aaO (Fn. 26), S. 593; Herrmann, aaO (Fn. 221), S. 49.

856 Vgl. Brömmelmeyer, ebd.

857 Vgl. Herrmann, ebd.

858 Nochmals Brömmelmeyer, ebd., der auf Immanuel Kant und das Leitmotiv der Aufklärung Bezug nimmt: „Habe Mut, dich deines eigenen Verstandes zu bedienen!“

4.1.1.2. *Notwendiger und möglicher Verbraucher-/Versicherungsnehmer- schutz*

Der gebotene Schutz eines Marktteilnehmers verdeutlicht sich mit Blick auf den Zusammenhang von Marktwirtschaft, Wettbewerb und Privatautonomie. Diese bedingen sich gegenseitig.[859] Eine Schutzwürdigkeit des Versicherungsnehmers muss immer dann angenommen werden, wenn diesem eine freie und interessengerechte Entscheidung nicht mehr ohne weiteres möglich ist.

4.1.1.2.1. *Komplexität der Versicherungsprodukte*

Der Leistungsinhalt von Versicherungsprodukten ist vielfältig. Während einige Versicherungsprodukte für den Versicherungsnehmer überschaubar bzw. schnell zu erfassen sind[860], handelt es sich bei anderen Versicherungen um hochkomplexe, im Detail kaum nachvollziehbare Produkte.[861] Es liegt in der Natur der Sache, dass der Versicherer die komplexen und abstrakten Rechtsprodukte entwickelt und gestaltet. Er besitzt hierzu ein umfassendes Expertenwissen. Dem gegenüber steht der Versicherungsnehmer als potentieller Vertragspartner, welcher einen Bedarf auch an komplexen Produkten hat, in der Regel aber kaum gleichwertige Kenntnisse[862] wird aufweisen können. Eine grundsätzliche Schutzbedürftigkeit des Versicherungsnehmers wird demzufolge auch einhellig erkannt.[863]

4.1.1.2.2. *Vertragsrechtliche Anknüpfung*

Der Versicherungsvertrag ist als gegenseitiger[864], schuldrechtlicher[865] Vertrag zwischen Versicherungsnehmer und Versicherer der Zivilrechtsordnung zugehörig.

---

859 Vgl. nur Riesenhuber, in: Hopt/Veil/Kämmerer, Primärrechtliche Grundlagen der Kapitalmarkttransparenz, S. 28 m.w.N.

860 Z.B. bei der Versicherung von Kraftfahrzeugen.

861 Vgl. Römer, aaO (Fn. 225), S. 1315; So hält der BGH Regelungen der Überschussbeteiligung gem. § 81 c VAG für derart komplex, „dass sie einem durchschnittlichen VN nicht weiter erklärt“ werden könne. Hierzu bereits oben unter Pkt. 3.5.2.3.4.

862 Zum sog. Kenntnisungleichgewicht im Zivilrecht allgemein vgl. z.B. Hoffmann, ZIP 2005, 829, 830.

863 Vgl. bspw. Müller, aaO (Fn. 226), S. 933 ff. Für nicht weiter schutzbedürftig hält der Gesetzgeber die Versicherungsnehmer von sog. Großrisiken, § 210 VVG. Die in dieser Arbeit vorgenommenen Betrachtungen zielen daher nicht auf diese Gruppe ab.

864 Vgl. nur Schimikowski, aaO (Fn. 140), S. 21 Rn. 29.

865 Vgl. nur Weyers/Wandt, aaO (Fn. 140), S. 57 Rn. 199.

Die meisten privatrechtlichen Vertragstypen sind in Deutschland vom Bürgerlichen Gesetzbuch aus dem Jahre 1900 erfasst. Dieses grundlegende Gesetz des deutschen Privatrechts ging für den vertragsrechtlichen Bereich von einem liberalen „Freiheitsmodell" aus. Danach war jede Partei zunächst selbst verantwortlich dafür, hinreichende Kenntnisse über den Vertragsgegenstand zu erlangen und eine verbindliche Entscheidung für sich zu treffen. Eine inhaltliche Kontrolle trat grundsätzlich nur an den Grenzen der Gesetzes- und Sittenwidrigkeit ein.[866] In der Folgezeit erfuhr das Vertragsrecht aber mit dem sog. „sozialrechtlichen Modell" vermehrt „paternalistische" Beschränkungen der privatautonomen Entscheidungsfreiheit von Seiten des Staates.[867]

Bei Versicherungsverträgen kommt aufgrund des zivilrechtlichen Charakters natürlich auch ein Rückgriff auf die Vorschriften des Bürgerlichen Gesetzbuches in Betracht. Vordergründig sind jedoch die spezielleren Vorgaben des VVG heranzuziehen. Auch darüber hinaus nahm das Versicherungsrecht einen Sonderweg. Zwar galt nach früherer Rechtslage aus zivilrechtlicher Sicht, z.B. im Hinblick auf Informations- und Aufklärungspflichten im Rahmen des Versicherungsvertragsverhältnisses, nach dem Grundgedanken des Bürgerlichen Rechts ebenfalls die Eigenverantwortlichkeit der Vertragspartner.[868] Der maßgebliche Schutz des Versicherungsnehmers erfolgte dann aber, wie bereits erläutert, außerhalb des Vertragsrechts durch eine präventive Tarif- und Bedingungskontrolle der Versicherungsaufsicht.[869]

4.1.1.2.3. Das europäische Informationskonzept

Einhergehend mit einer liberaleren europäischen Wirtschaftsauffassung trat ein europäisches Schutzkonzept in den Vordergrund[870], welches als „Leitstern"[871] bzw. als „Hoffnungsträger"[872] ein Informationsmodell ausweist.

---

866 Vgl. statt vieler Schön, aaO (Fn. 848), S. 1191 f.; Müller, ebd., S. 933, jeweils m.w.N.

867 Nur Schön, ebd., S. 1192 f. m.w.N. Die zu schützende Vertragspartei sollte dabei nicht nur vor dem Kontrahenten, sondern auch vor der Ausübung der eigenständigen freien Entscheidung bewahrt werden.

868 Vgl. z.B. Herrmann, VersR 1998, 931, 934; ausführlich zu den Informationspflichten auch Huckele, Die vorvertraglichen Aufklärungs-, Beratungs- und Informationspflichten im Versicherungsrecht, S. 31 ff.

869 Hierzu bereits oben unter Pkt. 3.3.2.

870 Für das Lebensversicherungsrecht einschneidend mit der dritten Lebensversicherungsrichtlinie vom 10.11.1992. siehe nochmals oben unter Pkt. 3.3.2.

871 Schön, ebd., S. 1193.

872 Ackermann, aaO (Fn. 304), S. 230.

4.1.1.2.3.1. Funktion des Informationsmodells

Dem Informationsmodell kommt dabei eine Doppelfunktion zu.

Es soll einerseits mit zwingenden Informationsvorgaben die schwächere Vertragspartei in die Lage versetzen, hinreichende Kenntnis über den Vertragsgegenstand und die Konsequenzen des Vertragsschluss zu erlangen, um darauf basierend eine privatautonome Entscheidung treffen zu können (Schutz der schwächeren Vertragspartei).

Andererseits darf der Inhalt des Vertrages dann nicht weiter vorgegeben werden, so dass Produkt regulierende, den Markt beschränkende, zwingende Vorgaben ausscheiden. Hinzu tritt die Erkenntnis, dass eine von der schwächeren Vertragspartei nicht oder nur mit unverhältnismäßig hohem Aufwand auszuräumende Informationsasymmetrie zu Marktversagen führt. Das Informationsmodell dient demnach gleichzeitig auch als „Hebel zur Marktöffnung“ (Schutz des Marktes).[873]

4.1.1.2.3.2 Begriff der Information

Der hinter dem Informationsmodell stehende Begriff der Information muss freilich als eigenständige europäische Begrifflichkeit verstanden werden, wobei der europäische Gesetzgeber im Rahmen der hier relevanten Richtlinien teilweise von „Informationen“[874], teils von „Auskunftserteilung“[875] oder auch von „Angaben“[876] spricht.

Die inhaltliche Abgrenzung des Begriffes der Information von den Begriffen der Aufklärung und Beratung war in der Zeit vor der Versicherungsvertragsrechtsreform auf nationaler Ebene umstritten.[877] Nachdem der deutsche

873 Schön, ebd., S. 1200; gleichfalls Ackermann, ebd., S. 232 f.; Grundmann, JZ 2000, 1133, 1137; Brömmelmeyer, aaO (Fn. 26), S. 584, unter Bezugnahme auf Akerlof, The Market of Lemons; Quality Uncertaintly and the Market Mechanism Quarterly Journal of Economis, 1970 (84), 488; Vgl. auch BT-Drcks. 16/3945, S. 47; zu den Wechselwirkungen von Markttransparenz und Wettbewerb vgl. auch Stöffler, aaO (Fn. 750), S. 150 ff.

874 Art. 3 der Richtlinie 2002/65/EG.

875 Art. 4 Abs. 1 und 2 der Richtlinie 2002/65/EG.

876 Art. 36 der Richtlinie 2002/83/EG bzw. Art. 185 Abs. 7 der Richtlinie 2009/138/EG.

877 Eine Ansicht im Schrifttum ging dahin, dass eine Abgrenzung nur begrenzt möglich sei, da sich Beratungs-, Aufklärungs- und Informationspflichten inhaltlich überschneiden würden, vgl. z.B. Römer, aaO (Fn. 225), S. 1314. Eine andere Ansicht wollte dagegen eine inhaltliche Differenzierung vornehmen. Dadurch sollte den Versicherern sowie den Gerichten die Rechtsunsicherheit der Abgrenzung

Gesetzgeber nunmehr in §§ 6 und 7 VVG zwischen Beratungs- und Informationspflichten differenziert, kann folgende, auch für das Europarecht maßgeblich Unterscheidung, im Hinblick auf das Versicherungsrecht vorgenommen werden:

- Unter einer Information im versicherungsrechtlichen Sinn versteht man eine abstrakt-generelle, standardisierte Kenntnisverschaffung über das Versicherungsprodukt.[878]
- Von Aufklärung spricht man dann, wenn die Kenntnisverschaffung über konkrete, auf den einzelnen Versicherungsnehmer abzielende Umstände erfolgt.[879] Dies kann auch als individuelle Information bezeichnet werden.[880]
- Dagegen sieht die Beratung, über die rein informatorisch objektive Kenntnisverschaffung hinaus, ein bewertendes sowie empfehlendes, also ein subjektives Element, für den Einzelfall vor.[881]

Das Informationskonzept erfasst insoweit sowohl die abstrakt-generelle Information als auch ein konkret-individuelles Aufklärungsmoment.

4.1.1.2.3.3. Das Informationsmodell im Versicherungsrecht

Das Informationsmodell zeitigt maßgebliche Auswirkungen für das Privatrecht im Allgemeinen und das Versicherungsvertragsrecht im Speziellen.[882] Wie bereits erörtert, sieht der europäische Gesetzgeber zahlreiche Informationspflichten für die Versicherer gerade im Rahmen der Versicherungsrichtlinien sowie der Richtlinie über den Fernabsatz von Finanzdienstleistungen vor.[883]

In Erwägungsgrund 52 der Richtlinie 2002/83/EG[884] wird ausdrücklich hervorgehoben, dass der Verbraucher, um die Vielfalt und den verstärkten Wettbewerb voll nutzen zu können, im Besitz der notwendigen Informationen sein müsse,

---

genommen werden, um eine genauere Zuordnung etwaiger Verletzungen und damit auch entsprechende Haftungsanforderungen zu veranschaulichen. Vgl. ausführlich dazu auch Huckele, aaO (Fn. 868), S. 21ff.

878 Mauntel, aaO (Fn. 32), Vorbemerkung zur VVG-Info Rn. 4.; ähnlich auch Ackermann, ebd., S. 236, der von abstrakter Information spricht.

879 Huckele, ebd., S. 24 (unter Bezugnahme auf Schwintowski)

880 Vgl. Ackermann, ebd.

881 Ebers, aaO (Fn. 32), § 6 VVG Rn. 8; Huckele, ebd. (unter Bezugnahme auf Schwintowski); Brömmelmeyer, aaO (Fn. 27), S. 585.

882 Vgl. Ortmann, aaO (Fn. 462), S. 256.

883 Bereits ausführlich oben unter Pkt. 3.3., insbesondere Art. 36 Richtlinie 2002/83/EG i.V.m. Anhang III, in der Solvency II Richtlinie nunmehr insgesamt in Art. 185, sowie Art. 3 der Richtlinie 2002/65/EG.

884 Vergleichbar in Erwägungsgrund 79 der Richtlinie 2009/138/EG ausgeführt.

damit er den für seine Bedürfnisse am ehesten entsprechende Vertrag auswählen könne. Dem Informationsmodell ist daher im Versicherungsrecht dem Grunde nach individual- als auch marktschützender Charakter zuzusprechen.[885]

4.1.1.2.3.4. Kritik am Informationsmodell

Der Effektivität des Informationsmodells wird jedoch, gerade auch für das Versicherungsrecht, mit Bedenken begegnet.[886] Vorgebracht werden im Ergebnis drei Aspekte.

Es sei die fehlende Bereitschaft des Versicherungsnehmers zu berücksichtigen, sich intensiv mit den übergebenen, umfangreichen Informationen zu befassen.[887] Insoweit wird auf eine subjektiv-funktionale Grenze abgestellt.

Ebenso fehle es dem Versicherungsnehmer schlichtweg an Kompetenz, die mitunter komplexen Versicherungsprodukte[888] verstehen, bewerten und vergleichen zu können.[889] Dabei kann von einer objektiv-funktionalen Grenze gesprochen werden.

Letztlich sei aus ökonomischer Sicht stets danach zu fragen, ob die Kosten für die Bereitstellung und Verarbeitung der Informationen im Hinblick auf den Nutzen sinnvoll sind.[890] Es handelt sich also um einen informationsökonomischen Aspekt.

Weitere Einwände in diesem Zusammenhang vermögen nach Ansicht des Verfassers schon von vornherein keine Bedenken gegen das Informationsmodell zu begründen.

Soweit vorgebracht wird, dass den nationalen Gesetzgebern bei der Umsetzung europäischer Vorgaben, welche das Informationsmodell etablieren, grundsätzlich verschiedene Varianten zur Verfügung stünden[891], was wiederum bei

885 Näher hierzu noch unten unter Pkt. 4.1.2.5.2.

886 Vgl. Brömmelmeyer, ebd., S. 586; Römer, aaO (Fn. 628), S. 741; Präve, aaO (Fn. 626), S. 153; Ackermann, ebd., S. 231.

887 Brömmelmeyer, ebd.; Römer, ebd.

888 Hier sind v.a. Lebensversicherungs- oder Krankenversicherungsprodukte zu nennen.

889 Brömmelmeyer, ebd., S. 586; zur Annahme des BGH für die Überschussbeteiligung bereits oben unter Pkt. 3.4.1.1.; zum Informationsmodell allgemein Ackermann, ebd.

890 Ackermann, ebd.

891 Ackermann, ebd., S. 232. Beispielhaft können die Informationsvorgaben der dritten und vierten Lebensversicherungsrichtlinien genannt werden. Im Zuge der Einführung von Informationsvorgaben entsprechend der dritten Lebensversicherungsrichtlinie 92/96/EWG in das deutsche Versicherungsrecht entschied sich der deutsche Gesetzgeber für eine Umsetzung im Aufsichtsrecht gemäß § 10a i.V.m. einer Anlage D zum VAG a.F. Daraufhin entbrannte ein Streit in der Wissenschaft

unterschiedlicher Umsetzung eine Wettbewerbsbeschränkung mit sich bringe, so ist dies eine Frage der schrittweisen Harmonisierung, mithin der Harmonisierungsintensität.[892] Eine etappenweise Rechtsangleichung steht der Funktion des Informationsmodells aber nicht entgegen.

Auch etwaige Defizite des Informationsmaterials rechtfertigen keine grundsätzliche Kritik am Informationsmodell. Derartige Defizite sind bei der Einführung von Systemen nicht gänzlich auszuschalten und dürften mit fortschreitender Dauer minimiert werden.

Was den subjektiv-funktionalen Aspekt anbelangt, so steht diesem bereits das aufgezeigte Verbraucherleitbild vom verständigen informationsbereiten Verbraucher entgegen. Das Leitbild setzt auch nicht fernab der tatsächlichen Verhältnisse und Erwartungen an. Die Einführung des Informationskonzepts muss dabei freilich gewisse Trägheiten in Kauf nehmen. Das bisher durchaus vorhandene Informationsdesinteresse kann im Hinblick auf die zu erwartende Entwicklung im sog. „Informationszeitalter“[893], insbesondere unter Berücksichtigung neuer Medien, der angebotenen Beratung und auch der Mithilfe des Produktinformationsblattes, eine Absage an das Informationsmodell im Versicherungsrecht jedenfalls nicht rechtfertigen.

Soweit auf eine objektive Verständnisgrenze Bezug genommen wird, ist zuzugeben, dass die immaterielle Beschaffenheit, welche Finanzprodukten allgemein innewohnt[894], ein hohes Informationsbedürfnis mit sich bringt.[895] Jedoch kam

---

über die Rechtsnatur dieser Informationspflichten. Eine Ansicht plädierte dennoch für eine zivilrechtliche Einordnung, z.B. Prölss/Präve, § 10a VAG, Rn. 83 f.; Reichert-Facilides, VW 1994, 561 f.; Osing, aaO (Fn. 180), S. 67 f.; Reiff, ZVersWiss 2001, 451, 463 f. Andere gingen von einem öffentlich-rechtlichen Charakter der Informationspflichten aus, u.a. Römer, aaO (Fn. 225), S. 1318; Renger, VersR 1994, 753, 758; Huckele, aaO (Fn. 868), S. 126 f. Nur kurz sei angemerkt, dass die damaligen Informationspflichten aus historischen und vor allem systematischen Gründen nach hiesiger Auffassung als öffentlich-rechtlich zu qualifizieren waren, obwohl eine Umsetzung als privatrechtliche Vorschriften vorzugswürdiger gewesen wäre. Die vierte Lebensversicherungsrichtlinie 2002/83/EG weist die Informationsvorgaben im Unterschied zur dritten Richtlinie in Titel III unter einem gesonderten Kapitel 4 „Vertragsrecht und Versicherungsbedingungen“ aus, so dass konsequenterweise die nunmehrige Normierung in § 7 VVG i.V.m. der VVG-InfoV nach hiesiger Auffassung zweifelsfrei eine privatrechtliche Ausgestaltung der Informationspflichten darstellt.

892 Zur neuen Strategie der Harmonisierung siehe unten Pkt. 4.1.2.5.1.2.2.

893 Präve, aaO (Fn. 390), S. 1836.

894 Stichwort: Rechtsprodukt Versicherung. Hierzu bereits oben unter Pkt. 3.2.2.

895 Vgl. Ackermann, ebd., S. 238.

gerade den Finanzdienstleistungen wegen ihrer besonderen wirtschaftlichen Bedeutung sowie entsprechenden Binnenmarktpotentialen[896] bei der Entwicklung des europäischen Dienstleistungsrechts eine Vorreiterrolle zu.[897] Im Hinblick auf mögliche Verständnisschwierigkeiten und Informationsfülle ist zunächst wiederum das maßgebliche Verbraucherleitbild zu berücksichtigen.[898] Zudem kann und muss verbleibenden Schwierigkeiten zuvörderst mit sog. Informationsintermediären begegnet werden[899], was normativ gerade auch mit der Umsetzung der Vorgaben zur Versicherungsvermittlerrichtlinie[900] festgeschrieben wurde.[901]

Auch der Verweis auf für den durchschnittlichen Versicherungsnehmer nicht nachvollziehbare und nicht zu bewältigende Detailfragen zur Überschussbeteiligung und der Rückkaufswertberechnung steht dem Informationsmodell nicht entscheidend entgegen. Denn solche Detailinformationen wären allenfalls für Experten[902], nicht aber für den durchschnittlichen Versicherungsnehmer geeignet. Sie sind daher weder zweckmäßig noch geboten. Korrespondierend mit den bereits aufgezeigten Anforderungen zur Transparenz können diese Detailfragen daher nicht Gegenstand des versicherungsrechtlichen Informationsmodells sein.[903] Hinzu kommt ein Geheimhaltungsinteresse des Versicherers an bestimmten mathematischen Grundlagen. Das Offenlassen spezieller Detailfragen

---

896 Ackermann, ebd., S. 233, merkt an, dass die Beseitigung von Handelshemmnissen beim Warenhandel grundsätzlich mehr Potential als im Dienstleistungsverkehr berge. Hintergrund seien natürliche Hemmnisse für Dienstleistungen wie kulturelle Unterschiede oder persönliche Reputation des Anbieters. Freilich steht dies einer fortschreitenden gesellschaftlichen Öffnung nicht entgegen und gilt daher wohl eher nur als zeitliche Vorgabe der Marktentfaltung. Zu Recht wird dann aber auf ein nicht unerhebliches Potential von Seriendienstleistungen, zu welchen auch Versicherungen im Massengeschäft gehören, hingewiesen.

897 Vgl. Ackermann, ebd., S. 237; Grundmann, aaO (Fn. 873), S. 1135 f.

898 So spricht nunmehr die Solvency-II Richtlinie gemäß Art. 185 Abs. 6 explizit an, dass die zu erteilenden Informationen „eindeutig" aber auch „detailliert schriftlich" abzufassen sind.

899 Vgl. hierzu Grundmann, ebd., S. 1141ff.; Ackermann, ebd., S. 238.

900 Richtlinie 2002/92/EG des europäischen Parlaments und Rates vom 09.12.2002. Vgl. hierzu bereits oben Pkt. 3.3.3.3. Erwägungsgrund 8 stellt ausdrücklich auch auf die Verbesserung des Verbraucherschutzes ab. Zudem ergibt sich aus den Erwägungsgründen 20 und 21das Ziel, den Informationsbedarf der Versicherungsnehmer zu decken. Vgl. auch §§ 60f. VVG.

901 Daneben ist auch an Produktaufklärung durch Fach-/Verbraucherzeitschriften zu denken. Vgl. bereits oben unter Pkt. 3.3.4.

902 Versicherungsmathematiker.

903 Siehe nochmals oben unter Pkt. 3.5.2.3.4.

steht einem hinreichenden Produktverständnis aber nicht entgegen, denn über Prognoserisiken und unternehmerische Spielräume sowie auf anfallende Kosten wird der Versicherungsnehmer hingewiesen. Er erhält daher eine hinreichende Entscheidungsbasis, welche als Grundlage für Produktvergleiche dienen kann. Allerdings ist nicht von der Hand zu weisen, dass die Schutzwirkung des Informationsmodells insoweit an eine gewisse Grenze stößt.

Aspekte der Informationsökonomie sind natürlich zu berücksichtigen. Jedoch wird die zukünftige Entwicklung abzuwarten bleiben. Unstreitig führen die Informationsvorgaben zu einer Kostenbelastung des informationsverpflichteten Versicherers.[904] Andererseits sind die besondere Bedeutung der Finanzdienstleistungen, insbesondere der Lebensversicherung sowie deren Potential unbestritten. Hinzu kommt die Vielzahl an Abschlüssen, die typischerweise bei Versicherungsprodukten im Massengeschäft zu erwarten ist, so dass die Kosten zur Erfüllung der Pflichten insgesamt optimiert werden können.[905] Ob der gewollte Wettbewerb die erhofften Effekte letztlich erzielt, vermag ex ante betrachtet niemand mit Sicherheit vorherzusagen.

Im Ergebnis bleibt festzuhalten, dass die Einwände gegen das Informationsmodell im Versicherungsrecht, speziell im Lebensversicherungsrecht, nicht überzeugen können. Vielmehr ist das Konzept in seiner Doppelfunktion begrüßenswert.[906]

4.1.1.2.4. Weitere Möglichkeiten des Verbraucher-/ Versicherungsnehmerschutzes

Der Schutz des auf dem Gedanken der Privatautonomie fußenden Informationskonzepts wird ergänzt bzw. steht im Zusammenhang mit dem Transparenzgebot. Hierin wird zu Recht der „Kern des Verbraucherschutzes" gesehen, denn nur eine transparente Darstellung des Vertragsgegenstandes kann die freie Entscheidung des Verbrauchers gewährleisten.[907]

Einer Informationsasymmetrie im Vertragsverhältnis kann, insbesondere für den Fall, dass eine Information das Ungleichgewicht nicht hinreichend

904 Vgl. BT-Drcks. 16/3945, S. 2 und 55. Wobei davon auszugehen ist, dass die Kosten weitergereicht werden.

905 Zur Charakteristika des Massengeschäfts vgl. nur Osing, aaO (Fn. 180), S. 5.

906 Z.B. auch Brömmelmeyer, aaO (Fn. 26), S. 593.

907 Ortmann, aaO (Fn. 462), S. 256; Zu den Anforderungen an die Transparenz eines Lebensversicherungsvertrages bereits oben unter Pkt. 3.5.2.3.4.

beseitigen kann[908], zusätzlich mit zwingenden oder halbzwingenden vertragsrechtlichen Eingriffen[909] des Gesetzgebers begegnet werden. Der Schutz der schwächeren Partei entfaltet sich dadurch, dass die Vertragsfreiheit auf eine bestimmte, schutzgerechte Bandbreite der möglichen Regelungsgegenstände normativ beschränkt wird.

Ein Verbraucherschutzmoment kommt weiterhin dem Wettbewerbsrecht zu.[910] Beispielhaft seien hier Regelungen zur irreführenden Werbung erwähnt.[911]

Schließlich bildet das Versicherungsaufsichtsrecht einen wesentlichen Aspekt des Versicherungsnehmerschutzes. Im Hinblick auf die erhebliche wirtschaftliche, soziale und ethische Bedeutung des Gegenstandes der (Lebens-)Versicherung und zur Stützung eines dauerhaften Vertrauens in das Versicherungswesen wird eine staatliche Aufsicht ganz herrschend für geboten gehalten.[912]

Dem weit verbreiteten Schluss, dass mit der Abschaffung der präventiven Tarif- und Bedingungskontrolle eine maßgebliche Gewährung von Versicherungsnehmerschutz auf das Privatrecht verlagert werden soll, kann so nicht gefolgt werden.[913] Das mit der dritten Versicherungsrichtliniengeneration eingeführte Verbot der präventiven Tarif- und Bedingungskontrolle untersagte der Aufsicht lediglich ein bestimmtes Aufsichtsmittel. Der Aufsichtszweck und das System der materiellen Staatsaufsicht liegen sowohl dem deutschen als auch dem europäischen Aufsichtsrecht zu Grunde. Der Aufsichtszweck besteht darin, die Versicherteninteressen vor der Verletzung von Rechts- und Verwaltungsvorschriften sowie sonstigen Missständen[914] durch geeignete und erforderliche Maßnahmen zu schützen. Die Abkehr von der besagten präventiven Aufsicht

---

908 Zur Frage des Vorranges der Information vor der zwingenden Gestaltung im Versicherungsrecht noch eingehend unten Pkt. 4.1.2.4.1.5.

909 Zu den Begrifflichkeiten siehe nur Schimikowski, Versicherungsvertragsrecht, 4 ff.

910 Vgl. nur Ackermann, ebd., S. 256 f.

911 Vgl. bspw. § 5a UWG.

912 Vgl. statt vieler Müller, aaO (Fn. 25), S. 129 f., 288, der auf die Begründung zum deutschen Versicherungsaufsichtsgesetz vom Mai 1900 Bezug nimmt. Er führt zudem die Erkenntnis des EG-Gesetzgebers an, die komplexen Versicherungsprodukte nicht ohne weiteres einem selbst regulierenden Markt zu überlassen. Wettbewerb und Staatsaufsicht sollen sich insoweit ergänzen. Neben dem Gesichtspunkt des Verbraucherschutzes dient das Aufsichtsrecht zudem darüber hinausgehenden Interessen der Allgemeinheit.

913 Teilweise wurde sogar ein Wegfall der materiellen Staatsaufsicht erkannt, vgl. hierzu Müller, ebd., S. 136, mit weiteren Nachweisen in der dortigen Fußnote 36.

914 Zum Streit um die Ausprägung der Aufsichtsbefugnis im deutschen Aufsichtsrecht – tradierte Missstandsaufsicht oder Legalitätskontrolle, vgl. Winter, VersR 2005, 145 ff.

war der Förderung des Wettbewerbs im Binnenmarkt geschuldet und erfolgte insoweit aus Gründen der „Cassis-de-Dijon-Philosophie". Nicht bezweckt war die generelle Absenkung des Aufsichtsniveaus. Vielmehr steht auch nach der Deregulierung des Versicherungswesens der Weg über die repressive bzw. laufende Aufsicht zur Verfügung.[915]

Als Mittel zur Aufsicht kommen bspw. sog. Beobachtungs- und Berichtigungsmittel[916] sowie Zwangsmittel für deren Durchsetzung in Betracht. Eine vertiefte Auseinandersetzung mit den Aufsichtsmitteln und weiteren Fragen des Aufsichtsrechts kann an dieser Stelle nicht erfolgen. Es sei jedoch angezeigt, dass den Mitgliedstaaten in der Ausgestaltung der Aufsichtsmittel und Aufsichtsvorgaben Freiräume zustehen.[917] Etwaige aufsichtsrechtliche Vorgaben können demnach im jeweiligen nationalen Allgemeininteresse geschaffen werden.[918]

4.1.1.3. Stellungnahme

Die Komplexität der (Lebens-)Versicherungsprodukte und das damit verbundene Ungleichgewicht der Vertragsparteien gebieten zweifelsohne einen Versicherungsnehmerschutz. Kenntnisungleichgewichten wird dabei im Rahmen der Privatrechtsgesetzgebung mit dem wettbewerbs- und gleichzeitig verbraucherschützenden sog. „Informationsmodell" begegnet, welches auch für das Versicherungsrecht zu befürworten und nach anfänglichem „Irrläufer" mittlerweile auch vom deutschen Gesetzgeber entsprechend normiert wurde. Damit korrespondiert zugleich das Leitbild des mündigen Versicherungsnehmers.

Darüber hinaus bestehen weitere Schutzinstrumente im und neben dem Privatrecht. Insbesondere die aufgrund der Bedeutung und Komplexität des Produktes Versicherung geschaffene öffentlich-rechtliche Versicherungsaufsicht ist hier zu nennen.

Welches Verhältnis etwaige Schutzinstrumente im Hinblick auf den geschilderten Zusammenhang von Wettbewerb und Verbraucherschutz im Binnenmarkt zueinander besitzen sowie die Frage des dementsprechend gebotenen

915 Ausführlich hierzu mit historischer Anknüpfung Müller, ebd., S. 136 f.

916 Hierzu gehören Auskunftsrechte, z.B. durch örtliche Prüfungen oder die Pflicht der Versicherer zur Rechnungslegung sowie ein allgemeines Eingriffsrecht, soweit dies zur Wahrung der Aufsichtsaufgaben geeignet und erforderlich ist, Müller, ebd., S. 199 ff.

917 Vgl. z.B. Präve, VW 1992, 8, 14; Winter, ebd., S. 150; Dies gilt für den hier betrachteten Bereich auch nach der Solvency II-Richtlinie.

918 Müller, ebd., S. 288; Zum Allgemeininteresse siehe unten Pkt. 4.1.2.3.

Verbraucherschutzes im konkreten Einzelfall, soll Gegenstand der folgenden Überlegungen sein.

4.1.2. Wettbewerb im europäischen Versicherungsmarkt

Nach Art. 119 AEUV ist die Wirtschaftspolitik der Gemeinschaft sowie der Mitgliedsstaaten dem Grundsatz der offenen Marktwirtschaft mit freiem Wettbewerb verpflichtet. Der Errichtung des Gemeinsamen Marktes kommt dabei zentrale Bedeutung zu. Dies zeigt sich insbesondere in der Tatsache, dass im Gegensatz zu mitgliedsstaatlichen Verfassungen dem europäischen Wettbewerbsrecht mit Art. 101 ff. AEUV primärrechtliche Stellung eingeräumt wird.[919]

Mit dem Abschluss des EG-Vertrages[920] konstituierten die Mitgliedsstaaten für den Gemeinsamen Markt[921] gleichfalls die vier so genannten Grundfreiheiten, nämlich den freien Warenverkehr, den freien Personenverkehr, den freien Dienstleistungsverkehr und den freien Kapitalmarktverkehr.[922] Diese wettbewerblichen Freiheiten schreiben „unmittelbar anwendbare Individualechte auf ungehinderte Teilnahme am Binnenmarkt" fest und dies unabhängig von einer etwaigen Umsetzung sekundärer Richtlinienvorschriften.[923]

Besondere Relevanz für das Versicherungsrecht kommt dabei der Niederlassungs- und der Dienstleistungsfreiheit zu.[924]

---

919 Vgl. z.B. Riesenhuber, aaO (Fn. 859), S. 26 f. Ein Eingehen auf Fragen des Kartell- und Wettbewerbsrechts ist an dieser Stelle aber nicht weiter angezeigt.

920 Seit dem Vertrag von Lissabon vom 13.12.2007 als Vertag über die Arbeitsweise der Europäischen Union bezeichnet (AEUV).

921 Den gemeinsamen Binnenmarkt vereinbarten die ursprünglichen Vertragsparteien Belgien, Bundesrepublik Deutschland, Frankreich, Italien, Luxemburg und die Niederlande im Vertrag von Rom vom 25.03.1957. Der Vertrag trat nach Ratifizierung Anfang 1958 in Kraft. Die Grundfreiheiten wurden dann im damals noch als „EWG-Vertrag" bezeichneten Vertrag verankert.

922 Vgl. nur Müller, aaO (Fn. 25), S. 5.

923 Vgl. Riesenhuber, ebd., S. 26 f. Müller, ebd., S. 10 f., wonach der EuGH in einer Übergangszeit um 1970 mehr und mehr Vorschriften über die Grundfreiheiten für unmittelbar anwendbar erklärte. Auf die grundlegende Entscheidung des EuGH vom 05.02.1963, Rs. 26/62 „van Gend u. Loss", Slg. 1963 S. 1 ff. wird Bezug genommen. Zu den daneben stehenden wettbewerblichen Richtlinienvorgaben bereits oben unter Pkt. 3.3. Zu den Konsequenzen aus den Richtlinienvorgaben unten unter Pkt. 4.1.2.5.

924 Vgl. nochmals oben unter Pkt. 3.3. Nur diese beiden Grundfreiheiten sollen vorliegend in den Blickpunkt gerückt sein.

4.1.2.1. *Schutz des Wettbewerbs durch die Grundfreiheiten*

4.1.2.1.1. *Niederlassungsfreiheit nach Art. 49 AEUV*

Die Niederlassungsfreiheit i.S.d. Art. 49 ff. AEUV kann als Freiheit der Standortwahl des Unternehmers innerhalb der Gemeinschaft für die auf Dauer angelegte und selbständig ausgeübte unternehmerische Tätigkeit verstanden werden. Als Standort gilt dabei der Mittelpunkt des gewerblichen bzw. beruflichen Schaffens.[925] Dies führt einerseits zur Berechtigung, seine Hauptniederlassung in irgendeinem Mitgliedsstaat (sog. primäre Niederlassungsfreiheit i.S.v. Art. 49 Abs. 1 S. 1 AEUV) oder andererseits in einem anderen vom Land des Hauptsitzes verschiedenen Mitgliedsstaat eine Tochtergesellschaft, eine Agentur oder eine Zweigniederlassung zu errichten (sog. sekundäre Niederlassungsfreiheit i.S.v. Art. 49 Abs. 1 S. 2 AEUV). Hierfür sind die gleichen Voraussetzungen heranzuziehen, wie sie für Unternehmen mit Sitz in dem gewählten Mitgliedsstaat gelten.[926]

4.1.2.1.2. *Dienstleistungsfreiheit nach Art. 56 AEUV*

Die Dienstleistungsfreiheit besitzt für grenzüberschreitende wirtschaftliche Betätigungen gemäß Art. 57 Abs. 1 AEUV einen Auffang- und Ergänzungscharakter.[927] Die Definition der Freiheit zur Vornahme von Dienstleistungen, im Sinne nichtkörperlicher Leistungen, welche in der Regel gegen Entgelt erbracht werden, kann demnach nur negativ in Abgrenzung zu den übrigen Freiheiten[928] erfolgen.[929] Der Unterschied zur Niederlassungsfreiheit wird dabei am Kriterium der „vorübergehenden" Tätigkeit festgemacht, Art. 57 Unterabsatz 3 AEUV, was im Einzelfall zu Abgrenzungsschwierigkeiten führt.[930]

---

925 Vgl. P. Schmidt, aaO (Fn. 216), S. 182.

926 Müller, ebd., S. 5.

927 Vgl. nur Mönnich, aaO (Fn. 7), § 2 Rn. 5, S. 74.

928 Freier Waren- und Kapitalverkehr, Freizügigkeit der Personen und Niederlassungsfreiheit, vgl. Art. 57 AEUV.

929 Vgl. nur P. Schmidt, ebd., S. 186.

930 Vgl. § 13a Abs. 1 Satz 2 VAG; Müller, ebd., S. 6; Mönnich, ebd., § 2 Rn. 5 f., S. 74 f.; Mitteilung der Kommission zu Auslegungsfragen, Amtsblatt der Europäischen Gemeinschaft, 2000/C 43/03/07 ff. Abgrenzungsschwierigkeiten ergeben sich bspw. für den Fall, wenn das Geschäft eines Versicherungsunternehmens in einem anderen Mitgliedsstaat ein gewisses Gewicht und eine gewisse Dauerhaftigkeit erreicht und daher aus objektiver Sicht eine Niederlassung notwendig wäre, das Versicherungsunternehmen eine solche Niederlassung jedoch nicht errichtet. Als Fall der Niederlassung wird es dann auch anzusehen sein, wenn das Versicherungsgeschäft

Die Dienstleitungsfreiheit gibt einem Versicherungsunternehmen mit Sitz oder Niederlassung in einem Mitgliedsstaat die Möglichkeit, grenzüberschreitend in einem anderen Mitgliedsstaat versicherungsgeschäftlich tätig zu werden, ohne sich dort niederzulassen. Dabei gelten dieselben Voraussetzungen, wie für die in diesem Land ansässigen Unternehmen.[931]

Die Dienstleistungsfreiheit umfasst danach Fälle, in denen sich ein Versicherungsunternehmen zum Versicherungsnehmer in einen anderen Mitgliedsstaat begibt (sog. positive oder aktive Dienstleistungsfreiheit). Daneben unterfällt auch die Situation, in welcher der Versicherungsnehmer an einen Versicherer in einem anderen Mitgliedsstaat herantritt, der Dienstleistungsfreiheit (sog. negative oder passive Dienstleistungsfreiheit). Letztlich zählen weiter solche Fälle dazu, in denen nicht Vertragsparteien mitgliedsstaatliche Grenzen überschreiten, wohl aber die Leistung über eine mitgliedstaatliche Grenze führt (sog. Korrespondenzdienstleistung).[932]

4.1.2.1.3. Grenzüberschreitender Geschäftsverkehr

Wie bereits aus den soeben geschilderten Sachverhaltsvarianten zur Niederlassungs- und Dienstleistungsfreiheit ersichtlich, bedarf es als Voraussetzung für die Anwendbarkeit der Grundfreiheiten stets eines grenzüberschreitenden Geschäftsverkehrs, denn soweit es sich nur um rein nationale Sachverhalte handelt, findet europäisches Recht keine Anwendung.[933]

Das Kriterium wird grundsätzlich weit verstanden, so dass es sich lediglich um eine Art Bagatellvorbehalt handelt. Aufgrund der bereits vorhandenen Situation auf dem europäischen Versicherungsmarkt wird dieses Kriterium für den hier relevanten Bereich letztlich regelmäßig verwirklicht sein.[934] Darüber hinaus wird zukünftig mit einem ja gerade angestrebten, weiter verstärkten Wettbewerb im Versicherungsbinnenmarkt zu rechnen sein. Daher ergibt sich eine

---

durch eine zwar selbständige, aber ständig mit dem Versicherungsgeschäft des Unternehmens betraute Person betrieben wird, welche von einer Betriebsstätte in dem anderen Mitgliedsstaat aus tätig wird. Vgl. zur allgemeinen Abgrenzung die Entscheidung des EuGH vom 30.11.1995, Rs. C-55/94 „Gebhard“, Slg. 1995, I-4165, Rn. 25.

931 Vgl. z.B. Müller, ebd., S. 5.

932 Vgl. Mönnich, ebd., S. 74 Rn. 5; auch P. Schmidt, ebd., S. 187 f.

933 Vgl. z.B. Herrmann, aaO (Fn. 368), S. 8; ders. in Bruck/Möller, Einf. B S. 89 Rn. 1.

934 Vgl. Herrmann, ebd., Einf. B, S. 90 sowie S. 8 f. des NWiR-Aufsatzes, belegt mit Zahlenmaterial zum europäischen Versicherungsmarkt.

grenzüberschreitende Relevanz gleichfalls im Sinne der Erheblichkeit potentiellen Wettbewerbs.[935]

4.1.2.1.4. *Diskriminierung/Maßnahme gleicher Wirkung*

Sowohl die Niederlassungsfreiheit als auch die Dienstleistungsfreiheit sind eine besondere Ausformung des allgemeinen Diskriminierungsverbotes nach Art. 18 AEUV.[936] Jedwede strengere Behandlung von am Markt teilnehmenden Personen anderer Mitgliedsstaaten im Vergleich zu inländischen Personen durch nationale Maßnahmen ist nach ständiger Rechtsprechung des EuGH diskriminierend und damit unzulässig.[937]

Von einem allgemeinen Beschränkungsverbot werden darüber hinaus auch nicht diskriminierende Regelungen erfasst, die geeignet sind, die genannten Freiheiten der Marktteilnehmer zu unterbinden bzw. zu behindern.[938] Stoßen Unternehmer in anderen Mitgliedsstaaten auf unterschiedliche Vorgaben und Systeme, auch wenn diese für sämtliche Unternehmen unterschiedslos gelten, so wird den in den Markt eintretenden Unternehmen dennoch der Zutritt erschwert, da eine entsprechende Produkt- und Vertriebsanpassung nötig wird.[939]

Das weite Verständnis des allgemeinen Beschränkungsverbotes wurde nach der sog. Keck-Rechtsprechung des EuGH jedenfalls für die Warenverkehrsfreiheit nach Art. 34 ff. AEUV dahingehend eingeschränkt, dass unterschiedslos angewandte Verkaufsmodalitäten im Sinne einer Bereichsausnahme keinen Eingriff in die Grundfreiheiten darstellen.[940] Davon abzugrenzen sind

935 Herrmann, ebd.; Vgl. auch EuGH, Urteil vom 05.12.2006, Rs. C-94/04 „Cipolla", Rn. 26 ff.

936 Vgl. nur P. Schmidt, ebd., S. 182, 188 unter Verweis auf den damaligen Art. 12 EG.

937 Vgl. zur Niederlassungsfreiheit nur EuGH vom 21.06.1974, Rs. C-2/74 „Reyners", Slg. 1974, S. 631 Rn. 18; zur Dienstleistungsfreiheit nur EuGH vom 17.12.1981, Rs. C-279/80 „Webb", Slg. 1981, 3305, Rn. 14.

938 Vgl. nur Schmidt, ebd., S. 184 f.,188; Dahinter steht der effet-utile-Gedanke.

939 Vgl. insb. die vom EuGH zur Dienstleistungsfreiheit entwickelte sog. „Dassonville-Formel", Urteil des EuGH vom 11.07.1974, Rs. C-8/74 „Dassonville", Slg.1974, S. 837 ff. Rn. 5. Der genaue Wortlaut des Gerichts lautet: „Jede Handelsregelung der Mitgliedsstaaten, die geeignet ist, den innergemeinschaftlichen Handel unmittelbar oder mittelbar, tatsächlich oder potentiell zu behindern, ist als Maßnahme mit gleicher Wirkung wie eine mengenmäßige Beschränkung anzusehen."

940 Vgl. EuGH vom 24.11.1993, Rs. C-267/91 und 268/91 „Keck" und „Mithouard", Slg.1993, I-6097 ff.; eingehend Körber, Grundfreiheiten und Privatrecht, S. 157 ff.

produktgestaltende Regelungen, welche stets dem allgemeinen Beschränkungsverbot unterliegen.[941]

Für die Vorgaben der Keck-Rechtsprechung ist jedoch umstritten, ob diese, insbesondere im Rahmen der Dienstleistungsfreiheit, Anwendung finden können.[942] Die ablehnenden Stimmen argumentieren dabei zu Recht mit der mangelnden Eignung der Vorgaben für eine Abgrenzung im Rahmen der gegenüber Waren komplexeren Zugangshindernisse bei Dienstleistungen.[943] Selbst wenn entgegen der Ansicht des Verfassers eine Übertragung befürwortet werden sollte, bliebe es dem Gemeinschaftsgesetzgesetzgeber unbenommen, ein Beschränkungsverbot von Verkaufsmodalitäten sekundärrechtlich vorzugeben.[944] Im Übrigen erscheint es für die komplexen Zusammenhänge bei Dienstleistungen günstiger, eine Lösung nicht im Rahmen tatbestandlicher Bereichsausnahmen, sondern mit flexibler handhabbaren Maßstäben der Rechtfertigung zu suchen.

4.1.2.2. Beschränkung des Wettbewerbs durch mitgliedsstaatliche Eingriffe in die Grundfreiheiten

Damit einer staatlichen Maßnahme überhaupt Eingriffsqualität beigemessen werden kann, muss sie geeignet sein, den geschäftlichen Verkehr im Binnenmarkt zu behindern. Als Eingriff in die Grundfreiheiten kommen nach ständiger Rechtsprechung nicht nur öffentlich-rechtliche, sondern gleichfalls zivilrechtliche Regelungen in Betracht.[945]

Es ist daher für die hier gegenständlichen Normen des nationalen (Versicherungs-)Vertragsrechts zu fragen, ob diese frei von diskriminierenden bzw. beschränkenden Vorgaben für die Vertragsparteien sind oder nicht.[946]

---

941 Vgl. nur Schmidt, ebd., S. 189 f.

942 Vgl. nochmals Schmidt, ebd., m.w.N; Körber, ebd., S. 326 ff, insb. S. 332.; ders. zur Niederlassungsfreiheit, ebd., S. 305 ff.

943 Vgl. nur Herrmann, ebd., Einf. B., S. 97. Auch der EuGH hat einer Übertragung seiner Keck-Rechtsprechung auf die Dienstleistungsfreiheit im Übrigen eine Absage erteilt, vgl. EuGH, Urteil vom 10.05.1995, Rs. C-384/93 „Alpine Investments", Slg. 1995, I-1141, 1144.

944 Roth, in: Gsell/Herresthal, Vollharmonisierung im Privatrecht, Die Konzeption der Richtlinie am Scheideweg?, S. 40.

945 Vgl. Roth, in: Bitburger Gespräche 2006 II, S. 123, Herresthal, in: Langenbucher, Europarechtliche Bezüge des Privatrechts, S. 89 Rn. 41 f.; Tassikas, Dispositives Recht und Rechtswahlfreiheit als Ausnahmebereiche der EG-Grundfreiheiten, S. 176.

946 Vgl allgemein auch Tassikas, ebd., S. 180.

Mit der Ausdehnung der Grundfreiheiten von Diskriminierungsverboten zu allgemeinen Beschränkungsverboten[947] geht freilich eine substantielle Ausweitung der Überprüfung des nationalen Vertragsrechts einher.[948] Bedenkt man dabei, dass bei der bisherigen Konzeption des Binnenmarktes die einzelnen nationalen Vertragsrechte der Mitgliedstaaten divergieren und divergieren dürfen, zeigt sich, dass nicht jede vertragsrechtliche Gestaltung in einem Mitgliedsstaat eine relevante Beschränkung für einen Marktteilnehmer eines anderen Mitgliedsstaates sein kann.[949] Wann eine relevante Beschränkung der Grundfreiheiten im Einzelfall vorliegt, ist umstritten.[950]

4.1.2.2.1. Eingriff in Grundfreiheiten durch (halb-)zwingendes Vertragsrecht

Zunächst sind solche vertragsrechtlichen Vorgaben herauszugreifen[951], die den Vertragsparteien (halb-)zwingende Vorgaben machen.[952] Solche Vorgaben betreffen für das Lebensversicherungsvertragsecht einerseits vertriebliche Aspekte[953], andererseits auch unmittelbar die Produktgestaltung an sich.[954]

Maßnahmen sollen dann keinen Eingriff in die Grundfreiheiten darstellen, wenn deren Eignung zur Behinderung einer Grundfreiheit als „äußerst ungewiss"[955] einzustufen ist. Die Vagheit dieser Begrenzung liegt jedoch auf der Hand.

947 Vgl. Fn. 939.

948 Herresthal, ebd., S. 90 Rn. 42.

949 Vgl. ebd., S. 92.

950 Die Arbeit kann vorliegend freilich nicht die Vielzahl an Ansichten zur Binnenmarktentwicklung in der Folge der Keck-Rechtsprechung aufzeigen. Vgl. hierzu z.B. Tassikas, ebd., S. 175 ff. und 193 ff.; Körber, ebd., S. 122ff., 259ff., 302ff., 325ff, 360ff. m.w.N. Der anzulegende Prüfungsmaßstab soll jedoch im Wesentlichen skizziert werden.

951 Voraussetzung ist hierbei natürlich, dass die Normen überhaupt nach dem Internationalen Privatrecht Anwendung finden, was aber gemäß Art. 7 der Rom-I VO bei Versicherungsverträgen im Massengeschäft mit in Deutschland wohnenden Versicherungsnehmern der Fall sein wird. Zur einzigen Möglichkeit der Rechtswahl siehe unten unter Pkt. 4.1.2.2.3.

952 Beispielhaft angeführt kann an dieser Stelle § 169 As. 3 VVG, welcher gemäß § 171 VVG halbzwingend ausgestaltet ist. Zu halbzwingenden Vorschriften nur Schimikowski, aaO (Fn. 140), S. 6f.

953 Z.B. das Produktinformationsblatt gemäß § 4 VVG-InfoV.

954 Z.B. den gesetzlichen Mindestrückkaufswert gemäß § 169 Abs. 3 S. 1 VVG.

955 Herresthal, ebd., S. 100 für die Dienstleistungsfreiheit; Körber, ebd., S. 409.

Die bloße Unterscheidung nach Vertriebsmodalität oder produktgestaltender Regelung im Sinne der Keck-Rechtsprechung ist nach obigen Erwägungen nicht zielführend.

Entscheidendes Kriterium soll nach der „Alpine Investment"-Entscheidung des EuGH die Geeignetheit der Maßnahme sein, den Marktzugang zu behindern.[956]

Dem ist beizupflichten, da dadurch eine für den konkret betroffenen (Dienstleistungs-)Markt gerechte Lösung im Einzelfall gefunden werden kann.[957]

Danach ist festzuhalten, dass nationale (halb-)zwingende vertragsrechtliche Vorgaben, insbesondere bei grenzüberschreitenden Finanzdienstleistungen, eine Beeinträchtigung der Grundfreiheiten mit sich bringen können, wenn sie geeignet sind, den Marktzugang zu behindern[958].

4.1.2.2.2. Eingriff in die Grundfreiheiten durch dispositives Vertragsrecht

Bei dispositiven Regelungen des Vertragsrechts stellt sich die Frage, welche Auswirkung die Abdingbarkeit auf die Eingriffsqualität der vertragsrechtlichen Vorgabe hat.[959]

So könnte sich auf den Standpunkt gestellt werden, dass dispositivem Vertragsrecht keine Eingriffsqualität zukommt, da die vertragliche Freiheit weiterhin besteht, die vertragsrechtliche Vorgabe von den Parteien mithin abbedungen werden kann.[960]

---

956 Vgl. EuGH, aaO (Fn. 943), Rz. 38; Herresthal, ebd., S. 101; Körber, ebd., S. 409 f.

957 Die Frage, wann eine relevante Behinderung des Marktzugangs vorliegt, kann dann von unterschiedlichen Kriterien abhängen, z.B. besonderen Kosten, Produktmodifikationen, spezifische Pflichten, vgl. Herresthal, ebd., S. 97.

958 Vgl. auch nochmals Herresthal, ebd., S. 101, der beispielhaft die Notwendigkeit einer eigenständigen Kalkulation als behindernde Maßnahme in diesem Zusammenhang anspricht.

959 Bspw. kann gemäß § 153 Abs. 1 HS. 2 VVG die vorgegebene Beteiligung der Versicherungsnehmer am Überschuss und an den Bewertungsreserven (nur) insgesamt ausgeschlossen werden. § 153 Abs. 1 VVG enthält damit eine abdingbare Vorgabe.

960 Diese Richtung bspw. andeutend, Roth, VersR 1993, 129, 133; vgl. auch Körber, ebd., S. 411 ff.

Entgegengesetzt wäre der Standpunkt, dass sich die Dispositivität nicht weiter auswirkt, um es dem nationalen Gesetzgeber zu versperren, Rechtsgeschäfte durch die Grundfreiheiten beschränkende aber disponible Normen zu ergänzen.[961]

Zieht man auch hier zutreffend das Kriterium der Marktzugangsbeschränkung heran, sind beide vorgenannten Standpunkte zurückzuweisen. Einerseits können sich disponible Vorgaben im Vergleich zu zwingenden Regelungen als wesentlich niedrigere Hürde darstellen, denn es besteht theoretisch die Möglichkeit, die Vorgabe durch Abrede aufzuweichen bzw. abzuändern.[962] Andererseits kann der Abänderungsbedarf eine besondere Belastung für den Marktteilnehmer darstellen und damit auch die Grundfreiheit relevant beschränken.[963]

Grundsätzlich wird eine dispositive vertragsrechtliche Norm zwar keine Beschränkung der Grundfreiheiten mit sich bringen.[964]

Etwas anderes wird jedoch ausnahmsweise dann gelten, wenn eine Abbedingungsmöglichkeit aus praktischen bzw. wettbewerblichen Aspekten weitgehend ausscheidet.[965] Denn dann besteht der vertragliche Freiraum letztlich nicht. Der Marktzugang wird relevant behindert.

4.1.2.2.3. Eingriff in die Grundfreiheiten bei Rechtswahlmöglichkeit

Schließlich muss die Eingriffsqualität auch unter dem Aspekt der Rechtswahl verschiedener Rechtsordnungen beleuchtet werden.[966]

Kommt eine kollisionsrechtliche Abwählbarkeit des zwingenden oder dipositiven Vertragsrechts in Betracht, will eine Ansicht eine Beeinträchtigung der Grundfreiheiten allgemein verneinen.[967] Die Wahlmöglichkeit sei derart gewichtig, dass

---

961 Langner, RabelsZ 65 (2001), 222, 230; auf diesen Standpunkt Bezug nehmend Körber, ebd., S. 412.

962 Vgl. Herresthal, ebd., S. 104 f.

963 ebd., S. 105, wobei zutreffend darauf hingewiesen wird, dass der allgemeine Informationsmehrbedarf zur Prüfung der Rechtsordnung und auch die allgemeine Verhandlungslast keine geeigneten Marktzugangshindernisse darstellen.

964 So die wohl h.L., vgl. ebd., S. 106 m.w.N.; auch Körber, ebd., S. 415.

965 So geht der deutsche Gesetzgeber bei § 153 Abs. 1 VVG bspw. selbst davon aus, dass sich ein Komplettausschluss der Überschussbeteiligung aus Gründen des Wettbewerbs kaum wird verhandeln lassen, BT-Drcks. 16/3945, S. 95. Vgl. hierzu auch unten unter Pkt. 5.1.1.1.

966 vgl. auch Körber, ebd., S. 415 ff.

967 vgl. Körber, ebd.; Herresthal, ebd., S. 106 Rn. 67 m.w.N.; auch der EuGH argumentierte in diese Richtung in der Entscheidung vom 14.11.1990, Rs C-339/89 „Alsthom Atlantique“, Slg. 1991, I-118 Rz. 15.

sie die Abänderungslast aufwiege. Zudem betonen Herkunfts- und Empfangsstaat mit ihrer kollisionsrechtlichen Anknüpfung eine doppelte Regelung.[968]

Andere wollen dagegen die zuvor erarbeitete Anknüpfung an die Marktzugangsbehinderung trotz des Kollisionsrechts nicht außen vor lassen.[969] Denn die Rechtswahl betrifft eine Vereinbarung über gesamte Normenkomplexe und stellt daher stets einen gewichtigen Änderungsbedarf dar. Hinzu kommt die Unsicherheit bei der gerichtlichen Durchsetzung des fremden materiellen Rechts im eigenen Mitgliedsstaat. Hierauf müsste sich ein Vertragspartner erst einmal einlassen. Schließlich wird zu Recht ein Wertungswiderspruch angeführt, wenn die „Grundfreiheiten als gemeinschaftsrechtliche Fundamentalrechte" allein wegen einer kollisionsrechtlichen Abwahlmöglichkeit nicht auf das Sachrecht bezogen werden könnten.[970] Dem ist beizupflichten.

Konkret stellt sich für den Bereich des komplexen Lebensversicherungsvertragsrechts die Frage, ob das Ungleichgewicht zwischen den Vertragspartnern eine faire Rechtswahlmöglichkeit nicht bereits von vornherein ausschließt.[971]

Seit 17.12.2009 gelten die kollisionsrechtlichen Vorschriften der Rom-I-Verordnung (Nr. 593/2008) auch für Versicherungsverträge.[972] Nach Art. 7 Abs. 1, Abs. 3 der Verordnung Nr. 593/2008 unterliegen Versicherungsverträge über Massenrisiken, die innerhalb der EU belegen sind, grundsätzlich dem Recht des Mitgliedsstaates, in dem das Risiko bei Vertragsschluss belegen ist. Dies wird regelmäßig das Recht des Mitgliedsstaates sein, in welchem der Versicherungsnehmer seinen gewöhnlichen Aufenthalt hat.[973]

---

968 Herresthal, ebd.

969 ebd., S. 107 Rn. 68.

970 Ebd., S. 108.

971 In diese Richtung nachvollziehbar Roth, VersR 1993, 129, 133. Danach könnten unterschiedliche Vertragsstatute für den Bereich der Lebensversicherung, im Sinne der Rechtwahlfreiheit den eingreifenden Charakter zwingenden nationalen Vertragsrechts nicht beheben, da eine hinreichende Wahlfreiheit bei Lebensversicherungsverträgen gerade nicht gegeben sei. Bereits dem Grunde nach – meint *Roth* damals - erscheint die Möglichkeit der Rechtswahl im Versicherungsrecht zur Ablehnung des Eingriffscharakters zwingender vertragsrechtlicher Normen nicht zielführend.

972 Zuvor waren die Regelungen der Art. 7 ff. EGVVG anzuwenden. Zum jetzigen Regelungsstand nur Dörner in: Bruck/Möller, Kommentar zum VVG, Bd. 11, IntVersR, Art. 7 Rom-I VO, S. 267 ff.

973 Vgl. Art. 7 Abs. 6 Rom-I VO i.V.m. Art. 1 Abs. 1 lit. g der Richtlinie 2002/83/EG, Art. 310 UA 2, Art. 13 Nr. 14 der Richtlinie 2009/138/EG. Vgl. auch Dörner, ebd., S. 276 ff. Rn. 27, 45; Looschelders, VersR 2013, 53, 660

Der europäische Gesetzgeber schützt den Versicherungsnehmer bei Lebensversicherungsverträgen dadurch, dass eine Rechtswahl gemäß Art. 7 Abs. 3 c) der Rom-I-Verordnung nur insoweit getroffen werden kann, dass neben dem Recht des Mitgliedsstaates der Risikobelegenheit allenfalls das Recht des Mitgliedsstaates gewählt werden kann, dessen Staatsangehörigkeit der Versicherungsnehmer besitzt.[974] Die Möglichkeit der Rechtswahl bei Lebensversicherungsverträgen kommt somit nur ausnahmsweise bei abweichender Staatsangehörigkeit und dann auch nur in benannten engen Grenzen in Betracht.[975] Für das Gros der Fälle scheidet eine Wahlmöglichkeit zum Schutze der Versicherungsnehmer im gegenständlichen Bereich aus.

Es bleibt festzuhalten, dass für Versicherungsnehmer, die nur die deutsche Staatsbürgerschaft besitzen und ihren gewöhnlichen Aufenthalt in Deutschland haben, keine Abwahl der Regelungen des VVG in Betracht kommt.[976] Ist ein Versicherungsnehmer mit gewöhnlichem Aufenthalt in der Bundesrepublik Deutschland bspw. französischer Staatsbürger, dann könnte auch französisches Lebensversicherungsvertragsecht gewählt werden. Aber auch in diesem Fall der Rechtswahlmöglichkeit wäre im Einzelfall nach einer relevanten Marktzugangsbehinderung zu fragen.

4.1.2.3. Rechtfertigung von Eingriffen in die Grundfreiheiten

Aus der grundsätzlichen Stellung des freien Wettbewerbs ergibt sich im Umkehrschluss, dass Eingriffe in die Grundfreiheiten stets der Rechtfertigung bedürfen.[977] Neben den geschriebenen Schranken[978] erkennt der EuGH die ungeschriebene Schranke des sog. Allgemeininteresses.[979] Als Ausnahmeregelungen zum

974 vgl. Dörner, ebd., S. 289 f. Rn. 58 ff.

975 Aber selbst wenn die Möglichkeit der Rechtswahl für einzelne Fälle eröffnet wird, ist, wie ausgeführt, dennoch das Kriterium der Marktzugangsbehinderung heranzuziehen. Ferner gilt zu beachten, dass selbst bei Abwahl der Rechtsordnung zwingende Vorschriften des Rechts des Aufenthaltsstaates zu beachten sein können, Art. 6 Abs. 2, 9 Rom-I-Verordnung.

976 Dieser Sachverhalt betrifft das Gros der Fälle, weshalb bei den weiteren Überlegungen hiervon ausgegangen werden soll.

977 Vgl. nur Riesenhuber, aaO (Fn. 859), S. 27.

978 Vgl. für die Niederlassungs- und Dienstleistungsfreiheit Art. 52 Abs. 1, 62 AEUV. Mangels Relevanz soll hierauf nicht näher eingegangen werden.

979 Zur Notwendigkeit der ungeschriebenen Schranke vgl. nur Streinz, Europarecht, S. 279 ff. Erstmals greift der EuGH auf das Allgemeininteresse in seiner Entscheidung vom 03.12.1974, Rs. 33/74 „van Binsbergen", Slg. 1974, 1299, 1309 zurück.

Grundsatz des freien Wettbewerbs ist sowohl für die geschriebenen wie auch für die ungeschriebene Schranke des Allgemeininteresses ein enges Verständnis angezeigt.

Dem Allgemeininteresse als Argumentationsfigur bediente sich der EuGH zunächst maßgeblich im Rahmen der Warenverkehrsfreiheit durch die Entwicklung der sog. „Cassis-Formel“[980] und zog seither in ständiger Rechtsprechung daran anknüpfend das Allgemeininteresse zur Legitimation beschränkender Regelungen auch im Bereich der Niederlassungs- und Dienstleistungsfreiheit heran.[981] Anerkannte Zwecke des Allgemeininteresses sind insbesondere die wirksame steuerliche Kontrolle, der Schutz der öffentlichen Gesundheit, der Lauterkeit des Handelsverkehrs und der Verbraucherschutz.[982]

Der EuGH äußerte sich im Jahre 1986 auch zum Allgemeininteresse im Versicherungswesen.[983] Er stellte für das grenzüberschreitende Versicherungsgeschäft fest, dass es sich im Hinblick auf den Schutz des Verbrauchers als Versicherungsnehmer um einen „besonders sensiblen Bereich handelt“. Dies begründe sich aus dem speziellen Charakter der Versicherungsleistung, nämlich der Abhängigkeit von zukünftigen Ereignissen, bei welchen Eintritt bzw. Eintrittszeitpunkt ungewiss sind.[984] Der EuGH beurteilte in seiner Entscheidung zwar maßgeblich aufsichtsrechtliche Fragen. Die Feststellungen zum Versicherungsnehmerschutz können aber gleichfalls auf das Versicherungsvertragsrecht übertragen werden[985], da kein Grund für eine differenzierte Behandlung ersichtlich ist.

Eine genaue Definition des Allgemeininteresses existiert jedoch wegen des möglichen Anwendungsbereichs nicht. Allgemeininteresse i.S.d. für Beschränkungen der Grundfreiheiten entwickelten Rechtsfigur des EuGHs bedeutet dabei

---

980 EuGH, vom 20.02.1979, Rs. 120/78 „Cassis de Dijon“, Slg. 1979, 649; vgl. auch statt vieler Streinz, ebd., S. 281.

981 Roth, ebd., S. 129.

982 Vgl. nochmals die sog. „Cassis-Formel“ des EuGH; Streinz, ebd., S. 281; mit Bezug zum Versicherungsrecht, Müller, aaO (Fn. 25), S. 44; Präve, aaO (Fn. 166), S. 279; vgl. auch die umfassendere Aufstellung in der Mitteilung der Kommission vom 16.02.2000, 2000/C 43/03/17.

983 EuGH vom 04.12.1986, Rs. 205/84 „Versicherungsurteil“, Slg. 1986, 3755. Vgl. z.B. auch Schwintowski, NJW 1987, 521; P. Schmidt, aaO (Fn. 216), S. 194 ff. Ein wesentlicher Entscheidungsgesichtspunkt war dabei auch die Anwendbarkeit der Dienstleistungsfreiheit auf Versicherungen. Das VAG verlangte nämlich zum damaligen Zeitpunkt die nationale Zulassung sowie die Errichtung einer Niederlassung zum Betrieb von Versicherungsgeschäften.

984 EuGH, ebd., Slg. 1986, 3755 Rn. 30 f.; vgl. auch Reich, aaO (Fn. 216), S. 813.

985 Roth, ebd., S. 134.

stets ein national bestimmtes Allgemeininteresse.[986] Danach müsste für den hier relevanten Verbraucher-/Versicherungsnehmerschutz nach dem national für notwendig erachteten Schutz gefragt werden.[987]

Der EuGH wendet die ungeschriebene Schranke des Allgemeininteresses aber nur an, wenn eine sekundärrechtliche Harmonisierung des in Rede stehenden Bereichs noch nicht erfolgte.[988] Für den Fall sekundärrechtlicher Harmonisierung werden nationale Allgemeininteressen durch ein vom Sekundärrecht gezeichnetes europäisches Gemeinschaftsinteresse ersetzt bzw. das nationale Allgemeininteresse entsprechend europarechtlich konkretisiert.[989] Der jeweilige Harmonisierungsgrad kann sich dann auf das Gemeinschaftsinteresse auswirken bzw. dieses weiterentwickeln.

In der Folge sollen die Maßstäbe für die allgemeinen Kontrollstandards diskutiert und im Anschluss die speziell für das Lebensversicherungsvertragsecht durch die sekundärrechtlichen Vorgaben wirkenden besonderen Einflüsse beleuchtet werden.

4.1.2.4. Grenzen der Rechtfertigung

Mitgliedsstaatliche Eingriffe in den europäischen Wettbewerb können dem Grunde nach nur dann gerechtfertigt sein, wenn sie den europäischen Gedanken des Diskriminierungsverbotes und des Verhältnismäßigkeitsgrundsatzes[990] Rechnung tragen.

Der EuGH entwickelte dementsprechend für die ungeschriebene Schranke des Allgemeininteresses Kontrollstandards, wonach auf das Allgemeininteresse gestützte Eingriffe immer dann als zulässig gelten, wenn sie

- zur Verfolgung des Schutzinteresses geeignet und erforderlich sind,
- für sämtliche Unternehmen unterschiedslos gelten,

986 Vgl. nur Präve, aaO (Fn. 917), S. 9.

987 Zu den nationalen Schutzzwecken der VVG-Regelungen im Einzelnen bereits oben unter Pkt. 3.5.

988 Vgl. nur die amtliche Mitteilung der Kommission, C 43/03, S. 17.

989 vgl. Roth, ebd., S. 129. Dazu noch unten Pkt. 4.1.2.5.2.

990 Zum gemeinschaftsrechtlichen Verhältnismäßigkeitsprinzip vgl. Kellerhals, Wirtschaftsrecht und europäische Integration, S. 364 ff.; Koch, Der Grundsatz der Verhältnismäßigkeit in der Rechtsprechung des Gerichtshofes der Europäischen Gemeinschaft, S. 158 ff.

- das Regelungsziel nicht bereits durch Regelungen des Herkunftslandes hinreichend gewahrt wird und
- für das gewünschte Ziel objektiv erforderlich und angemessen sind.[991]

4.1.2.4.1. Rechtfertigungsgrenzen im Hinblick auf das Versicherungsrecht

4.1.2.4.1.1. Unterschiedslose Anwendung der Regelungen

Das Kriterium der unterschiedslosen Anwendung einer Regelung ist dem Diskriminierungsverbot geschuldet. Zulässig wäre eine diskriminierende Vorschrift nur im Rahmen der geschriebenen Schranke nach Art. 52, 62 AEUV. Eine Gefährdung der öffentlichen Ordnung, Sicherheit oder Gesundheit erscheint für das Versicherungsrecht allerdings fern liegend.[992] Die zu beurteilenden Regelungen des Lebensversicherungsvertragsrechts nach der VVG-Reform finden im Übrigen unterschiedslos Anwendung.

4.1.2.4.1.2. Schutz durch Regelungen des Herkunftsstaates

Nach dieser Vorgabe ist zu prüfen, ob das für schutzwürdig gehaltene Interesse bereits durch Regelungen des Herkunftsstaates hinreichende Berücksichtigung findet.[993] Das Kriterium spricht als Ausfluss der Verhältnismäßigkeit auf den ersten Blick für einen umfassenden Rechtsvergleich.[994] Zudem stellt das Kriterium gerade für das Versicherungsrecht flexible und damit den Produktwettbewerb stärkende Lösungen in den Vordergrund, indem es dem mitgliedsstaatlichen Eingriff eine Vorprüfung voranstellt.[995]

4.1.2.4.1.3. Objektive Notwendigkeit der Regelung

Dieses Kriterium fragt nach dem Maß des Schutzes, der zur Erreichung des angestrebten Ziels geeignet und erforderlich ist. Überschreitet der Regelungsgehalt

---

991 Roth, ebd., m.w.N. zur Rechtsprechung.

992 Vgl. auch Mitteilung der Kommission, KOM 2000 C43/03, S. 18.

993 Vgl. ebd., S. 19.

994 Einen solchen kann die Arbeit freilich nicht liefern. Es soll jedoch ein überblicksartiger Vergleich mit dem Vertragsrecht des Mitgliedsstaates Österreich erfolgen, siehe unten Pkt. 6.

995 Es wird daher für die gefundenen nationalen Lösungen danach zu fragen sein, ob insbesondere die sekundärrechtlichen Vorgaben einen im Vergleich zur nationalen Lösung flexibleren, die Regelungen des Herkunftslandes berücksichtigenden Weg aufzeigen.

den gebotenen Schutz des Allgemeininteresses, wirkt dieser über das rechtfertigende Allgemeininteresse hinaus und entfaltet eine nicht zu rechtfertigende protektionistische Wirkung.[996]

4.1.2.4.1.4. Angemessenes Verhältnis der Regelung zum verfolgten Ziel

Bei diesem Prüfkriterium wird nach milderen, die wettbewerblichen Freiheiten weniger einschränkenden aber gleichwertigen Mitteln gesucht. Der EuGH wirft dabei durchaus auch einen vergleichenden Blick auf Lösungen anderer Mitgliedsstaaten.[997]

4.1.2.4.1.5. Der Vorrang der Aufklärung gegenüber der zwingenden Vorgabe im Versicherungsrecht

Korrespondierend mit dem bereits aufgezeigten Verbraucher- und Wettbewerbsschutz durch das sog. Informationsmodell steht die als Ausfluss der obigen Verhältnismäßigkeitskriterien gefolgerte Erwägung, dass aufklärende bzw. informierende Vorgaben, welche natürlich auch zwingender Natur sein können, gegenüber zwingenden produktgestaltenden Regelungen einen schonenderen, milderen Eingriff in den freien Wettbewerb und die Privatautonomie darstellen.

4.1.2.4.1.5.1. Die Cassis-de-Dijon Rechtsprechung

In der „Cassis de Dijon"-Entscheidung[998] erkannte der EuGH mit der oben angesprochenen „Cassis-Formel" erstmals an, dass Beschränkungen des Wettbewerbs durch Allgemeinwohlinteressen, wie dem Verbraucherschutz, gerechtfertigt sein können. Gleichzeitig stellte das Gericht aber auch das Gebot der Verhältnismäßigkeit bei Wettbewerbseingriffen in die Warenverkehrsfreiheit in den Vordergrund.[999] Streitgegenständlich war das französische Getränk „Cassis de Dijon", welches nach dem Willen des Herstellers als „Likör" in Deutschland vertrieben werden sollte. Aus Verbraucherschutzgesichtspunkten regelte der deutsche Gesetzgeber jedoch, dass Getränke unter der Bezeichnung „Likör" einen gewissen

---

996 Vgl. KOM 2000, C 43/03, S. 18.

997 Vgl. ebd., S. 18 f.; Obwohl die Regelungen anderer Mitgliedsstaaten lediglich Indizwirkung besitzen und nicht zwangsläufig zur Unverhältnismäßigkeit einer strengeren Regelung führen.

998 Rs. C-120/78, bereits oben unter Pkt. 4.1.2.3.

999 Herrmann, aaO (Fn. 548), S. 10, welcher ein strenges Erforderlichkeits- und Übermaßverbot anspricht.

Mindestalkoholgehalt einhalten müssen. Dem wurde das französische Getränk nicht gerecht[1000], weshalb die Einfuhrgenehmigung versagt blieb.

Der EuGH bewertete es in Anbetracht einer verbraucherschützenden Beschränkungsnotwendigkeit zum Alkoholgehalt für ausreichend, den gebotenen Schutz mittels Aufklärung durch klaren und deutlichen Ausweis des konkreten Alkoholgehalts zu bewirken. Der weniger einschneidende Eingriff sei schon deswegen vorzugswürdig, weil auf dem Markt zahlreiche Getränke mit unterschiedlichsten Alkoholgraden existierten.[1001] Insoweit schränkte der EuGH die Einschätzungsprärogative des nationalen Gesetzgebers ein.[1002]

Die Entscheidung diente als Ausgangspunkt einer neuen wettbewerblichen Strategie.[1003]

4.1.2.4.1.5.2. Die weitere Entwicklung in der Rechtsprechung des EuGH

Seine „Dijon-Doktrin"[1004] bestätigte der EuGH im Anschluss in weiteren Entscheidungen.[1005]

Im Rahmen seines Urteils „GB-INNO-BM"[1006], in welchem sich der Gerichtshof mit einem Informationsverbot für bestimmte Werbeinformationen nach einer luxemburgischen Verordnung zum unlauteren Wettbewerb befasste, hob er unter Berufung auf verbraucherpolitische Programme hervor, „dass das Gemeinschafsrecht eines der grundlegenden Erfordernisse des Verbraucherschutzes in der Unterrichtung der Verbraucher sieht".[1007]

1000 Es lag unter der für notwendig erachteten Alkoholgrenze.

1001 Vgl. auch Riesenhuber, aaO (Fn. 859), S. 37.

1002 Eine rechtsdogmatische Untermauerung des Ergebnisses gibt der Gerichtshof allerdings nicht. Vgl. auch Herrmann, ebd., S. 10 f.; Grundmann, aaO (Fn. 873), S. 1138; Fleischer, aaO (Fn. 847), S. 783.

1003 Aus dieser Strategie entwickelte sich einerseits das bereits oben diskutierte europäische Informationsmodell. Vgl. oben Pkt. 4.1.1.2.3. Andererseits wurde darauf auch der seit 1985 propagierte Harmonisierungsansatz – Minimalharmonisierung mit gegenseitiger Anerkennung - gestützt. Hierzu z.B. Bock, Rechtsangleichung und Regulierung im Binnenmarkt, S. 60 ff.; Grundmann, ebd., S. 1138 mit Verweis auf das Weißbuch der Kommission an den Europäischen Rat, KOM (85) 310.

1004 Teilweise auch als "labelling doctrine" bezeichnet, vgl. Fleischer, ebd., m.w.N.

1005 Z.B. EuGH, Urteil vom 10.11.1982 „Magarine-Urteil", Rs. 261/81, Slg. 1982,3961; EuGH, Urteil vom 12.03.1987, Rs. 178/84, "Deutsches Reinheitsgebot", EuGHE 1987, 1222 ff.

1006 EuGH, Urteil vom 07.03.1990 „GB-INNO-BM", Rs. C-362/88, Slg. 1990, I 667, Rn. 18.

1007 Vgl. auch Fleischer, ebd., S. 782 f.

In der Entscheidung „Centros"[1008] übertrug der EuGH seine Überlegungen aus der Dijon-Entscheidung zum Vertragsrecht auf das Gesellschaftsrecht.[1009] Der Mitgliedsstaat Dänemark verweigerte der Centros Limited unter Berufung auf Gläubigerschutzinteressen die Eintragung einer Zweigniederlassung, denn die gesetzlichen Vorschriften Dänemarks zur Kapitalisierung von Gesellschaften waren nicht erfüllt. Der EuGH trat der nationalen Regelung erneut mit dem Grundsatz der Verhältnismäßigkeit entgegen. Die Gläubiger seien hinreichend dadurch geschützt, dass die Gesellschaft ersichtlich als englische Gesellschaft auftrete, woraus die Gläubiger erkennen können, dass die Kapitalisierungsvorschriften des englischen Rechts zur Anwendung kommen. Die tatsächliche Kapitalisierung der Gesellschaft werde dann anhand eingerichteter Register publik. Insoweit sei die gegenseitige Anerkennung der Kapitalisierungsstandards ausreichend.[1010]

Den Ansatz des vorrangigen Schutzes durch Information in diesem Rahmen bestätigte der EuGH in weiteren Entscheidungen.[1011]

4.1.2.4.1.5.3. Das CaixaBank-Urteil des EuGH

Verfahrensgegenständlich[1012] bei dieser Entscheidung war eine französische Regelung, die es Kreditinstituten untersagte, Sichteinlagen (von Verbrauchern) zu verzinsen.

Der Gerichtshof erkannte in dem Verbot eine Behinderung ausländischer Kreditinstitute, beim Publikum Kapital zu sammeln. Die Verwehrung dieser Möglichkeit stelle für in den Markt eintretende Unternehmen ein „ernsthaftes Hindernis für die Ausübung ihrer Tätigkeit"[1013] dar. Bereits ansässige Unternehmen würden demgegenüber mit ihren vorhandenen Filialnetzen und Kunden weitere Möglichkeiten zur Kapitalsammlung besitzen. Eintretenden Unternehmen werde mit der Regelung eine „wirksame Methode"[1014] genommen, mit den

---

1008 EuGH, Urteil vom 09.03.1999 „Centros", Rs. C-212/97, Slg. 1999 I, 1459 = JZ 1999, 669.

1009 Vgl. statt vieler Grundmann, ebd., S. 1139; Riesenhuber, ebd., S. 48.

1010 Grundmann, Riesenhuber, Herrmann, ebd.

1011 Vgl. EuGH, Urteil vom 30.09.2003 „Inspire Art", Rs. C-167/01, Slg. 2003, I-10155 Rn. 135; Urteil vom 05.11.2002 „Überseering", Rs. C-208/00, Slg. 2002, I 9919 Rn. 92 f.

1012 EuGH, Urteil vom 05.10.2004, Rs. C-442/02 „CaixaBank France", Slg. 2004, I-8961; vgl. auch Roth, aaO (Fn. 16), S. 124 f.

1013 Ebd., Urteilsnummer 12.

1014 Ebd., Urteilsnummer 14.

ansässigen Unternehmen in Wettbewerb zu treten. Das Gericht hebt weiter hervor, dass die Behinderung umso gravierender sei, als es sich um grundlegende Tätigkeiten der Kreditinstitute handelt.

Im Rahmen der Rechtfertigungsprüfung kommt der Gerichtshof zu dem Ergebnis, dass zwar der Verbraucherschutz grundsätzlich ein geeignetes Kriterium zur Beschränkung der Grundfreiheiten sei, die Regelung gehe aber, obwohl sie den Verbrauchern auch zugutekomme, über das Ziel hinaus, das zur Erreichung des Schutzes notwendig ist. Denn es könne dem Kunden überlassen bleiben, ob er sich für ein verzinstes Sichteinlagenkonto entscheidet, mit der Folge, dass sich die Kosten für Grunddienstleistungen der Bank erhöhen oder ob er ein unverzinsliches Konto wählt, für welches gegebenenfalls geringere Kosten für Grunddienstleistungen anfallen. Die Reglung sei zwar für das Anliegen geeignet, die Bankkunden zu längerfristigem Sparen anzuhalten. Jedoch gehe ein solches Verbot über das erforderliche Maß zur Erreichung des Ziels hinaus.[1015]

4.1.2.4.1.5.4. Das Urteil des EFTA-Court vom 25.11.2005

In diesem Zusammenhang soll noch auf ein Urteil des EFTA-Courts[1016] zum Lebensversicherungsrecht eingegangen werden.

Der Gerichtshof hatte über eine norwegische Regelung aus dem Lebensversicherungsrecht zu entscheiden, welche vorsah, dass die Abschlusskosten für einen Lebensversicherungsvertrag dem Versicherungsnehmer zwingend beim Vertragsschluss in Rechnung gestellt werden mussten (sog. „upfront payment“).[1017] Seitens der norwegischen Regierung wurde die Regelung mit Verbraucherschutzerwägungen im Allgemeininteresse, insbesondere der Notwendigkeit gerechtfertigt, die Verträge ohne weiteres beenden oder transferieren zu können. Dies würde erschwert, wenn Abschlusskosten auf die gesamte Vertragslaufzeit verteilt angesetzt werden. Die Vorabzahlung führe den Versicherungs-

---

1015 Ebd., Urteilsnummer 23.

1016 EFTA-Court, Urteil vom 25.11.2005 „EFTA Surveillance Authority vs. The Kingdom of Norway“, Az.: E-1/05, abrufbar unter www.eftacourt.int/cases/E-1-05_Judgement. Als „EFTA“ wird die European Free Trade Association bezeichnet. Mitglieder der EFTA sind derzeit die Schweiz, Norwegen, Island und Lichtenstein. Der EFTA-Gerichtshof wacht über die Verträge dieses Bundes, ähnlich dem EuGH. Das Gericht nimmt in seinem Urteil ausdrücklich auf die auch für die EFTA-Staaten geltenden Art. 33 und 36 der Richtlinie 2002/83/EG Bezug. Zum Geltungsbereich des europäischen Rechts auch für die sog. EFTA-Länder vgl. Müller, aaO (Fn. 25), S. 2, 162 f., 193 f.

1017 Ebd., Urteilsnummer I.1.; vgl. auch Bürkle, EuZW 2006, 685, 688.

kunden den zu zahlenden Abschlusskostenbetrag vor Augen und verhindere unter wettbewerblichen Gesichtspunkten überhöhte Kostenansetzungen der Versicherer.[1018]

Der EFTA-Gerichtshof erkannte in der zwingenden Vorgabe zwar ein geeignetes Mittel zur Erreichung dieses Ziels.[1019] Auch bedürfe es für Versicherungsnehmer gerade im Hinblick auf die Komplexität und die lange Laufzeit von Lebensversicherungsverträgen eine hinreichende und klare Information. Es sei aber im Hinblick auf Art. 36 der Richtlinie 2002/83/EG danach zu fragen, ob weniger einschneidende Maßnahmen dem Versicherungsnehmer einen gleichen Informationsgewinn brächten.

Durch die Regelung würden bestimmte Lebensversicherungsprodukte vom nationalen Markt ausgegrenzt und dem Versicherungskunden die Auswahl unter den Produkten gekürzt. Abschlusskostenklauseln seien auch nicht derart komplizierte Vertragsklauseln und stellten auch nur einen gewissen Teil der Gesamtkosten des Vertrages dar.[1020]

Im Hinblick auf diese die Produktgestaltungsfreiheit eingrenzenden Momente und die Möglichkeit, den Versicherungsnehmer hinreichend zu informieren, bewertete der Gerichtshof die Regelung in Ansehung des verfolgten Ziels als unverhältnismäßig. Vielmehr stünde das mildere Mittel der Information zur Verfügung.[1021]

4.1.2.4.1.5.5. Stellungnahme

Die Entwicklung der Rechtsprechung des EuGH und auch des EFTA-Courts deutet nach hiesigem Dafürhalten auf eine generelle Anwendung des Vorranges der Aufklärung vor der zwingenden Vorgabe hin. Insbesondere ziehen die Gerichte den Gedanken gleichfalls bei Finanzdienstleistungen heran.[1022]

1018 Ebd., Urteilsnummer I. 2.

1019 Ebd., Urteilsnummer IV. 38.

1020 Ebd., Urteilsnummer IV. 44.

1021 Ebd., Urteilsnummer IV. 45.

1022 Gegen die Heranziehung wird ins Feld geführt, dass Waren regelmäßig vom Erwerber betrachtet und geprüft werden könnten. Demgegenüber handele es sich bei Dienstleistungen um Erfahrungsgüter, bei welchen sich die Qualität erst durch Ge- und Verbrauch offenbart oder um Vertrauensgüter, die selbst bei Konsum kein sicheres Qualitätsurteil zulassen und der Erwerber auf die Fähigkeiten und die Bereitschaft des Dienstleistungserbringers vertrauen müsse. Dadurch drohe gerade bei Dienstleistungen eine adverse Selektion - im Lebensversicherungsrecht speziell Antiselektion genannt - die, um Marktversagen

Verschiedene Stimmen wollen einen grundsätzlichen Vorrang allerdings nicht bestätigen. Nur in höchstrichterlich geklärten Fällen sei ein solcher zu berücksichtigen.[1023] Die Verhältnismäßigkeit schreibe nämlich keine bestimmte Lösung vor.[1024]

Andere erkennen dagegen einen generellen Vorrang[1025], konsequenterweise auch speziell für das Versicherungsrecht[1026], soweit dadurch ein hinreichender gleichwertiger Schutzstandard erreicht wird.

Letztgenannte Stimmen erscheinen vorzugswürdig, denn der Verhältnismäßigkeitsgrundsatz gilt zum einen umfassend[1027]. Zum anderen ist das Mittel der Aufklärung und Information im Gegensatz zur zwingenden Produktvorgabe wettbewerbsfreundlicher und daher ein milderer Eingriff. Produktrelevante staatliche Verbote wirken sich stets auf den Wettbewerb aus. Insoweit gebieten die europäischen Vorgaben ein wettbewerbliches Übermaßverbot, welches generell einen Vorrang des milderen Mittels der Information und Aufklärung

---

vorzubeugen, hoheitliche Eingriffe legitimieren könne. Vgl. hierzu Ackermann, aaO (Fn. 304), S. 234; allgemein auch Mölschel, FS für Ullrich Immenga zum 70. Geburtstag, S. 277, 281, welcher auch auf die Relevanz im Versicherungsrecht hinweist. Allerdings geht es bei den Kennzeichnungsregelungen für Waren nach der Dijon-Doktrin gleichfalls um Eigenschaften, die der sinnlichen Wahrnehmung durch den Verbraucher entzogen sind. So zu Recht Roth, ebd., S. 126. Zudem birgt die „auf die Vermeidung von Marktversagen zielende gesetzgeberische Intervention“ das Risiko, selbst den Markt störende Wirkung zu entfalten, vgl. Ackermann, ebd., S. 234. Für eine grundsätzliche Anwendung des Vorranges auch auf Dienstleistungen sprechen daher nach Ansicht des Verfassers die besseren Gründe.

1023 Schön, aaO (Fn.848) FS für Canaris, 1191, 1198 f.; Riesenhuber, aaO (Fn. 859), S. 44, welcher hinsichtlich des Schutzzweckes des Eingriffes differenziert.

1024 Riesenhuber, ebd., S. 41.

1025 Vgl. statt vieler Dreher, aaO (Fn. 845), S. 170; Grundmann, aaO (Fn. 873), S. 1138; Fleischer, aaO (Fn. 847), S. 783 unter Verweis auf die Mitteilung der Kommission über verbraucherpolitische Aktivitäten 1996-1998, KOM (95) 519, S. 3, 5 f.; Leible, in Grabitz/Hilf, Art. 28 Rn. 19 ff.

1026 Vgl. bspw. Herrmann, aaO (Fn. 554), S. 10ff.; ders. in Bruck/Möller, aaO (Fn. 22), S. 98 Rn. 25; Roth, aaO (Fn. 16), S. 126; Bürkle, ebd., S. 688; ders. in VersR 2006, 1042, 1048.

1027 Nur Riesenhuber, S. 37.

begründet.[1028] Damit korrespondiert das liberale und normativ vorgegebene europäische Verbraucherleitbild.[1029]

Dieser Grundsatz findet seine Einschränkung in den Erfordernissen der Informationsfähigkeit und Entscheidungsfreiheit der schutzwürdigen Vertragspartner.[1030] Etwaige Einschränkungsnotwendigkeiten sind dann eine Frage des Einzelfalls.[1031]

Unabhängig von diesen allgemeinen Erwägungen sprechen speziell für das Versicherungsrecht auch die sekundärrechtlichen Vorgaben für den Vorrang der Aufklärung i.S.e. wettbewerblichen Übermaßverbotes. Informationsintermediäre[1032] stützen nämlich gerade die Informationsfähigkeit auch im Rahmen komplexer Finanzprodukte. Gefahren der weitest möglichen Produktgestaltung in Form eines „race to the bottom“ kann zudem aufsichtsrechtlich begegnet werden.[1033]

4.1.2.4.1.6. Vorrang anderer Mittel (des Verbraucherschutzes)

Ein weiteres Vorrangverhältnis, z.B. des Wettbewerbsrechts oder des Aufsichtsrechts gegenüber zwingenden, produktgestaltenden, zivilrechtlichen Regelungen, liegt dagegen nach den allgemeinen primärrechtlichen Vorgaben nicht auf der Hand. Der Verhältnismäßigkeitsgrundsatz schreibt – abgesehen von dem oben herausgearbeiteten Informationsvorrang – im Regelfall kein Schutzsystem vor, sondern ein Höchstmaß.[1034]

Zumal die weiter ersichtlichen Schutzinstrumente ihrer theoretischen Eingriffsschwere nach produktgestaltenden vertragsrechtlichen Regelungen nicht nachstehen müssen.

1028 Und zwar nicht nur im Hinblick auf den Individualschutz von Verbrauchern, sondern auch zum Schutze des Wettbewerbs als Institution. Vgl. nochmals Riesenhuber, ebd., S. 44.

1029 Vgl. Fleischer, ebd., S. 779 f.

1030 Vgl. hierzu ausführlich insbesondere Grundmann, ebd., S. 1139 ff.

1031 Während das Kriterium der Entscheidungsfreiheit im Versicherungsvertragsrecht regelmäßig kein Problem darstellen wird, ist das Kriterium der Informierbarkeit im Einzelfall freilich problematisch. Vgl. hierzu bereits die obigen Ausführungen zur Transparenz unter Pkt. 3.5.2.3.4.

1032 Stichworte: Beratungspflicht der Versicherungsvermittler, Produktinformationsblatt; vgl. Grundmann, ebd., S. 1141; Herrmann, ebd., S. 98 Rn. 25.

1033 Vgl. im Ansatz auch Roth, ebd., S. 113 f., welcher darauf hinweist, dass anstelle der ex ante Aufsicht die ex post Aufsicht getreten ist.

1034 Vgl. Riesenhuber, ebd., S. 41.

Versicherungsaufsichtsrechtliche Vorgaben können zwar im Vergleich zu einer (starren) versicherungsvertragsrechtlichen Regelung schonender für Wettbewerb und Privatautonomie sein, da eine aufsichtsrechtliche Vorgabe einen gebotenen Verbraucherschutz aufgrund entsprechender (versicherungsmathematischer) Fachkenntnisse und insbesondere auch der Möglichkeit der Vorlage von Tarif-Formeln an die Aufsichtsbehörde wesentlich differenzierter auszugestalten vermag.[1035] Auf privatrechtlicher Ebene ist dies ob des bereits aufgezeigten maßgeblichen Verständnishorizonts des Versicherungsnehmers[1036] und der zu berücksichtigenden Interessenlage bei den Vertragsparteien[1037] in der differenzierten („angemesseneren") Form freilich nicht möglich. Insoweit würde bei entsprechender aufsichtsrechtlich differenzierter Ausgestaltung einer den Versicherungsnehmer schützenden Beschränkung auf privatrechtlicher Ebene ein größerer Spielraum für Wettbewerb und Produktgestaltung verbleiben.

Dies ist jedoch einerseits sicherlich mit Kosten bei der Aufgabenwahrnehmung durch die Aufsichtsbehörde verbunden. Andererseits muss die Lösung über das Aufsichtsrecht keineswegs einen milderen Eingriff in den Wettbewerb darstellen. Die aufsichtsrechtliche Vorgabe kann genauso starr und wettbewerbsbeschränkend ausgestaltet sein.

Inwieweit sekundärrechtlichen Vorgaben im Versicherungsrecht einen Vorrang anderer Mittel begründen, bedarf noch der näheren Betrachtung und Würdigung.

4.1.2.4.2. Zwischenergebnis

Für das Versicherungsrecht bildet primärrechtlich der Gesichtspunkt des wettbewerblichen Übermaßverbotes eine Rechtfertigungsgrenze für mitgliedsstaatliche Eingriffe. Eine Ausprägung des Übermaßverbotes ist der allgemeine Vorrang der Aufklärung gegenüber der zwingenden produktgestaltenden Vorgabe. Darüber hinaus sind Rechtfertigungsgrenzen jeweils im Einzelfall nach obigen

1035 Hier sind flexible Lösungen für verschiedene Produktgruppen denkbar, bspw. je nach Anlagestrategie des Versicherers die prozentuale Beteiligung der Versicherungsnehmer an den einzelnen Bewertungsreserven oder die Bestimmung eines zu gewährenden Rückkaufswertes z.B. in Anbetracht des vertraglichen Gesamtvolumens, der Verwaltungs- sowie der Abschlusskosten. Weitergehend wird dies nur mit versicherungsmathematischer Hilfestellung formuliert werden können, wobei dem Gesetzgeber im Einzelfall für die Frage der Angemessenheit freilich ein Einschätzungsspielraum verbleibt.

1036 Vgl. unter Pkt. 3.5.2.3.4.

1037 Vgl. nochmals Pkt. 3.5.2.3.4.

Kriterien zu ziehen, womit freilich eine nicht unwesentliche Rechtsunsicherheit einhergeht. Die Bandbreite zulässiger Entscheidungen eines Mitgliedsstaates wird umso größer sein, je mehr die Sozialordnung des Mitgliedsstaates im Vordergrund steht. Gleiches gilt bei Berührung grundrechtlicher Aspekte. Bei rein wirtschaftlichen Zwecken wird ein geringerer Spielraum anzusetzen sein.[1038]

Im Folgenden soll der Blick auf weitergehende mitgliedsstaatliche Beschränkungen im Bereich des Versicherungsvertragsrechtes durch europäisches Sekundärrecht gelenkt werden.

4.1.2.5. Schutz des Wettbewerbs im Versicherungswesen durch das europäische Sekundärrecht oder Rechtfertigungsgrenzen des nationalen Gesetzgebers im Versicherungsrecht durch Höchstnormwirkung europäischer Richtlinienvorgaben

Eine gesetzgeberische Grenze für zusätzliche, über die europäischen Richtlinienvorgaben hinausgehende, nationalstaatliche Regelungen könnte sich aus einer so genannten Höchstnorm- oder (voll)harmonisierenden Wirkung etwaiger Richtlinienvorgaben begründen. Eine solche Wirkung würde insoweit ein europäisches Allgemeininteresse bzw. ein Gemeinschaftsinteresse entfalten, welches die Bandbreite für abweichende mitgliedsstaatliche Regelungen begrenzt oder gar auf null reduziert. Sie basiert auf dem Gedanken, dass die Richtlinien einen Harmonisierungsstand herbeiführen, bei welchem die Richtlinienvorgaben die zu berücksichtigenden Interessen abwägend in einem Gesamtkonzept wiederspiegeln.[1039] Dadurch erfährt die Harmonisierung einen abgestimmten, grundsätzlich[1040] abschließenden Charakter. Weitere nationale Regelungen für

---

1038 Vgl. Herrmann, ebd., S. 12 m.w.N. zur verfassungsgerichtlichen und europäischen Rechtsprechung; ders. in Bruck/Möller, ebd., S. 98 Rn. 25 und S. 100 Rn. 30. Zu Recht weist Müller, aaO (Fn. 25), S. 44, bereits nach der dritten Richtliniengeneration für das Versicherungsrecht darauf hin, dass die durch zwingendes Vertragsrecht bewirkten Beschränkungen nicht zu weit reichend sein dürften. Dies gelte insbesondere für Produktbeschreibungen. Denn es sei ein Irrtum, den früher von der Aufsichtsbehörde im Wege der Bedingungsgenehmigung erreichten Verbraucherschutz auf dem Produktsektor dadurch zu retten, dass man den Bedingungsinhalt als zwingende vertragsrechtliche Vorgabe ausgestalte. Eine solche Lösung könne nur ausnahmsweise in Betracht kommen.

1039 Vgl. Herrmann, ebd., Einf. B, S. 94 Rn. 17.

1040 Zu Umsetzungsspielräumen der Mitgliedsstaaten bei vollharmonisierenden Richtlinien vgl. Riehm, in: Gsell/Herresthal, Vollharmonisierung im Privatrecht, S. 83 ff.

oder gegen eine Vertragspartei stehen der ausgewogenen europäischen Vorgabe entgegen.[1041]

Dabei ist festzuhalten, dass die Harmonisierungskompetenz des europäischen Richtliniengebers dem Grunde nach eine höhere Bindungswirkung für die Mitgliedsstaaten entfalten kann, als etwaige Beschränkungen allein durch die Grundfreiheiten.[1042]

Der deutsche Gesetzgeber ging bei der Reform des Versicherungsvertragsgesetzes wie selbstverständlich von durch die versicherungsrechtlichen Richtlinien vorgezeichneten europäischen Mindeststandards aus.[1043] Eine Bindungswirkung unter dem Gesichtspunkt einer Vollharmonisierung/Höchstnormwirkung erkannte man für das Versicherungsvertragsrecht nicht.[1044]

Die folgenden Überlegungen sollen der Frage nachgehen, inwiefern überhaupt eine Höchstnormwirkung bei Richtlinien möglich und soweit dies der Fall sein sollte, ob die relevanten Versicherungsrichtlinien[1045] eine derartige Wirkung mit sich bringen oder ob der Ausgangspunkt des Gesetzgebers gerechtfertigt ist.

4.1.2.5.1. Höchstnormwirkung bei Richtlinien allgemein

4.1.2.5.1.1. Das Wesen der Richtlinie

Den Organen der Gemeinschaft wird durch Art. 288 AEUV zur Erfüllung ihrer Aufgaben und nach Maßgabe des AEUV die Möglichkeit des Erlasses verschiedener Rechtsakte eröffnet. Die europäische Richtlinie gilt dabei als das wesentliche Mittel der europäischen Rechtsangleichung. Sie bezweckt dem Grunde nach nicht die Einführung eines Einheitsrechtes, sondern will bestehende und zukünftige nationale Vorschriften im Binnenmarkt im Sinne einer Angleichung harmonisieren. Sie kann als „eigentümlicher Rechtsakt des Unionsrechts“[1046] mit gewisser Ähnlichkeit zur früheren deutschen Rahmengesetzgebung im

---

1041 Herrmann, ebd.

1042 Vgl. nur Roth, in: Gsell/Herresthal, ebd., S. 35, m.w.N.

1043 Zum davon abweichenden Ansatz bei der Solvency-II Richtlinie z.B. Grote/Schaaf, VersR 2012, 16; Dreher/Lange, VersR 2011, 825, 830.

1044 Vgl. z.B. die Andeutung in BT-Drcks. 16/3945, S. 47, wo nach Ansicht des Gesetzgebers das neue deutsche Versicherungsvertragsgesetz für eine zukünftige Harmonisierung herangezogen werden könnte. Die Richtlinienvorgaben betrafen und betreffen freilich maßgeblich aufsichtsrechtliche Aspekte.

1045 Siehe oben unter Pkt. 3.3.

1046 Oppermann/Classen/Nettersheim, Europarecht, S. 180, Rn. 94, unter Bezugnahme auf Constantinesco.

Bundesstaat bezeichnet werden[1047]. Richtlinien gehören zum sekundären Gemeinschaftsrecht. Die Mitgliedsstaaten sind gemäß Art. 288 Abs. 3 AEUV verpflichtet, die von einer Richtlinie vorgegebenen Richtlinienziele zu verwirklichen. Eine Richtlinie wendet sich daher stets an die Mitgliedsstaaten, welche daraufhin die Vorgaben in nationales Recht umzusetzen haben. Mithin liegt eine zweistufige Rechtssetzung vor.[1048] Die Bürger der Gemeinschaft können aus Richtlinien grundsätzlich keine unmittelbare Wirkung herleiten.[1049]

4.1.2.5.1.2. Begrenzung des Umsetzungsspielraumes

Nach Art. 288 Abs. 3 AEUV sind die Mitgliedsstaaten frei darin zu entscheiden, in welcher Form und mit welchem Mittel die Richtlinien umgesetzt und nationale Regelungen dementsprechend harmonisiert werden. Nach der ständigen Rechtsprechung des EuGH sind die Mitgliedsstaaten jedoch gehalten, den Richtlinieninhalt so zielgetreu wie möglich umzusetzen.[1050] Dabei ist auch allgemein anerkannt, dass Richtlinien zur Verwirklichung der Binnenmarktziele sehr detaillierte Regelungen enthalten können.[1051]

4.1.2.5.1.2.1. Terminologie

An dieser Stelle soll zunächst die verwendete Terminologie erläutert werden.

Soweit bei einer Richtlinie über eine Höchst-/vollharmonisierende bzw. eine Mindestwirkung gesprochen wird, stellt sich die Frage nach der Harmonisierungsintensität der Richtlinie.[1052] Davon zu unterscheiden ist die Abgrenzung

---

1047 Vgl. nur ebd., S. 180 f., wobei formal gesehen, die Mitgliedsstaaten der EU freilich keine Bundesstaaten sind.

1048 Demgegenüber gilt die europäische Verordnung gemäß Art. 288 Abs. 2 AEUV unmittelbar in sämtlichen Mitgliedsstaaten.

1049 Zu der vom EuGH im Wege richterlicher Rechtsfortbildung eröffneten Ausnahme vgl. bereits EuGH, Rs. 9/70, „Leberpfennig“, Slg. 1970, S. 825, 837 ff. Vgl. insg. auch Oppermann/Classen/Nettersheim, ebd., S. 184 ff., Rn. 111 ff., m.w.N.; siehe auch unten unter Pkt. 4.2.

1050 Vgl. z.B. EuGH, Urteil vom 30.05.1991, I-2567, Rs. C-361/88 „Kommission/Deutschland“, Rn. 15.

1051 Vgl. z.B. Oppermann/Classen/Nettersheim, ebd., S. 181, Rn. 96; Streinz, aaO (Fn. 979), S. 151, Rn. 387; Callies/Ruffert, EUV/EGV, Art. 249, Rn. 47; zur a.A. vgl. Prokopf, Das gemeinschaftsrechtliche Rechtsinstrument der Richtlinie, 2007, 66 ff. m.w.N.

1052 Buchmann, Umsetzung vollharmonisierender Richtlinien, 2008, 40; Roth, in: Gsell/Herresthal,aaO (Fn. 918), S. 18.

des Anwendungsbereiches einer Richtlinie.[1053] Bei letzterem gilt nach dem Prinzip der begrenzten Einzelermächtigung und dem Subsidiaritätsgrundsatz, dass der nationale Gesetzgeber außerhalb des konkreten Anwendungsbereichs der Richtlinie keinerlei Bindungswirkung unterliegt.[1054] Weitet der Mitgliedsstaat die europäischen Vorgaben auf Regelungsbereiche aus, welche nicht von der Richtlinie erfasst sind, spricht man von einer sog. erweiternden/überschießenden Umsetzung.[1055] Sieht der nationale Gesetzgeber dagegen für die von der Richtlinie erfassten Sachverhalte zusätzliche/strengere Regelungen vor, wird dies als sog. modifizierende Umsetzung bezeichnet.[1056]

Eine die Harmonisierungsintensität betreffende Vollharmonisierung liegt vor, wenn eine Richtlinie im Rahmen ihres Anwendungsbereiches ein Regelungsziel festhält, welches dem nationalen Gesetzgeber bei der Umsetzung keine Abweichung gestattet.[1057] In diesem Fall sind also weder strengere noch mildere Regelungen für die angesprochenen Sachverhalte zulässig.[1058]

Dagegen besagt eine sog. Mindestharmonisierung, dass die Mitgliedsstaaten einen von der Richtlinie vorgegebenen Mindeststandard erfüllen müssen, über diesen hinaus aber auch strengere Vorschriften beibehalten oder erlassen können.[1059]

Der Verfasser befürwortet den Begriff der Höchstnormwirkung gerade für die Fälle, in welchen den Mitgliedstaaten durch die konkreten Richtlinienbestimmungen ein beschränkter Gestaltungsspielraum eröffnet wird. Eine solche Wirkung besteht einerseits bei Richtlinien mit grundsätzlichem Mindestcharakter, wenn die Richtlinie zur Erreichung der Richtlinienziele[1060] gewisse Beschränkungen für strengere Regelungen vorgibt. Vergleichbares ergibt sich auch bei Richtlinien mit grundsätzlicher Vollharmonisierung, nämlich dann, wenn die Erreichung der Richtlinienziele eine bestimmte Öffnung von den vollhar-

1053 Hierzu insg. Riehm, in: Gsell/Herresthal, ebd., 83 ff.
1054 Vgl. nur Riehm, ebd., S. 90.
1055 Vgl. z.B. Gsell/Schellhase, JZ 2009, 20, 22; Buchmann, ebd., S. 222.
1056 Nur ebd.
1057 Vgl. nur Roth, in: Gsell/Herresthal, ebd., S. 18.
1058 Vgl. auch Dreher/Lange, VersR 2011, 825 f.
1059 Roth, ebd., S. 19 m.w.N. Vgl. auch zur weiteren Differenzierung im Rahmen der sog. Teilharmonisierung für zwischenstaatliche Sachverhalte oder die sog. optionelle Harmonisierung.
1060 Vgl. zur Terminologie wo anstatt des Begriffes „Ziel“ vielfach der treffendere Begriff „Ergebnis“ ins Spiel gebracht wird, nur Riehm, in: Gsell/Herresthal, ebd., S. 83, 88.

monisierenden Regelungen zulässt und sich damit ein abgegrenzter Spielraum für strengere[1061] Vorschriften des nationalen Gesetzgebers bietet. Spielraum oder Öffnung erfahren dabei stets eine Deckelung.

Die Höchstnormwirkung weist daher sowohl Züge der Voll- als auch der Mindestharmonisierung auf.

4.1.2.5.1.2.2. Möglichkeit der Höchstnormwirkung

Für die Frage, inwieweit bestimmte Richtlinienvorgaben eine Bindungswirkung des nationalen Gesetzgebers bei der Umsetzung der Richtlinie entfalten können, sollen folgende drei Standpunkte unterschieden sein.

Ein Extremstandpunkt erkennt in dem Ziel der Rechtsangleichung, im Gegensatz zur Rechtsvereinheitlichung, dass den Mitgliedsstaaten grundsätzlich ein gewisser Spielraum verbleiben müsse. Würde man Richtlinienbestimmungen stets vollharmonisierende Wirkung beimessen, dann hat jede Richtlinie Verordnungscharakter und bringt zwangsläufig eine Rechtsvereinheitlichung mit sich. Nach diesem Standpunkt ist generell von einem Mindestcharakter bei Richtlinien auszugehen.[1062]

Auf der anderen Seite steht eine Argumentation zu Gunsten der Grundfreiheiten des Binnenmarktes. Da jedwede strengere nationale Vorgabe eine Wettbewerbsverzerrung verursache, muss grundsätzlich eine vollharmonisierenden Wirkung der Richtlinien angenommen werden.[1063]

Schließlich gibt es einen vermittelnden differenzierenden Standpunkt.[1064] Soweit im Rahmen dieses Standpunktes einzelne Kriterien für die Bestimmung einer Bindungswirkung in den Vordergrund gerückt werden, kann dies nicht überzeugen, da ein bestimmtes Kriterium im Allgemeinen den theoretisch möglichen, unterschiedlichen Bestimmungen der jeweiligen Richtlinie nicht vollends gerecht wird.[1065] Es bedarf daher stets einer Betrachtung der jeweiligen Richtlinie

1061 Theoretisch auch für mildere Regelungen.

1062 Vgl. Lutter, Festschrift für Ulrich Everling, 765, 770, 776 f.; zu diesem Ansatz bei der Diskussion zur Kapitalrichtlinie bspw. Gehling, WM 1992, 1093, 1999.

1063 Vgl. zu diesem Standpunkt ebenfalls die Diskussion zur Kapitalrichtlinie, z.B. Steindorff, EuZW 1990, 251, 252f.; Kindler, ZHR 158 (1994), 339, 352 f.

1064 Vgl. wiederum zur Kapitalrichtlinie z.B. Generalanwalt Tesauro, S. I-4897, 4908, Rn. 12; Natterer, ZIP 1995, 1481, 1485 f.

1065 So zu Recht Drinkuth, Die Kapitalrichtlinie – Mindest- oder Höchstnorm?, 1998, S. 54, zur Bindungswirkung der Bestimmungen der Kapitalrichtlinie. Dieser Ansatz ist verallgemeinerungsfähig.

im Einzelfall zur Bestimmung einer etwaigen Höchstnormwirkung.[1066] Eine gegebenenfalls vorhandene beschränkende Wirkung muss zudem nicht zwingend für sämtliche Regelungen der Richtlinie gelten, sondern begründet sich je nach Konkretisierung im Einzelfall auf Teilbereiche oder einzelne Bestimmungen.[1067]

Im Ergebnis kann daher der Umsetzungsspielraum der Mitgliedsstaaten im Hinblick auf Form und Mittel für bestimmte Regelungsbereiche von Richtlinien sehr wohl eingeschränkt sein.[1068]

Das aufgezeigte Spannungsverhältnis zwischen mitgliedsstaatlicher Souveränität und effektiver Umsetzung der Ziele der Gemeinschaft führt zu der Frage, welches Maß an Rechtsangleichung die Binnenmarktziele, im Einzelnen ausgeprägt durch die jeweiligen Ziele einer Richtlinie, konkret erfordern. Von der anderen Seite her betrachtet stellt sich die Frage, ob die konkret getroffenen Maßnahmen eines nationalen Gesetzgebers zur Umsetzung der Richtlinien mit der Verwirklichung der Richtlinienziele im Einklang stehen oder diese verfehlen.[1069]

Inwieweit den Mitgliedsstaaten ein gesetzgeberischer Umsetzungsspielraum im Einzelfall verbleibt, kann dann nur mit Blick auf die jeweilige Richtlinie und durch deren Auslegung beantwortet werden.[1070]

1066 So die zustimmungswürdige herrschende Ansicht. Vgl. nur ebd., m.w.N.

1067 Vgl. in diese Richtung vom Standpunkt der Mindestharmonisierung anknüpfend auch Roth, in: Gsell/Herresthal, ebd., S. 19.

1068 Hierin besteht mittlerweile grundsätzlich Einigkeit, weshalb eine vertiefte Auseinandersetzung an dieser Stelle nicht weiter erfolgt. Das Ergebnis bestätigt sich im Übrigen auch in der offiziellen Strategie der Europäischen Kommission. Während bis in das neue Jahrtausend hinein die Strategie für die Harmonisierung des Privatrechts der Mitgliedsstaaten vornehmlich in der Schaffung von europäischen Mindeststandards und der gegenseitigen Anerkennung nationaler Regelungen bestand, strebt die Kommission nunmehr eine Vollharmonisierung bei verbraucherpolitischen Richtlinien an, vgl. Gsell/Herresthal, aaO (Fn. 944), Einleitung, S. 2 ff.; KOM (2002) 208, S. 12 f. Die Absichten endeten jüngst im Vorschlag der Kommission für eine vollharmonisierende Richtlinie über die Rechte der Verbraucher vom 08.10.2008, KOM (2008) 614/4. Der Vorschlag betrifft das Versicherungsvertragsrecht nicht unmittelbar. Eine nähere Befassung mit dem Vorschlag im Speziellen und der Strategie im Allgemeinen würde den Rahmen dieser Bearbeitung sprengen und muss daher anderweitiger Betrachtung überlassen werden. Vgl. hierzu die Beiträge in Gsell/Herresthal, ebd.

1069 Vgl. Lutter, ebd., S. 771; Drinkuth, ebd., S. 21.

1070 Vgl. nur Drinkuth, ebd.

4.1.2.5.1.3. Kriterien der Auslegung einer Richtlinie

Im Folgenden soll kurz aufgezeigt werden, welche auslegungsrelevanten Kriterien zur Ermittlung von etwaigen Höchst- bzw. Mindeststandards bei Richtlinien allgemein heranzuziehen sind.[1071]

Für die Auslegung von Richtlinienbestimmungen ist grundsätzlich „nach dem wirklichen Willen ihres Urheber und dem von diesem verfolgten Zweck" zu fragen.[1072]

Ausgangspunkt jeder Auslegung ist der Wortlaut der konkreten Richtlinienvorgaben.[1073] Neben einzelnen Begrifflichkeiten[1074] können insbesondere Beschränkungs- und Öffnungsklauseln für eine bestimmte Wirkungsweise des jeweiligen Regelungsbereichs sprechen. Allerdings kann dem Wortlaut europäischer Richtlinien nicht eine vergleichbare Gewichtung wie dem Wortlaut nationaler Rechtsnormen beigemessen werden. Zum einen gilt es nämlich, die Vielsprachigkeit innerhalb der EU zu berücksichtigen, zum anderen besitzen Richtlinien grundsätzlich gerade keine unmittelbare Wirkung zu Gunsten

1071 Ausführlich Buchmann, aaO (Fn. 1052), S. 66 ff.; vgl. auch Riesenhuber, Europäische Methodenlehre, § 11, S. 315 ff.; Riehm, JZ 2006, 1035, 1040; Eine Darstellung am Beispiel der zweiten Kapitalgesellschaftsrichtlinie findet sich bei Drinkuth, ebd., S. 58 ff.

1072 ständige Rechtsprechung des EuGH, z.B. Urteil vom 27.01.2005, Rs. C-188/03 „Junk", Slg. 2005, I-885 Rn. 33; Urteil vom 07.07.1988, Rs. 55/87 „Moksel", Slg. 1988, 3845 Rn.15; zum Theorienstreit im Hinblick auf das Ziel der Auslegung vgl. nur Riesenhuber, ebd., S. 320 ff., wo im Ergebnis zurecht auf die Vereinigungstheorie verwiesen wird.

1073 So stellte auch der Bundesgerichtshof in der Entscheidung „IBH-Lemmerz", BGHZ 110, 47 ff., bei der Frage der Auslegung der in Rede stehenden europäischen Richtlinie verstärkt auf den Wortlaut der Richtlinie ab. Der BGH kam im Rahmen dieser Entscheidung zu einem für ihn offensichtlichen Auslegungsergebnis, weshalb er von einer Vorlage zur Klärung der Auslegungsfrage nach Art. 234 EG (jetzt Art. 267 AEUV) an den EuGH absah (acte-clair-doktrin). Die Zuständigkeit für die Auslegung des Gemeinschaftsrechts liegt aber freilich weder bei einem nationalen Gericht noch beim nationalen Gesetzgeber. Auf dessen Verständnis berief sich der BGH im oben genannter Entscheidung ebenfalls. Die Entscheidungsbegründung des BGH stieß auf einige Kritik, weshalb das Gericht in einem späteren Fall zur gleichen Richtlinie, BGH ZIP 1995, 372 ff., „Henry Nold/Siemens", die dort zu klärende Auslegungsfrage dem EuGH zur Vorabentscheidung vorlegte. Vgl. hierzu nur Drinkuth, ebd., S. 43 ff.

1074 Zu beachten ist dabei vor allem das autonome europäische Verständnis im Hinblick auf unbestimmte Rechtsbegriffe. Stichwort: gemeinschaftsrechtlicher Wortsinn, vgl. Lutter, JZ 1992, 593, 599.

privater Rechtssubjekte. Auch das wörtliche Verständnis etwaiger Öffnungs- bzw. Beschränkungsklauseln muss im Hinblick auf ein-, zwei- oder mehrdimensionale Auswirkungen hinterfragt werden.[1075]

Mit dem EuGH ist das entscheidende Auslegungskriterium im jeweiligen Regelungszweck der einzelnen Richtlinienbestimmung und der Richtlinie insgesamt zu sehen.[1076] Denn die Verwirklichung des einzelnen Regelungszieles führt in der Gesamtheit zur Verwirklichung der für die umsetzungspflichtigen Mitgliedsstaaten verbindlichen Richtlinienziele. Dabei vermag eine generelle Schutzrichtung der Richtlinienbestimmungen bei der Findung des konkreten Auslegungsergebnisses freilich nicht weiterhelfen.[1077] Vielmehr muss an den konkreten Regelungszweck angeknüpft werden. Zur Ermittlung des jeweiligen Regelungszweckes und letztlich auch zur Bestimmung des Richtlinienzieles dienen neben einem Rückgriff auf die Richtlinienmaterialien vor allem die in der Präambel der Richtlinie genannten Erwägungsgründe.[1078] Während den Richtlinienmaterialien, z.B. Erläuterungen der EG-Kommission, Stellungnahmen von Ausschüssen, im Hinblick auf Publizität und demokratische Legitimation zumindest Bedenken entgegen zu bringen sind[1079], zeichnen sich die Erwägungsgründe als originärer Bestandteil einer Richtlinie aus und besitzen daher maßgebliche Bedeutung.[1080] Zudem kann die gewählte Kompetenzgrundlage einen Rückschluss auf das angestrebte Ziel geben.[1081]

Neben den aufgezeigten klassischen Auslegungskriterien treten europaspezifische Gesichtspunkte, wie der effet-utile-Gedanke, Art. 4 Abs. 3 EUV.[1082]

1075 Zu den Grenzen der grammatikalischen Auslegung auch Riesenhuber, ebd., S. 322 ff.

1076 vgl. z.B. EuGH, Urteil vom 23.03.2006, Rs. C-465/04 „Honyvem", Slg. 2006, I-2879. Rz. 17-22. So zieht der EuGH regelmäßig im Rahmen der ihm konkret zur Auslegung vorgelegten Rechtsfragen vordergründig den Zweck der einzelnen Richtlinienbestimmungen heran.

1077 Vgl. Riesenhuber, ebd., S. 334 f.

1078 Vgl. nur Oppermann/Classen/Nettersheim, aaO (Fn. 1046), S. 182, Rn. 101; zur systematischen, historischen und teleologischen Auslegung insgesamt nochmals Riesenhuber, ebd., S. 326 ff.

1079 Vgl. nur Drinkuth, ebd., S. 64 ff.

1080 Statt vieler Lutter, ebd., S. 600.

1081 Riesenhuber, ebd., S. 334.

1082 Im Vertrag von Amsterdam noch in Art. 10 EG geregelt. Vgl. Lutter, ebd., S. 598; Drinkuth, ebd., S. 58; Buchmann, ebd., S. 81; Riesenhuber, ebd., S. 336 f.

Zahlreiche weitere Gesichtspunkte werden ins Feld geführt, welchen aber jeweils nur Indizwirkung beigemessen werden kann.[1083]

Auch einem rechtsvergleichenden Blick auf nationale Rechte anderer Mitgliedsstaaten unter Berücksichtigung deren Rechtslehre kommt durchaus Relevanz für das Verständnis einer europäischen Richtlinie zu.[1084]

4.1.2.5.2. Die Höchstnormwirkung der Lebensversicherungsrichtlinien im Hinblick auf das Vertragsrecht

Eine vertiefte Diskussion der aufgeworfenen Problematik fand, soweit ersichtlich, für den vorliegend betrachteten Bereich des Lebensversicherungsvertragsrechts noch nicht statt.[1085] Dem will sich die Arbeit nunmehr anhand der herausgearbeiteten Grundlagen widmen.

4.1.2.5.2.1. Die Lebensversicherungsrichtlinie 2002/83/EG

4.1.2.5.2.1.1. Anwendungsbereich

Die Richtlinie betrifft in sachlich-gegenständlicher Hinsicht nach Art. 2 insbesondere Verträge mit einer Versicherung auf den Todesfall, auf den Erlebensfall, gemischte Versicherungen, Heirats- und Geburtsversicherungen, Rentenversicherungen sowie Zusatzversicherungen[1086], mithin die wesentlichen und typischen Formen der Lebensversicherungen[1087]. Hinzu treten Geschäftsformen wie Tontinen- und Kapitalisierungsgeschäfte.[1088] Vom Anwendungsbereich ausgenommene Tätigkeiten und Körperschaften sind in Art. 3 der Richtlinie aufgelistet.[1089]

1083 Vgl. nochmals Buchmann, ebd., S. 66 ff.

1084 Lutter, ebd., S. 604; vgl. hierzu unten Pkt. 6.

1085 Ansätze finden sich hierzu bei Ebers, aaO (Fn. 276), S. 132 f.; Herrmann, DZWiR 2004, 45, 48 f.

1086 Berufsunfähigkeit, Invalidität etc.

1087 Hierzu oben unter Pkt. 3.2.1.

1088 Vgl. Art. 2 Ziff. 2 der Richtlinie 2002/83/EG. Eine eingehende Charakterisierung der genannten Vertrags- und Geschäftsformen muss, soweit nicht bereits erfolgt, anderer Bearbeitung überlassen werden. Auch etwaige Probleme des sachlichen Anwendungsbereichs können an dieser Stelle nicht weiter vertieft werden.

1089 Die wichtigste Ausnahme betrifft die Sozialversicherung. Insgesamt handelt es sich um an dieser Stelle nicht weiter zu vertiefende Sonderformen.

In persönlicher Hinsicht erfasst die Richtlinie Sachverhalte, in welche Versicherungsunternehmen und Versicherungsnehmer involviert sind.[1090]

Nach der dritten Richtliniengeneration wurde insbesondere zu den Art. 28[1091] der Richtlinien 92/96/EWG und 92/46/EWG vertreten, dass diese ihrem Anwendungsbereich nach ausschließlich eine aufsichtsrechtliche Anknüpfung darstellen. Mitgliedsstaatliche Eingriffe über das Versicherungsvertragsrecht seien demnach ohne weiteres möglich.[1092] Die Argumentation stützt sich dabei maßgeblich auf die Entstehungsgeschichte und den Richtlinientext.

Andere sehen dagegen auch eine Anknüpfung für das Versicherungsvertragsrecht.[1093] In den Vordergrund gerückt wird dabei das Bestreben des Richtliniengebers, weitest gehende Vertrags- und Produktgestaltungsfreiheit zu gewährleisten, es sei denn, das Allgemeininteresse rechtfertige einen Eingriff[1094]. Damit müssten aber auch vertragsrechtliche Regelungen erfasst sein.

Diese Überlegungen zur Ausstrahlung auf vertragsrechtliche Eingriffe überzeugen. Denn eine sinnvolle Verwirklichung des Richtlinienzweckes Produktgestaltungsfreiheit lässt sich nur mit einer auch vertragsrechtlichen Anknüpfung erreichen. So enthält Kapitel IV der Richtlinie 2002/83/EG Regelungen unter der Überschrift „Vertragsrecht und Versicherungsbedingungen". Nach Auffassung des Verfassers kann somit auch ein vertragsrechtlich relevanter Anwendungsbereich nicht mehr abgesprochen werden. Hierfür ins Feld zu führen sind die Vorgaben zu den Informationspflichten nach Art. 36 i.V.m. Anhang III Buchstabe A.

1090 Während Art. 1 Abs. 1 lit. a) das Versicherungsunternehmen als jedes Unternehmen, das gemäß Art. 4 der Richtlinie die behördliche Zulassung erhalten hat, definiert, enthält die Richtlinie keine Bestimmung über den in Bezug genommenen Versicherungsnehmer. Eine Abgrenzung zum Verbraucher findet nicht explizit statt. Der Richtliniengeber verwendet in den Bestimmungen aber stets den Begriff des Versicherungsnehmers. Gleiches gilt für die Mehrzahl der Erwägungsgründe, z.B. die Nr. 5, 44, 46, 47, 49. Teilweise zieht der Richtliniengeber aber auch den Begriff des Verbrauchers heran, bspw. in Erwägungsgrund 52. Da davon auszugehen ist, dass sich der Richtliniengeber um die Differenzierung von Versicherungsnehmer und Verbraucher bewusst ist, hierfür spricht im Übrigen deutlich Art. 32 Abs. 2 der Richtlinie 2002/83/EG, muss die Intention des Richtliniengebers dahingehend verstanden werden, dass auch Nicht-Verbraucher in ihrer Versicherungsnehmereigenschaft vom Konzept der Richtlinie erfasst sind.

1091 Art. 28 der Richtlinie 92/96/EWG entspricht Art. 33 der Richtlinie 2002/83/EG.

1092 Vgl. z.B. Roth, VersR 1993, 129, 131.; Fahr, VersR 1992, 1033, 1036; ebenso P. Schmidt, aaO (Fn. 216), S. 135 ff.

1093 Insbesondere Hohlfeld VersR, 1993, 144, 148.

1094 Vgl. Erwägungsgrund 46 der Richtlinie 2002/83/EG.

sowie der geregelte Rücktrittszeitraum nach Art. 35 der Richtlinie, mithin typische Regelungen des Vertragsrechts.[1095]

Demnach kommen zu berücksichtigende Interessenvorgaben durch die Richtlinie 2002/83/EG nicht nur für den aufsichtsrechtlichen Bereich, sondern auch für die Gestaltung des Versicherungsvertragsrechts in Betracht.[1096]

4.1.2.5.2.1.2. Höchstnormwirkung der Regelungen zum Lebensversicherungsvertrag

Die Lebensversicherungsrichtlinie 2002/83/EG des Europäischen Parlamentes und des Rates vom 05.11.2002 enthält, wie gerade ausgeführt, in Kapitel 4 Bestimmungen zum Vertragsrecht und den Versicherungsbedingungen.

Ins Blickfeld zu rücken sind vor allem die für die vorliegend diskutierten Problembereiche der Überschussbeteiligung, des Rückkaufwertes und der Transparenz des Produktes Lebensversicherung vorgegebenen Angaben gemäß Art. 36 i.V.m. Anhang III Buchstabe A.[1097]

Während nach einer Ansicht[1098] die in den Lebensversicherungsrichtlinien geregelten Informationspflichten „auf den ersten Blick" nicht abschließend sein sollen, erkennt eine andere Ansicht[1099] einen grundsätzlich abschließenden Charakter.

Eine Klärung dieser Frage kann freilich nur anhand einer Auslegung der Richtlinie erfolgen. Hilfreich erscheint dabei zunächst ein Blick auf die Rechtsprechung des Europäischen Gerichtshofes zur Auslegung der relevanten Richtlinienbereiche.[1100]

1095 In die gleiche Richtung auch Looschelders, VersR 2013, 653, 654; Brandt, VersR 2013, 1, 7; Zu diesem Aspekt unter Berücksichtigung der Solvency-II Richtlinie noch unten unter Pkt. 4.1.2.5.2.1.2.4.

1096 Natürlich betrifft die Richtlinie weit überwiegend das Aufsichtsrecht.

1097 Vgl. bereits oben unter Pkt. 3.3.2.

1098 Ebers, ebd., S. 132.

1099 Präve, VersR 2008, 151; Reich, in: Reich/Micklitz, aaO (Fn. 216), § 23, S. 818.

1100 Bei der Entscheidung des EuGH, Rs. C-386/00 galt im relevanten versicherungsvertragsrechtlichen Bereich noch die Richtlinie 92/96/EWG. Die nötige Auslegung im Rahmen dieser Bearbeitung wird anhand der zum Zeitpunkt VVG-Reform geltenden Richtlinie 2002/83/EG und der alsbald umzusetzenden Richtlinie 2009/138/EG erfolgen.

4.1.2.5.2.1.2.1. EuGH, Rs. C-386/00 vom 05.03. 2002 – Axa Royale Belge SA/Georges Ochoa und Strategie Finance SPRL

Der EuGH[1101] äußerte sich am 05.03.2002 zu Informationspflichten für Lebensversicherungsverträge nach der belgischen königlichen Verordnung vom 17.12.1992. Art. 4 Abs. 2 b) der Verordnung lautete:

Das Angebot oder mangels Angebot die Police muss:

...

b) den Versicherungsnehmer darüber aufklären, dass die Kündigung, die Herab-setzung oder der Rückkauf eines laufenden Lebensversicherungsvertrages im Hinblick auf den Abschluss eines anderen Lebensversicherungsvertrages für den Versicherungsnehmer im Allgemeinen nachteilig sind.

Es galt die streitige Frage zu klären, ob diese Regelung einen Verstoß gegen Art. 31 Abs. 3 der Richtlinie 92/96/EWG[1102] darstellt.

Nach Ansicht des Gerichtshofes war dies der Fall. Art. 31 beschränke nämlich die Mitgliedsstaaten, den Versicherern bestimmte Arten von „verbraucherschützenden“ Angaben aufzuerlegen. Dadurch solle eine erschwerte Auswahl der vielfältigen Versicherungsprodukte im Binnenmarkt verhindert werden.

Aus dem Wortlaut des Art. 31 Abs. 3, dem zugehörigen Anhang sowie den Begründungserwägungen lasse sich entnehmen, dass zusätzliche Angaben stets klar, genau und für das tatsächliche Verständnis der wesentlichen Merkmale des Versicherungsprodukts notwendig sein müssen. Die in Rede stehende Vorschrift werde dem nicht gerecht, da der verordnete Hinweis die einzelnen Möglichkeiten der Vertragsbeendigung und die sich jeweils konkret ergebenden Nachteile im Falle der Inanspruchnahme einer Möglichkeit undifferenziert belasse. Es fehle zudem an Kriterien oder Hilfsmitteln zur Überprüfung der einzelnen Vertragsbeendigungsvariante. Die Hinweisvorgabe sei derart vage, dass sie weder geeignet sei, dem Versicherungsnehmer zu helfen, dass für seine Bedürfnisse beste Produkt zu finden, noch den Versicherungsnehmer in die Lage versetze, Vor- und Nachteile einer Vertragsbeendigung und eines Neuabschlusses hinreichend zu beurteilen. Vielmehr begründe ein solcher Hinweis die Gefahr, dass der Versicherungsnehmer aufgrund der Ungewissheit von der Vertragsbeendigung Abstand nimmt, obwohl die Beendigung und der Abschluss eines neuen Vertrages gegebenenfalls vorteilhaft wäre.

1101 EuGH, Urteil vom 05.03.2002, Rs. C-386/00 „Axa Royale/Ochoa“, Slg. 2002, I-2209. Das Urteil findet sich auch auszugsweise abgedruckt in VuR 2002, 292 ff.

1102 Die entsprechende Vorschrift findet sich in Art. 36 Abs. 3 der Richtlinie 2002/83/EG und Art. 185 Abs. 7 der Richtlinie 2009/138/EG.

4.1.2.5.2.1.2.2. Stellungnahme zur Entscheidung

Der EuGH entnimmt in der benannten Entscheidung dem Wortlaut des Art. 36 Abs. 3 der Richtlinie 2002/83/EG[1103], dem zugehörigen Anhang und den Erwägungsgründen zur Richtlinie, dass zusätzliche Angaben stets klar, genau und für das Verständnis der wesentlichen Merkmale notwendig sein müssen[1104]. Er stellt ausdrücklich eine Beschränkung der Mitgliedsstaaten für die Art von Angaben fest, um die Auswahl an Versicherungsprodukten im Binnenmarkt nicht ungerechtfertigt einzuschränken.

Mit der Entscheidung zeigt der EuGH auf, dass der Gestaltungsspielraum des nationalen Gesetzgebers für zusätzliche Informationspflichten dem Erfordernis der Notwendigkeit unterliegt und die Umsetzung mit den Zielen der Lebensversicherungsrichtlinie in Einklang stehen muss. Ungenaue, überflüssige und unvollständige Informationen bergen beträchtliches Verwirrungspotential und sind mit den Zielen der Lebensversicherungsrichtlinien nicht vereinbar. Verständlicherweise hat der nationale Gesetzgeber auch für zusätzliche Informationspflichten in der Lebensversicherung das Transparenzgebot zu beachten.[1105]

Die Entscheidung ist nach hiesiger Auffassung begrüßenswert.[1106]

4.1.2.5.2.1.2.3. Auslegung der Richtlinie

Die Beschränkung, die der EuGH für die Mitgliedsstaaten im Hinblick auf die Art von Angaben erkennt, lässt bereits den Schluss auf eine Höchstnormwirkung und damit spiegelbildlich auf den nationalen Umsetzungsspielraum zu.

1103 Wie erwähnt damals noch Art. 31 Abs. 3 der Vorgängerrichtlinie 92/96/EWG.

1104 EuGH, ebd., Rz. 23.

1105 Ebers, ebd., S. 134, hält die aufgestellten Grundsätze des Bundesgerichtshofes, s.o. unter Pkt. 3.4.2., zur transparenten Darstellung einer Rückkaufswertklausel mit diesen Vorgaben des EuGH für vereinbar. Demgegenüber zeigt Schwintowski, VuR 2002, 296, 297, Bedenken für die Rechtsprechung des BGH an, da mangels Erfordernis der konkreten Angabe der Abschlusskostenbeträge eine eher verdunkelnde Wirkung vorhanden sei. Wie bereits aufgezeigt, kann nach Ansicht des Verfassers die ergänzende und vervollständigende Information gerade maßgeblich für eine transparente Darstellung sein. Insoweit wird eine solche Information mangels Verwirrungseffekt auch nicht den europäischen Vorgaben entgegenstehen. Vgl. hierzu noch unten unter Pkt. 5.3.5.

1106 Ebenso Schwintowski, ebd., S. 296, der zu Recht die Versicherungsunternehmen durch diese am Ziel der Richtlinie orientierte und auf die Produktgestaltungsfreiheit zurückwirkende Rechtsprechung des EuGH geschützt sieht.

Ausgehend vom Wortlaut zeigt Art. 36 Abs. 1 der Richtlinie 2002/83/EG auf, dass die versicherungsvertragsrechtlichen Angaben des Anhangs „mindestens" mitzuteilen sind. Mit Blick auf den Wortlaut des Art. 36 Abs. 3 können weitere Angaben aber nur dann gefordert werden, wenn sie „für das tatsächliche Verständnis der wesentlichen Bestandteile der Versicherungspolice durch den Versicherungsnehmer notwendig sind". Dies spricht zwar für eine grundsätzliche Mindestkoordinierung des Bereichs, da ausdrücklich der Begriff „mindestens" verwand wird.[1107] Andererseits weist der Wortlaut eine Beschränkung für zusätzliche Angaben durch das Erfordernis der Notwendigkeit aus.

Als ein Ziel der Richtlinie 92/96/EWG ermittelt der EuGH, dem Verbraucher diejenigen Informationen zu beschaffen, die er zur eigenständigen Auswahl eines seinen Bedürfnissen gerecht werdenden Vertrages aus der Vielzahl der angebotenen Verträge benötigt[1108].

Erwägungsgrund 52 der Richtlinie 2002/83/EG führt diesen Zielgedanken ebenfalls aus. Der Richtliniengeber möchte dem „Verbraucher"[1109] danach die notwendigen Informationen zur Verfügung stellen, damit der Verbraucher die Produktvielfalt und den verstärkten Wettbewerb zu seinen Gunsten nutzen kann. Erwägungsgrund 52 spricht dann weiter von einer nötigen Mindestkoordinierung zur Aufklärung über die wesentlichen Produktmerkmale und über etwaige Beschwerdestellen. Der Richtliniengeber sieht es als Interesse des Verbrauchers/Versicherungsnehmers an, aus einer möglichst weiten Produktpalette auswählen zu können. Daher sei ein ungehinderter Zugang zu gewährleisten, soweit die Versicherungsprodukte nicht Vorschriften zum Schutze des Allgemeininteresses zuwiderlaufen und dieses Interesse nicht durch Regeln des Herkunftsmitgliedsstaates geschützt wird. Einschränkungen im Allgemeininteresse bedürfen einer Anwendung auf sämtliche Unternehmungen und müssen objektiv erforderlich und angemessen sein.[1110] Die Vorschriften zum Schutz des Allgemeininteresses sollen durch mitgliedsstaatlich prüfbare Aufsichtssysteme im

1107 Hiervon geht offensichtlich auch der EuGH in seiner Entscheidung vom 05.03.2002, Urteilsnummer 20, unter Bezugnahme auf Erwägungsgrund 23 der Richtlinie 92/96/EWG dem Grunde nach aus.

1108 Vgl. EuGH, C 386/00, Urteilsnummer 20 unter Bezugnahme auf Erwägungsgrund 23 der Richtlinie 92/96/EWG.

1109 Zu den verschiedentlich verwendeten Begrifflichkeiten des Verbrauchers und des Versicherungsnehmers im Rahmen der Richtlinie 2002/83/EG bereits oben unter Pkt. 4.1.2.5.2.1.1.

1110 Erwägungsgrund 46 der Richtlinie 2002/83/EG.

Sinne des Binnenmarktes ausgestalten sein, wobei für den Verletzungsfall Sanktionen als angebracht angesehen werden.[1111]

Der dritte Erwägungsgrund der Richtlinie 2002/83/EG gibt zudem vor, dass es sowohl den Versicherungsunternehmen als auch den Versicherungsnehmern zu erleichtern ist, mit potentiellen Vertragspartnern aus anderen Mitgliedsstaaten, Verträge abschließen zu können.

Die Richtlinienzwecke bestehen daher nach hiesigem Dafürhalten, neben dem Schutz des Versicherungsnehmers durch Verbesserung der Produktinformationen, im Schutz des Versicherungsnehmers durch Produktvielfalt und damit einhergehendem verstärkten Wettbewerb unter den Anbietern zu Gunsten der Versicherungsnehmer sowie darin, den Versicherungsunternehmen die Produktgestaltungsfreiheit weitest möglich zu gewährleisten, soweit nicht besondere Umstände zum Schutze des Allgemeininteresses eine Einschränkung erforderlich machen.[1112]

1111 Erwägungsgründe 47 und 49 der Richtlinie 2002/83/EG. Genauere Angaben, wie die Aufsichtssysteme auszusehen hätten, gibt der Richtliniengeber jedoch nicht vor. Vgl. auch Präve, VW, 1992, 8.

1112 Der Blick auf die Regelungen des vierten Kapitels der Richtlinie verdeutlicht nochmals, dass ein Abweichen von den Richtlinienvorgaben und damit eine Einschränkung der Produktvielfalt stets nur aus Gründen des Allgemeininteresses gerechtfertigt werden kann, Art. 33 der Richtlinie 2002/83/EG. So stellt die gegenständliche Versicherungsrichtlinie 2002/83/EG mehrfach auf das Allgemeininteresse ab, vgl. z.B. Art. 33, Art. 40 Abs. 4 und insbesondere die Erwägungsgründe 46, 47 und 49 der RL 2002/83/EG. Dabei ist anzumerken, dass die vom EuGH zu den Grundfreiheiten aufgestellten Kriterien des Allgemeininteresses als immanente Schranke (hierzu oben Pkt. 4.1.2.4.) auch für eine etwaige Abweichung von sekundärrechtlichen Vorgaben im Allgemeininteresse herangezogen werden können, vgl. bereits Müller, aaO (Fn.25), S. 44 zur Situation nach der dritten Richtliniengeneration unter Bezugnahme auf Erwägungsgrund 20 der RL 92/96/EWG. Bei einer Abweichung von den Richtlinienvorgaben durch eine nationale Rechtsvorschrift im Sinne des benannten Allgemeininteresses wäre dann freilich zu klären, welche Rechtsnatur die nationale Reglung besitzt und wie sich die Regelung mit den Vorgaben des internationalen Versicherungsvertragsrechts, Art. 9 Rom-I-VO, verträgt. Die Vorgabe in Art. 33 der Richtlinie 2002/83/EG deutet ihrem Wortlaut nach zwar lediglich auf die Verhinderung des Vertragsabschlusses an sich als Eingriffsmöglichkeit hin. Eine genauere Klärung an dieser Stelle ist jedoch nicht geboten. Nur wenn eine abweichende Rechtsvorschrift vorläge, sollen nähere Ausführungen in diese Richtung erfolgen.

4.1.2.5.2.1.2.4. Rückschluss auf die Harmonisierungsintensität

Bei Betrachtung des gefundenen Auslegungsergebnisses zeigt sich zunächst, dass der Richtliniengeber im Hinblick auf Vorgaben zum Vertragsrecht vom Standpunkt der Mindestkoordinierung ausgeht.[1113] Der Richtliniengeber will im Bewusstsein der bestehenden unterschiedlichen Versicherungsvertragsrechte[1114] mit der Richtlinie einen weiteren bedeutenden Abschnitt bei der Verschmelzung der einzelstaatlichen Märkte zu einem Binnenmarkt gehen[1115]. Im Umkehrschluss ist dann aber anzunehmen, dass ein maximaler Harmonisierungsgrad in diesem Bereich noch nicht erreicht wurde.[1116] Demzufolge erkennt der Richtliniengeber den Mitgliedsstaaten grundsätzlich den Erlass strengerer Regelungen zu.

Diese Mindestkoordinierung erfährt jedoch im Hinblick auf das wettbewerbliche Richtlinienziel der bestmöglichen Produktgestaltungsfreiheit zu Gunsten von Versicherungsnehmer[1117] und Versicherungsunternehmen[1118] eine Beschränkung. Über die aufgezeigten Mindestangaben hinaus werden strengere Angaben an das Erfordernis der vertragswesentlichen Notwendigkeit geknüpft[1119], wobei die strengere Regelung im Hinblick auf das mit Ihr angestrebte Ziel objektiv erforderlich und angemessen sein muss[1120]. Mithin sind auch vollharmonisierende Elemente für den versicherungsvertraglichen Bereich nicht von der Hand zu weisen. Dem nationalen Gesetzgeber verbleibt insoweit nur ein „Gestaltungskorridor“ für die Richtlinienumsetzung.[1121]

Im Ergebnis bleibt zunächst festzuhalten, dass die Lebensversicherungsrichtlinie für den Bereich des Versicherungsvertragsrechts eine Höchstnormwirkung bereithält.

1113 In diese Richtung vgl. auch nochmals EuGH, C-386/00, unter Pkt. 4.1.2.5.2.1.2.1. Die Ansicht, welche grundsätzlich eine Vollharmonisierung im Bereich der vertraglichen Vorgaben annimmt, erkennt dann konsequenterweise in Art. 36 Abs. 3 der Richtlinie 2002/83/EG eine Öffnungsklausel. Einhellig wird daher das Kriterium der Notwendigkeit für weitere Informationsvorgaben herangezogen. Vgl. bspw. Reich, in: Reich/Micklitz, aaO (Fn. 216), § 23, S. 818. Dazu sogleich.

1114 Vgl. Erwägungsgrund 44 der Richtlinie 2002/83/EG.

1115 Vgl. Erwägungsgrund 5 der Richtlinie 2002/83/EG.

1116 Zur Strategie der Harmonisierung bereits oben unter Pkt. 4.1.2.5.1.2.2.

1117 Vgl. nochmals Erwägungsgrund 52 der Richtlinie 2002/83/EG.

1118 Vgl. auch nochmals Schwintowski, aaO (Fn. 1105), S. 296.

1119 Art. 36 Abs. 3 der Richtlinie 2002/83/EG, Art. 185 Abs. 7 der Richtlinie 2009/138/EG.

1120 Vgl. Erwägungsgrund 46 der Richtlinie 2002/83/EG.

1121 Schwintowski, ebd., S. 292ff.; Ebers, aaO (Fn. 276), S. 126. Der Gestaltungskorridor wird mit fortschreitender Harmonisierung weiter an Breite verlieren.

4.1.2.5.2.1.2.5. Einfluss durch die Richtlinie 2009/138/EG

Während der VVG-Reform war die Solvency-II Richtlinie zwar bereits in der Diskussion, jedoch noch nicht erlassen. Seit 25.11.2009 gilt die Richtlinie nunmehr und muss, wie bereits oben ausgeführt, bis zum 31.03.2015 umgesetzt werden.[1122]

Die fortschreitende Entwicklung des europäischen Rechts soll vorliegend im Rahmen der Auslegung der bisherigen Richtlinienvorgaben - soweit notwendig – Berücksichtigung finden.[1123]

Die Solvency-II Richtlinie betrifft, wie auch die bisherigen Versicherungsrichtlinien, maßgeblich das Versicherungsaufsichtsrecht. Vorrangiges Ziel ist ein angemessener Schutz der Versicherungsnehmer und Anspruchsberechtigten sowie die Finanzstabilität und faire und stabile Märkte.[1124] Dies soll insbesondere durch neue Solvabilitätsvorgaben für Versicherungsunternehmen geschehen.[1125] Zur Förderung von Transparenz sollen die Versicherungsunternehmen auch mindestens einmal jährlich wesentliche Informationen über ihre Solvabilitäts- und Finanzlage veröffentlichen.[1126]

Die neuen Vorgaben führen zu einem erheblichen Änderungsbedarf der bisherigen Versicherungsrichtlinien, weshalb der Richtliniengeber sich aus Gründen der Klarheit dazu entschied, sämtliche Versicherungsrichtlinien in die Solvency-II Richtlinie aufzunehmen.[1127]

Eine wesentliche systematische Änderung für die hier im Fokus stehenden Richtlinienvorgaben der Versicherungsbedingungen und Informationspflichten ist jedoch nicht ersichtlich. Sie finden sich inhaltlich weitestgehend unverändert in der Richtlinie 2009/138/EG im Titel II., Kapitel 1 wieder. Entsprechendes gilt für die wesentlichen Aspekte aus den Erwägungsgründen.[1128]

1122 Vgl. nochmals oben Pkt. 3.3.1., dort insbesondere Fn. 216.

1123 Vgl. Riesenhuber, ebd., S. 338; Bürkle, VersR 2007, 1595, 1597; zur sog. Vorwirkung eingehend auch Hofmann, in: Riesenhuber, Europäische Methodenlehre, § 16 S. 462 ff.

1124 Erwägungsgrund 16 der Richtlinie 2009/138/EG.

1125 Erwägungsgrund 17 der Richtlinie 2009/138/EG.

1126 Erwägungsgrund 38 der Richtlinie 2009/138/EG; Hier enthält Art. 185 Abs. 2 d) eine entsprechende Informationspflicht bereit.

1127 Erwägungsgrund 1 der Richtlinie 2009/138/EG. Dazu auch bereits oben unter Fn. 216.

1128 Zu den einzelnen Bestimmungen und Erwägungsgründen nochmals oben unter Fn. 248.

So lässt sich auch ein ausdrücklicher Änderungswille des Richtliniengebers in diesem Bereich nicht erkennen. Es liegt daher der Schluss nahe[1129], dass der interessierende Regelungsgehalt der Richtlinie 2002/83/EG in der Richtlinie 2009/138/EG unverändert fortbesteht und somit die oben herausgearbeiteten Erwägungen auch für die Zukunft Geltung erlangen.

Zwar dürfte der Richtliniengeber in den maßgeblichen Neuerungen der Solvency-II Richtlinie die Vollharmonisierung der entsprechenden Aufsichtsbereiche vorgeben.[1130] Für die Informationsvorgaben wird jedoch demgegenüber weiter von einer Mindestharmonisierung auszugehen sein. Hierfür ins Feld zu führen sind der Wortlaut des Art. 185 Abs. 1 „zumindest die… genannten Informationen mitzuteilen" und der Zusammenhang zu Art. 185 Abs. 7 der Richtlinie 2009/138 EG.[1131]

Auch eine Ausstrahlungswirkung der Richtlinienvorgaben auf das Lebensversicherungsvertragsrecht ist weiterhin anzunehmen.[1132] Diese Wirkung entfällt nicht ohne weiteres dadurch, dass eine Fortschreibung anderweitiger aufsichtsrechtlicher Bereiche erfolgt, die mit dem Bereich der Versicherungsbedingungen und Informationspflichten nicht in unmittelbaren Zusammenhang stehen. Soweit sich die einstige Überschrift aus der Richtlinie 2002/83/EG „Vertragsrecht und Versicherungsbedingungen" in der Solvency-II Richtlinie nicht mehr wieder findet, rechtfertigt dies keine andere Bewertung. Im Gegenteil, die Regelungszwecke in dem gegenständlichen Bereich sind unverändert geblieben, weshalb eine fortwährende Ausstrahlungswirkung zu bejahen ist.[1133]

Die Richtlinie 2009/138/EG weist dann kleinere Weiterungen hinsichtlich einzelner Informationspflichten auf.[1134] Dies wird bspw. bei der Prüfung der Regelungen zur Modellrechnung und jährlichen Unterrichtung i.S.e. Vorwirkung zu berücksichtigen sein. Weitere neue Vorgaben der Solvency-II Richtlinie, wie den Verweis auf die Solvabilitäts- und Finanzlage gemäß Art. 185 Abs. 2 d) wird der nationale Gesetzgeber schlicht ergänzend umzusetzen haben.

Zusammenfassend ist somit zu konstatieren, dass die Solvency-II Richtlinie keine grundlegende inhaltliche Änderung für die hier zu untersuchende

1129 Hierzu allgemein bezogen auf das Europäische Privatrecht Riesenhuber, ebd., S. 338.

1130 vgl. Dreher/Lange, VersR 2011, 829.

1131 Vgl. bereits soeben unter Pkt. 4.1.2.5.2.1.2.4.

1132 siehe oben unter Pkt. 4.1.2.5.2.1.1.

1133 vgl. nochmals zur Dynamik des Europäischen Privatrechts, Riesenhuber, ebd. Dies gilt freilich auch bei aufsichtsrechtlichem Bezug.

1134 Vgl. oben unter Fn. 249

Harmonierung der Versicherungsbedingungen und Informationspflichten im Lebensversicherungsrecht bereithält. Neuerungen betreffen lediglich einzelne Informationsvorgaben.

4.1.2.5.2.1.2.6. Höchstnormwirkung für strengere Informationsanforderungen

Da fortwährend eine Höchstnormwirkung für den Bereich des Lebensversicherungsvertragsrechts anzunehmen ist, muss im Anschluss an diese Erkenntnis nun weiter nach der konkreten Höchstnormgrenze bzw. Wirkungsgrenze gefragt werden.

Während die untere Grenze des Gestaltungskorridors durch die vorgegebenen Mindeststandards gebildet wird, kann die Nachzeichnung der Obergrenze wiederum nur anhand des Auslegungsergebnisses ermittelt werden.[1135]

Ohne Zweifel gelten die aufgezeigten Beschränkungskriterien für strengere Informationsangaben.

Insoweit heben die sekundärrechtlichen Bestimmungen mit dem Notwendigkeitserfordernis das bereits aufgezeigte allgemein geltende wettbewerbliche Übermaßverbot[1136] hervor.

Das Kriterium der Notwendigkeit ist vorliegend als eigenständiger europäischer Begriff zu würdigen.[1137] Eine einheitliche Definition der gemeinschaftsrechtlichen Verhältnismäßigkeitskriterien fehlt zwar in der Rechtsprechung des EuGH.[1138] Allerdings ist dem Kriterium der Notwendigkeit (bzw. der Erforderlichkeit) besondere Bedeutung beizumessen. Im Kern geht es um die Frage nach dem „am wenigsten belastenden" Mittel.[1139] Dieses Kriterium wird ergänzt durch

1135 Vgl. nochmals Drinkuth, aaO (Fn. 1065), S. 21.

1136 Siehe oben unter Pkt. 4.1.2.4.2.

1137 Im deutschen Verfassungsrecht wird das Kriterium der Notwendigkeit differenziert in den Grundsatz der Erforderlichkeit und den Grundsatz des schonendsten Mitteleinsatzes. Vgl. Herrmann, Neues vom Europarecht zur Verbraucherinformation, S. 3 f., abrufbar unter: „http://www.precht.wiso.uni-erlangen.de/assdt/SS03_Neues vom EuropaR.pdf" grundlegend auch Lerche, Übermaß und Verfassungsrecht, S. 19 ff.

1138 Ausführlich Koch, aaO (Fn. 990), S. 198 ff., 209 ff.

1139 Ebd., S. 211 m.w.N. Letztlich kommt es auf die Beurteilung der Wirksamkeit von hypothetischen Handlungsalternativen an, wobei im Gemeinschaftsrecht von einem objektiven Standpunkt aus die verschiedenen Interessen zu bewerten sind. Bei komplexen Interessenlagen besteht freilich ein beträchtlicher Wertungsspielraum. Grundsätzlich sind zwingende Angaben mangels unmittelbarer Einschränkung der Produktgestaltung eher verhältnismäßig, als zwingende produktgestaltende Vorgaben. Jedoch sind beispielsweise Verwirrungspotentiale zu

die Vorgabe der Vertragswesentlichkeit. Vertragswesentliche Momente sind für das tatsächliche Verständnis des Produktes relevant. Ein Verständnis hierüber fördert den gewollten Wettbewerb. Vertragswesentlich i.S.d. Art. 36 Abs. 3 der Richtlinie 2002/83/EG bzw. Art. 185 Abs. 7 der Richtlinie 2009/138/EG sind zunächst die im Anhang III der Richtlinie 2002/83/EG bzw. in Art. 185 Abs. 2 bis 5 der Richtlinie 2009/138/EG angeführten Informationstatbestände. Zusätzliche Informationen genügen der Vertragswesentlichkeit im Sinne der Richtlinie dann eher, je näher sie an den vorgegebenen Angaben stehen und diese um einen weiteren nötigen Aspekt klar und genau ergänzen. Je weiter sich die zusätzlichen Angaben von den Informationsvorgaben der Richtlinie entfernen, desto höhere Anforderungen müssen an die Notwendigkeit der Information gestellt werden.[1140]

Wann eine zusätzliche Information dem Erfordernis der vertragswesentlichen Notwendigkeit gerecht wird, bleibt dann freilich eine Frage des Einzelfalls.

4.1.2.5.2.1.2.7. Höchstnormwirkung für strengere vertragsrechtliche Mittel im Übrigen

Darüber hinaus fragt es sich, ob die Mitgliedsstaaten auf vertragsrechtliche Mittel, wie produktgestaltende zwingende Vorgaben, zurückgreifen können oder ob die Richtlinienbeschränkung gleichfalls sämtliche strengeren vertragsrechtlichen Mittel ausschließt.[1141]

Der Wortlaut des Art. 36 Abs. 3 der Richtlinie 2002/83/EG könnte so verstanden werden, dass hinsichtlich der gefundenen Höchstnormwirkung lediglich von zusätzlichen „Angaben" die Rede ist.[1142] Strengere Regelungen für das Vertragsrecht wären danach nicht zulässig.

Lasten der Versicherungsnehmer und ökonomische bzw. Marketingaspekte der Versicherungsunternehmen jeweils abzuwägen.

1140 Gegen eine zu strikte Begrenzung Ihle, Der Informationsschutz des Versicherungsnehmers, 2006, S. 112 ff., der zwar zu Recht auf den allgemeinen Leitgedanken der Vertragserheblichkeit und die Bandbreite der Informationsvorgaben verweist. Indem aber jedweder beeinflussende Aspekt ohne weiteres dem Kriterium der Vertragswesentlichkeit unterfallen soll, wird verkannt, dass die Vertragswesentlichkeit im besonderen Lichte der Lebensversicherungsrichtlinie gewürdigt werden muss.

1141 Vgl. zu diesen Gedanken allgemein auch Dreher, aaO (Fn. 845), S. 176.

1142 Entsprechend Art. 185 Abs. 7 der Richtlinie 2009/138/EG.

Anderseits ist ausschließlich nur von Angaben die Rede. Es fehlt der Richtlinie an einer konkreten Aussage dahingehend, dass neben den Informationsvorgaben weitere strengere Regelungen der Mitgliedsstaaten möglich bleiben sollen. Allein der Wortlaut vermag aber den Ausschluss weiterer vertragsrechtlicher Mittel weder zu begründen noch zu widerlegen.

Es könnte argumentiert werden, dass vertragsrechtliche (Informations-)Vorgaben zum gesamten Vertragsgegenstand von der Richtlinie erfasst sind. Danach könnte man sich im Sinne eines Erst-Recht-Schlusses auf den Standpunkt stellen, dass die die Produktgestaltungsfreiheit einschränkenden Mittel[1143] mindestens den gleichen Beschränkungsvoraussetzungen unterliegen, wie das mildere Mittel der zusätzlichen Angabe.[1144] Denn wenn schon ein milderes Mittel eine Beschränkung erfährt, dann muss dies erst recht für ein strengeres Mittel gelten. Andernfalls könnten die Richtlinienzwecke ohne weiteres ausgehöhlt und damit verfehlt werden. Die freie Mittelwahl wird aber spätestens an der Stelle enden, an welcher die maßgeblichen Regelungszwecke der Richtlinie gefährdet werden.[1145]

Wie bereits erläutert[1146] und in der Natur der Sache liegend, stellt das strengere Mittel den schwereren Eingriff in die Vertragsfreiheit und damit auch in den Wettbewerb um das beste Versicherungsprodukt dar. Zwar wären Preiswettbewerb und Wettbewerb um die beste mitgliedsstaatliche Privatrechtsordnung[1147] gerade auch bei strengeren Mitteln wie der zwingenden Produktregulierung möglich. Der nach hier vertretener Ansicht mögliche, unter der Bedingung transparenter Darstellung stehende Klauselwettbewerb[1148] um das beste Versicherungsprodukt entspricht jedoch gerade der Intention des Richtliniengebers, Produktgestaltungsfreiheit zu gewährleisten. Denn dieser Wettbewerb beflügelt die Produktvielfalt und bietet dem Versicherungsnehmer dadurch eine größere Auswahl. Strengere produktgestaltende Mittel würden somit den Zielen der Richtlinie entgegenstehen. Insoweit spräche auch der effet-utile-Grundsatz für den Ausschluss strengerer vertragsrechtlicher Mittel.

1143 Zum Verhältnis der Information zur zwingenden Regelung bereits oben unter Pkt. 4.1.2.4.1.5.

1144 Also der vertragswesentlichen Notwendigkeit.

1145 Drinkruth, ebd., S. 22 f.

1146 Siehe oben unter Pkt. 4.1.2.4.1.5.

1147 Zur Binnenmarktverwirklichung durch Wettbewerb der besten Privatrechtsordnung im Versicherungsrecht vgl. unten Pkt. 4.1.2.5.2.1.3.

1148 vgl. oben unter Pkt. 3.3.4.

Gegen die generelle Unzulässigkeit von strengeren versicherungsvertragsrechtlichen Mitteln über Angabeerfordernisse hinaus spricht allerdings die Entstehungsgeschichte. Eine weit reichende Versicherungsvertragsrechtskoordinierung war nach Ablehnung eines Richtlinienvorschlages der Kommission vom 28.07.1979 gerade nicht gewollt.[1149] Auch der systematische Bezug zu Art. 32 der Richtlinie 2002/83/EG oder die Informationspflicht nach Art. 185 Abs. 3 m) der Richtlinie 2009/138/EG sprechen auf den ersten Blick gegen eine umfassende Begrenzung.[1150] Ein allgemeines Ziel, wie die Produktgestaltungsfreiheit, kann auch nicht zu einer weit reichenden Auslegung führen. Notwendig ist stets die Anknüpfung an konkrete Regelungszwecke. In diesem Lichte muss auch der effet-utile-Grundsatz verstanden werden.[1151]

Letztlich lehnt der Verfasser einen Ausschluss strengerer vertragsrechtlicher Mittel aufgrund der herausgearbeiteten Höchstnormwirkung ab.[1152] Gegen einen solchen umfassenden Ausschluss vertragsrechtlicher Mittel spricht gerade die fortwährende Annahme unterschiedlicher Vertragsrechtsordnungen.[1153] Ob des konkreten vertragsrechtlichen Regelungsbereiches, nämlich (nur) der der Informationspflichten, ist eine darüber hinausgehende vertragsrechtliche Wirkung vom Richtliniengeber nicht gewollt, weshalb der oben angesprochene Erst-Recht-Schluss nicht greifen kann. So bezweckt der Richtliniengeber – fortgesetzt durch die Solvency-II Richtlinie – zunächst maßgeblich die Harmonisierung des Aufsichtsrechts.[1154]

Der letztgenannte Aspekt wirft jedoch die Frage auf, ob die harmonisierten aufsichtsrechtlichen Richtlinienvorgaben eine Begrenzung bzw. Bindung des umsetzenden nationalen Gesetzgebers hinsichtlich vertragsrechtlicher Regelungsspielräume mit sich bringen.

Eine solche Bindungswirkung von aufsichtsrechtlichen Vorgaben in die Vertragsrechtsgestaltung hinein kommt nach Ansicht des Verfassers bei Vorliegen zweier Voraussetzungen in Betracht.[1155]

1149 Zur historischen Entwicklung vgl. Müller, aaO (Fn. 25), S. 37 ff.

1150 Theoretisch wäre eine Rechtswahl freilich auch bei unterschiedlichen Informationsanforderungen relevant.

1151 vgl. allgemein hierzu Riesenhuber, aaO (Fn. 1071), S. 336 f.

1152 Ebenso Roth, aaO (Fn. 16), S. 127, der eine generelle Verdrängung produktgestaltender Regelungen durch die Informationsvorgaben des Art. 36 der Richtlinie 2002/83/EG nicht anerkennt.

1153 Vgl. auch Erwägungsgrund 44 der Richtlinie 2002/83/EG.

1154 Vgl. bereits oben unter Pkt. 4.1.2.5.2.1.5; z.B. auch Erwägungsgrund 104 der Richtlinie 2009/138/EG.

1155 Die Überlegung dürfte auch unter Berücksichtigung der freien Mittelwahl allgemein für rechtgebietsübergreifende Wirkungen greifen. Freilich nur im Rahmen der zustehenden Kompetenz.

Die Auslegung der Richtlinienvorgaben muss zum einen den Regelungszweck ergeben, dass ein bestimmter Bereich zielorientiert und umfassend geregelt werden soll.

Zum anderen muss der Richtliniengeber damit einen abschließenden (ausgewogenen) Weg aufzeigen, mithin vorliegend ein aufsichtsrechtliches milderes Mittel vorgeben.

Bezüglich der Lebensversicherungsrichtlinie lässt sich folgendes feststellen:

Der Richtliniengeber spricht im gegenständlichen Bereich der Versicherungsbedingungen und Informationspflichten auch aufsichtsrechtliche Maßnahmen an.[1156]

Zwar wurde gerade im Wegfall der aufsichtsrechtlichen Vorabgenehmigung der maßgebliche Schritt zur Gewährleistung von Produktgestaltungsfreiheit erkannt.[1157] Dies steht etwaigen anderen, im Lichte der Produktgestaltungsfreiheit, milderen Mitteln der Rechtsaufsicht aber nicht entgegen.

So räumt z.B. Art. 34 UA 2 der Richtlinie 2002/83/EG bzw. Art. 182 UA 2 der Richtlinie 2009/138/EG den Aufsichtsbehörden des Herkunftsmitgliedstaates das Recht ein, die systematische Übermittlung für die Berechnung der Tarife und technischen Rückstellungen verwendeten Grundlagen zu fordern.[1158]

Wie bereits ausgeführt[1159], können aufsichtsrechtliche Maßnahmen wesentlich flexibler ausgestaltet sein, als es bei zwingenden produktgestaltenden Vorgaben des Vertragsrechts möglich ist. Denn im Gegensatz zum einzelnen Versicherungsnehmer besitzt die Aufsicht die nötige fachliche Kompetenz, um die komplexen Produkte im Detail nachvollziehen zu können. Genau in diesem Bereich der Produktkomplexität besteht nach Ansicht des Verfassers ein aufsichtsrechtliches Potential, ein höheres Maß an Produktgestaltungsfreiheit zu verwirklichen und gleichzeitig eine erkannte Schutzbedürftigkeit der Versicherungsnehmer abzudecken.

Aufsichtsrechtliche Schutzmaßnahmen rücken zudem weiter in den Vordergrund, wenn man sich die ähnliche, die Produktgestaltungsfreiheit hindernde, Eingriffsintensität von zwingenden produktgestaltenden vertragsrechtlichen Vorgaben und der abgeschafften präventiven Tarif- und Bedingungskontrolle

---

1156 So z.B. Art. 34 der Richtlinie 2002/83/EG bzw. der entsprechenden Vorschrift des Art. 182 der Richtlinie 2009/138 EG.

1157 Vgl. oben unter Pkt. 3.3.

1158 Dies wird in Abhängigkeit zu dem Ziel der Einhaltung der einzelstaatlichen Rechtsvorschriften zur Überwachung der versicherungsmathematischen Grundsätze gestellt.

1159 vgl. oben unter Pkt. 4.1.2.4.1.6.

vergegenwärtigt. Jeweils besteht oder bestand die Möglichkeit, bestimmte Produkte von vornherein auszuschließen.[1160] Auch insoweit könnte man an den effet-utile-Grundsatz denken.

Der Richtliniengeber, welcher mit der Deregulierung gerade nicht vom aufsichtsrechtlichen Schutzmaßstab abkehren wollte[1161], gibt weiter eine repressive Rechtsaufsicht der Tätigkeitslandbehörde vor.[1162] Wie bereits ausgeführt[1163] und wie sich in Art. 34 der Richtlinie 2002/83/EG bzw. in Art. 182 der Richtlinie 2009/138/EG gleichfalls zeigt, nimmt die Aufsichtsbehörde des Herkunftslandes, also des Landes, in welchem das Versicherungsunternehmen seinen Gesellschaftssitz hat[1164], zuvörderst die anfallenden Aufsichtsaufgaben wahr.[1165] Das Versicherungsunternehmen unterliegt ja auch grundsätzlich dem Aufsichtsrecht des Herkunftsmitgliedsstaates. Eine Intervention im Lichte des Aufsichtsrechts des Tätigkeitslandes durch die Aufsichtsbehörde des Tätigkeitslandes kommt im Sinne einer repressiven Rechtsaufsicht aber ebenfalls in Betracht.[1166] Der Richtliniengeber zeigt damit ein Verfahren auf, welches ausdrücklich den allgemeinen Kriterien der Eingriffsrechtfertigung Rechnung trägt, indem zunächst der Mitgliedsstaat, aus welchem der Versicherer stammt, zur Behebung von Unregelmäßigkeiten befugt ist und erst bei Untätigkeit oder Unzweckmäßigkeit ein Einschreiten der Tätigkeitslandbehörde möglich wird.[1167]

Durch den aufsichtsrechtlich aufgezeigten Weg sind flexible und letztlich mildere Regelungen denkbar. Dies wird nämlich regelmäßig dann der Fall sein, wenn aufsichtsrechtlich kein bestimmter Produkttyp an sich ausgeschlossen werden soll, sondern nach einem angemessenen Verhältnis etwaiger Beteiligungen zu suchen ist. Denn hier führen auf vertragsrechtlicher Ebene Geheimhaltungsinteresse des Versicherers und Informationsfähigkeit des Versicherungsnehmers

---

1160 Zu diesem Gedanken der vertragsrechtlichen Produktstandardisierung vgl. auch Reich, aaO (Fn. 216), S. 815.

1161 Vgl. hierzu insbesondere Müller, aaO (Fn. 25), S. 135 ff., insb. Rn. 363 a.E.

1162 Vgl. Art. 46 der Richtlinie 2002/83/EG bzw. Art. 155 der Richtlinie 2009/138/EG. Vgl. allgemein zu dieser Art von Aufsicht auch P. Schmidt, aaO (Fn. 216), S. 171 ff.

1163 siehe oben unter Pkt. 4.1.2.5.2.1.2.7.

1164 vgl. Art. 13 Ziff. 8 b) der Richtlinie 2009/138/EG.

1165 Vgl. z.B. Art. 27 ff. und Art. 153 ff der Richtlinie 2009/138/EG.

1166 Vgl. Pkt. 4.1.2.5.2.1.2.7.

1167 Zu den Kriterien der Rechtfertigung von Eingriffen im Allgemeininteresse vgl. bereits oben Pkt. 4.1.2.4.1.

zu begrenzten Regelungsoptionen. Aufsichtsrechtlich sind ohne weiteres flexiblere einzelfallgerechtere Lösungen möglich.[1168]

Allerdings geben die maßgeblichen Richtlinien keinen konkreten milderen Weg vor, erst Recht nicht abschließend. Lediglich die theoretische Möglichkeit konnte aufgezeigt werden, weshalb es an der zweiten aufgestellten Voraussetzung scheitert.

Zudem sind die im Blickpunkt der Bearbeitung stehende angemessene Beteiligung der Versicherungsnehmer an den Überschüssen sowie die Bestimmung eines angemessenen Rückkaufswerts nicht Regelungsgegenstand der aufsichtsrechtlichen Richtlinienvorgaben. Es fehlt mithin ebenso an der ersten aufgestellten Voraussetzung.

Eine sekundärrechtliche Bindungswirkung des nationalen Gesetzgebers für vertragsrechtliche Lösungen durch aufsichtsrechtliche Vorgaben muss damit ausscheiden.

4.1.2.5.2.1.2.8. Zwischenergebnis

Nach alledem muss von einer den nationalen Gesetzgeber bindenden Höchstnormwirkung für versicherungsvertragliche Regelungen nach der Richtlinie 2002/83/EG ausgegangen werden. Dies ändert sich auch nach der Richtlinie 2009/138/EG nicht.

Zwingend zu erteilende zusätzliche Angaben unterliegen danach dem vertragswesentlichen Notwendigkeitserfordernis im Lichte der Versicherungsrichtlinien.

Darüber hinausgehende strengere vertragsrechtliche Mittel im Lebensversicherungsrecht sind dem nationalen Gesetzgeber aus sekundärrechtlicher Sicht

---

1168 Es soll an dieser Stelle keine vertiefte Auseinandersetzung mit Fragen des Aufsichtsrechts erfolgen. Vgl. bereits Fn. 230 und 248. Vgl. etwa zum Begriff des Missstandes Winter, aaO (Fn. 914), S. 145 ff. oder zu den Zwecken der Aufsicht, Eilert, VersR 2009, 709 ff. Die aufsichtsrechtliche Ausgestaltung etwaiger Schutzmaßnahmen erscheint nur über eine generalklauselartige Formulierung möglich. Für bekannte Produktgruppen könnte dann ein Rahmen vorgegeben werden, welcher unterschiedliche Kriterien wie Vertragsdauer, Kapitalaufwand, Kapitalverwendung, Gewinnaussicht usw. berücksichtigt. Um neue Produktentwicklungen nicht auszuschließen, bedarf es letztlich aber stets einer Öffnung. Für EU-Versicherer besteht auch die Möglichkeit, ihre Produkte vor dem Marktzutritt freiwillig bei der Tätigkeitslandbehörde prüfen zu lassen, vgl. nur P. Schmidt, aaO (Fn. 216), S. 178. Für Versicherungsnehmer wäre ein aufsichtsrechtlicher Individualrechtsschutz zu überlegen.

dagegen nicht verwehrt, auch wenn hier ein milderer aufsichtsrechtlicher Weg zumindest nahe liegt.

4.1.2.5.2.1.3. Kompetenzgrundlage/Subsidiarität/Verhältnismäßigkeit

Eine Richtlinie entfaltet freilich nur dann eine wirksame Bindungswirkung für die Mitgliedsstaaten, wenn sie auf einer hinreichenden Kompetenzgrundlage beruht und den europäischen Grundsätzen der Subsidiarität sowie der Verhältnismäßigkeit[1169] Rechnung trägt.

Das Europäische Parlament und der Rat der Europäischen Union stützten ihre Kompetenz zum Erlass der Richtlinie 2002/83/EG insbesondere auf die damaligen Regelungen der Art. 47 Abs. 2 und 55 EG. Die Solvency-II Richtlinie wird auf die gleichen Regelungen gestützt. Diese finden sich nunmehr in Art. 53 Abs. 2 und 62 AEUV.

Die genannten Kompetenznormen gehören zu den sog. Querschnittskompetenzen, welche nicht primär auf den Verbraucherschutz, sondern vielmehr final und funktional auf die Verwirklichung des Binnenmarktes ausgerichtet sind.[1170] Konkret zielen die in Rede stehenden Rechtsangleichungskompetenzen daher maßgeblich auf die Förderung der Dienst- und Niederlassungsfreiheit ab. Der EuGH[1171] verlangt demzufolge von den harmonisierenden Richtlinienvorgaben, dass diese an der tatsächlichen Förderung des Funktionierens des Gemeinsamen Marktes orientiert sind. Dies kann vorliegend ohne weiteres bejaht werden. Der Richtliniengeber bezweckt mit dem Verbot der aufsichtsrechtlichen Vorabgenehmigung und mit der Vorgabe eines vertraglichen Informationskonzepts maßgeblich die Förderung und Erleichterung des Binnenmarktes für Versicherungsdienstleistungen, da so die Produktgestaltungsfreiheit weitest möglich gewährleistet und damit Wettbewerb zu Gunsten von Versicherungsnehmern und Versicherungsunternehmen gefördert wird. Auch bestehenden und etwaigen zukünftig spürbaren[1172] Wettbewerbsverzerrungen soll dadurch Einhalt geboten

---

1169 Sowohl die Mitgliedsstaaten als auch die Organe der EG sind an den Verhältnismäßigkeitsgrundsatz gebunden.

1170 Vgl. nur Roth, aaO (Fn. 944), S. 21 ff., 29 f.

1171 Vgl. EuGH, Urteil vom 05.10.2000, Rs. C-376/98, Slg. 2000, I-8419, Urteilsnummer 87 (erstes „Tabak"-Urteil), insbesondere auch in Anknüpfung an das Prinzip der Einzelermächtigung gemäß Art. 5 Abs. 1 EUV.

1172 Das Kriterium der Spürbarkeit mag freilich keine eindeutige Grenzziehung ermöglichen. Fraglich erscheint insoweit das Notwendigkeitserfordernis für Vertriebsmodalitäten, wie begleitende Informationen. Im Hinblick auf die Komplexität der Lebensversicherungsprodukte erfordert jedoch ein für das Funktionieren des

werden. Die Geeignetheit[1173] der Maßnahmen begründet sich in einem weiteren maßgeblichen Schritt zum Abbau aufsichtsrechtlicher wie vertragsrechtlicher Unterschiede.

Als Schranke gemeinschaftsrechtlicher Harmonisierungskompetenz kommen allerdings die Grundsätze der Subsidiarität[1174] und der Verhältnismäßigkeit[1175] in Betracht.[1176]

Da für sämtliche Bereiche, die die Errichtung und das Funktionieren des Binnenmarktes betreffen, eine konkurrierende Gesetzgebungskompetenz besteht[1177], findet der Subsidiaritätsgrundsatz vorliegend Anwendung.[1178] Im Rahmen des Subsidiaritätsprinzips ist danach zu fragen, ob die getroffenen Maßnahmen nicht auch auf mitgliedsstaatlicher Ebene hinreichend hätten verwirklicht werden können (Positivkriterium) und ob im Hinblick auf Umfang und Wirkung der Maßnahmen die Erreichung des Regelungszieles auf Gemeinschaftsebene wahrscheinlicher wäre (Negativkriterium).[1179] Beide Fragen sind zu Gunsten einer Gemeinschaftskompetenz zu bejahen. Dies ergibt sich ohne weiteres aus der Komplexität der in Rede stehenden Finanzdienstleistungen. Ein Wettbewerb zwischen Versicherungsunternehmen der Gemeinschaft zum Nutzen der Versicherungsnehmer der Gemeinschaft kann nur effizient mittels einer europäischen Harmonisierung von Aufsichts- und Vertragsrecht erfolgen.

Nach dem Verhältnismäßigkeitsgrundsatz dürfen die Handlungen der Gemeinschaftsorgane nicht die Grenzen dessen überschreiten, was zur Erreichung des mit der konkreten Regelung verfolgten Ziels geeignet und erforderlich ist.[1180]

Binnenmarktes notwendiges Verständnis gerade auch eine dahingehende Regelung. Nicht notwendige Informationen stehen dem Funktionieren des Binnenmarktes aufgrund des Verwirrungspotentials maßgeblich entgegen.

1173 Vgl. EuGH, ebd., Urteilsnummer 112.

1174 Art. 5 Abs. 3 EUV.

1175 Art. 5 Abs. 4 EUV.

1176 Vgl. z.B. Tonner/Tamm, JZ 2009, 277, 285f; Roth, ebd., S. 25 f.; umfassend, Bock, aaO (Fn. 1003), S. 187 ff. m.w.N.

1177 Vgl. nur EuGH, Urteil vom 10.12.2002, Rs. C-491/01, "British American Tobacco u.a./Secretary of State for Health", Rn. 179.

1178 Vom Subsidiaritätsgrundsatz nicht erfasst sind nur die Bereiche, in denen zu keinem Zeitpunkt eine Zuständigkeit der nationalen Gesetzgeber bestand, z. B. bei Gemeinschaftsmarken etc.

1179 Vgl. nur Bock, ebd., S. 191.

1180 Vgl. Bock, ebd., S. 194; zum gemeinschaftsrechtlichen Verhältnismäßigkeitsgrundsatz, insbesondere zum Kriterium der Angemessenheit vgl. Koch, aaO (Fn. 990), S. 198 ff.

Zu fragen wäre demnach, ob die konkreten Maßnahmen zur Binnenmarktförderung als Eingriff in die nationalstaatliche Rechtssetzungshoheit das mildeste und damit „kompetenzschonendste" Mittel darstellen.[1181]

Dem wurde nach Ansicht des Verfassers hinreichend Rechnung getragen. Der aufgezeigte Gestaltungskorridor für zusätzliche Angaben in Anknüpfung an das Kriterium der vertragswesentlichen Notwendigkeit schützt die Beteiligten, fördert den Wettbewerb und gibt dem einzelnen Mitgliedsstaat Raum, zum Schutze der Beteiligten zusätzliche strengere Angabeanforderungen zu schaffen. Eine darüber hinausgehende, nicht notwendige und daher der Transparenz zuwider laufende[1182], zusätzliche Information steht dem Richtlinienzweck ersichtlich entgegen.

Der Richtliniengeber wendet somit zur Erreichung der gewollten Harmonisierungsstufe das zur Verfügung stehende mildeste Mittel an.[1183]

Dieser Beurteilung steht auch nicht etwa ein verfassungsrechtlich gebotener Spielraum des deutschen Gesetzgebers entgegen.[1184] Ob der Gemeinschaftsgesetzgeber den Mitgliedsstaaten derartige Spielräume belassen muss, damit letztere ihren verfassungsrechtlichen Schutzaufträgen gerecht werden können, soll an dieser Stelle nicht weiter vertieft werden.[1185] Soweit die obigen Entscheidungen des Bundesverfassungsgerichtes zur Überschussbeteiligung und zum

1181 Vgl. Bock, ebd., S. 195.

1182 Vgl. nochmals das AXA-Urteil des EuGH oben unter Pkt. 4.2.2.2.1.2.1.

1183 An dieser Stelle sei nochmals der Aspekt der Rechtswahlfreiheit angesprochen, vgl. bereits oben unter Pkt. 4.1.2.2.3. Nachvollziehbar schränkt der europäische Gesetzgeber im Rahmen der Rom-I-VO die Rechtswahlmöglichkeit bei Lebensversicherungsverträgen maßgeblich ein. Die Freiheit der Wahl des anzuwendenden Vertragsrechts ist nämlich bereits mit der Sprachvielfalt der Mitgliedsstaaten und der eigenständigen Bestimmungen der Gerichtszuständigkeit belastet. Zudem – und hierin ist das maßgebliche ablehnende Kriterium zu sehen – erscheint es völlig unrealistisch, zu erwarten, der Versicherungsnehmer vergleiche neben Preis und Qualität des Produktes auch Vor- und Nachteile der möglichen Rechtsordnungen. Vgl. hierzu auch Roth, aaO (Fn. 16), S. 121 ff. Binnenmarkthemmnisse können daher nur über eine Harmonisierung von Aufsichts- und Vertragsrecht abgebaut werden.

1184 Vgl. zur Berücksichtigung verfassungsrechtlicher Gesichtspunkte Streinz, aaO (Fn. 979), S. 150.

1185 Nach herrschender Ansicht sind die Richtlinienbestimmungen dem nationalen Verfassungsrecht entzogen. Der Gemeinschaftsgesetzgeber hat natürlich die Gemeinschaftsgrundechte zu beachten. Vgl. z.B. Bock, ebd., S. 208; Friauf/Scholz, Europarecht und Grundgesetz, S. 11 ff.

Rückkaufswert[1186] einen Schutzauftrag des deutschen Gesetzgebers nach Art. 14 Abs. 1, 2 Abs. 1 GG aufzeigen, steht dies den europäischen Vorgaben jedenfalls nicht entgegen. Das Bundesverfassungsgericht spricht einerseits die Berücksichtigung der europäischen Vorgaben im Lebensversicherungsrecht ausdrücklich an[1187] und weist andererseits auf verschiedene Wege zur Erreichung eines gebotenen verfassungsrechtlichen Schutzes hin[1188]. Mithin verbleibt dem nationalen Gesetzgeber vorliegend gerade die Möglichkeit, für eine verfassungsgemäße angemessene Beteiligung bei Überschüssen und Rückkaufswerten zu sorgen.

4.1.2.5.2.1.4. Stellungnahme

Die Würdigung der Regelungen der Lebensversicherungsrichtlinie mit Bezug zum Vertragsrecht ergibt im Hinblick auf die Harmonisierungsintensität eine zu berücksichtigende Beschränkung der mitgliedsstaatlichen Rechtssetzungshoheit, woran auch die neuen Regelungen zur Lebensversicherung nach der VVG-Reform zu messen sind.

Zunächst soll jedoch ein Blick auf weitere die Lebensversicherung betreffende Richtlinien und deren Harmonisierungsintensität geworfen werden.

4.1.2.5.2.2. Höchstnormwirkung der Richtlinie über den Fernabsatz von Finanzdienstleistung

Die Richtlinie[1189] betrifft in ihrem Anwendungsbereich Sachverhalte über den Fernabsatz von Finanzdienstleistungen[1190] zwischen einem Anbieter[1191], welcher organisiert Finanzdienstleistungen im Fernabsatz anbietet[1192] und einem Verbraucher[1193]. Unter Fernabsatzverträgen versteht der Gemeinschaftsgesetzgeber alle Verträge, bei denen das Angebot, die Verhandlung und der Abschluss selbst an einem getrennten Ort mittels Fernkommunikationsmitteln[1194] erfolgen.[1195]

1186 Siehe oben unter Pkt. 3.4.

1187 BVerfG, vgl. bereits ausführlich unter Pkt. 3.4.1.2., Ziff. C.II.1., abgedruckt in NJW 2005, 2376, 2381.

1188 Vgl. nochmals BVerfG, ebd.

1189 Richtlinie 2002/65/EG, siehe bereits oben unter Pkt. 3.3.3.2.

1190 Vgl. hierzu die Definition in Art. 2 b) der Richtlinie 2002/65/EG.

1191 Definiert in Art. 2 c) der Richtlinie 2002/65/EG.

1192 Vgl. Erwägungsgrund 18 der Richtlinie 2002/65/EG.

1193 Vgl. hierzu die Definition in Art. 2 d) der Richtlinie 2002/65/EG; zum vorgegebenen Verbraucherbegriff im Verhältnis zum Verbraucherbegriff des BGB vgl. Hoffmann, WM 2006, 560.

1194 Definiert in Art. 2 e) der Richtlinie 2002/65/EG.

1195 So die Definition in Erwägungsgrund 15 der Richtlinie 2002/65/EG.

Der Richtlinie über den Fernabsatz von Finanzdienstleistungen wird einhellig eine Vollharmonisierung zuerkannt.[1196] Dem ist beizupflichten.

Zwar kann dies nicht hinreichend dem Wortlaut der Bestimmungen entnommen werden. Insbesondere Art. 4 Abs. 2 der Richtlinie 2002/65/EG gibt zunächst keinen Rückschluss dem Wortlaut nach, welcher Harmonisierungsgrad angestrebt ist. Die vorgegebenen Richtlinienziele, wie sie aus den Erwägungsgründen hervorgehen, sprechen allerdings für eine Vollharmonisierung. Die Richtlinie bezweckt gemäß Erwägungsgrund 34 die Schaffung einheitlicher Regelungen für Fernabsatzverträge über Finanzdienstleistungen zum Schutze der Verbraucher. Zur Gewährleistung einer bestmöglichen Produktauswahlfreiheit soll ein einheitliches hohes Verbraucherschutzniveau geschaffen werden, um dadurch ein reibungsloses Funktionieren des Binnenmarktes im wichtigen grenzüberschreitenden Bereich des Fernabsatzes zu festigen.[1197] Einzelstaatliche Lösungen führen zu Wettbewerbsverzerrungen, weshalb einheitliche EU-weite Regelungen nötig sind.[1198] Demzufolge spricht Erwägungsgrund 13 der Richtlinie die Maximalwirkung des vertraglichen Verbraucherschutzes explizit aus.[1199]

Allerdings benennt Art. 4 Abs. 2 der Richtlinie ausdrücklich eine Ausnahme von der Maximalwirkung für zusätzliche vertragliche Auskunftspflichten. Für diese sind „bis zu einer weiteren Harmonisierung" strengere Bestimmungen zur Auskunftserteilung durch die einzelnen Mitgliedsstaaten zulässig, sofern die strengeren Bestimmungen „mit dem Gemeinschaftsrecht im Einklang stehen". Für den Fall der Einführung solcher Bestimmungen muss dies der Europäischen Kommission angezeigt werden.[1200]

Schneider[1201] erkennt in dieser Öffnung, dass eine minimale Harmonisierungswirkung in diesem Bereich des Versicherungsvertragsrechts nicht verändert wird. Zutreffender schlussfolgert *Präve*[1202], dass eine zusätzliche Auskunft

---

1196 Vgl. Präve, aaO (Fn. 626), S. 151; Schneider, VersR 2004, 696, 697; Gsell/Herresthal, aaO (Fn. 944), S. 2; jeweils unter Bezugnahme auf Erwägungsgrund 13 der Richtlinie 2002/65/EG. Vgl. bereits oben unter Pkt. 3.3.3.2.

1197 So die maßgebliche Schlussfolgerung aus einer Gesamtschau der Erwägungsgründe 3, 5, 11.

1198 Erwägungsgrund 12.

1199 Diese Wirkung soll trotz anderweitiger europäischer Bestimmungen für Finanzdienstleistungen – also vorliegend der Lebensversicherungsrichtlinien – Geltung erhalten, Erwägungsgrund 14.

1200 Art. 4 Abs. 3 der Richtlinie 2002/65/EG.

1201 Schneider, ebd., S. 696.

1202 Präve, ebd.

zu einem (Lebens-) Versicherungsprodukt nur dann zulässig wäre, wenn die Auskunft für das Produktverständnis notwendig[1203] ist. Ein anderes Verständnis ist nicht konsequent, da die soeben herausgearbeitete lebensversicherungsvertragsrechtliche Harmonisierung natürlich auch im Rahmen der besonderen Vertriebsform des Fernabsatzes gilt.

Fraglich ist, ob der Richtliniengeber mit der Zielvorgabe eines einheitlichen und abschließenden vertraglichen Verbraucherschutzes und der Öffnung für strengere Auskünfte im Umkehrschluss, andere strengere vertragsrechtliche Mittel, wie gerade zwingende „verbraucherschützende", die Produktgestaltung maßgeblich beschränkende, vertragliche Vorgaben ausschließen wollte.[1204] Zwar bezweckt der Richtliniengeber einen vertragsrechtlich dem Grunde nach abschließenden Verbraucherschutz für Finanzdienstleistungen. Die abschließende Wirkung betrifft jedoch, dem Anwendungsbereich der Richtlinie nach, maßgeblich die Auskunftspflichten während des Abschlussvorgangs. Insoweit sind gemäß Art. 4 Abs. 2 der Richtlinie 2002/65/EG strengere Auskunftspflichten möglich, aber auch strengere anderweitige vertragsrechtliche Mittel. Dies gilt erst Recht für neben dem Abschlussvorgang stehenden Fragen der inhaltlichen Ausgestaltung des Produktes, der Betreuung während der Vertragslaufzeit etc. Diese werden durch die Richtlinienvorgaben nicht berührt. Eine Bindungswirkung der Mitgliedsstaaten für strengere vertragsrechtliche Mittel durch die Richtlinie ist somit abzulehnen.

Der Richtliniengeber stützt die Vorgaben zum Abschlussvorgang auf die Kompetenzgrundlage der Art. 53 Abs. 2, 62 und 114 AEUV. Indem die Vorgaben die Erleichterung der binnenmarktweiten Aktivitäten bei Finanzdienstleistungen im Fernabsatz und somit die Förderung der Binnenmarktziele bezwecken, sind die Vorgaben sicherlich von der Kompetenzordnung gedeckt.[1205]

4.1.2.5.2.3. Höchstnormwirkung weiterer Richtlinien

Die Vorgaben der Vermittlerrichtlinie betreffen bereits von ihrem Anwendungsbereich her nicht das Verhältnis von Versicherer und Versicherungsnehmer,

---

1203 Vgl. nochmals Art. 36 Abs. 3 der Richtlinie 2002/83/EG bzw. Art. 185 Abs. 7 der Richtlinie 2009/138/EG.

1204 In diese Richtung wohl Roth, in: Gsell/Herresthal, aaO (Fn. 944), S. 41, der unter Bezugnahme auf benannte Richtlinie vom Abbau „marktspaltender Wirkungen zwingender vertragsrechtlicher Normen" spricht. Dagegen scheint Ebers, aaO (Fn. 276), S. 135 aufgrund der Öffnungsklausel allgemein strengere Vorschriften für möglich zu halten.

1205 Ebenso Roth, ebd.

sondern von Versicherungsvermittler und Versicherungsnehmer.[1206] Die vorliegend betrachtete Frage der versicherungsvertraglichen Bindungswirkung für Mitgliedsstaaten ist insoweit gar nicht unmittelbar berührt. Im Übrigen werden gemäß Erwägungsgrund 19 sowie Art. 12 Abs. 5 der Richtlinie 2002/92/EG ausdrücklich „nur" Mindestregelungen vorgegeben.[1207]

Die Richtlinie 93/13/EWG über mißbräuchliche Klauseln in Verbraucherverträgen sieht nach Art. 8 ebenfalls lediglich eine Mindestkoordinierung vor.[1208] Eine zu beachtende Höchstnormwirkung kommt daher durch diese Vorgaben nicht in Betracht.

Auch weitere Richtlinien enthalten keinen Höchstnormcharakter im Hinblick auf die Produktgestaltung von Lebensversicherungsverträgen.[1209]

4.1.2.5.3. Stellungnahme zur Bindungswirkung für das Lebensversicherungsvertragsrecht nach dem Sekundärrecht

Die erste Erkenntnis aus den dargestellten Richtlinienvorgaben ist, dass die verschiedenen, zu berücksichtigenden Vorgaben einen unterschiedlichen Harmonisierungsgrad aufweisen. Zu Recht wird dabei auch die teils unsystematische Regelungsweise kritisiert.[1210] Dennoch bestehen keine Zweifel am Zusammenwirken der Richtlinien, soweit deren Anwendungsbereich eröffnet ist. Die Mitgliedsstaaten stehen dadurch bei der Umsetzung der verschiedenen europäischen Vorgaben sowie bei der Normierung von außerhalb des Anwendungsbereichs der Richtlinien liegenden Sachverhalten vor der (undankbaren) Aufgabe, eine kohärente Lösung zu finden.[1211]

1206 Vgl. Art. 1 der Richtlinie 2002/92/EG.

1207 Hierauf beruft sich beispielsweise auch der Bundesrat in seiner Stellungnahme vom 24.11.2006, BT-Drcks. 16/3945, S. 125.

1208 Bereits oben Pkt. 3.3.3.1.

1209 Die sog. E-Commerce-Richtlinie des Europäischen Parlaments und des Rates vom 08.06.2000 - 2000/31/EWG - enthält ausschließlich Vorgaben im Hinblick auf die Besonderheiten des elektronischen Geschäftsvorgangs und nicht zum Produkt selbst, vgl. Erwägungsgrund 55 der Richtlinie. Die Vorgaben gewähren den Mitgliedsstaaten die Möglichkeit, strengere Regelungen zu erlassen, vgl. Erwägungsgründe 24, 27 und 35.

1210 Vgl. Ebers, ebd., S. 138, der einen systematischen Bruch der Fernabsatzrichtlinie feststellt, soweit diese über die Vertriebsform hinaus auch Produktvorgaben enthält. In die gleiche Richtung Reich, aaO (Fn.216), S. 809 ff.

1211 So waren beispielsweise die vertragsrechtlichen Vorgaben der Fernabsatzrichtlinie auch für andere Vertriebsformen vorzusehen, um Wertungswidersprüche zu

Zweitens birgt die Ermittlung des Harmonisierungsgrades durch Auslegung der Richtlinien stets die Gefahr uneinheitlicher Ergebnisse. Sicherheit erhalten die Mitgliedsstaaten letztlich nur durch eine Entscheidung des EuGHs zu den gegenständlichen Auslegungsfragen.[1212]

Die hier vertretene Lösung erkennt für die Richtlinien zur Lebensversicherung 2002/83/EG bzw. 2009/138/EG eine wettbewerbs- und damit binnenmarktfördernde Beschränkung der Mitgliedsstaaten i.S.e. Höchstnormwirkung, zusätzliche, ergänzende Angaben zu verlangen, soweit diese nicht für das Verständnis der vertragswesentlichen Umstände notwendig sind.

Eine darüber hinausgehende Bindungswirkung des nationalen Gesetzgebers, z.B. für produktgestaltende vertragsrechtliche Vorgaben findet sich demgegenüber bislang weder in den Lebensversicherungsrichtlinien noch in anderen sekundärrechtlichen Vorgaben. Etwaige versicherungsaufsichtsrechtliche Lösungswege mögen zwar durchaus schonender auf den Binnenmarkt wirken können. Die nationalen Gesetzgeber sind aber derzeit nicht auf etwaige aufsichtsrechtliche Wege bei Regelungen zur Angemessenheit von Überschussbeteiligung und Rückkaufswerten angewiesen.

4.2. Rechtsfolge bei Überschreitung der gesetzgeberischen Rechtfertigungsgrenzen

Soweit die nachfolgende europarechtliche Überprüfung der hier gegenständlichen vertragsrechtlichen Regelungen zur Lebensversicherung nach der VVG-Reform anhand der soeben herausgearbeiteten Maßstäbe zu der Feststellung führt, dass ein Verstoß gegen europäische Vorgaben vorliegt, ist wie folgt zu differenzieren.

Kommt ein Verstoß der nationalen Vorschrift gegen Grundfreiheiten und somit gegen das Primärrecht in Betracht, muss dem Anwendungsvorrang des europäischen Rechts zunächst durch eine unionsrechtskonforme Auslegung Geltung

---

vermeiden. Vgl. auch Ebers, ebd., S. 139. Ähnliches galt für die Beratungsvorgaben der Vermittlerrichtlinie.

1212 Zu beachten gilt dabei die Rechtsprechung des EuGH, die besagt, dass es Sache der Gerichte der Mitgliedsstaaten sei, im Rahmen der Verhältnismäßigkeitsprüfung das nationale Recht dahingehend zu würdigen, ob die Allgemeininteressen, welche die eingreifende Maßnahme schützen möchte, bereits durch andere nationale Regelungen hinreichend berücksichtigt werden. Vgl. EuGH, Urteil vom 05.12.2006, Rs. C- 94/04 „Cipolla" Rn. 70; auch Herrmann, aaO (Fn. 548), S. 12.

verschafft werden.[1213] Vermag dies den Primärrechtsverstoß nicht zu beheben, so wird die grundfreiheitenwidrige nationale Regelung nicht angewandt.[1214]

Zeigt sich ein Verstoß gegen europäisches Sekundärrecht, ist vorrangig eine richtlinienkonforme Auslegung[1215] der nationalen Vorschrift durchzuführen, denn die Harmonisierung durch Richtlinien kann nur sinnvoll erfolgen, wenn die harmonisierten Vorgaben auch einheitlich ausgelegt werden. Eine unterschiedliche Rechtsanwendung würde dieser Zielsetzung zuwiderlaufen. Demzufolge fordert der EuGH in ständiger Rechtsprechung eine an den Zielen der Richtlinienvorgaben orientierte Auslegung der nationalen Vorschriften durch die nationalen Gerichte.[1216] Der Grundsatz der gemeinschaftsrechtskonformen Auslegung des nationalen Rechts betrifft dabei nicht nur die in Umsetzung einer Richtlinie erlassene einzelne nationale Regelung. Es muss vielmehr das gesamte nationale Recht mit sämtlichen methodischen Mitteln[1217] des Rechts des Mitgliedstaates berücksichtigt werden, um zu beurteilen, inwieweit eine Anwendung möglich ist, die richtlinienkonform wäre.[1218]

Wird eine Richtlinie nicht oder fehlerhaft umgesetzt, so dass eine Auslegung nicht zu einem richtlinienkonformen Ergebnis führen kann, stellt sich die Frage, ob ein Dritter unmittelbar Rechte aus den Richtlinienvorgaben herzuleiten vermag.

1213 Hergeleitet wird der Grundsatz der unionsrechtskonformen Auslegung aus den allgemeinen Zielen und Zwecken der EUV/AEUV. So betont der EuGH, dass die Mitgliedsstaaten im Rahmen ihrer Zuständigkeit die volle Wirksamkeit des Unionsrechts zu gewährleisten haben, vgl. Urteil vom 15.05.2003, Rs. C-160/01 „Mau“, Slg. 2003, I-4791 Rz. 34; auch Roth, in Riesenhuber: Europäische Methodenlehre, S. 398 f.

1214 vgl. EuGH, Urteil vom 09.03.1978, Rs. 106/77 „Simmenthal“, Slg. 1978, 629 Rz. 21. Auf die weitergehenden Fragen zum Rangverhältnis und der Beseitigung eines Verstoßes gegen die Grundfreiheiten kann die Bearbeitung an dieser Stelle nicht eingehen. Verwiesen werden darf bspw. auf Körber, aaO (Fn. 940), S. 420 ff.; Beljin, NVwZ 2008, 156 ff.; Streinz, aaO (Fn. 979), S. 68 ff.; Nettesheim in: Grabitz/Hilf/Nettesheim, Das Recht der Europäischen Union, Art. 1 AEUV, Rn. 71 ff.

1215 Zur richtlinienkonformen Auslegung eingehend Roth in: Riesenhuber, Europäische Methodenlehre, § 14, S. 393 ff.

1216 Vgl. z.B. EuGH, Urteil vom 13.11.1990, Rs. 106/89, „Marleasing“, Slg. 1990, S. I-4135, 4159, Rz. 8; Urteil vom 14.07.1994, Rs.C-91/92 „Faccini Dori“, Slg. 1994, I-3325, Rz. 26; Urteil vom 05.10.2004, Rs. C-397/01 „Pfeiffer“ Rz. 110 und 114; auch Oppermann/Classen/Nettenheim, aaO (Fn.990), S. 183, Rn. 110.

1217 Vgl. zu den methodischen Möglichkeiten Roth, ebd., S. 402 ff.

1218 Vgl. EuGH, ebd. „Pfeiffer“, Rz. 115 ff.

Richtlinien richten sich an die Mitgliedstaaten, die diese umzusetzen haben, Art. 288 Abs. 3 AEUV. Eine unmittelbare Wirkung von Richtlinienbestimmungen zu Gunsten Dritter kann sich in ständiger Rechtsprechung gegenüber staatlichen Stellen ergeben, soweit die Bestimmungen der Richtlinie inhaltlich unbedingt und hinreichend genau sind.[1219]

Die unmittelbare Wirkung[1220] von Richtlinienbestimmungen gegenüber privaten Dritten, also im sog. Horizontalverhältnis, ist dagegen umstritten.[1221]

Der EuGH erkennt einer Richtlinienvorgabe nicht eine den Bürger verpflichtende unmittelbare Wirkung zu, da dies einer Verordnungswirkung gleich käme. Letztere untersteht aber besonderen Voraussetzungen.[1222] Zwar richtet sich eine Richtlinie auch an das staatliche Gericht, die Wirkung einer unmittelbaren Anwendung treffe letztlich aber die Bürger.[1223] Einem betroffenen Dritten stünde insoweit nur ein möglicher Schadensersatzanspruch gegenüber dem unzureichend umsetzenden Mitgliedsstaat zu.[1224]

Nach der Rechtsprechung des EuGH kann eine gegen Richtlinienvorgaben verstoßende nationale Vorschrift aber im Horizontalverhältnis unangewendet bleiben, wenn die Richtlinienbestimmungen bspw. primärrechtliche Grundsätze konkretisieren[1225] oder wenn der Verstoß gegen das Richtlinienrecht einen wesentlichen Verfahrensfehler bedeutet.[1226]

1219 grundlegend EuGH, Urteile vom 19.11.1991, verbundene Rs. C-6/90 und C-9/90 „Francovich " u.a., Slg. 1991, I-5357, Rz. 11.

1220 Zur Begrifflichkeit in diesem Zusammenhang z.B. Jarass/Beljin, EuR 2004, S. 714, 717 f; C. Herrmann, Richtlinienumsetzung durch die Rechtsprechung, S. 32 ff.

1221 Im Hinblick auf die Relevanz für diese Bearbeitung soll nur eine überblicksartige Darstellung erfolgen. Zur Vertiefung darf auf die jeweiligen Zitierungen verwiesen werden.

1222 Vgl. EuGH, ebd. „Faccini Dori", Rz. 20 ff.

1223 Vgl. auch Streinz, Europarecht, 7. Aufl., Rn. 447.

1224 Vgl. EuGH, ebd. „Francovich", Rz. 39, wobei der EuGH drei Voraussetzungen verlangt, nämlich (1.) Ziel der Richtlinie muss die Verleihung von Rechten an Bürger sein, (2.) der Inhalt dieser Rechte muss auf der Grundlage der Richtlinie bestimmt werden können und (3) muss ein Kausalzusammenhang zwischen dem Verstoß gegen die dem Staat auferlegte Verpflichtung und dem entstandenen Schaden bestehen.

1225 Vgl. EuGH, Urteil vom 19.01.2010, Rs. C-555/07 „Kücükdeveci", Slg. 2010, I-365, Rz. 51; Zur Problematik der Abgrenzung nach diesen Maßstäben Mörsdorf, NJW 2010, 1046, 1048f.

1226 Vgl. EuGH, Urteil vom 26.09.2000, Rs. C-443/98 „Unilever", Slg. 2000, I-7535 Rz. 50; Eine abschließende Klärung seitens des EuGH zur Möglichkeit einer sog. negativen unmittelbaren Richtlinienwirkung im Privatrecht liegt jedoch noch nicht

Auch in der Literatur besteht Einigkeit dahingehend, dass sich eine belastende unmittelbare Wirkung von Richtlinien im Horizontalverhältnis im Regelfall nicht ergibt.[1227]

Eine Strömung in der Literatur will dann zwischen der unmittelbaren (positiven) Anwendung einer Richtlinienvorschrift und der schlichten (negativen) Nichtanwendung unterscheiden, wobei mit der Rechtsprechung des EuGH argumentiert wird.[1228] Zwar komme eine unmittelbare Anwendung der Richtlinienvorschrift nicht in Betracht, so dass ein Gericht einer Partei nicht die Richtlinie entgegenhalten kann, um für den Einzelnen aus der Richtlinie heraus eine Verpflichtung herzuleiten. Eine Nichtanwendung der nationalen Vorschrift sei aber dann zu berücksichtigen, wenn eine hinreichend bestimmte und unbedingte Richtlinienvorschrift der nationalen Regelung entgegengehalten werden könnte.[1229]

Andere lehnen eine sog. Negativwirkung der Richtlinie im Horizontalverhältnis ab.[1230] Dabei wird ebenfalls die Rechtsprechung des EuGH herangezogen und eine Nichtanwendung ohne unmittelbare Wirkung abgelehnt. Die Unanwendbarkeit sei nämlich nur Folge der unmittelbaren Wirkung.[1231]

Eine ausnahmsweise unmittelbare Wirkung sei aber beispielsweise bei mitgliedstaatlichen Verfahrensfehlern zu bejahen, da insofern für den Einzelnen weder materielle Rechte noch Pflichten aus dem Richtlinieninhalt entnommen werden.[1232]

Letztgenannter Ansicht ist beizupflichten, da die generelle Abgrenzung nach den Kriterien der positiven/negativen Wirkung obigem Grundsatz-Ausnahme-Verhältnis widerspricht.[1233]

---

vor, vgl. C.Herrmann, EuZW 2006, 69, 70; ders. ausführlich zur Rechtsprechung des EuGH, ebd., S. 61 ff.

1227 Vgl. nur Jarass/Beljin, EuR 2004, 714, 721 f.

1228 Vgl. nur C.Herrmann, EuZW 2006, 69, 70 m.w.N. auf Schlussanträge verschiedener Generalanwälte; ders., ebd., S. 78 ff., maßgeblich unter Bezugnahme auf die Entscheidung des EuGH vom 26.09.2000, ebd. „ Unilever".

1229 Vgl. auch Streinz, Europarecht, 7. Aufl., Rn. 450 ff.

1230 Vgl. Jarass/Beljin, ebd., S. 723 ff.; von Danwitz, JZ 2007, 697, 703f.

1231 ebd.

1232 Jarass/Beljin, ebd., S. 722 f. mit weiterführenden Gedanken zur Differenzierung der Ausnahme.

1233 Nochmals, Jarass/Beljin, ebd., S. 724.

5. Kapitel - Untersuchung der einzelnen vertragsrechtlichen Lebensversicherungsregelungen im Lichte europäischer Vorgaben

Im Folgenden sollen die oben besprochenen neuen Regelungen des VVG[1234] an den gefundenen europäischen Maßstäben gemessen werden. Denn sowohl die Grundfreiheiten als auch das europäische Sekundärrecht zur Lebensversicherung wirken dem Grunde nach im Bereich des Lebensversicherungsvertragsrechts.[1235]

5.1. Überschussbeteiligung - § 153 VVG

Mit der neuen Regelung zur Überschussbeteiligung nach § 153 VVG hebt der nationale Gesetzgeber die Beteiligung am Überschuss und den Bewertungsreserven auf eine neue vertragsrechtliche Ebene. Die einzelnen Regelungen stehen dabei natürlich im Zusammenhang. Zu fragen ist, inwieweit die Regelung im Einklang mit europäischen Maßstäben steht.

5.1.1. Europäisches Primärrecht

Eine Berührung der europäischen Grundfreiheiten durch § 153 VVG kann leicht herbeigeführt sein.

Bietet beispielsweise ein österreichischer Versicherer sein Lebensversicherungsprodukt einem seinen gewöhnlichen Aufenthalt in Deutschland habenden deutschen Staatsbürger an, so findet gemäß Art. 7 der Rom-I VO zwingend deutsches Versicherungsvertragsrecht Anwendung, mithin auch § 153 VVG. Der sachliche Anwendungsbereich der Dienstleistungsfreiheit ist bei der Finanzdienstleistung Lebensversicherung eröffnet. Auch der personelle Anwendungsbereich ist gegeben, da es sich um einen Dienstleistungsaustausch zwischen Unionsbürgern handelt.[1236] Die europarechtlichen Regelungen müssen aufgrund des grenzüberschreitenden Sachverhalts herangezogen werden.

1234 Siehe oben unter Pkt. 3.5.3.

1235 Siehe oben unter Pkt. 4.1.2.1.1. und Pkt. 4.1.2.1.2.

1236 Zur Anwendung der Dienstleistungsfreiheit auf die Versicherungsgesellschaft, vgl. Art. 62, 54 AEUV.

Die Regelung des § 153 VVG findet zwar auf sämtliche Versicherungsverträge Anwendung, so dass eine Diskriminierung ausscheidet. § 153 VVG muss allerdings als sonstige Behinderung qualifiziert werden, denn sie ist geeignet, die grenzüberschreitende Erbringung von Dienstleistungen unmittelbar oder mittelbar, aktuell oder potentiell zu behindern.[1237] Die vorgeschriebene Gewinnbeteiligung an den Überschüssen, insbesondere an den Bewertungsreserven, die zur Hälfte zuzuteilen sind, findet sich in dieser Ausprägung nicht in anderen Mitgliedsstaaten.[1238] Die Produktgestaltung wird durch Vorgaben des Umfangs und der Art und Weise der Überschussbeteiligung im Rahmen § 153 VVG zwangsläufig berührt.[1239] Ein österreichischer Lebensversicherer wäre nämlich gezwungen, sein Versicherungsprodukt den deutschen Gewinnbeteiligungsvorgaben anzupassen, mithin eine speziell auf das deutsche Vertragsrecht konzipierte Produktgestaltung vorzunehmen.[1240]

5.1.1.1. Eingriff in die Grundfreiheiten

Dies führt – nach der Beispielsvariante – zu einem Eingriff in die Dienstleistung sfreiheit.

Dem steht nicht entgegen, dass der deutsche Gesetzgeber die Möglichkeit gewährt, die Überschussbeteiligung vollständig auszuschließen. Dieser Weg ist nach Auffassung der Verfassers aus wettbewerblicher/praktischer Sicht schlicht untauglich, weshalb die grundsätzliche Annahme, dass eine disponible Regelungen keinen Eingriff in die Grundfreiheiten mit sich bringt, nicht greift. Für einen EU-Lebensversicherer wird es kaum möglich sein, ein kapitalbildendes Produkt ohne Überschussbeteiligung an den Kunden zu bringen, wenn man bedenkt, dass die Überschussbeteiligung regelmäßig einen wesentlichen Teil der Versicherungsleistung ausmacht.[1241] Eine Erfolg versprechende Abbedingung ist somit abzulehnen. Auch eine in diesem Zusammenhang grundsätzlich zu bedenkende Rechtswahlmöglichkeit besteht nicht.[1242]

Eine relevante Marktzugangsbehinderung ist gegeben, denn der EU-Versicherer muss ein Produkt extra für den deutschen Lebensversicherungsmarkt

---

1237 Vgl. zur „Dassonville-Formel“ Fn. 939

1238 vgl. für die Rechtslage in Österreich unter Pkt. 6.2.

1239 Vgl. bspw. Ortmann, aaO (Fn. 32), § 153 Rn. 3; Roth, aaO (Fn. 16), S. 125; Bürkle, VersR 2006, 1042, 1045.

1240 Vgl. oben unter Pkt. 4.1.2.1.4.; vgl. auch Bürkle, ebd.

1241 Hierzu und zu weiteren Erwägungen, z.B. der Äquivalenzstörung bereits oben unter Pkt. 4.1.2.2.2.; auch z.B. Brömmelmeyer, aaO (Fn. 26), S. 590.

1242 Vgl. unter Pkt. 4.1.2.2.3.

gestalten. Es sind gegenüber seinen bisherigen Produkten Modifikationen, ja eine neue Kalkulation nötig, was natürlich entsprechende Kosten mit sich bringt. Der EU-Versicherer unterliegt damit einem erheblichen wettbewerbsrelevanten Nachteil, da er auch keine Gewissheit hat, dass sein neues Produkt Absatz findet. Demgegenüber sind deutsche Lebensversicherer, ob der bereits angepassten breiten Produktpalette im Vorteil.[1243]

5.1.1.2. Rechtfertigung des Eingriffs

Der Gesetzgeber begründet die umfassende Beteiligung am Überschuss bzw. die Alternative des vollständigen Ausschlusses in § 153 Abs. 1 VVG mit verfassungsrechtlichen Gründen zum Schutze der Versicherungsnehmer.[1244] Dies gelte nach dem Willen des Gesetzgebers auch für die zwingende und umfassende Berücksichtigung von Bewertungsreserven.[1245]

Mit der Vorgabe eines verursachungsorientierten Verfahrens bezweckt der Gesetzgeber weiter die in zeitlicher Hinsicht und im Hinblick auf die einzelnen Versichertengenerationen angemessene Partizipation an den Überschüssen.[1246]

Der nicht abdingbare hälftige Anspruch der Versicherungsnehmer auf Beteiligung an den Bewertungsreserven nach § 153 Abs. 3 VVG sei ebenfalls den Versicherungsnehmer-/Verbraucherschutzinteressen geschuldet. Die hälftige Quote entspreche der Interessenlage. Die vorgesehene Beteiligung sei geeignet und erforderlich, um sicherzustellen, dass bei der Ermittlung eines bei Vertragsende zuzuteilenden Überschusses die Vermögenswerte angemessen berücksichtigt würden, die durch Prämienzahlungen des Versicherungsnehmers mit geschaffen worden sind. Die rechnerische Ermittlung habe jährlich neu zu erfolgen, um den Versicherungsnehmern den Wert zeitnah rechnerisch zuzuordnen.[1247]

1243 Der zwingenden Vorgabe eines verursachungsorientierten Verteilungsverfahrens auf vertragsrechtlicher Ebene wird allerdings keine Eingriffsqualität zukommen. Einerseits ist der Begriff der Verursachungsorientierung hinreichend flexibel. Andererseits können auch andere vergleichbare Verfahren vereinbart werden. Als vergleichbares Verfahren kommt bspw. ein sog. Glättungsverfahren in Betracht, Ortmann, aaO (Fn. 32), § 153 Rn. 65. Die faire Verteilung an sich, ist kein Marktzugangshindernis. Soweit eine Bilanzierung nach dem „true and fair view"-Prinzip erfolgt, stellt sich die Frage für Bewertungsreserven dann freilich nicht, vgl. Brömmelmeyer, ebd. Auch hierin ist eine „Entschärfung" zu sehen.

1244 Vgl. BT-Drcks. 16/5862 S. 99.

1245 BT-Drcks. 16/3945, S. 132

1246 Vgl. oben Pkt. 3.5.2.1.2.1.

1247 BT-Drcks. 16/3945, S. 96 f.

Der Eingriff wird somit auf Versicherungsnehmer-/Verbraucherschutzinteressen im Sinne des Allgemeininteresses gestützt.[1248]

5.1.1.3. Grenzen der Rechtfertigung

Der gesetzgeberische Eingriff in den Wettbewerb durch § 153 VVG wirft Bedenken auf.

Die Vorgaben sind insofern zwar geeignet, eine Partizipation der Versicherungsnehmer an den entstehenden Überschüssen zu gewährleisten.[1249]

Fraglich ist jedoch die Erforderlichkeit einer derartigen Regelung.

Zunächst wäre zu überlegen, ob die bezweckte angemessene Beteiligung an den Überschüssen, insbesondere an den Bewertungsreserven nicht vorrangig mittels Informationen hierüber hätte bewerkstelligt werden können, denn der Vorrang der Information greift auch im Versicherungsrecht.[1250]

Die starren Vorgaben der umfassenden Überschussbeteiligung, der hälftigen Zuteilung der Bewertungsreserven sowie der zwingenden jährlich rechnerisch zu erfassenden Zuordnung der Bewertungsreserven nach §§ 153 Abs. 1 und Abs. 3 VVG sind unter wettbewerblichen Aspekten problematisch.[1251] So erscheint eine transparente Information über die Berücksichtigung einzelner Überschussquellen, insbesondere einzelner Arten von Bewertungsreserven möglich.[1252] Insoweit besteht folglich auch eine Vergleichsmöglichkeit mit anderen Produkten.[1253] Nach Ansicht des Gesetzgebers sei indes die vertragsrechtliche

---

1248 Dabei ist nach Auffassung des Verfassers kein Grund dafür ersichtlich, neben dem Verbraucherschutz vorliegend nicht auch den in personeller Hinsicht weiteren Versicherungsnehmerschutz unter die ungeschriebene Schranke des Allgemeininteresses zu ziehen.

1249 Bürkle, ebd., S. 1048 f., zieht die Geeignetheit der Regelung in Zweifel. Durch die produktgestaltenden Vorgaben komme es zur Behinderung von Wettbewerb, was letztlich auch nicht im Interesse der Verbraucher sei. Letzterer Aussage ist zwar beizupflichten. Der mit § 153 VVG bezweckte Versicherungsnehmer-/Verbraucherschutz zielt auf die Partizipation der Versicherungsnehmer an den Überschüssen. Dieser Gesichtspunkt steht aber neben dem auch verbraucherschützenden Gesichtspunkt des Wettbewerbs.

1250 Vgl. nochmals oben Pkt. 4.1.2.4.1.5.5.

1251 Zur fragwürdigen Zweckmäßigkeit starrer Regelungen in diesem Zusammenhang bereits oben unter Pkt. 3.5.2.1.3.3.

1252 Roth, ebd., S. 128; Bürkle, ebd., S. 1049; in Erwägung ziehend Brömmelmeyer, aaO (Fn. 7), § 42 Rn. 282, S. 2611.

1253 Roth, ebd.

Regulierung notwendig, um eine angemessene Beteiligung an den Überschüssen zu gewährleisten.

Der Vorrang einer Informationslösung wird jedenfalls von der Möglichkeit einer transparenten Darstellung abhängen.

Nach der hier vertretenen Auffassung ist der Versicherungsnehmer aus Gründen der Transparenz umfassend auf die einzelnen Überschussquellen, etwaige unternehmerische Spielräume bei der Überschussermittlung, die Beteiligungsgrundsätze, etwaige Unwägbarkeiten wie drohende Notstände usw. hinzuweisen, um eine hinreichende Sensibilisierung für das Produkt zu erreichen. Im Hinblick auf die Möglichkeit der Informationsverarbeitung durch den Versicherungsnehmer und das Geheimhaltungsinteresse des Versicherers kann und muss ein Versicherer die Informationen aber nicht derart mathematisch detailliert erteilen, dass ein Experte hieraus einen konkreten Wert bestimmen könnte.[1254] Danach ist zwar einerseits eine transparente Darstellung möglich. Es ist andererseits jedoch nicht von der Hand zu weisen, dass der Versicherungsnehmer nicht in der Lage ist, die angemessene Beteiligung aus einer vertraglichen Abrede mit letzter Sicherheit zu prüfen, da er keinen konkreten Wert oder nachvollziehbaren Berechnungsweg zur Verfügung hat.

Trotz Möglichkeit der transparenten Darstellung verbleibt daher ein gewisses Schutzdefizit.

Nach Auffassung des Verfassers wäre die Überlassung der aufgezeigten Informationen zuzüglich eines Hinweises auf die Interessenwahrnehmung der Versichertenbelange durch die Aufsichtsbehörde zur Gewährung einer angemessenen Beteiligung an den Überschüssen ausreichend, um eine eigenverantwortliche Entscheidung des Versicherungsnehmers für ein entsprechendes Produkt zu gewährleisten.[1255] Das verbleibende Schutzdefizit kann hingenommen werden. Der Versicherungsnehmer ist sich dessen – ob der entsprechenden Information – bewusst, weshalb auch verfassungsrechtliche Einwände nicht mehr greifen. Bezüglich der Überschussermittlung verfolgt der deutsche Gesetzgeber diesen Weg letztlich auch, soweit er auf „tatsächliche Vorteile" verweisen will. Warum dies dann anders für die Überschussbeteiligung sein soll, erhellt sich aus der Gesetzesbegründung heraus nicht. Zumal zu bedenken gilt, dass die Beschränkung der Produktgestaltung durch die zwingenden Vorgaben zur Überschussbeteiligung

---

1254 Vgl. insbesondere oben Pkt. 3.5.2.3.3.3.1.

1255 Vgl. im Ansatz bereits oben unter Pkt. 3.5.2.1.3.3.; Auch die europäische Kommission weist auf eine vorrangige Information im Zusammenhang mit Gewinnbeteiligungsklauseln hin, vgl. Mitteilung der Kommission, KOM 2000 C 45/24.

gerade den Inhalt der Hauptleistung des Versicherers berührt.[1256] Die objektive Notwendigkeit einer derart produktbeschränkenden starren Regelung hätte daher eine weitergehende Begründung erfordert.

Im Hinblick darauf, dass die Lebensversicherung den „sensiblen Dienstleistungssektoren" zuzuordnen ist, muss den Mitgliedsstaaten allerdings grundsätzlich eine relative Regelungsfreiheit eingeräumt werden.[1257] Gerade der Überschussbeteiligung kann im Rahmen der privaten Altersvorsorge eine relevante finanzielle Position beigemessen werden. Dabei sind die Mitgliedsstaaten zwar gehalten, zuvörderst ein freies Handeln der Vertragsparteien zu gewährleisten.[1258] Jedoch bringt eine Informationslösung vorliegend nicht den gleichen Schutzstandard, wie eine zwingende Produktregulierung mit sich, was der Komplexität des Lebensversicherungsproduktes geschuldet ist. Die Informierbarkeit des Versicherungsnehmers unterliegt letztlich einer Begrenzung. Dementsprechend eingeschränkt ist auch die Vergleichbarkeit mit anderen Produkten, was nicht nur auf der ungewissen Kapitalentwicklung, sondern auch auf den für den Versicherungsnehmer nicht bis ins letzte Detail nachvollziehbaren komplexen unternehmerischen Spielräumen beruht.

Nach alle dem ist eine Informationslösung nach Ansicht des Verfassers vorliegend zwar zu befürworten. Auf einen Vorrang der Information muss sich der nationale Gesetzgeber im Rahmen etwaiger Regelungen zur Überschussbeteiligung jedoch nicht verweisen lassen. Dem Mitgliedsstaat verbleibt für die Bestimmung eines notwendigen Schutzstandards (Maß des zu gewährleistenden Schutzes) im Rahmen seiner Regelungshoheit ein Spielraum, welcher vorliegend nicht überschritten wird. Für den vom deutschen Gesetzgeber gewählten Schutzstandard kommt das mildere Mittel der Information dann aber nicht Betracht.

1256 Bürkle, ebd., S. 1045 f. Da der Gesetzgeber mit einer hälftigen Beteiligung an den Bewertungsreserven den maßgeblichen Interessen des Versichertenkollektivs nicht hinreichend gerecht würde und damit eine fehlerhafte Abwägung der komplexen Interessen erfolge, verletze der Gesetzgeber nach Ansicht von *Bürkle* das europarechtliche Übermaßverbot, ebd., S. 1049. In der Tat erscheint die hälftige Teilung fragwürdig, bereits oben unter Pkt.3.5.2.1.3.3. Insbesondere ist eine umfassende Abwägung der Interessen durch den Gesetzgeber nicht ersichtlich. Allerdings ist hierdurch nach hiesiger Auffassung die verfassungsrechtliche Einschätzungsprärogative nicht überschritten.

1257 Vgl. Brömmelmeyer, ebd., § 42 Rn. 282, S. 2611.

1258 Vgl. auch Grundmann in: Riesenhuber: Europäische Methodenlehre, § 10 S. 293.

Wie an früherer Stelle herausgearbeitet[1259], ist ein weiteres allgemeines Vorrangverhältnis zwar nicht gegeben, insbesondere gilt kein vorrangiges Schutzsystem.

Nichtsdestotrotz könnte jedoch der Standpunkt vertreten werden, dass das angestrebte Maß an Schutz für die Versicherungsnehmer über das flexiblere und damit den Wettbewerb schonendere Aufsichtsrecht herbeizuführen sei.

Ob und in welchem Umfang Überschussquellen/Bewertungsreserven angemessen berücksichtigt werden, kann die Aufsichtsbehörde mittels Fachwissens und zur Verfügung stehenden Unterlagen ohne Zweifel besser prüfen.[1260] Flexiblere, die Produktgestaltungsfreiheit schonendere Lösungen im Einzelfall liegen auf der Hand. So kann beispielsweise, je nach Kapitalanlagestrategie[1261] des Versicherers, eine Beteiligung an den Bewertungsreserven von 20 Prozent ebenso angemessen sein, wie eine Beteiligung von 60 Prozent. Weiterhin sind auch Produkte vorstellbar, bei welchen die Partizipation an bestimmten Überschussquellen derart hoch ist, dass eine Beteiligung (an bestimmten) Bewertungsreserven sogar ausscheiden kann und dies dennoch angemessen wäre, soweit dem Versicherungsnehmer dies vorab transparent dargestellt wird.

Allerdings gilt zu beachten, dass nach dem Herkunftslandprinzip, die Lebensversicherungsunternehmen dem Grunde nach jeweils die aufsichtsrechtlichen Vorgaben des Mitgliedsstaates zu berücksichtigen haben, in welchem ihr Gesellschaftssitz liegt. Detaillierte aufsichtsrechtliche Vorgaben zur angemessenen Beteiligung an den Überschüssen und Bewertungsreserven würden daher grundsätzlich nur von deutschen Versicherungsunternehmen zu berücksichtigen sein. Versicherer anderer Mitgliedsstaaten würden nur über die subsidiäre Tätigkeitslandaufsicht erreicht werden.[1262] Es fragt sich daher bereits, ob der angestrebte Schutzmaßstab qualitativ gleichwertig gewährleistet wäre.

Zudem muss der mit einer Kontrolle einhergehende behördliche Kostenaufwand ins Feld geführt werden. Von daher kann der Verweis auf flexiblere

1259 Siehe oben unter Pkt. 4.1.2.4.1.6.

1260 Zu überlegen wäre dann konsequenterweise, ob die nationale Rechts- und Missbrauchsaufsicht nicht durch eine subjektiv-rechtliche Schutzwirkung zu Gunsten des einzelnen Versicherungsnehmers ergänzt werden sollte. Generell zur Möglichkeit einer solchen Ausgestaltung vgl. Reich, in: Reich/Micklitz, aaO (Fn. 216) S. 814.

1261 Vgl. zur Streuung von Kapitalanlagen vgl. z.B. Art. 22 ff. der Richtlinie 2002/83/EG.

1262 Siehe oben Pkt. 4.1.2.5.2.1.2.7.

aufsichtsrechtliche, den Wettbewerb schonendere Lösungen vorliegend keine Eingrenzung der mitgliedsstaatlichen Regelungshoheit herbeiführen.

Schließlich führt auch der Aspekt, gleichfalls schützende Regelungen des Herkunftsstaates zu berücksichtigen, zu keiner anderen Bewertung. Eine abschließende Harmonisierung im gegenständlichen Bereich der angemessenen Beteiligung an den Überschüssen ist bisher nicht erfolgt. Ob des zur Verfügung stehenden Schutzrahmens dürfte es daher nahezu ausgeschlossen sein, dass vorliegend gleichwertige Schutzstandards in sämtlichen Mitgliedsstaaten vorliegen.

5.1.1.4. Ergebnis zum Europäischen Primärrecht

Im Ergebnis bleibt festzuhalten, dass die starren vertragsrechtlichen Vorgaben zur Überschussbeteiligung gemäß § 153 Abs. 1 und 3 VVG zwar einen Eingriff in die Grundfreiheiten bedeuten. Der nationale Gesetzgeber vermag diesen Eingriff, mit Hilfe der ungeschriebenen Schranke des Allgemeininteresses aber zu rechtfertigten. Eine Rechtfertigungsgrenze überschreitet er dabei nicht.

5.1.2. sekundärrechtliche Vorgaben

Bindende sekundärrechtliche Regelungsgrenzen für die produktgestaltenden vertragsrechtlichen Vorschriften zur Überschussbeteiligung gemäß § 153 VVG finden sich in den relevanten Richtlinien nicht. Insbesondere die Höchstnormwirkung nach Art. 36 Abs. 3 der Richtlinie 2002/83/EG bzw. Art. 185 Abs. 7 der Richtlinie 2009/138/EG betrifft nicht die produktgestaltenden Vorgaben zur Überschussbeteiligung.

5.2. Rückkaufswert - § 169 VVG

Auch die Regelungen zum Rückkaufswert bedürfen einer europarechtlichen Kontrolle.

5.2.1. Deckungskapital und vergleichbarer Bezugswert - § 169 Abs. 3 VVG

5.2.1.1. Europäisches Primärrecht

Auch für die Vorgaben des § 169 Abs. 3 VVG ist ein Bezug zu den Grundfreiheiten nahe liegend.

Die Anwendung des § 169 Abs. 3 VVG ist zu bejahen, sobald ein EU-/EWR Versicherer einen Vertrag über sein Versicherungsprodukt mit einem seinen gewöhnlichen Aufenthalt in Deutschland habenden deutschen Staatsbürger schließt, Art. 7 Rom-I VO. Vom sachlichen Anwendungsbereich der Dienstleistungsfreiheit kann ebenso ausgegangen werden, wie vom persönlichen Anwendungsbereich.[1263]

Mit der Vorgabe, den Rückkaufswert nach den anerkannten Regeln der Versicherungsmathematik mit den Rechnungsgrundlagen der Prämienkalkulation zu berechnen, begründet der Gesetzgeber eine sich auf die Produktkalkulation auswirkende Regelung.[1264] Hierin könnte unter Zugrundelegung des weiten Verständnisses der Dassonville-Formel eine sonstige Behinderung gesehen werden, denn der Einfluss auf die Produktkalkulation erscheint geeignet, die grenzüberschreitende Erbringung von Dienstleistungen unmittelbar oder mittelbar, aktuell oder potentiell zu behindern.[1265] Insoweit zeigen einige Stimmen europarechtliche Bedenken an.[1266] Dabei wird jedoch nach Auffassung der Verfassers nicht hinreichend berücksichtigt, dass der Gesetzgeber gerade aus europarechtlichen Gründen den EU- und EWR-Versicherern die Möglichkeit einräumt, anstelle des Deckungskapitals, einen im jeweiligen Herkunftsstaat vergleichbaren Bezugswert zu Grunde zu legen.[1267] Der Gesetzgeber nimmt ausdrücklich auf die angeglichenen Kriterien zur Bildung von versicherungstechnischen Rückstellungen nach Art. 20 der Richtlinie 2002/83/EG Bezug.[1268] Nach diesen Vorgaben sind auch die EU- und EWR-Versicherer zur Bildung sog. mathematischer Reserven verpflichtet.[1269] Der auf den einzelnen Vertrag entfallende Anteil der versicherungstechnischen Rückstellung entspricht dann dem anstelle des Deckungskapitals tretenden Bezugswert.

Zu Recht weist *Engeländer*[1270]darauf hin, dass die Rechnungsgrundlagen der Prämienkalkulation nach deutschem Aufsichtsrecht nicht im europäischen Ausland greifen, weshalb EU- und EWR-Versicherer auch Berechnungsverfahren ohne explizite Rechnungsgrundlagen zu Grunde legen können. Damit gehe eine gewisse Unsicherheit einher, wie ein anstelle des Deckungskapitals tretender Bezugswert zu bestimmen sei. Nach dem Willen des nationalen Gesetzgebers soll

---

1263 vgl. oben Pkt. 5.1.1.

1264 Vgl. Bürkle, ebd., S. 1045.

1265 Vgl. zur „Dassonville-Formel" vgl. Fn. 936.

1266 Vgl. Engeländer, aaO (Fn. 46), S. 1302 ff., insbesondere 1305.; in diese Richtung auch Bürkle, ebd., S. 1046.

1267 § 169 Abs. 3 S. 3 VVG.

1268 Vgl. nochmals BT-Drcks. 16/3945, S. 103; Zukünftig findet sich die europäische Vorgabe in Art. 77 ff. der Richtlinie 2009/138/EG.

1269 Ortmann, ebd., § 169 Rn. 33.

1270 Vgl. nochmals Engeländer, ebd., S. 1302 ff.

für EU- und EWR-Versicherer aber die Angabe der konkreten Beträge ausreichend im Sinne der zu stellenden Anforderungen an die Transparenz sein.[1271] Selbst wenn man in dieser Rechtsunsicherheit eine sonstige Behinderung sehen wollte, wäre ein relevantes Marktzugangshindernis abzulehnen. Das Kriterium der Vergleichbarkeit in § 169 Abs. 3 VVG ist im Lichte des Europarechts weit zu verstehen.

Eine Behinderung von EU- und EWR-Versicherern im Wettbewerb geht allein mit der Heranziehung eines vergleichbaren Bezugswertes zur Bestimmung des Rückkaufswertes daher nicht einher.

5.2.1.2. sekundärrechtliche Vorgaben

Ein retrospekitves Verfahren wird seitens des nationalen Gesetzgebers nach hiesigem Verständnis gerade nicht als Regelfall mit der Anknüpfung an das Deckungskapital vorgegeben.[1272]

Im Übrigen liegen keine sekundärrechtlich bindenden Regelungen für die vertragsrechtliche Berechnung des Rückkaufswertes vor. Insbesondere greift die herausgearbeitete Höchstnormwirkung nicht bei einer derartigen vertragsrechtliche Vorgabe.

5.2.1.3. Ergebnis

Die Anknüpfung an das Deckungskapital bzw. einen vergleichbaren Bezugswert verstößt nicht gegen europäische Vorgaben.

5.2.2. gesetzlicher Mindestrückkaufswert - § 169 Abs. 3 VVG

Die europarechtliche Problematik liegt vielmehr in der nun zu besprechenden Vorgabe eines gesetzlichen Mindestrückkaufswertes.

1271 Vgl. nochmals BT-Drcks. 16/3945, S. 103. Insofern darf natürlich die Frage gestellt werden, warum der Gesetzgeber dann den inländischen Versicherern die Berechnung in § 169 Abs. 3 VVG entsprechend vorgibt und nicht auch die Angabe der konkreten Werte hat ausreichen lassen. Deutschen Versicherern wird dadurch die Möglichkeit genommen, mathematische Berechnungsverfahren ohne Rechnungsgrundlagen einzuführen. Die Problematik der Inländerdiskriminierung kann an dieser Stelle allerdings nicht weiter ausgeführt werden.

1272 vgl. oben Pkt. 3.5.2.2.3.3.1.

5.2.2.1. Europäisches Primärrecht

Durch die Vorgabe der Rückkaufswertberechnung für gezillmerte Verträge im Falle der frühzeitigen Kündigung begründet der Gesetzgeber einen zu gewährenden gesetzlichen Mindestrückkaufswert.[1273]

Auch insoweit liegt die Berührung der Grundfreiheiten nahe, wobei auf obige Ausführungen zur Anwendbarkeit des deutschen Versicherungsvertragsgesetzes, zum sachlichen und persönlichen Anwendungsbereich der Dienstleistungsfreiheit und zum grenzüberschreitenden Element entsprechend Bezug genommen wird.[1274]

Allein der Umstand, dass für garantierte Rückkaufswerte versicherungstechnische Rückstellungen zu bilden sind[1275], zeigt die produktgestaltende Relevanz dieser Vorgabe. Auswirkungen auf die Produktkalkulation liegen daher auf der Hand[1276], weshalb die Vorgabe geeignet ist, die grenzüberschreitende Erbringung von Dienstleistungen unmittelbar oder mittelbar, aktuell oder potentiell zu behindern.[1277] Gezillmerte Produkte von EU- und EWR-Versicherern müssten nämlich entsprechend angepasst und neu kalkuliert werden, wodurch ein Mehraufwand entsteht.

5.2.2.1.1. Eingriff in die Grundfreiheiten

Die Regelung des § 169 Abs. 3 VVG ist gemäß § 171 VVG halbzwingend ausgestaltet. Es darf daher nicht zu Lasten des Versicherungsnehmers und somit nicht vom gesetzlichen Mindestrückkaufswert abgewichen werden.

Ein Eingriff in den Wettbewerb liegt vor, da in der Vorgabe ein relevantes Hindernis für den Marktzugang gesehen werden muss.

Allein der Verweis auf die Möglichkeit der Abstandnahme von der Zillmerung greift nach hiesigem Dafürhalten nicht. Denn ein Verzicht auf die Beitragsverrechnung nimmt EU- und EWR-Versicherern sowie deren potentiellen Kunden die Finanzierungsvorteile derartiger Verrechnungen. Dies ist gerade für den in den Markt Eintretenden von besonderer Bedeutung, da der neue Wettbewerber auf die Möglichkeiten einer flexiblen Vermittlerfinanzierung weitaus mehr angewiesen ist, als bereits im Markt aufgestellte Versicherungsunternehmen mit

1273 Bereits ausführlich oben unter den Pkt. 3.5.2.2.3.1.; 3.5.2.2.3.2.2. und 3.5.2.2.3.3.2.

1274 vgl. Pkt. 5.1.1.

1275 Vgl. Art. 20 Abs. 1 Ai der Richtlinie 2002/83/EG bzw. Art. 79 der Richtlinie 2009/138/EG.

1276 Vgl. nur Bürkle, ebd., S. 1045.

1277 Vgl. zur „Dassonville-Formel" vgl. Fn. 939.

entsprechenden Vermittler- und Kundenstämmen. Gerade qualifizierte Vermittler, welche eine entsprechende Vergütung verlangen, sind jedoch für den Marktzutritt ausländischer Anbieter zwingend von Nöten.[1278]

Der gesetzliche Mindestrückkaufswert im Falle der Verrechnung von Abschluss- und Vertriebskosten macht eine Produktumstellung und damit eine Neukalkulation nötig. EU-/EWR Versicherer müssen altbewährte Produkte anpassen, was zum einen Kosten verursacht und zum anderen gegenüber bereits im Markt befindlichen Unternehmen ein besonderes Marktzugangsrisiko mit sich bringt. Ein relevantes Marktzugangshindernis ist somit gegeben.

5.2.2.1.2. Rechtfertigung des Eingriffes

Der Gesetzgeber rechtfertigt die Vorgabe eines Mindestrückkaufswertes mit den Interessen der Versicherungsnehmer, die sich wegen vielfältiger Gründe dazu entschließen, ihren Lebensversicherungsvertrag zu kündigen. Bei der anfänglichen Verrechnung mit Abschluss- und Vertriebskosten fällt bei einer frühzeitigen Kündigung gar kein oder nur ein äußert geringer Rückkaufswert an. Dies sei unangemessen und eine Aushöhlung des gesetzlichen Kündigungsrechts. Zumal die Vergütungsberechnung für die Vermittlung regelmäßig auf einen ungekündigten Vertrag abstellt.[1279]

Auch hier zieht der Gesetzgeber somit die ungeschriebene Schranke des Allgemeininteresses zur Rechtfertigung des Eingriffes heran.

5.2.2.1.3. Grenzen der Rechtfertigung

Die Einführung eines Mindestrückkaufswerts für gezillmerte Verträge ist dem Grunde nach geeignet, die Beteiligung des frühzeitig kündigenden Versicherungsnehmers am Wert seines gezillmerten Vertrages zu erhöhen und einen nach Auffassung des deutschen Gesetzgebers angemessen Rückkaufswert auch für die Anfangszeit des Vertrages bereitzustellen. Das angestrebte Ziel des Gesetzgebers wird damit erreicht.[1280]

Die Erforderlichkeit einer solchen Vorgabe bedarf jedoch genauerer Betrachtung.

1278 vgl. auch Herrmann, aaO (Fn. 22), Einf. B., S. 97; ders. NWiR 2008, Heft 12, aaO (Fn. 368), S. 10.

1279 BT-Drcks. 16/3945, S. 102; bereits oben unter Pkt. 3.5.2.2.3.1.

1280 Soweit Bürkle, ebd., S. 1047 f., die Geeignetheit der Regelung aufgrund der gespaltenen Interessenlage der Versicherungsnehmer in Zweifel zieht, kann dies nicht überzeugen. Die Interessenlage ist vielmehr im Rahmen der Erforderlichkeit zu berücksichtigen.

Es wäre danach zu fragen, ob die Vorgabe eines Mindestrückkaufswertes in einem angemessenen Verhältnis zum verfolgten Ziel steht, sprich, ob nicht eine Information über den (garantierten) Rückkaufswert als milderes Mittel zur Verfügung gestanden hätte.

Die Angabe der konkret garantierten Rückkaufswerte als Betrag ist durch § 169 Abs. 3 Satz 2 VVG i.V.m. § 2 Abs. 1 Nr. 4, Abs. 2 VVG-InfoV gewährleistet. Eine entsprechende Information liegt mithin vor. Der garantierte Rückkaufswert bei gezillmerten Verträgen könnte – von der Regelung des § 169 Abs. 3 Satz 1 VVG einmal abgesehen – damit auch als „Nullwert" angegeben werden. Die Angabe der Zahlenwerte ist für einen Versicherungsnehmer auch nachvollziehbar und transparent.[1281]

Etwas anders liegt der Fall, wenn keine Rückkaufswerte garantiert oder darüber hinaus Werte angeführt werden. Nach hier vertretener Ansicht stehen dem Versicherungsnehmer keine Informationsrechte über detaillierte Kalkulationsgrundlagen des Versicherers zu. Zum einen hat der Versicherer hieran ein Geheimhaltungsinteresse. Zum anderen vermag der (durchschnittliche) Versicherungsnehmer derartige Informationen auch nicht zu erfassen. Es verbleibt damit trotz der Angabe etwaiger unverbindlicher Werte ein Kontrolldefizit für den Versicherungsnehmer, selbst bei transparenter Darstellung unter Angabe der konkreten Abschlusskosten[1282], da er über die garantierten Werte hinaus keine Überprüfungsmöglichkeit im Hinblick auf die Abrechnung der Versicherer besitzt.[1283]

Nach Auffassung des Verfassers begründet aber schon die eigenverantwortliche Entscheidung des Versicherungsnehmers in dem Wissen um konkret garantierte Rückkaufswerte, um die konkrete Höhe der Abschlusskosten und um die Wahrung der Versichertenbelange seitens der Versicherungsaufsicht einen hinreichenden und damit angemessenen Schutz des einzelnen

1281 vgl. z.B. nochmals die Entscheidung des EFTA-Court vom 25.11.2005, Pkt. 4.1.2.4.1.5.4., wo dieser Abschlusskostenklauseln als nicht derart komplizierte Vertragsklauseln ansieht. Dies gilt nach Ansicht des Verfassers jedenfalls für den Fall, wo konkrete und garantierte Zahlenwerte vorliegen.

1282 Vgl. § 2 Abs. 1 Nr. 1 VVG-InfoV.

1283 Vgl. bereits ausführlich oben unter Pkt. 3.5.2.3.3.3.2.

Versicherungsnehmers mittels Transparenz[1284].[1285] Ein Kontrolldefizit ergibt sich auch nur für die zweite Variante, wenn kein Rückkaufswert garantiert oder darüber hinausgehende Werte vorgegeben werden.

Die Zielvorgabe des Gesetzgebers, das Kündigungsrecht nicht auszuhöhlen, überzeugt nicht. Denn erstens besteht die Möglichkeit einer separaten Vergütungsvereinbarung, die in wirtschaftlicher Hinsicht der Verrechnung gleichzustellen ist. Mangels Zillmerung würde die Regelung zum Mindestrückkaufswert dann gar nicht greifen.[1286] Der Versicherungsnehmer droht dann sogar schlechter zu stehen.[1287] Zweitens führt eine Kündigung unabhängig vom Rückkaufswert dazu, dass die Prämienbelastung und auch darin einkalkulierte Kosten für die Zukunft entfallen, weswegen das Kündigungsrecht auch bei einem geringen Rückkaufswert sinnvoll sein kann.[1288] Und schließlich weiß der Versicherungsnehmer bei transparenter Darstellung doch einerseits um den Rückkaufswert, andererseits um den Finanzierungsaspekt, welcher bei Verrechnung in den Rückkaufswert einfließt.[1289]

Der Zielerwägung, eine Kostendisziplinierung bei Vermittlergebühren zu erreichen, wird nach Ansicht des Verfassers hinreichend durch den bezifferten Kostenausweis genüge getan. Mit der Berechnungsvorgabe und dem Verbot, noch nicht getilgte Abschluss und Vertriebskosten bei Kündigung geltend zu machen[1290], wird demgegenüber die Suche nach Umgehungsmöglichkeiten

1284 Nach Auffassung des Verfassers würde dies erst Recht gelten, wenn dem Versicherungsnehmer detaillierte Informationen zur Kalkulation des Rückkaufswertes vorliegen würden. Diese könnte der mündige Versicherungsnehmer - unter Zuhilfenahme eines Sachverständigen - hinreichend prüfen und die Angemessenheit des Rückkaufswert eigenständig beurteilen.

1285 Vgl. auch Herrmann, ebd., S. Einf. B, S. 98 Rn. 25, welcher den Transparenzschutz und den Schutz durch Wettbewerb herausstellt. In die gleiche Richtung auch die EU-Kommission, Mitteilung der Kommission, KOM 2000 C 45/24.

1286 Zur Anwendung der Frühstornofälle, s.o. unter Pkt. 3.5.2.2.3.1.

1287 Dazu ausführlich oben unter Pkt. 3.5.2.2.3.3.2.

1288 Und den kündigenden Versicherungsnehmer jedenfalls besser stellt, als wenn eine separate Vergütungsvereinbarung getroffen worden wäre. Die Möglichkeit des Vorteils einer Kündigung spricht im Übrigen auch der BGH in anderem Zusammenhang an, z.B. Urteil vom 17.10.2012, Az.: IV ZR 202/10, Rz. 16.

1289 Die Finanzierungsfunktion steht einer unangemessenen Benachteiligung daher bereits maßgeblich entgegen.

1290 Dazu noch unten unter Pkt. 5.2.3.

forciert.[1291] Eine aufgezwungene Kostendisziplinierung neben dem Wettbewerb steht auch entgegen, dass der Aufwand für Information und Beratung steigt.

Schließlich verfolgt der Gesetzgeber maßgeblich das Ziel, dem kündigenden Versicherungsnehmer einen angemessenen Rückkaufswert bei gezillmerten Verträgen zur Verfügung zu stellen. Davon zu unterscheiden wäre die Gewährung eines generellen Mindestrückkaufswertes. Das oben festgestellte, zumindest teilweise vorliegende Kontrolldefizit hätte dem Gesetzgeber im Rahmen seines Einschätzungsspielraumes bei der Frage nach dem notwendigen Maß des Versicherungsnehmerschutzes durchaus Raum gewährt, einen generellen Mindestrückkaufswert bei kapitalbildenden Lebensversicherungsverträgen vorzugeben.[1292] Dies hätte jedoch bedeutet, dass Produkte mit nur endfälligen Garantien vom Markt ausgeschlossen werden.[1293] Dies wollte der Gesetzgeber offensichtlich nicht.[1294] Im Hinblick auf die Zielvorgabe erscheint es allerdings fragwürdig, weshalb der Gesetzgeber ausschließlich gezillmerte Verträge für einen angemessenen Rückkaufswert herausgreift. Die Vorgabe eines Mindestrückkaufswerts lässt sich den europäischen Vorgaben nicht entnehmen.[1295] Eine Vorgabe fehlt damit auch bei Verträgen mit Verrechnungsklauseln. Die Höhe des zur Berechnung des Rückkaufswertes heranzuziehenden Deckungskapitals divergiert zudem. Für Verträge mit nur endfällig garantierten Leistungen bedarf es beispielsweise auch nur der Bildung geringerer versicherungsmathematischer Rückstellungen.[1296] Der mit dem Mindestrückkaufswert bei gezillmerten Verträgen zugewiesene konkrete Wert schwankt daher je nach vertraglicher Konstellation.

Folgender Beispielfall zeigt zudem einen Wertungswiderspruch:

Wird ein Vertrag mit endfälliger Garantie ohne die „Vorabberücksichtigung“ von Abschluss- und Vertriebskosten vereinbart, so erhält der kündigende Versicherungsnehmer keinen Mindestrückkaufswert.[1297] Im Fall der Zillmerung der

---

1291 vgl. dazu oben unter Pkt. 3.5.2.2.3.3.2.

1292 Hierzu noch sogleich.

1293 Diese Produkte sind vor allem im angelsächsischen Raum weit verbreitet. Ein genereller Ausschluss solcher Produkte wird einhellig abgelehnt. Vgl. z.B. Ortmann, ebd., § 169 Rn. 34 ff.; Schwintowski, ebd., S. 1431. Dem pflichtet auch der Verfasser bei.

1294 Siehe oben unter Pkt. 3.5.2.2.3.3.1.

1295 Vgl. auch Schwintowski, ebd., S. 1426.

1296 Vgl. Ortmann, aaO (Fn. 32), § 169 Rn. 26 ff.

1297 Nochmal, nach einhelliger Ansicht greift der Mindestrückkaufswert nur bei gezillmerten Verträgen, vgl. Pkt. 3.5.2.2.3.2.2.

Abschluss- und Vertriebskosten müsste aber der Mindestrückkaufswert erstattet werden. Warum?

Der Gesetzgeber erreicht mit seiner Regelung demnach nicht vordergründig eine angemessene Beteiligung des Versicherungsnehmers am Rückkaufswert des Vertrages, sondern vielmehr das Ziel, eine Einschränkung der in der Praxis weit verbreiteten und gesetzlich zulässigen Zillmerung von Abschluss- und Vertriebskosten herbeizuführen. Den Nachteilen der Verrechnung/Zillmerung für Versicherungsnehmer stehen, wie bereits erörtert, aber auch Vorteile gegenüber.[1298]

Für in den Markt eintretende Versicherer stellt die Möglichkeit der Zillmerung in zweierlei Hinsicht einen ganz wesentlichen Aspekt dar. Zum einen eröffnet die Finanzierungsfunktion dem Versicherer die Möglichkeit, potentiellen Kunden einen einfachen Weg in den Lebensversicherungsvertrag aufzuzeigen und gleichfalls eine höhere Rendite zu erwirtschaften.[1299] Zum anderen erleichtert dies die Zusammenarbeit mit etwaigen Vermittlern.

Wird dem durchschnittlichen Versicherungsnehmer neben den betragsmäßig genannten garantierten Werten, den konkret anfallenden Abschlusskosten und die Verrechnung der Abschlusskosten transparent vor Augen geführt, ist nach hiesigem Dafürhalten der Kunde selbst in der Lage, zwischen einem gezillmerten und einem nicht gezillmerten Produkt zu wählen, denn die Informationen kann er nachvollziehen.[1300]

Die Vorgabe eines Mindestrückkaufswertes für gezillmerte Verträge geht nach alle dem über das erforderliche Maß hinaus, da ein gleichwertiges aber milderes Mittel zur Verfügung steht.[1301]

Somit verstößt die Vorgabe eines gesetzlichen Mindestrückkaufswertes für gezillmerte Verträge gegen europäisches Primärrecht.[1302] Die Regelung zum

---

1298 Vgl. oben unter Pkt. 3.5.2.2.3.2.2.

1299 Zu den Vorteilen der Zillmerung bereits soeben.

1300 Ebenso Herrmann, aaO (Fn. 548), S. 12; ders. aaO (Fn. 22), Einf. B, S. 98, Rn. 25; im Ergebnis auch Roth, aaO (Fn. 16),128 f.; Engeländer, aaO (Fn. 46), S. 1310; Schwintowski, ebd., S. 1430 f.; Präve, aaO (Fn. 390), S. 1838; im Ansatz auch Bürkle, ebd., S. 1048; Zur Verrechnungsproblematik ebenso der EFTA-Court in seiner Entscheidung vom 25.11.2005, vgl. oben Pkt. 4.1.2.4.1.5.4.

1301 Auch die Anlehnung an die sog. Riesterprodukte nach dem AltZertG rechtfertigt mangels Vergleichbarkeit kein anderes Ergebnis. Hierzu vgl. Bürkle, ebd. S. 1043; Ortmann, aaO (Fn. 32), Vorbem. zu §§ 150-171 Rn. 34; Zwischenbericht der VVG-Kommission, S. 93.

1302 Der europarechtliche Blickwinkel wirft freilich auch ein Licht auf die Entscheidung des BGH vom 25.07.2012. Mangels grenzüberschreitenden Elements befasste sich der BGH nicht mit einer Auswirkung der Entscheidung auf die Grundfreiheiten

gesetzlichen Mindestrückkaufswert gemäß § 169 Abs. 3 S. 1 VVG ist nach alle dem europarechtskonform auszulegen, so dass ein Mindestrückkaufswert nur bei intransparenter Darstellung der Zillmerung zu gewähren wäre.

5.2.2.1.4. Überlegung zu generellem Mindestrückkaufswert

Es könnte weitergehend danach gefragt werden, ob - unabhängig von einer Zillmerung – stets ein angemessener Mindestrückkaufswert notwendig ist. Dies würde dazu führen, dass ein großer Produktbereich, nämlich Produkte mit endfälligen Garantien, vom Markt gedrängt wird.

Der Gesetzgeber könnte sich im Rahmen seiner Einschätzungsprärogative auf den Standpunkt stellen, dass generell ein höheres Maß bzw. ein Mindestmaß i.S.e. Rückkaufswertes – unabhängig von der Frage der Transparenz - für nötig erachtet wird.[1303] Bei der gebotenen Abwägung müssten neben der gespaltenen Interessenlage der Versicherungsnehmer[1304] und der Gewichtung der eigenverantwortlichen Entscheidung des Versicherungsnehmers bei transparenter Darstellung der Rückkaufswerte[1305] vor allem die Vor- und Nachteile des jeweiligen Produkts ins Verhältnis gesetzt werden. Insoweit ist auch eine den Wettbewerb schonendere Lösung über das Aufsichtsrecht zu bedenken. Inwieweit dann noch Raum für einen Mindestrückkaufswert, insbesondere bei Fällen ohne Kontrolldefizit, verbleibt, erscheint fraglich.[1306] Wo ein Kontrolldefizit trotz transparenter

---

und ließ die Frage der transparenten Darstellung in seiner Entscheidung gänzlich dahinstehen. Es zeigt sich jedoch, dass die Überlegungen des BGH zu kurz greifen. Inhaltlich wäre weniger der Teilaspekt der Zillmerung von Abschluss- und Vertriebskosten, sondern vielmehr die allgemeine Frage nach einer angemessenen Höhe des Rückkaufswertes zu klären gewesen. Das hier allein aus der Verrechnung mit Abschluss- und Vertriebskosten eine inhaltliche Unangemessenheit geschlossen wurde, steht offenkundig im Widerspruch zu europarechtlichen Erwägungen. Die Entscheidung des BGH ist daher bei transparenter Darstellung von Abschluss- und Vertriebskosten und grenzüberschreitenden Bezug nicht anwendbar.

1303 Im Ansatz auch Schünemann, aaO (Fn. 45), S. 448; Schwintowski, aaO (Fn. 259), S. 1430f., lehnt ein Interesse der Allgemeinheit an einem Mindestrückkaufswertes aber grundsätzlich ab.

1304 Vgl. bereits oben Pkt. 3.4.4.2.

1305 Zu beachten wären auch weitere Möglichkeiten des Versicherungsnehmers wie Beitragsfreistellung, Abtretung oder Verpfändung, vgl. Brömmelmeyer, aaO (Fn. 7), § 42, S. 2585 ff.

1306 Schwintowski, ebd., erkennt insoweit keinen Spielraum. Anders wohl Schünemann, aaO (Fn. 45), S. 448, welcher in einem gesetzlichen Mindestrückkaufswert eine nötige Begegnung ungerechtfertigter Bereicherung des Versicherers sieht.

Darstellung besteht, wird grundsätzlich ein höheres Schutzmaß in Betracht kommen, wobei dies im Einzelfall abzuwägen ist.

5.2.2.2. sekundärrechtliche Vorgaben

Vorgaben für einen zu gewährenden Mindestrückkaufswert enthalten die gegenständlichen Richtlinien nicht. Daher entfaltet sich auch keine Bindungswirkung für den Mitgliedsstaat. Insbesondere greift die herausgearbeitete Höchstnormwirkung nicht soweit, dass vertragsrechtlich zwingende und produktgestaltende Vorgaben ausgeschlossen wären, obwohl das Aufsichtsrecht hier flexiblere, den Wettbewerb schonendere Lösungen versprechen würde.

5.2.2.3. Ergebnis

Die Regelung zum Mindestrückkaufswert bei gezillmerten Verträgen nach § 169 Abs. 3 Satz 1 VVG verstößt gegen den Grundsatz des schonendsten Mitteleinsatzes und ist mithin unverhältnismäßig. In europarechtskonformer Auslegung kommt die Vorgabe des Mindestrückkaufswertes nur bei intransparenten Verrechnungsklauseln als gesetzliche Angemessenheitsvorgabe zur Anwendung.[1307]

5.2.3. Stornoabzug - § 169 Abs. 5 S. 2 VVG

5.2.3.1. Europäisches Primärrecht

Dem Verbot, noch nicht getilgte Abschluss- und Vertriebskosten im Rahmen des Stornoabzuges in Ansatz zu bringen, § 169 Abs. 5 S. 2 VVG, kommt ebenso Relevanz hinsichtlich der Grundfreiheiten zu.

Auf obige Ausführungen zur Anwendbarkeit des deutschen Versicherungsvertragsgesetzes, zum sachlichen und persönlichen Anwendungsbereich der Dienstleistungsfreiheit und zum grenzüberschreitenden Element darf entsprechend Bezug genommen werden.[1308]

Mit dem Verbot eines Abzugs für noch nicht getilgte Abschluss- und Vertriebskosten gemäß § 169 Abs. 5 S. 2 VVG greift der Gesetzgeber zwar nicht unmittelbar in die Produktgestaltungsfreiheit ein. Die Vertragsfreiheit ist jedoch betroffen, da die Versicherer gezwungen werden, die Verrechnung von zum Zeitpunkt der Kündigung noch nicht getilgten Abschluss- und Vertriebskosten entweder auf Ihr Risiko zu übernehmen oder auf andere Wege der

1307 Vgl. auch Herrmann, ebd., § 7 Rn. 26.
1308 vgl. Pkt. 5.1.1.

Kostenhandhabung auszuweichen.[1309] Insoweit muss mittelbar doch entsprechend kalkuliert werden. Bei gebotenem weitem Verständnis liegt eine sonstige Behinderung vor, denn das Verbot ist geeignet, die grenzüberschreitende Erbringung von Dienstleistungen unmittelbar oder mittelbar, aktuell oder potentiell zu behindern.[1310]

5.2.3.1.1. Eingriff in die Grundfreiheiten

Das Stornoabzugsverbot ist halbzwingend ausgestaltet, § 171 VVG.

Es führt seinem Gehalt nach zu einer relevanten Marktzugangsbehinderung. Denn durch das Verbot ist ein Versicherer gehalten, Vermittlungskosten entweder auf eigenes Risiko weiterhin in die Prämienzahlungen einzukalkulieren, mit der Gefahr, bei vorzeitiger Kündigung auf diesen Kosten sitzen zu bleiben, es sei denn, es gelingt dem Versicherer, mit den Vermittlern entsprechende Rückzahlungsvereinbarungen bei vorzeitiger Vertragsauflösung zu vereinbaren. Weiterhin könnte der Versicherer die Vermittlungskosten schlicht senken oder bspw. auf eine gesonderte Vermittlervergütung drängen. Der Gesetzgeber versucht mit dem Stornoabzugsverbot letztlich einen Systemwechsel für Vertriebskosten zu bewirken.[1311]

Dies belastet jedoch EU-/EWR Versicherer, die auf dem deutschen Markt Lebensversicherungen anbieten wollen, weitaus mehr als inländische Wettbewerber, da die deutschen Versicherer regelmäßig bereits über Vermittlernetze und einen Vertrauensbonus beim deutschen Kunden verfügen. Die Einkalkulierung der Abschluss- und Vertriebskosten in die Prämien stellt für die Versicherer sowohl gegenüber den Versicherungsvermittlern als auch gegenüber den Kunden ein bewährtes Mittel der schonenden Finanzierung dar. Wird diese wirksame Methode faktisch abgeschnitten, trifft dies neu in den Markt eintretende Versicherer typischerweise mehr. EU-/EWR Versicherer haben daher mehr Schwierigkeiten, überhaupt in Wettbewerb mit den inländischen Versicherern treten zu können.[1312]

5.2.3.1.2. Rechtfertigung des Eingriffs

Der Gesetzgeber begründet den Eingriff – ohne die europarechtliche Relevanz konkret anzusprechen - mit Gründen des Allgemeininteresses zu Gunsten des

---

1309 Zu nennen sind hier die Vereinbarung einer separaten Abschlussgebühr oder die Vereinbarung von Provisionsrückzahlungen mit den Vermittlern, sofern der vermittelte Vertrag nicht ausreichende Zeit Bestand hat.

1310 Vgl. zur „Dassonville-Formel" vgl. Fn. 939.

1311 Vgl. oben unter Pkt. 3.5.2.2.5.1.

1312 Zum aus Sicht des Verfassers vergleichbaren Fall des EuGH „Caixa-Bank", siehe oben unter Pkt. 4.1.2.4.1.5.3.

Verbraucherschutzes. Der Versicherungsnehmer nehme lediglich sein gesetzlich gesichertes Kündigungsrecht wahr und verhalte sich nicht vertragswidrig. Die Belastung mit Abschluss- und Vertriebskosten, welche in zukünftigen, nicht mehr geschuldeten Prämien enthalten wären, würde eine Art unzulässige Vertragsstrafe für vertragsgemäßes Verhalten darstellen und wäre insoweit unverhältnismäßig.[1313]

5.2.3.1.3. Grenzen der Rechtfertigung

Die Regelung ist geeignet, den Versicherungsnehmer vor einer unangemessenen Belastung mit Stornokosten zu bewahren. Sie stellt sich jedoch als nicht erforderlich dar.

Ziel des Gesetzgebers ist es, den Versicherungsnehmer nicht mit unangemessenen Stornokosten zu belasten. Mit der zwingenden Vorgabe des Abzugsverbots bezweckt der Gesetzgeber eine Klärung über das Kriterium der Angemessenheit abzuziehender Kosten herbeizuführen.[1314] Es fragt sich jedoch, ob die Regelung in angemessenem Verhältnis zum verfolgten Ziel steht.

Denn der durchschnittliche Versicherungsnehmer kann ohne großen Aufwand die nunmehr gemäß § 169 Abs. 5 S. 1 VVG zu beziffernden Stornobeträge von den bezifferten garantierten Rückkaufswerten, § 169 Abs. 3 S. 2 VVG, abziehen und erhält somit den jeweils konkreten Betrag des ihm zu erstattenden Wertes. In dem Moment, in welchem ein Versicherungsnehmer den konkreten Stornoabzug transparent vor Augen geführt bekommt, muss es letztlich seine Sache sein, ob er sich hierauf einlässt oder nicht. Denn er kann einerseits die Finanzierungsfunktion der einkalkulierten Abschluss- und Vertriebskosten wählen[1315], mit dem Risiko des wahrscheinlich höheren aber transparenten Stornoabzugs bei vorzeitiger Vertragsbeendigung. Andererseits steht ihm die Möglichkeit offen, einen höheren Stornoabzugsbetrag abzulehnen. Allerdings wird dann wahrscheinlich eine separate Vergütungsvereinbarung über die Abschlusskosten (sofort) fällig.

Die Argumentation mit dem Vergleich zur unzulässigen Vertragsstrafe erhellt nicht, denn bei der Rückkaufswertbetrachtung ist lediglich die Abschlusskostenfrage integriert. Wirtschaftlich betrachtet ergibt sich eine ähnliche, wenn nicht gar riskantere Situation über eine separate Vergütungsvereinbarung. Diese Wege kann ein Versicherungsnehmer nachvollziehen.

1313 Vgl. nochmals BT-Drcks. 16/3945, S. 103 f.

1314 vgl. oben unter Pkt. 3.5.2.2.5.1.

1315 Diese besteht nicht nur bei der Zillmerung.

Das Stornoabzugsverbot gemäß § 169 Abs. 5 S. 2 VVG geht damit über das erforderliche Maß zur Erreichung eines gebotenen Schutzes hinaus.

5.2.3.1.4. Ergebnis

Auch die Regelung zum Verbot des Abzuges für noch nicht getilgte Abschluss- und Vertriebskosten verstößt gegen das primärrechtliche Übermaßverbot. § 169 Abs. 5 S. 2 VVG ist daher nicht anzuwenden, solange eine angemessene Stornoabzugsregelung getroffen ist. An der Angemessenheit werden bei transparenter Darstellung regelmäßig keine Zweifel bestehen.

5.2.3.2. sekundärrechtliche Vorgaben

Sekundärrechtliche Vorgaben zum Stornoabzug finden sich nicht. Insbesondere die herausgearbeitete Höchstnormwirkung bindet den nationalen Gesetzgeber nicht, eine Reglung zur Angemessenheit des Stornoabzuges zu treffen.

5.3. Beratungs- und Informationsanforderungen

5.3.1. Beratungspflichten des Versicherers - § 6 Abs. 1, 2 und 4 VVG

5.3.1.1. Europäisches Primärrecht

Ein die Grundfreiheiten betreffender Sachverhalt ist auch bezüglich der Frage-, Beratungs- und Dokumentationspflichten des § 6 VVG nahe liegend.

EU-Versicherer sind freilich bei Vertragsschluss mit einem seinen gewöhnlichen Aufenthalt in Deutschland habenden deutschen Staatsbürger verpflichtet, die Vorgaben gemäß § 6 VVG einzuhalten, Art. 7 Rom-I VO. Für den persönlichen Anwendungsbereich darf auf obige Ausführungen verwiesen werden. Der sachliche Anwendungsbereich der Dienstleistungsfreiheit ist ebenfalls einschlägig, da EU- und EWR-Versicherer für den Eintritt in den deutschen Versicherungsmarkt entsprechende Frage- und Beratungsleistungen beim Vertrieb ihrer Versicherungsprodukte erbringen müssen. Ein grenzüberschreitendes Element liegt offenkundig vor.[1316]

Die Regelung des § 6 VVG findet auf sämtliche Versicherungsverträge Anwendung. Eine Diskriminierung scheidet somit aus. Die Frage-, Beratungs- und

---

1316 Dabei muss beim Vertrieb nicht zwingend auf Vermittler zurückgegriffen werden, z.B. beim Direktvertrieb, welcher auch über eine mitgliedsstaatliche Grenze erfolgen kann. Vermittlern sind die Beratungspflichten sekundärrechtlich über die Vermittlerrichtlinie auferlegt.

Dokumentationsverpflichtungen sind jedoch geeignet, die grenzüberschreitende Erbringung von Dienstleistungen unmittelbar oder mittelbar, aktuell oder potentiell zu behindern.[1317] Eine Behinderungswirkung besteht dahingehend, dass ein EU-Versicherer seinen Vertrieb auf die Verpflichtungen des deutschen Marktes einstellen muss, was einen Mehraufwand und damit eine sonstige Behinderung bedeutet. Nach der hier vertretenen Ansicht sind damit die Grundfreiheiten tangiert.[1318]

5.3.1.1.1. Eingriff in die Grundfreiheiten

Die halbzwingende[1319] Vorgabe der Frage-, Beratungs- und Dokumentationspflichten nach § 6 VVG müssten einen Eingriff, mithin ein relevantes Marktzugangshindernis darstellen.

Allein die Verzichtsmöglichkeit begründet nach hiesiger Auffassung keine hinreichende Disponibilität, da der Verzicht besonderen Voraussetzungen unterstellt ist. Die Abwählbarkeit stellt gerade für die komplexen Lebensversicherungsprodukte eine erhebliche Hürde dar.

Für eine relevante Marktzugangsbehinderung sprechen der erforderliche Mehraufwand und die damit verbundenen Kosten. Gerade im Bereich der Lebensversicherung sind die Beratungsleistungen anspruchsvoll.

Andererseits sind Beratungspflichten von der Vermittlerrichtlinie für das Verhältnis Vermittler-Versicherungsnehmer vorgegeben. Ein Direktvertrieb (ohne Vermittler) im Bereich der Lebensversicherungen dürfte nur ausnahmsweise in Betracht kommen. Das Gros der Anbieter wird sich daher ohnehin mit Beratungspflichten auseinandersetzen. Allerdings betrifft dies nicht die Beratungspflichten während des Vertragslaufes.[1320] Unter dem Aspekt, dass unterschiedliche Rechtsordnungen bis auf weiteres gewollt sind, erscheint der Mehraufwand hinnehmbar, so dass vorliegend bereits mit guten Gründen ein Eingriff in die Grundfreiheiten abgelehnt werden kann.

1317 Vgl. zur „Dassonville-Formel" nochmals oben Fn. 939.

1318 Lehnt man eine tatbestandliche Betroffenheit der Grundfreiheiten gemäß der Keck-Rechtsprechung auch für Vertriebsmodalitäten bei komplexen Dienstleistungen ab, so kommt gegebenenfalls eine Prüfung nach Art. 36 Abs. 3 der Richtlinie 2002/83/EG bzw. 185 Abs. 7 der Richtlinie 2009/138/EG in Betracht, vgl. Ihle, aaO (Fn. 1140), S. 111 f.

1319 Vgl. § 18 VVG.

1320 vgl. oben unter Pkt. 3.5.2.3.1.1.

5.3.1.1.2. Rechtfertigung des Eingriffs

Selbst wenn von einem Eingriff ausgegangen würde, spricht einiges für die Rechtfertigung Selbigen.

Der Gesetzgeber erkennt zwar keine explizit europarechtlich notwendige Rechtfertigungspflicht, begründet seine Vorgaben aber mit einem Erst-Recht-Schluss auf die mit der Vermittlerrichtlinie vorgegebenen Pflichten für Versicherungsvermittler. Die normierten Pflichten sollen die Entscheidungsgrundlage des Versicherungsnehmers im Hinblick auf mögliche Produkte verbessern. Die über die Vorgaben der Vermittlerrichtlinie hinausgehende Beratungspflicht für Versicherer während des Vertragslaufes sei aufgrund des im Einzelfall erheblichen Interesses des Versicherungsnehmers an Beratung während der Vertragslaufzeit geboten.[1321] Somit wird auch hier die ungeschriebene Schranke des Allgemeininteresses i. S. d. Versicherungsnehmerschutzes herangezogen.

5.3.1.1.3. Grenzen der Rechtfertigung

Die Frage- und Beratungsleistungen sind für das Produktverständnis förderlich und damit geeignet, den Versicherungsnehmern die Auswahlentscheidung unter den angebotenen Produkten zu ihren Gunsten zu erleichtern. Die Dokumentationspflicht schützt den Versicherungsnehmer unter dem Gesichtspunkt der Warn- aber auch der Beweisfunktion.

Gegen die Notwendigkeit der Vorgaben spricht, dass die Versicherer einen gewissen Mehraufwand zu bewältigen haben, welcher sich kostentechnisch auch zu Lasten der Versicherungsnehmer äußern wird.[1322] Andererseits sind Beratungspflichten für Vermittler bereits europarechtlich vorgegeben. Eine Ausdehnung auch auf Versicherer liegt daher in der Tat nahe, um Wertungswidersprüche zu vermeiden.[1323] Zudem besitzen die vorgegebenen Pflichten gerade wettbewerbsfördernde Momente. Neben der Entscheidungserleichterung für den Versicherungsnehmer können die Versicherer die Vorteile ihrer Produkte entsprechend in die Beratung einfließen lassen. Dies dient gerade neu in den Markt eintretenden Versicherern. Im Übrigen ist nicht die Produktgestaltungsfreiheit beeinträchtigt, sondern eine alle Marktteilnehmer betreffende Vertriebsmodalität.

Danach ist die Vorgabe der Beratungsleistungen - auch während des Vertragslaufs – als erforderlich und angemessen einzustufen.

1321 Vgl. nochmals BT-Drcks. 16/3945, S. 58 f.

1322 Offengelassen in BT-Drcks. 16/3947, S. 2 und 55.

1323 Ebers, aaO (Fn. 276), S. 146; in diese Richtung bereits die VVG-Kommission, Abschlussbericht, S. 13 f.

5.3.1.2. *sekundärrechtliche Vorgaben*

Dieser Bewertung stehen auch nicht etwa sekundärrechtliche Vorgaben entgegen.

Die Vermittlerrichtlinie 2002/93/EG[1324] betrifft ihrem Regelungsbereich nach nur das Verhältnis von Versicherungsnehmer und Versicherungsvermittler. Insoweit liegt in § 6 VVG eine überschießende Umsetzung, für welche der nationale Gesetzgeber keinerlei sekundärrechtliche Bindungswirkung zu beachten hat.[1325]

Gleiches muss für die Lebensversicherungsrichtlinie[1326] gelten, welche dem Wortlaut nach zu Gunsten der Produktgestaltungsfreiheit strengere „Angaben" dem vertragswesentlichen Notwendigkeitserfordernis unterstellt. Angaben bzw. Informationen und Beratungsleistungen sind ihrem Gehalt nach jedoch zu differenzieren.[1327] Die Lebensversicherungsrichtlinie gibt keine Beratungspflichten, sondern nur Informationspflichten vor. Eine Anwendung auf Beratungsvorgaben erscheint im Sinne eines Erst-Recht-Schlusses allenfalls dann angezeigt, wenn die Beratungspflichten augenscheinlich über die Informationspflichten hinausgehen, da in der Beratungspflicht auch ein Informationskern steckt. Dies kann aber bei der normierten produkt- und anlassbezogenen Beratung nicht ohne weiteres bejaht werden. Selbst wenn man die Beratungspflichten als „Angabe" im Sinne der Richtlinienvorgaben verstehen wollte, würde die zusätzliche Beratung mangels Beeinträchtigung der Produktgestaltungsfreiheit und im Hinblick auf die Förderung des Versicherungsnehmer- und Wettbewerbsschutzes freilich auch notwendig i.S.d. Richtlinie sein.

Schließlich finden benannte Pflichten nach § 6 Abs. 6 VVG auf Fernabsatzverträge keine Anwendung, weshalb die Fernabsatzrichtlinie nicht berührt ist.

5.3.1.3. *Ergebnis*

Die in § 6 VVG normierten Frage-, Beratungs- und Dokumentationspflichten verstoßen nicht gegen europarechtliche Vorgaben.[1328]

1324 Siehe oben unter Pkt. 3.3.3.3.

1325 Zu den Begrifflichkeiten „überschießend" und „modifizierend" oben unter Pkt. 4.1.2.5.1.2.1.

1326 Bzw. demnächst Solvency-II Richtlinie.

1327 Zu den Begrifflichkeiten oben unter Pkt. 4.1.1.2.3.2.

1328 Vgl. auch Römer, aaO (Fn. 51), 94; ders. VersWissStud 2009, S. 162 f.

5.3.2. Verzicht auf Beratung - § 6 Abs. 3 VVG

5.3.2.1. Europäisches Primärrecht

Die Verzichtsmöglichkeit nach § 6 Abs. 3 VVG berührt von vornherein nicht die Grundfreiheiten, da hieraus keine relevante Behinderung des Wettbewerbs resultiert.[1329]

5.3.2.2. sekundärrechtliche Vorgaben

Ein Verstoß ergibt sich auch nicht aus europäischen Richtlinienvorgaben.

Eine Ansicht[1330] will die Verzichtsmöglichkeit als einen Verstoß gegen europarechtliche Vorgaben erkennen, da weder die Vermittlerrichtlinie noch die Lebensversicherungsrichtlinie einen solchen Weg vorgeben. Ein Verzicht erscheine zwar bei einfachen Versicherungsprodukten vorstellbar, für komplexe Lebensversicherungsprodukte sei dies aber „unerträglich".

Dabei wird jedoch übersehen, dass für Versicherer keine Mindeststandards für Beratungspflichten, sondern nur für Informationspflichten vorgegeben sind. Aus europäischer Sicht bewegt sich der nationale Gesetzgeber im Bereich der überschießenden Regulierung. Den Mitgliedsstaaten verbleibt insoweit ein Einschätzungsspielraum, welche Vorgaben zweckmäßig sind.[1331] Auch nach Ansicht des Verfassers ist die Zweckmäßigkeit des Verzichts im Lebensversicherungsbereich fraglich.[1332] Dies steht aber der europarechtlichen Konformität der gesetzgeberischen Lösung nicht entgegen[1333].[1334]

1329 Der Ansatz, dass ein vermehrter Verzicht der Versicherungsnehmer die positive wettbewerbliche Wirkung der Beratung hindert, ist von vornherein nicht geeignet, anderes zu begründen, da vorrangig weiterhin die Informationen vorliegen.

1330 Römer, ebd.; ders. VersWissStud., ebd., S. 162 f.

1331 Vgl. allgemein z.B. Oppermann/Classen/Nettesheim, aaO (Fn. 1046), S. 183.

1332 Siehe oben unter Pkt. 3.5.2.3.1.1.

1333 Die VVG-Kommission ging daher zu Recht von einem gesetzgeberischen Spielraum aus. Vgl. Abschlussbericht, S. 15.

1334 Bedenken zeitigt dagegen die Verzichtsmöglichkeit für Vermittler nach § 61 Abs. 2 VVG, da hier die Minimalstandards des Art. 12 der Richtlinie 2002/92/EG ausgehebelt werden könnten. Dies erscheint im Hinblick auf das europäisch vorgegebene Verbraucherschutzkonzept unzulässig. Eine vertiefte Auseinandersetzung kann aber an dieser Stelle nicht erfolgen.

5.3.3. Information unabhängig von Person und Vertriebsweg

5.3.3.1. Europäisches Primärrecht

Der deutsche Gesetzgeber erweitert mit § 7 Abs. 1 VVG i.V.m. der VVG-InfoV die sekundärrechtlichen Vorgaben in zweierlei Hinsicht. Den persönlichen Anwendungsbereich des Informationsschutzes dehnt der Gesetzgeber unterschiedslos über den Verbraucher hinaus auf sämtliche Versicherungsnehmer[1335], insbesondere auch auf juristische Personen und beruflich tätige Personen, aus.[1336] Zudem fasst der Gesetzgeber sämtliche sekundärrechtlichen Informationsvorgaben unabhängig vom Vertriebsweg zusammen. Dieser Ausdehnung kommt grundfreiheitliche Relevanz zu. Dabei darf auf obige Ausführungen zur Anwendbarkeit des deutschen Versicherungsvertragsgesetzes, zum sachlichen und persönlichen Anwendungsbereich der Dienstleistungsfreiheit und zum grenzüberschreitenden Element entsprechend Bezug genommen werden.[1337]

Die Ausdehnung der Informationspflichten sowohl in personeller Hinsicht als auch unabhängig vom jeweiligen Vertriebsweg stellen Vertriebsmodalitäten dar, die zu einem Anpassungsbedarf und somit zu einem Mehraufwand für auf den Markt eintretende Versicherer führen. Die Ausdehnung ist somit geeignet, die grenzüberschreitende Erbringung von Dienstleistungen unmittelbar oder mittelbar, aktuell oder potentiell zu behindern.[1338]

5.3.3.1.1. Eingriff in die Grundfreiheiten

Die Ausdehnung der Informationspflichten ist halbzwingend ausgestaltet, § 18 VVG.

Die Verzichtsmöglichkeit gemäß § 7 Abs. 1 Satz 3 HS 2 VVG lässt nicht ohne weiteres eine Ablehnung der Eingriffsqualität wegen Abdingbarkeit entfallen. Denn zum einen ist der Verzicht an besondere Formvoraussetzungen geknüpft. Zum anderen sind die Informationen ein maßgeblicher Bestandteil des versicherungsvertraglichen Konzepts, insbesondere bei einem komplexen Produkt

1335 Zu den Begrifflichkeiten vgl. auch Reich, aaO (Fn. 216), S. 813 f.

1336 Ausgenommen ist nur die Person, welche Großrisiken versichert. Vgl. BT-Drcks. 16/3945, S. 59 f. Konsequenterweise erfolgt eine Anpassung auch bei der jährlichen Unterrichtung nach § 155 VVG.

1337 vgl. Pkt. 5.1.1.

1338 Vgl. zur „Dassonville-Formel" nochmals Fn. 939; auch nochmals Ihle, aaO (Fn. 1140), S. 112, welcher bei Anwendung der Keck-Rechtsprechung den Rechtfertigungsbedarf dann zu Recht aus dem europäischen Sekundärrecht erkennt.

wie der Lebensversicherung. Es stellt daher eine nicht unwesentliche Hürde dar, grundsätzlich eine Verzichtslösung zu vereinbaren.

Jedoch ist ein relevantes Marktzugangshindernis bezüglich der Ausdehnung der Informationsvorgaben nicht anzunehmen. Gewisse Unterschiede in den Rechtsordnungen sind systembedingt, ein bestimmter Anpassungsbedarf daher stets vorhanden. Dabei gilt zu beachten, dass die Ausdehnung der Informationspflichten im Sinne des Informationskonzepts neben dem Versicherungsnehmerschutz auch eine Förderung des Wettbewerbs bewirkt. Zudem sind die Informationsanforderungen für andere Sachverhalte ja sekundärrechtlich vorgegeben. Der Anpassungsbedarf hält sich demzufolge in Grenzen.

Selbst wenn man der Ausdehnung Eingriffsqualität beimessen wollte, käme eine Rechtfertigung in Betracht.

5.3.3.1.2. Rechtfertigung des Eingriffes

Der Gesetzgeber begründet die Erweiterung des persönlichen Anwendungsbereichs mit der ähnlichen Schutzbedürftigkeit der einbezogenen Personen im Vergleich zum Verbraucher.[1339]

Auf eine Differenzierung der Informationspflichten nach Art des Zustandekommens des Vertrages könne nach Ansicht des Gesetzgebers ebenfalls verzichtet werden, da der überwiegende Teil der Informationen unabhängig von der Vertriebsform von Bedeutung sei. Auch würde einem Versicherer die Unterscheidung der Informationserteilung nach der Vertriebsform schwer fallen.[1340]

Im Rahmen der Rechtfertigung wird es zudem zulässig sein, aufgrund der vergleichbaren Schutzbedürftigkeit von Verbrauchern und übrigen Versicherungsnehmern im Massengeschäft, auch die Interessen Letzterer, als berechtigtes Allgemeininteresse anzusehen.

5.3.3.1.3. Grenzen der Rechtfertigung

Die Vorgaben sind geeignet, den Versicherungsnehmerschutz zu erhöhen. Sie müssen auch als erforderlich angesehen werden.

Zwar bedeutet die Erweiterung der Informationspflichten über Verbraucher hinaus einen gewissen Mehraufwand für die Versicherer. Andererseits treffen das Kenntnisungleichgewicht und das Wettbewerbsinteresse an vielen verschiedenen Versicherungsprodukten im Massengeschäft im gleichen Maße auch auf beruflich tätige Personen oder juristische Personen zu. Die

1339 BT-Drcks., ebd.
1340 Ebd.

Schutzbedürftigkeit ist mithin nahezu identisch. Der Mehraufwand für Versicherer ist im Übrigen durch die vorhandenen Pflichten im Hinblick auf Verbraucher überschaubar.

Die Vorgabe übergreifender Informationen unabhängig vom Vertriebsweg begründet sich im Ergebnis aus den bereits angesprochenen teils unsystematischen[1341] europäischen Richtlinienvorgaben. Allein die Vorgabe durch eine entsprechende Richtlinie spricht für die Erforderlichkeit jeder einzelnen Information. Zudem erscheint eine einheitliche Darstellung der Informationen, unabhängig vom Vertriebsweg, praktikabler und wettbewerbsfreundlicher, was der Gesetzgeber zu Recht anmerkt. Selbst eine Passage zu Informationen über den Fernabsatz wird einem mündigen Versicherungsnehmer, welcher auf einem anderen Vertriebsweg einen Vertrag abschließen möchte, nicht bedenklich in die Irre führen.

5.3.3.1.4. Ergebnis

Die Ausdehnung der Informationspflichten auf sämtliche Versicherungsnehmer im Massengeschäft und unabhängig von etwaigen Vertriebswegen stellt bereits kein relevantes Marktzugangshindernis dar. Im Übrigen sind die Vorgaben auch im Sinne des Allgemeininteresses gerechtfertigt, so dass ein Verstoß gegen die Grundfreiheiten nicht vorliegt.

5.3.3.2. sekundärrechtliche Vorgaben

Der Erweiterung stehen auch sekundärrechtliche Vorgaben nicht entgegen.

Im Hinblick auf die Ausdehnung des persönlichen Anwendungsbereichs spricht zwar beispielsweise Erwägungsgrund 29 der Richtlinie über den Fernabsatz von Finanzdienstleistungen davon, die Vorgaben auf Existenzgründer auszuweiten. Dies rechtfertigt jedoch nicht den Umkehrschluss, dass eine weitergehende Ausdehnung auf beruflich tätige oder juristische Personen nicht möglich sein soll. Vielmehr liegt insoweit schlicht eine überschießende Umsetzung der Vorgaben vor, um eine Wertungskohärenz herbeizuführen.

Die Lebensversicherungsrichtlinie verwendet sogar mehrfach ausdrücklich die Begrifflichkeit des Versicherungsnehmers ohne eindeutig nur auf den Verbraucher Bezug zu nehmen.[1342]

Bezüglich der Ausdehnung der Informationspflichten unabhängig vom Vertriebsweg, wäre nach Informationsweiterungen durch die Fernabsatzrichtlinie

---

1341 Vgl. nochmals Ebers, aaO (Fn. 276), S. 138.
1342 Vgl. nochmals Pkt. 4.1.2.5.2.1.1.

zu fragen, welche dann am vertragswesentlichen Notwendigkeitserfordernis des Art. 36 Abs. 3 der Richtlinie 2002/83/EG[1343] zu messen wären. Doch insoweit hilft bereits die allgemeine Überlegung weiter, wonach eine im Rahmen der Fernabsatzrichtlinie vorgegebene (unsystematische) Produktinformation freilich dem vertragswesentlichen Notwendigkeitserfordernis der Versicherungsrichtlinien entsprechen wird. Eine Zusammenfassung der Informationen ist zweckmäßig und birgt bei übersichtlicher Gliederung kein Irreführungspotential.

Die Erweiterung der Informationspflichten auf sämtliche Versicherungsnehmer im Massengeschäft und sämtliche Vertriebswege steht im Einklang mit europäischem Sekundärrecht.[1344]

5.3.4. Informationsverzicht - § 7 Abs. 1 Satz 3, 2. Halbsatz VVG

5.3.4.1. Europäisches Primärrecht

Die Verzichtsmöglichkeit nach § 7 Abs. 1 S. 3 HS 2 VVG beeinträchtigt nicht die Grundfreiheiten, denn die Regelung ist nicht geeignet, den grenzüberschreitenden Wettbewerb zu behindern.[1345]

5.3.4.2. sekundärrechtliche Vorgaben

Es fragt sich jedoch, ob der Verzicht auf Information nach § 7 Abs. 1 S. 3 HS 2 VVG mit sekundärrechtlichen Vorgaben im Einklang steht.

Anzuführen ist zum einen Art. 12 Abs. 1 der Fernabsatzrichtlinie für Finanzdienstleistungen, wonach ein Verzicht auf die in der Richtlinie vorgegebenen Rechte nicht möglich sein soll; zum anderen sind die gesetzten Mindeststandards des Art. 36 der vierten Lebensversicherungsrichtlinie[1346] zu beachten, wobei diese Richtlinie eine Verzichtsmöglichkeit nicht explizit anspricht.

Die Verzichtsmöglichkeit kann ohne weiteres Sachverhalte erfassen, welche die benannten Richtlinien betreffen.

5.3.4.2.1. Verstoß gegen Art. 12 Abs. 1 der Richtlinie 2002/65/EG

Ob ein Verstoß gegen Art. 12 Abs. 1 der Richtlinie 2002/65/EG vorliegt, ist umstritten.

1343 Art. 185 Abs. 7 der Richtlinie 2009/138/EG.

1344 Im Ergebnis übereinstimmend Ebers, ebd., S. 139.

1345 Vgl. zum vergleichbaren Fall des Beratungsverzichts oben unter Pkt. 5.3.2.1.

1346 Bzw. Art. 185 der Richtlinie 2009/138/EG.

Eine Ansicht[1347] sieht mit dem Gesetzgeber[1348] keinen Verstoß gegen die Fernabsatzrichtlinie für Finanzdienstleistungen. Dem Versicherungsnehmer die Möglichkeit des Verzichts zu verwehren, sei eine „Entmündigung des Verbrauchers". Art. 12 der Fernabsatzrichtlinie betreffe nicht den Verzicht auf Information[1349] bzw. müsse teleologisch reduziert werden[1350], weil nach dem Sinn und Zweck eine umfassende Information des „mündigen Verbrauchers" nicht geboten sei. Das Erfordernis einer ausdrücklichen Erklärung sei für den Schutz des mündigen Verbrauchers ausreichend.

Nach *Brömmelmeyer*[1351] müsse die Verzichtmöglichkeit richtlinienkonform dahingehend verstanden werden, dass auf das Informationsrecht wegen Art. 12 Abs. 1 der Richtlinie 2002/65/EG nicht verzichtet werden könne, wohl aber auf die Information. Dem Versicherungsnehmer bleibt dann das Recht, die Information später nachzuverlangen.

Eine weitere Ansicht[1352] hält die Verzichtsmöglichkeit für europarechtswidrig. Das Art. 12 Abs. 1 der Richtlinie über den Fernabsatz für Finanzdienstleistungen sich nicht auf den Verzicht von Informationen beziehe, könne der Richtlinie nicht entnommen werden.[1353] Zudem vernachlässige die gesetzgeberische Lösung die Gefahr, dass neben der Möglichkeit, dass der Versicherungsnehmer beispielsweise aufgrund eigener Kenntnis, einer Information nicht bedürfe, auch die Möglichkeit in Betracht zu ziehen sei, dass von Seiten des Versicherers bzw. des Vermittlers der Informationsverzicht zur Aufwandserleichterung angeregt werde.[1354]

Die besseren Gründe sprechen für die letztgenannte Ansicht.

Der Richtliniengeber verfolgt mit der Richtlinie 2002/65/EG das Konzept der Vollharmonisierung. Zum Schutze der Verbraucher und zur Gewährleistung der bestmöglichen Produktauswahlfreiheit soll ein einheitliches hohes

1347 Z.B. Prölss, aaO (Fn. 638), § 7 Rn. 20; keine Bedenken auch bei Mauntel, aaO (Fn. 32), § 1 VVG-InfoV Rn. 16.

1348 Vgl. nochmals BT-Drcks. 16/3945, S. 60.

1349 BT-Drcks., ebd., S. 60.

1350 Vgl. Prölss, ebd.

1351 VersR 2009, 584, 589.

1352 Römer, aaO (Fn. 51), S. 95; Dörner/Staudinger, aaO (Fn. 229), S. 1712; Schimikowski, aaO (Fn. 74), S. 136; Ebers, aaO (Fn. 32), § 7 Rn. 42; Schwintowski, aaO (Fn. 7), § 18 Rn. 36 ff.

1353 Vgl. Brömmelmeyer, ebd.

1354 Vgl. Schwintowski, ebd., Rn. 37; allgemein zu dieser Gefahr Ackermann, aaO (Fn. 304), S. 258.

Verbraucherschutzniveau festgelegt werden.[1355] Die Mitgliedsstaaten sind – ob der Harmonisierungsintensität – an die Vorgaben gebunden, und können grundsätzlich nicht von den Verbraucherschutzvorgaben durch strengere oder mildere Regelungen abweichen.[1356] Art. 4 Abs. 2 der Richtlinie 2002/65/EG gewährt eine Öffnung für strengere Informationsangaben. Der Verzicht auf Information stellt jedoch keine strengere Informationsvorgabe dar.

Art. 12 Abs. 1 der Richtlinie 2002/65/EG bringt die Harmonisierungsintensität explizit zum Ausdruck. Soweit sich der nationale Gesetzgeber darauf beruft, das Art. 12 Abs. 1 der Richtlinie 2002/65/EG nach dem Wortlaut nur die in der Richtlinie aufgeführten „Rechte", nicht aber die Informationen betrifft, vermag dies nicht zu überzeugen. Nach dem dritten Erwägungsgrund der Richtlinie stellt die Produktwahlfreiheit ein Recht des Verbrauchers dar. Die Informationsvorgaben dienen der Transparenz, Erwägungsgrund 21, und sind damit Grundvoraussetzung der Produktwahlfreiheit. Erwägungsgrund 13 der Richtlinie besagt ferner, dass für den freien Verkehr von Finanzdienstleistungen ein hohes Maß an Verbraucherschutz geboten ist, weswegen die Mitgliedsstaaten in den durch die Richtlinie harmonisierten Bereichen keine abweichenden Regelungen treffen sollen, es sei denn, die Richtlinie eröffnet diese Möglichkeit ausdrücklich. Schließlich betont Erwägungsgrund 23 die Informationsnotwendigkeit zur Erreichung eines optimalen Schutzes des Verbrauchers.

Die Auslegung der Richtlinie 2002/65/EG ergibt daher nach hiesigem Verständnis, dass auch die Informationsvorgaben vom Verzichtsverbot des Art. 12 der Fernabsatzrichtlinie für Finanzdienstleistungen erfasst sein müssen.

Die Verzichtsmöglichkeit nach § 7 Abs. 1 S. 3 Halbsatz 2 VVG verstößt somit gegen die vollharmonisierenden Vorgaben der Richtlinie 2002/65/EG.

5.3.4.2.2. Verstoß gegen die Informationsvorgaben der Versicherungsrichtlinien

Wie oben herausgearbeitet, verfolgt der Richtliniengeber bei den Informationsvorgaben im Rahmen der Lebensversicherungsrichtlinie[1357] bisher das Konzept der Minimalharmonisierung, wobei eine Höchstnormwirkung für zusätzliche Angaben im Sinne des vertragswesentlichen Notwendigkeitserfordernisses

1355 Vgl. ausführlich oben unter Pkt. 4.1.2.5.2.2.

1356 vgl. allgemein zur Terminologie unter Pkt. 4.1.2.5.1.2.1.

1357 Dies gilt sowohl für die Informationsvorgaben der Lebensversicherungsrichtlinie 2002/83/EG als auch für die entsprechenden Vorgaben der Richtlinie 2009/138/EG. An dieser Stelle nicht weiter nachgegangen werden kann der Frage, ob die Schadensrichtlinien außerhalb des Fernabsatzes einen Verzicht zulassen.

besteht.[1358] Auch insoweit verbleibt lediglich ein „Gestaltungskorridor" für den nationalen Gesetzgeber.[1359] Der nationale Gesetzgeber verlässt aber die verbindlich vorgegebenen Mindeststandards, wenn er eine umfassende Verzichtsmöglichkeit einräumt.

Damit liegt auch ein Verstoß gegen die Mindestvorgaben für Informationen der Versicherungsrichtlinien vor.

Eine etwaige Rechtfertigung der Verzichtsmöglichkeit von den Mindestvorgaben ergibt sich auch nicht aus Art. 33 der Richtlinie 2002/83/EG bzw. Art. 180 der Richtlinie 2009/138/EG, denn diese Rechtfertigungsmöglichkeit betrifft bereits dem Wortlaut nach nur die Verhinderung des Vertragsschlusses aus Gründen des nationalen Allgemeininteresses im Sinne des Marktzugangs an sich und damit nicht eine bloße Verzichtsmöglichkeit auf Information.[1360] Selbst wenn dies für die Verzichtsmöglichkeit in Betracht käme, wäre eine Rechtfertigung im Sinne des Allgemeininteresses abzulehnen. Es fehlt schlicht an der objektiven Notwendigkeit, den Versicherungsnehmer vor Informationen zu schützen.[1361] Der mündige Verbraucher kann die erhaltenen Informationen auch schlicht nicht weiter berücksichtigen. Dies steht ihm frei. Die Möglichkeit des Verzichts birgt dagegen erhebliches Umgehungspotential. Eine Abkehr vom vorgegebenen informationellen (Mindest-)Schutz ist daher unzweckmäßig und mit einem Allgemeininteresse nicht zu rechtfertigen.

5.3.4.2.3. *Ergebnis*

Im Ergebnis verstößt die Verzichtsmöglichkeit nach § 7 Abs. 1 Satz 3, 2. Halbsatz VVG sowohl gegen Art. 12 Abs. 1 der Fernabsatzrichtlinie für Finanzdienstleistungen als auch gegen die Mindeststandards des Art. 36 der Richtlinie 2002/83/EG bzw. Art. 185 der Richtlinie 2009/138/EG.

Eine richtlinienkonforme Auslegung scheidet aus. Der Wortlaut des § 7 Abs. 1 Satz 3, 2. Halbsatz VVG zeigt eine umfassende Verzichtsmöglichkeit auf. Der deutsche Gesetzgeber wollte dies auch in Ansehung der Vorgaben zur Richtlinie 2002/65/EG. Es liegt mithin eine fehlerhafte Umsetzung vor. Auch eine einschränkende Anwendung im Sinne einer teleologischen Reduktion ist ob des

---

1358 Vgl. insbesondere Pkt. 4.1.2.5.2.1.2.3.

1359 Vgl. Pkt. 4.1.2.5.2.1.2.4.

1360 Ein weiteres Eingehen auf die Hinderungsmöglichkeit durch eine nationale Rechtsvorschrift im Allgemeininteresse soll daher im Rahmen dieser Bearbeitung nicht erfolgen. Vgl. bereits oben unter Fn. 1112.

1361 Zur Heranziehung der Kontrollstandards des EuGH bezüglich der dritten Richtliniengeneration vgl. Müller, aaO (Fn. 25), S. 44.

Regelungszwecks, nämlich der Gewährung einer umfassenden Verzichtsmöglichkeit, nicht möglich. Es fehlt insoweit an einer verdeckten Lücke.[1362]

Die Richtlinienvorgaben weisen die Pflicht des Versicherers aus, dem Versicherungsnehmer vor Vertragsschluss bestimmte Informationen zukommen zu lassen. Im Horizontalverhältnis kann sich der Versicherungsnehmer jedoch nach hier vertretener Ansicht grundsätzlich nicht gegenüber einem Versicherer auf die Richtlinienvorgaben unmittelbar berufen.[1363] Auch die Ansicht, die eine Negativwirkung von Richtlinien befürwortet, hilft vorliegend nicht weiter. Verzichtet der Versicherungsnehmer aufgrund der richtlinienwidrigen Vorgabe des § 7 Abs. 1 Satz 3, 2. Halbsatz VVG auf die Informationen und stellt sich später aufgrund des Informationsdefizits ein kausaler Schaden ein, führt eine bloße Nichtanwendbarkeit des § 7 Abs. 1 Satz 3, 2. Halbsatz VVG im Sinne einer negativen Wirkung nämlich nicht weiter. Vielmehr ist die nationale Regelung weiter anzuwenden, so dass sich der Versicherungsnehmer nicht mit Erfolg gegen den Versicherer wenden kann.

Ihm steht dann aber nach der Rechtsprechung des EuGH ein Schadensersatzanspruch gegen den Mitgliedsstaat zu.[1364]

5.3.5. Kosteninformationen nach § 2 Abs. 1 Nr. 1 und Nr. 2 VVG-InfoV

5.3.5.1. Europäisches Primärrecht

Die Regelungen zu den Kosteninformationen enthalten über die Richtlinienvorgaben hinausgehende Informationsvorgaben.[1365] Dadurch sind EU-/EWR Versicherer gezwungen, diese zusätzlichen Angaben vor Vertragsschlüssen mit Versicherungsnehmern aus Deutschland in ihre jeweiligen Informationsblätter aufzunehmen, was einen gewissen Mehraufwand bedeutet und die Grundfreiheiten berührt.[1366] Die Ausdehnung der Informationspflichten ist bei gebotenem

1362 Zu den Voraussetzungen methodischer Lückenfüllung vgl. Larenz/Canaris, Methodenlehre der Rechtswissenschaft, 3. Aufl., S. 191 ff., insb. S. 210 ff.

1363 Vgl. oben unter Pkt. 4.2.

1364 Vgl. EuGH, aaO (Fn. 1219) in Sachen „Francovich", Rz. 39. Hierzu bereits oben unter Pkt. 4.2.; Die Voraussetzungen des EuGH für die Gewährung eines Schadensersatzanspruchs dürften gegeben sein, wobei vorliegend zusätzlich die Frage eines Mitverschuldens zu problematisieren wäre.

1365 Bereits oben unter Pkt. 3.5.2.3.2.1.

1366 Zu den Voraussetzungen im Einzelnen vgl. oben Pkt. 5.3.3.1.

weitem Verständnis auch geeignet, eine sonstige Behinderung des in den Markt eintretenden Versicherungsunternehmens hervorzurufen.[1367]

Allerdings kann ein relevantes Marktzugangshindernis nicht angenommen werden. Es fehlt mithin an einem Eingriff in die Grundfreiheiten. Zur Verzichtsmöglichkeit darf auf obige Ausführungen verwiesen sein.[1368] Aufgrund der divergierenden nationalen Rechtsordnungen und der sekundärrechtlichen Mindestvorgaben für Informationen im Bereich der Lebensversicherung muss ein neu in den Markt eintretender Wettbewerber mit einem gewissen Anpassungsaufwand rechnen. Bedenkt man dabei, dass eine Basis an Information ohnehin sekundärrechtlich gefordert ist, hält sich der Mehraufwand auch in Grenzen. Die zusätzlichen Angaben bezwecken zudem eine Erhöhung der Transparenz und dienen damit gerade auch dem Wettbewerb.

Ein Verstoß gegen das primärrechtliche Übermaßverbot scheidet daher aus.

5.3.5.2. sekundärrechtliche Vorgaben

Die Regelungen zu den Kosteninformationen gemäß § 2 Abs. 1 Nr. 1 und 2 VVG-InfoV gehen auch nach Ansicht des Verordnungsgebers über die sekundärrechtlichen (Mindest-)Informationsangaben hinaus. Der Verordnungsgeber stützt die Regelungen nämlich auf die Ermächtigungsgrundlage des § 7 Abs. 2 VVG.[1369] Es liegt somit eine modifizierende[1370] Umsetzung vor.[1371]

Die zusätzlichen Informationspflichten bedürfen daher einer Würdigung im Hinblick auf die Höchstnormwirkung des Art. 36 Abs. 3 der Richtlinie 2002/83/EG[1372]. Danach kommen zusätzliche Angaben in Betracht, wenn sie für das tatsächliche Verständnis der wesentlichen Umstände des Vertrages notwendig sind.

5.3.5.2.1. Intention des Verordnungsgebers

Der Verordnungsgeber bezweckt mit den Regelungen eine Verbesserung der Transparenz, um damit insbesondere den Vorgaben der höchstrichterlichen

---

1367 Vgl. zur „Dassonville-Formel" nochmals Fn. 939.

1368 Vgl. Pkt. 5.3.3.1.1.

1369 Siehe oben unter Pkt. 3.5.2.3.2.1.

1370 Zur Terminologie siehe oben unter Pkt. 4.1.2.5.1.2.1. Insoweit ungenau Ortmann, aaO (Fn. 462), S. 256.

1371 Die Maximalwirkung der Fernabsatzrichtlinie steht wegen der Ausnahmeregelung des Art. 4 Abs. 2 den zusätzlichen Kostenangaben nicht entgegen.

1372 Bzw. Art. 185 Abs. 7 der Richtlinie 2009/138/EG.

nationalen Rechtsprechung Genüge zu tun. Alle für den konkreten Vertrag entstehenden Kosten seien im Einzelnen anzugeben.[1373]

Auf einen besonderen Rechtfertigungsbedarf unter europäischen Gesichtspunkten wird nicht explizit eingegangen. Der Verordnungsgeber geht generell von nicht abschließenden Richtlinienvorgaben aus.[1374]

5.3.5.2.2. Stimmen der Literatur

In der Literatur zieht man die vertragswesentliche Notwendigkeit der Kostenangabepflichten in Zweifel.

Einige Stimmen[1375] kritisieren, dass der Verordnungsgeber sich der europarechtlichen Begrenzung offensichtlich nicht bewusst war. In die gesetzgeberische Prüfung hätte dies aber mit einfließen müssen, da auch das Bundesverfassungsgericht nicht zwingend den Ausweis einzelner Kosten verlangt hatte, sondern nur eine Prüfung gefordert wurde, was alles zur eigenverantwortlichen Entscheidung des Versicherungsnehmers nötig sei.[1376] Die Richtlinien stellen jedenfalls stets auf die Gesamtprämie ab. Eine Aufteilung der Prämie sei daher nicht geboten[1377], denn für den Versicherungsnehmer maßgeblich ist das Verhältnis von Prämie und Leistung.[1378]

Ausdrücklich zu den Verwaltungskosten merkt *Herrmann*[1379] an, dass es nur Sache des Versicherers sein könne, die internen Kosten zu verändern, um wettbewerbsfähig zu bleiben. Die Angabe der Verwaltungskosten sei daher nicht notwendig i.S.v. Art. 36 Abs. 3 der Richtlinie 2002/83/EG. Zudem wäre die Angabe der „sonstigen Kosten" nach § 2 Abs. 1 Nr. 2 VVG-InfoV auf typischerweise anfallende Kosten zu beschränken, da die Angabe aller erdenklichen Kosten eine Ausuferung der Angabepflicht mit sich brächte.[1380]

Brömmelmeyer[1381] will eine Differenzierung in überschussberechtigte Lebensversicherungsverträge und nicht überschussberechtigte reine Risikolebensversicherungen vornehmen. Ein Kunde habe nämlich bei überschussberechtigten Verträgen ein berechtigtes Interesse an der Kostentransparenz, da sich die Kos-

1373 Amtliche Begründung zur VVG-InfoV, VersR 2008, 186, 188.
1374 Ebd., S. 186.
1375 Präve, aaO (Fn. 626), S. 155; Mauntel, aaO (Fn. 32), § 2 VVG-InfoV Rn. 4.
1376 Präve, ebd.
1377 Präve, ebd.; Ihle, aaO (Fn. 1140), S. 124; Biagosch/Scherer, aaO (Fn. 35), S. 431.
1378 Präve, ebd.
1379 In: Bruck/Möller, § 7 Rn. 31.
1380 Ebd. Rn. 32.
1381 VersR 2009, 584, 589.

ten stets auf Überschussbeteiligung und Rückkaufswerte auswirken. Zwar wären die Kostenangaben allein für die Produkttransparenz fehleranfällig. Die Kostenangaben würden die Produkttransparenz jedoch erhöhen, soweit weitere Angaben zum Produkt erfolgen. Bei nicht überschussberechtigten Risikolebensversicherungen fehle ein berechtigtes Interesse an den Kostenangaben, da hier das Preis-Leistungs-Verhältnis durch die Angabe der Prämie und der Leistung hinreichend feststehe. Die Regelungen der § 2 Abs. 1 Nr. 1 und 2 VVG-InfoV seien daher richtlinienkonform zu reduzieren, wonach Risikolebensversicherungen ohne Überschussbeteiligung nicht erfasst wären.

Schwintowski und *Ortmann*[1382] halten über die Kostenangaben des § 2 Abs. 1 Nr. 1 und 2 VVG-InfoV die weitere prozentuale Angabe über die Kapitalanlagekosten für geboten. Die informationserhöhende Wirkung sei für das tatsächliche Verständnis des Vertrages notwendig und stehe damit im Einklang mit Art. 36 Abs. 3 der Lebensversicherungsrichtlinie.

5.3.5.2.3. Stellungnahme

5.3.5.2.3.1. Vertragswesentlichkeit der Kostenangaben

Für die Beantwortung der Frage, ob Kostenangaben für das tatsächliche Verständnis des Produktes wesentlich sind, bedarf es zunächst eines Blickes auf die Informationsvorgaben der Richtlinien.

Die Richtlinie über den Fernabsatz von Finanzdienstleistungen stellt in Art. 3 Abs. 1 Nr. 2 b) und d) auf die Gesamtprämie sowie auf mögliche weitere darüber hinausgehende Kosten ab, die nicht vom Anbieter der Dienstleistung abgeführt oder in Rechnung gestellt werden. Art. 3 Abs. 1 Nr. 2 d) der Richtlinie findet sich in § 1 Abs. 1 Nr. 8 der VVG-InfoV wieder, welchem zutreffend eine weitgehend inhaltliche Deckungsgleichheit mit Art. 2 Abs. 1 Nr. 2 der VVG-InfoV zugesprochen wird.[1383] Insoweit fragt es sich bereits, inwieweit überhaupt eine modifizierende Umsetzung vorliegt.

Die Lebensversicherungsrichtlinie verlangt „Informationen über die Prämie für jede Leistung, und zwar sowohl Haupt- als auch Nebenleistungen, wenn sich derartige Informationen als sinnvoll erweisen“[1384]. Eine Unterscheidung der einzelnen Kostenarten lässt sich daraus jedoch nicht entnehmen.[1385] Die Regelung

---

1382 VersR 2009, 728, 732.

1383 Präve, aaO (Fn. 626), S. 156; Mauntel, ebd., § 2 Rn. 7.

1384 Vgl. Anhang III A a 10 der Richtlinie 2002/83/EG bzw. Art. 185 Abs. 3 g) der Richtlinie 2009/138/EG.

1385 Nochmals Präve, ebd., m.w.N.

des § 2 Abs. 1 Nr. 1 der VVG-InfoV setzt die Richtlinienvorgaben daher jedenfalls modifizierend um.

Ein ergänzender Aspekt zur Angabe der Gesamtprämie kann für etwaige zusätzliche „sonstige" Kosten nach hiesiger Auffassung bejaht werden. Denn neben dem maßgeblichen Prämien-Leistungs-Verhältnis bringt die Angabe dem Versicherungsnehmer Aufschluss darüber, welche Belastungen ihn finanziell noch neben der Beitragszahlung treffen können. Die Vertragswesentlichkeit des § 2 Abs. 1 Nr. 2 VVG-InfoV ist damit begründet.

Anders muss die Angabe der einzelnen in die Prämie einkalkulierten Kosten beurteilt werden. Eine ergänzende Information zur Gesamtprämie wäre abzulehnen, da die Kostenbestandteile keinen Mehrwert im Hinblick auf die Beitragsbelastung bringen.

Allerdings ist dem Standpunkt *Brömmelmeyers* beizupflichten, dass sämtliche Kosten eine Auswirkung auf den Überschuss besitzen.[1386] Da die Richtlinienvorgaben Informationen zu den geltenden Berechnungsgrundsätzen und Maßstäben der Überschussermittlung und Überschussbeteiligung vorsehen, können diese Informationen um die Kosteninformationen sinnvoll ergänzt werden. Unter diesem Anknüpfungspunkt besteht eine Vertragswesentlichkeit i.S.v. Art. 36 Abs. 3 der Richtlinie 2002/83/EG[1387] für die Angaben nach § 2 Abs. 1 Nr. 1 VVG-InfoV.

Im Hinblick auf die hier vertretene Ansicht zur Kostentransparenz[1388] müsste auch für die zusätzliche Angabe der Kosten für die Kapitalanlage die Vertragswesentlichkeit in diesem Sinne angenommen werden.

Kosteninformationen besitzen auch Relevanz für kapitalbildende Verträge ohne Überschussbeteiligung.[1389] Werden Abschluss- und Vertriebskosten nämlich gezill-mert, dann besteht ein ergänzender Aspekt zu etwaigen (nicht garantierten) Rückkaufswerten. Die Verwaltungskosten i.S.v. § 2 Abs. 1 Nr. 1 VVG-InfoV zählen allerdings in diesem Fall nicht als vertragswesentlicher Aspekt.

Die Kosteninformationen nach § 2 Abs. 1 Nr. 1 VVG-InfoV könnten schließlich aufgrund des Kostenansatzes im Stornierungsfalle mit den Angaben zum Rückkaufswert mittelbar in Zusammenhang gebracht werden. Die

---

1386 Siehe oben Pkt. 3.5.2.3.2.4.

1387 Entsprechend i.S.v. Art. 185 Abs. 7 der Richtlinie 2009/138/EG.

1388 Siehe ebd.

1389 Ob ein solcher Vertrag praktikabel ist, sei einmal dahingestellt. Theoretisch ist dies jedenfalls möglich, vgl. § 153 Abs. 1, 2. Halbsatz VVG.

Vertragswesentlichkeit könnte daher auch bei Verträgen ohne Überschussbeteiligung nicht gänzlich von der Hand zu weisen sein.

5.3.5.2.3.2. Notwendigkeit der Kostenangaben

Es ist weiter danach zu fragen, ob die Kosteninformationen im Hinblick auf das verfolgte Ziel im angemessenen Verhältnis stehen.

Der Kostenausweis bringt einen gewissen verwaltungstechnischen und damit auch finanziellen Aufwand mit sich. Mit dem Ausweis legt sich der Versicherer zudem auf einen bestimmten Wert fest. Er trägt damit einerseits das Risiko, dass die Kalkulation aufgeht.[1390] Andererseits würde der Versicherer von Effizienzsteigerungen profitieren.[1391]

An zusätzlichen über die Prämie hinausgehenden Angaben hat ein Versicherungsnehmer grundsätzlich ein Interesse, um mögliche weitere Belastung abschätzen zu können. Besondere und einmalig anfallende Kosten wird ein Versicherer standardisiert erfassen. In diesem Rahmen sind mithin typische und nicht nur unwesentliche sonstige Kosten einzustellen. Der Mehraufwand hält sich mithin in Grenzen. Im Hinblick auf die aufgezeigte Vertragswesentlichkeit und die Vorgabe in Art. 3 Abs. 1 Nr. 2 d) der Richtlinie 2002/65/EG steht § 2 Abs. 1 Nr. 2 der VVG-InfoV nach hiesigem Dafürhalten nicht außer Verhältnis zum verfolgten Ziel.

Die in die Prämie einkalkulierten Abschluss- und Vertriebskosten nach § 2 Abs. 1 Nr. 1 der VVG-InfoV besitzen für die Versicherungsnehmer Relevanz bezüglich deren Überschussbeteiligung. Die Überschussbeteiligung stellt einen wesentlichen Teil der Leistung dar.[1392] Allein die Kostenangaben führen jedoch nicht zur Produkttransparenz. Das Preis-Leistungs-Verhältnis kann mithin auch nicht durch diese Angaben exakt erfasst werden. Sie erleichtern dem Versicherungsnehmer jedoch, im Zusammenhang mit anderen Informationen, das Produkt überschussberechtigte Lebensversicherung zu verstehen. Denn eine bestimmte Unsicherheit ist gerade produktimmanent, worauf sich der Versicherungsnehmer aber bewusst einlassen muss. Die Angaben dienen der Vollständigkeit und sind deshalb nach hiesigem Standpunkt der Transparenz zuträglich.[1393] Die Angabenotwendigkeit in Euro und nicht nur ein bloßer Hinweis auf anfallende Kosten rechtfertigt sich in der erhöhten Transparenz. Insbesondere kommen mit

---

1390 In diese Richtung Herrmann, aaO (Fn. 22), § 7 Rn. 31.

1391 Vgl Ortmann, aaO (Fn. 462), S. 258.

1392 Bereits ausführlich oben unter Pkt. 1.1

1393 Nochmals oben unter Pkt. 3.5.2.3.2.4.

den Angaben Produktvergleiche eher in Betracht.[1394] Der Kostenausweis nach § 2 Abs. 1 Nr. 1 VVG-InfoV für überschussberechtigte Verträge verstößt deshalb nach hiesiger Auffassung nicht gegen das Übermaßverbot.

Gleiches gilt für gezillmerte Verträge, soweit ein Ausweis von verrechneten Abschluss- und Vertriebskosten erfolgt. Ein Versicherungsnehmer hat ein berechtigtes Interesse an einer solchen Information, um die Vor- und Nachteile der Zillmerung, gerade die Auswirkung auf die Rückkaufswerte, erkennen zu können.

Dem Kostenausweis nach § 2 Abs. 1 Nr. 1 der VVG-InfoV bei nicht gezillmerten Verträgen ohne Überschussbeteiligung sowie dem Verwaltungskostenausweis bei gezillmerten Verträgen ohne Überschussbeteiligung liegt kein ersichtliches Interesse der Versicherungsnehmer zugrunde. Insbesondere sind die Angaben nicht für Stornoabzüge relevant, da der Stornoabzug ohnehin konkret beziffert werden muss. Dem Ausweis kommt in diesen Fällen allenfalls ein mittelbares Werbemoment zugute. Da auch kein nahe liegender Bezug zu den vertragswesentlichen Informationsvorgaben der Richtlinien gegeben ist, muss der Notwendigkeitsmaßstab hoch angesetzt werden. Mangels ersichtlichen Grundes ist der Kostenausweis in diesen Fällen letztlich nicht notwendig.

5.3.5.2.4. Ergebnis

Die vom Gesetzgeber zusätzlich normierten Informationspflichten in § 2 Abs. 1 Nr. 1 und 2 VVG-InfoV sind für eine Vielzahl der Lebensversicherungsverträge für das tatsächliche Verständnis der vertragswesentlichen Bestandteile notwendig.

Die Vorgabe ist jedoch mit der sekundärrechtlichen Höchstnormwirkung des Art. 36 Abs. 3 der Richtlinie 2002/83/EG[1395] nicht in Einklang zu bringen, als der Kostenausweis nach § 2 Abs. 1 Nr. 1 der VVG-InfoV auch bei nicht gezillmerten Verträgen ohne Überschussbeteiligung sowie der in § 2 Abs. 1 Nr. 1 der VVG-InfoV inbegriffene Verwaltungskostenausweis auch bei gezillmerten Verträgen ohne Überschussbeteiligung greift.

Es bedarf insoweit einer richtlinienkonformen einschränkenden Anwendung, indem § 2 Abs. 1 Nr. 1 der VVG-InfoV für die genannten Fälle entsprechend teleologisch reduziert wird.[1396]

1394 Stichwort: Effektivkosten. Siehe oben unter Pkt. 3.5.2.3.2.3.2.

1395 Bzw. Art. 185 Abs. 7 der Richtlinie 2009/138/EG.

1396 Vgl. allgemein zur teleologischen Reduktion Larenz/Canaris, aaO (Fn. 1362.), S. 210 ff. Es soll an dieser Stelle nicht weiter problematisiert sein, ob nicht bereits eine richtlinienkonforme einschränkende Auslegung dieses Ergebnis

5.3.6. Angabe der Effektivkosten nach § 2 Abs. 1 Nr. 9 VVG-InfoV

Die Angabe der Effektivkosten stellt ebenfalls eine über die Richtlinienvorgaben hinausgehende, zusätzliche Informationspflicht dar.

5.3.6.1. *Europäisches Primärrecht*

Ein Verstoß gegen Primärrecht liegt hierin aber nicht.[1397]

5.3.6.2. *Sekundärrechtliche Vorgaben*

Die Verpflichtung zur Angabe der Effektivkosten setzt die Richtlinienvorgaben modifizierend um. Daher ist danach zu fragen, ob die Angabe der Effektivkostenkennzahl nach § 2 Abs. 1 Nr. 9 VVG-InfoV mit der sekundärrechtlichen Höchstnormwirkung vereinbar ist.

5.3.6.2.1. *Vertragswesentlichkeit der Effektivkostenangabe*

Der Angabe der Effektivkosten ist ein gewisser Bezug zur Gesamtprämie und auch zur Entwicklung der Überschüsse zuzusprechen. Durch die Angabe erhält der Versicherungsnehmer einen Anhaltspunkt und wird sensibilisiert, welche Auswirkungen die Kostenbelastung auf die Entwicklung seiner Ansprüche hat.[1398]

5.3.6.2.2. *Notwendigkeit der Effektivkostenangabe*

Der Gesetzgeber bezweckt mit der zusätzlichen Angabe eine Verbesserung der Produkttransparenz. Der Versicherungsnehmer soll in die Lage versetzt werden, die Auswirkungen der gesamten Kostenbelastung auf die Versicherungsleistung besser einzuschätzen.[1399]

Die Vorgabe bringt durchaus Sensibilisierung und auch eine wettbewerbsfördernde Vergleichbarkeit mit sich, birgt gleichfalls aber nicht unwesentliches Irreführungspotential und bedarf daher selbst wiederum einer Ergänzung, um den gewünschten Transparenzeffekt zu erhalten.[1400] Für den Versicherungsnehmer

---

herbeizuführen vermag. Auf den ersten Blick spricht der umfassende Wortlaut gegen eine solche Auslegung.

1397 Vgl. entsprechend oben Pkt. 5.3.5.1.

1398 Vgl. oben Pkt. 3.5.2.3.2.4.

1399 Vgl. BT-Drcks. 18/2016, S. 14f.

1400 Vgl. nochmals oben Pkt. 3.5.2.3.2.4. Schwintowski/Ortmann, aaO (Fn. 697), S. 1406, sprechen von einem sinnvollen, wichtigen Entscheidungsbaustein für den Versicherungsnehmer, auch mit Formulierungsbeispiel.

ist es freilich von Interesse, die Auswirkung sämtlicher Kosten über Zeit betrachtet auf die Versicherungsleistung zu sehen. Aus Sicht des Verfassers fragt es sich allerdings insoweit, ob nicht die Grenze der Verarbeitungsmöglichkeit von Information durch den Versicherungsnehmer an dieser Stelle erreicht ist. Denn gerade im Hinblick auf die Vergleichbarkeit mit Konkurrenzprodukten wird der durchschnittliche Versicherungsnehmer auf die ergänzende Erläuterung durch Informationsmediäre angewiesen sein, um die zusätzliche Angabe zutreffend einzuordnen. Insofern wäre eine Ausgestaltung i.S.e. Publizitätspflicht vorliegend empfehlenswerter. Allerdings kann der Frage nach einem geeigneten Publizitätsmedium an dieser Stelle nicht weiter nachgegangen werden.

Aufgrund der zusätzlich zu fordernden, erläuternden Informationen, der grundsätzlich wettbewerbsfördernden Intention und dem Umstand, dass sich der Kostenaufwand für die zusätzliche Angabe im Rahmen halten wird, ist die zusätzliche Angabe der Effektivkosten nach Ansicht des Verfassers wohl noch verhältnismäßig.

5.3.6.3. Ergebnis

Die zusätzliche Angabe der Effektivkosten in § 2 Abs. 1 Nr. 9 VVG-InfoV verstößt nicht gegen europäisches Primär- und Sekundärrecht.

5.3.7. Vorgabe einer Modellrechnung - § 154 VVG

Auch die Vorgabe einer Modellrechnung für überschussberechtigte Verträge gemäß § 154 VVG i.V.m. § 2 Abs. 3 der VVG-InfoV stellt eine zusätzliche, über die Vorgaben der Lebensversicherungsrichtlinie 2002/83/EG hinausgehende Information dar.[1401]

5.3.7.1. Europäisches Primärrecht

Ein Verstoß gegen die Grundfreiheiten scheidet jedoch offenkundig mangels relevanter Marktzugangsbehinderung aus.[1402]

5.3.7.2. Sekundärrechtliche Vorgaben

Die Normierung einer informativen Modellrechnung i.S.v. § 154 VVG i.V.m. § 2 Abs. 3 VVG-InfoV geht über die Richtlinienvorgaben der Lebensversicherungsrichtlinie hinaus, setzt die Richtlinie mithin modifizierend um.

1401 Zu den Vorgaben der Solvency-II Richtlinie noch sogleich.

1402 Insoweit kann entsprechend auf obige Ausführungen verwiesen werden, z.B. Pkt. 5.3.5.1.

Zu prüfen ist daher wiederum, ob die Vorgabe der Modellrechnung im Einklang mit der Höchstnormwirkung des Art. 36 Abs. 3 der Lebensversicherungsrichtlinie[1403] steht.

5.3.7.2.1. Vertragswesentlichkeit der Modellrechnung

Die Modellrechnung ist ein geeigneter ergänzender Aspekt zu den Informationspflichten über die Methoden der Gewinnberechnung und Gewinnbeteiligung an den Überschüssen. Denn sie sensibilisiert den potentiellen Kunden über die beträchtlichen Auswirkungen eines veränderten Zinssatzes.[1404] Eine Modellrechnung fördert somit das tatsächliche Verständnis des durchschnittlichen Versicherungskunden über einen wesentlichen Gesichtspunkt des Produktes.

5.3.7.2.2. Notwendigkeit der Modellrechnung

Der Gesetzgeber bezweckt mit der Modellrechnung, den potentiellen Versicherungsnehmer für die Ungewissheit der nicht vorhersehbaren künftigen Entwicklung der Überschüsse zu sensibilisieren. Zudem soll gerade auch der Missbrauchsgefahr durch unverbindliche Beispiels- und Modellrechnungen entgegengewirkt werden.[1405]

Die Vorgabe dient den Interessen der Kunden im Hinblick auf das Produktverständnis. Der Anwendungsbereich der Vorgabe begrenzt sich auf Fälle, in welchen der Versicherer bezifferte Angaben zur Höhe einer möglichen Leistung macht. Denn genau in diesen Fällen besteht eine Missbrauchs- und Irreführungsgefahr. Die gefundene Lösung verwehrt es den Versicherern aber nicht, werbewirksam mit eigenen Rechenbeispielen, z.B. mit Zinssätzen früherer Ergebnisse auf dem Markt aufzutreten[1406]. Da auch die Kosten für die standardisierte Vorgabe nicht außer Verhältnis stehen werden, begründet die vom Gesetzgeber gefundene Lösung zur Modellrechnung einen interessengerechten ausgewogenen Weg.

1403 Entsprechend Art. 185 Abs. 7 der Richtlinie 2009/138/EG.

1404 Die VVG-Kommission hielt in ihrem Zwischenbericht die Modellrechnung mit vorgegebenen Zinssätzen sogar für die einzig geeignete Information und Entscheidungsgrundlage des Versicherungsnehmers, vgl. Zwischenbericht, S. 110, dort unter Pkt. 15.5.2.3; Hierzu bereits ausführlich oben unter Pkt. 3.5.2.3.3.1.

1405 vgl. auch Brömmelmeyer, aaO (Fn. 26), S: 591.

1406 Vgl. Art. 47 der Richtlinie 2002/83/EG.

Dieses Ergebnis findet dadurch Bestätigung, dass der Richtliniengeber im Rahmen der Solvency-II Richtlinie in Art. 185 Abs. 5 Unterabsatz 2 die Vorgabe einer Modellrechnung entsprechend der Regelung des § 154 VVG selbst einführt.

5.3.7.3. Ergebnis

Die Vorgaben zur Modellrechnung nach § 154 VVG i.V.m. § 2 Abs. 3 der VVG-InfoV verstoßen demzufolge weder gegen europäisches Primärrecht noch gegen sekundärrechtliche Vorgaben.

5.3.8. Jährliche Unterrichtung - § 155 VVG

Die neue Regelung des § 155 VVG überschneidet sich mit § 6 Abs. 1 Nr. 3 VVG-InfoV[1407], welche europarechtlich aus Anhang III Abschnitt B der Richtlinie 2002/83/EG abgeleitet ist[1408]. Die Informationsverpflichtungen nach § 155 VVG gehen jedoch über die europäischen Vorgaben hinaus, soweit Angaben zur Entwicklung etwaiger Ansprüche insgesamt, Satz 1, und Angaben bei Abweichung der tatsächlichen Entwicklung im Vergleich zu den bei Vertragsschluss bezifferten Angaben möglicher Entwicklungen, Satz 2, gefordert werden.

Die zusätzlichen Angabepflichten sind unter primärrechtlichen Maßstäben nicht geeignet, ein relevantes Marktzugangshindernis darzustellen.[1409]

Auch aus sekundärrechtlicher Sicht muss ein Verstoß abgelehnt werden. Zwar sind die zusätzlichen Informationspflichten des § 155 VVG als modifizierende Umsetzung zu sehen und somit an der Höchstnormwirkung des Art. 36 Abs. 3 der Richtlinie 2002/83/EG[1410] zu messen. Jedoch stehen sie mit dem vertragswesentlichen Notwendigkeitserfordernis im Einklang.

Die weitergehenden Angaben weisen einen Bezug zu den Vorgaben der Gewinnbeteiligung und der Rückkaufswerte auf. Der Gesetzgeber erkennt ein erhebliches Interesse der Versicherungsnehmer, aufgrund der langen Vertragslaufzeit über die Entwicklung der Ansprüche auf dem Laufenden gehalten zu werden, denn nur dann könne auf unerwartete Entwicklungen reagiert werden.[1411] Die Vorgaben bringen sicherlich eine gewisse Kostenlast mit sich; das

---

1407 Vgl. Reiff, in:Prölss/Martin, § 155 Rn. 1.

1408 Vgl. Verordnungsbegründung, VersR 2008, 186, 191.

1409 Hier kann entsprechend auf obige Ausführungen verwiesen werden, vgl. Pkt. 5.3.5.1.

1410 Bzw. Art. 185 Abs. 7 der Richtlinie 2009/138/EG.

1411 BT-Drcks. 16/3945, S. 97; auch Reiff, ebd.

berechtigte Interesse an den zusätzlichen Informationen ist jedoch nicht von der Hand zu weisen[1412], weshalb die Vorgaben nicht über die Grenze des Erforderlichen hinausgehen.

Für dieses Ergebnis spricht schließlich, dass die Solvency-II Richtlinie in Art. 185 Abs. 5 UA 3 eine dem § 155 VVG entsprechende Richtlinienvorgabe anführt.[1413]

5.3.9. Informationspflichten während des Vertragslaufes - § 6 Abs. 1 VVG-InfoV

Der nationale Gesetzgeber erweitert die Vorgaben der Lebensversicherungsrichtlinie in § 6 Abs. 1 Nr. 2 und 3 VVG-InfoV.[1414]

Ein primärrechtlicher Verstoß gegen die Grundfreiheiten scheitert für die zusätzlichen Angabeverpflichtungen jedenfalls an einem relevanten Marktzugangshindernis.[1415]

Auch ein sekundärrechtlicher Verstoß ist nicht gegeben.

Die leicht modifizierende Umsetzung in § 6 Abs. 1 Nr. 2 VVG-InfoV beruht auf einer Anpassung an Vorgaben der Fernabsatzrichtlinie für Finanzdienstleistungen.[1416] Der vertragswesentliche Aspekt ist damit gegeben. Das Änderungsinteresse ist durch die Lebensversicherungsrichtlinie bereits vorgezeichnet. Ein Informationsinteresse bei Änderungen der inhaltlich an die Fernabsatzrichtlinie angepassten, leicht erweiterten Angaben abzusprechen, überzeugt nicht. Im Gegenteil, die Anpassung dient der Kohärenz. Demnach ist auch von Notwendigkeit auszugehen.

Die ergänzende Angabe nach § 6 Abs. 1 Nr. 3 VVG-InfoV stellt ebenfalls eine modifizierende Umsetzung dar. Die Angabe zur Garantie der Überschussbeteiligung führt konsequenterweise die Vorgaben aus dem neuen § 153 VVG fort und weist einen Bezug zu den Vorgaben in Anhang III Abschnitt B der Richtlinie 2002/83/EG auf. Eine außer Verhältnis stehende Beeinträchtigung ist darin zudem aufgrund des Interesses der Versicherungsnehmer an den Informationen nicht zu erkennen.

1412 Vgl. Nochmals bereits die VVG-Kommission, Abschlussbericht, S. 125.

1413 Im Unterschied zu § 155 VVG fordert die Art. 185 Abs. 5 UA 3 die Unterrichtung nicht in „Textform", sondern „schriftlich". Nach Auffassung des Verfassers unterfällt die Textform aber gleichfalls der europäischen Vorgabe, da der Informationszweck auch so gewahrt bleibt.

1414 Vgl. oben unter Pkt. 3.5.2.3.3.4.

1415 vgl. oben Pkt. 5.3.5.1.

1416 Nochmals die Verordnungsbegründung, VersR 2008, 186, 191.

5.3.10. Produktinformationsblatt - § 4 VVG-InfoV

Das Produktinformationsblatt enthält keine zusätzlichen Informationen, sondern gibt eine zusätzliche Darstellungsform von bedeutenden Informationen vor.

Das Produktinformationsblatt dient dabei dem Versicherungsnehmer als Orientierungshilfe, das Versicherungsprodukt in seinen wesentlichen Punkten vorgeschaltet und besser erfassen zu können. Es bestärkt dadurch die Transparenz[1417] und letztlich auch den Wettbewerb. Es stellt bereits kein relevantes Marktzugangshindernis dar. Selbst wenn, ist eine Rechtfertigung aus genannten Gründen zu bejahen. Ein Verstoß gegen die Grundfreiheiten scheidet damit aus.

Im Hinblick auf die Richtlinienvorgaben handelt sich um eine überschießende Umsetzung, da diese zusätzliche Darstellungsform bislang in den Richtlinien nicht Regelungsgegenstand ist. Dem nationalen Gesetzgeber verbleibt somit ein gesetzgeberischer Freiraum.

5.4. Ergebnis zu Kapitel 5

Die Untersuchung der einzelnen Regelungen im Lichte der europäischen Vorgaben zeigt zunächst, dass der Gesetzgeber nach eigenem Bekunden[1418] und auch auf vielseitigen Hinweis[1419] die europäischen Vorgaben zwar berücksichtigen wollte, eine explizite Rechtfertigung von in den europäischen Wettbewerb eingreifenden Vorgaben dann jedoch äußerst kurz ausfiel oder gänzlich vernachlässigt wurde.[1420]

Letztlich verstoßen daher einige Regelungen des neuen Lebensversicherungsvertragsrechtes gegen europäisches Recht.

Im Einzelnen:

Die starren Regelungen des § 153 Abs. 1 und Abs. 3 Satz 1 und 3 VVG sind mit europäischen Vorgaben vereinbar.

Auch die Anknüpfung an das Deckungskapital bzw. einen vergleichbaren Bezugswert in § 169 Abs. 3. S. 1 VVG verstößt nicht gegen europäische Vorgaben.

Dagegen verletzt die Regelung zum Mindestrückkaufswert nach § 169 Abs. 3 Satz 1 VVG das primärrechtliche Übermaßverbot, da das schonendere Mittel

---

1417 Römer, VersWissStud aaO (Fn. 862), S. 200; siehe oben unter Pkt. 3.5.2.3.3.5.

1418 Vgl. Pkt. 3.5.; BT-Drcks. 16/3945, S. 1.

1419 Vgl. nochmals insbesondere BVerfG, Urteil vom 26.07.2005, Az.: 1 BvR 80/95, NJW 2005, 2376, 2381, dort. Pkt. C. II. 1.; bspw. auch Bultmann, aaO (Fn. 385), S. 248.

1420 Ebenso Herrmann, ebd., Einf. B, S. 98.

der Information zur Verfügung gestanden hätte. § 169 Abs. 3 S. 1 VVG ist folglich europarechtskonform dahin auszulegen, dass die Vorgabe des Mindestrückkaufswertes nur bei intransparenten Verrechnungsklauseln als gesetzliche Angemessenheitsvorgabe zur Anwendung kommt.

Selbiges gilt für die zwingende Angemessenheitsvorgabe bei den Stornokosten nach § 169 Abs. 5 Satz 2 VVG. Auch diese Regelung verstößt gegen das primärrechtliche Übermaßverbot. § 169 Abs. 5 S. 2 VVG ist daher nicht anzuwenden, solange eine angemessene Stornoabzugsregelung getroffen ist.

Die in § 6 VVG normierten Frage-, Beratungs- und Dokumentationspflichten verstoßen jedoch nicht gegen europarechtliche Vorgaben. Gleiches gilt für einen Verzicht auf diese Pflichten.

Die Ausdehnung der Informationspflicht im Massengeschäft unabhängig von Person und Vertriebsweg ist ebenfalls europarechtskonform.

Die gewährte Verzichtsmöglichkeit auf Informationen nach § 7 Abs. 1 Satz 3, 2. Halbsatz VVG verletzt allerdings sekundärrechtliche Mindeststandards. Die nationale Regelung ist jedoch mangels Möglichkeit der richtlinienkonformen Auslegung fortwährend heranzuziehen. Ein betroffener Versicherungsnehmer kann sich insoweit nicht mit Erfolg gegen den Versicherer wenden. Im bleibt gegebenenfalls ein Ersatzanspruch gegen die Bundesrepublik Deutschland.

Die Regelung des § 2 Abs. 1 Nr. 1 der VVG-InfoV ist zu weit gefasst und gerät damit in Konflikt mit der sekundärrechtlichen Höchstnormwirkung nach Art. 36 Abs. 3 der Richtlinie 2002/83/EG. Die Regelung bedarf insoweit einer richtlinienkonformen teleologischen Reduktion.

Europarechtskonform sind schließlich die zusätzlichen Angabepflichten gemäß §§ 154, 155 VVG sowie die Informationspflichten während der Laufzeit des Versicherungsvertrags nach § 6 Abs. 1 VVG-InfoV. Der Verpflichtung gemäß § 4 VVG-InfoV, Verbrauchern ein sog. Produktinformationsblatt zu überlassen, stehen europäischen Vorgaben ebenfalls nicht entgegen.

6. Kapitel – Vergleich mit der Rechtslage im Mitgliedsstaat Österreich

Im Folgenden soll noch ein kurzer Blick auf die derzeitige Rechtslage im Mitgliedsstaat Österreich geworfen werden.[1421]

Etwaige unterschiedliche Regelungen können dabei zum einen eine konkrete Veranschaulichung für bestehende Marktzugangshindernisse bieten.

Zum anderen stützen sich zahlreiche Betrachtungen der Bearbeitung auf Richtlinienvorgaben. Um den konkreten Regelungsgehalt einer Richtlinienvorgabe zu ermitteln, bedarf es bekanntlich einer Auslegung, welcher stets ein Auslegungsrisiko innewohnt.[1422] Im Rahmen der Auslegung von europäischem Sekundärrecht ist auch einer europäisch-rechtsvergleichenden Auslegung, Wirkung beizumessen.[1423] Zwar kann an dieser Stelle kein Vergleich mit den Regelungen sämtlicher Mitgliedsstaaten erfolgen. Jedoch kann der Blick auf das Nachbarland Österreich einen Anhaltspunkt für die Auslegung und die Harmonisierung des Lebensversicherungsrechts im Binnenmarkt geben, zumal aus historischer Sicht eine gemeinsame Rechtstradition hinsichtlich des Versicherungsvertragsrechts besteht.

6.1. Historische Verknüpfung des österreichischen und deutschen Versicherungsrechts

Mit dem sog. Anschluss Österreichs an Deutschland im Jahre 1938[1424] fand das deutsche Versicherungsvertragsrechtsgesetzbuch von 1908 auch in Österreich Anwendung. Nach Wiedererlangung der Unabhängigkeit kam es dann im Jahre 1958 zum Erlass eines eigenen österreichischen Versicherungsvertragsgesetzes,

1421 Eine Auseinandersetzung mit etwaigen Entwicklungen im österreichischen Recht soll an dieser Stelle nicht erfolgen. Natürlich ist auch Österreich bspw. zur Umsetzung der Solvency-II Richtlinie verpflichtet.

1422 Vgl. oben unter Pkt. 4.1.2.5.3.

1423 Vgl. Herrmann, aaO (Fn. 17), S. 664; Henkel, Inhaltskontrolle von Finanzprodukten nach der Richtlinie 93/13/EWG des Rates über mißbräuchliche Klauseln in Verbraucherverträgen, 2004, S. 10 ff.

1424 Nach dem Einmarsch deutscher SS- und Wehrmachtseinheiten am 12.03.1938 in Österreich erfolgte am 13.03.1938 die Verabschiedung des Gesetzes über die Wiedervereinigung Österreichs mit dem Deutschen Reich. Dies wird als sog. Anschluss Österreichs bezeichnet.

welches jedoch ganz überwiegend dem deutschen Recht ähnelte.[1425] In der Folgezeit brachten vereinzelt abweichende Judikate unterschiedliche Rechtsentwicklungen mit sich. Vor allem die gesetzgeberische Tätigkeit trug aber letztlich im Hinblick auf die Umsetzung der dritten Versicherungsrichtliniengeneration[1426] und mit neueren Reformbestrebungen zu deutlicheren Unterschieden der Versicherungsvertragsrechte bei. Nach Ansicht *Schauers*[1427] sind die Versicherungsvertragsrechte von Österreich und Deutschland schließlich durch die deutsche VVG-Reform seit 01.01.2008 materiell getrennt.

6.2. vertragsrechtliche Vorgaben zur Überschussbeteiligung

Eine dem § 153 VVG vergleichbare vertragsrechtliche Vorschrift zur Überschussbeteiligung kennt das österreichische Versicherungsvertragsgesetz nicht. Regelungen zur Gewinnbeteiligung finden sich vielmehr ausschließlich im österreichischen Aufsichtsrecht wieder.[1428]

So regelt § 18 Abs. 4 Satz 1 österreichisches VAG für überschussberechtigte Lebensversicherungsverträge, dass den Versicherungsnehmern ein angemessener Teil an den Überschüssen zu Gute kommen muss. Hinzu tritt eine Verordnungskompetenz nach Absatz 4 Satz 2, wonach die Finanzmarktaufsichtsbehörde (FMA) als zuständige Versicherungsaufsicht im Rahmen einer Verordnung Regelungen zur Höhe der Gewinnbeteiligung unter Bedachtnahme der jeweiligen Bemessungsgrundlagen sowie zugehörige Informationen für die Versicherungsnehmer vorgeben kann. Von dieser Kompetenz wurde durch die Verordnung der FMA über die Gewinnbeteiligung in der Lebensversicherung (GBVVU) Gebrauch gemacht.[1429] So regelt z.B. § 5 der GBVVU, dass die Gewinne verursachungsgerecht auf die Gewinn- und Abrechnungsverbände aufzuteilen wären. Gemäß § 3 der GBVVU sind in die Bemessungsgrundlagen für die angemessene Beteiligung an den Überschüssen nach § 18 Abs. 4 S. 1 österreichisches VAG, die Bewertungsreserven nicht mit einzubeziehen.

1425 Schauer, VersWissStud. 2009, Bd. 35, S. 175.

1426 Die Mitgliedsstaaten haben mittlerweile sämtlich die Lebensversicherungsrichtlinien umgesetzt. Vgl. Herrmann, aaO (Fn. 22), Einf. B., S. 91.

1427 Ebd.

1428 Gleiches galt bekanntlich für die alte Rechtslage im Versicherungsrecht in Deutschland.

1429 Vgl. österreichisches BGBl. II Nr. 398/2006, zuletzt geändert BGBl. II Nr. 88/2009. Abrufbar unter: „www.ris.bka.gv.at“.

Der Vergleich mit der Rechtslage in Deutschland weist daher einen ersten evidenten Unterschied auf.

Für in den österreichischen Versicherungsmarkt eintretende EU-Versicherer enthält das grundsätzlich anzuwendende österreichische Vertragsrecht hinsichtlich der Überschussbeteiligung keine weiteren zu berücksichtigenden Regelungen. Den aufsichtsrechtlichen Vorgaben eines Mitgliedsstaates unterliegen EU-Versicherer anderer Mitgliedsstaaten dagegen grundsätzlich nicht.[1430] Diese wären primär nur an die aufsichtsrechtlichen Vorgaben ihres Herkunftslandes gebundenen und müssen hinsichtlich der Überschussbeteiligung dem Grunde nach ihre aus dem Sitzland gewohnten Tarife nicht anpassen.[1431]

Ein österreichischer Lebensversicherer müsste dagegen bei Eintritt in den deutschen Lebensversicherungsmarkt seine Lebensversicherungsprodukte wesentlich umstellen.[1432] Denn in Deutschland ist bei Abschluss eines Lebensversicherungsvertrages § 153 VVG zu berücksichtigen, wonach der Versicherungsnehmer insbesondere auch an den Bewertungsreserven zu beteiligen ist. Die Umstellung bzw. Neukreierung eines Produkts stellt ein relevantes Wettbewerbshindernis dar.[1433]

6.3. vertragsrechtliche Vorgaben zu den Rückkaufswerten

Eine Regelung zum Rückkaufswert findet sich in § 176 österreichisches VersVG.

Die Regelungen des § 176 Abs. 1 bis Abs. 4 des österreichischen VersVG sind identisch mit den Regelungen des § 176 VVG a.F in Deutschland.[1434]

1430 Vgl. nochmals oben unter Pkt. 1. und insbesondere unter Pkt. 4.1.2.5.2.1.2.7.

1431 Allgemein spricht, wie bereits an anderer Stelle ausgeführt, vgl. Pkt. 5.1.1.3., einiges bei der Frage der angemessenen Beteiligung an den Überschüssen für eine Lösung über das Aufsichtsrecht, da dies wettbewerbsfreundlicher ist. Ein hinreichender Schutz kann z.B. über eine repressive Aufsicht erfolgen.

1432 Dies gilt natürlich für den Regelfall, dass der Vertrag mit einem nur die deutsche Staatsangehörigkeit besitzenden und seinen gewöhnlichen Aufenthalt in Deutschland habenden Versicherungsnehmer geschlossen wird.

1433 Dies allein wenn man berücksichtigt, dass Gewinnverbände gebildet werden müssen. Der österreichische Lebensversicherer kann nicht mit seinen „einheimischen" Erfolgsprodukten auf den deutschen Binnenmarkt treten.

1434 Vgl. Insoweit kann auf die oben zur Reform herausgearbeiteten Anmerkungen verwiesen werden, Pkt. 3.5.2.2. Der Anwendungsbereich der österreichischen Vorschrift ist demnach von der neuen Regelung des § 169 VVG zu unterscheiden. Insbesondere die Problematik der Zeitwertbestimmung bei gemischten

Ergänzend hinzu treten die Absätze 2a und 2b des § 176 österreichisches VersVG. Danach soll bei der Berechnung des Rückkaufswertes eines Vertrages, der von einem Versicherungsvermittler (§ 137 Abs. 1 österreichischer GewO 1994) vermittelt wurde, der zum Zeitpunkt des Versicherungsvertrages nicht in das Register eingetragen war, die Provision keine Berücksichtigung finden.[1435] Für Versicherungsvermittler begründet die Vorgabe des Art. 3 der Richtlinie 2002/92/EG über die Versicherungsvermittlung eine Eintragungspflicht in entsprechende Register, welche sowohl in Österreich als auch in Deutschland als gewerberechtliche Pflicht in den jeweiligen Gewerbeordnungen umgesetzt worden ist.[1436] Durch das Verbot der Berücksichtigung von Provisionen bei der Berechnung des Rückkaufswertes für den Fall, dass der Vermittler nicht in das Vermittlerregister eingetragen ist, wird die gewerberechtliche Pflicht auf vertragsrechtlicher Ebene bestärkt.

Nach Auffassung des Verfassers erscheint die Notwendigkeit einer solchen vertragsrechtlich zwingenden Vorgabe jedoch fraglich. Eine Information über den Registerstatus und den Sinn und Zweck der Registereintragung dürften dem Schutze des Versicherungsnehmers hinreichend Rechnung tragen. Die Durchsetzung gewerberechtlicher Erfordernisse wäre nach hiesigem Dafürhalten anderweitig zu besorgen.[1437]

Nach § 176 Abs. 5 S. 1 österreichisches VersVG dürfen seit dem VersRÄG 2006[1438] bei einer kapitalbildenden Lebensversicherung vor dem Ablauf von fünf Jahren oder einer vereinbarten kürzeren Laufzeit bei der Berechnung des Rückkaufswertes die rechnungsmäßig einmaligen Abschlusskosten höchstens mit jenem Anteil berücksichtigt werden, der dem Verhältnis zwischen der tatsächlichen Laufzeit und dem Zeitraum von fünf Jahren oder der vereinbarten kürzeren Laufzeit entspricht. Selbiges soll nach Satz 2 bei der Umwandlung in eine prämienfreie Versicherung gelten.

Der österreichische Gesetzgeber will mit der Vorgabe die Probleme bei der Verrechnung der einmaligen Verwaltungs- und Vertriebskosten durch eine

---

Kapitallebensversicherungen ergibt sich nach der Rechtslage in Österreich fortwährend. Auch ein Stornoabzug kann in Österreich weiterhin umfassender erfolgen.

1435 Vgl. § 176 Abs. 2a VersG, entsprechend für die Berechnung einer prämienfreien Versicherung Abs. 2b.

1436 Vgl. § 11a der deutschen GewO und § 365c der österreichischen GewO.

1437 Eine vertiefte Auseinandersetzung kann an dieser Stelle nicht weiter erfolgen.

1438 Vgl. 1428 der Beilagen zu den Stenographischen Protokollen des Nationalrates XXII. GP, S. 1.

klare Regelung interessengerecht entschärfen.[1439] Der Rückkaufswert soll sich für den Versicherungsnehmer damit erhöhen. Alternative Lösungen, wie die Aufteilung der Abschlusskosten auf einen längeren Zeitraum, erschienen dem österreichischen Gesetzgeber problematisch. Gleichfalls etwa die Möglichkeit, den Rückkaufswert mit festen Beträgen festzulegen. Auch ein Verbot der Überwälzung der Abschlusskosten wäre nicht sinnvoll. Ein Widerspruch zu europäischen Vorgaben wird nicht angenommen.[1440] Die Festlegung einer Untergrenze, entsprechend dem Vorschlag der deutschen Reformkommission, hält der österreichische Gesetzgeber für nicht geboten, da die Berechnungsvorgabe hinreichenden Schutz biete, eine Mindestschwelle durch die dann nötige Parallelrechnung weitere Kosten für die Versicherer bedeute und auch höhere Deckungsrückstellungen benötigt würden.[1441]

Auch eine Informationslösung lehnt der österreichische Gesetzgeber unter Verweis auf die Entscheidung des EuGH vom 05.03.2002[1442] ab, da nicht auf die Nachteile der Beendigung eines Lebensversicherungsvertrages hingewiesen werden dürfe.[1443]

1439 1428 der Beilagen XVII. GP, Begründung der Regierungsvorlage des VersRÄG 2006, S. 1.

1440 Ebd., S. 1, 3 ff.; Die Begründung versteht unter dem Begriff der Abschlusskosten diejenigen Abschlussaufwendungen, die bei der Ermittlung der Deckungsrückstellung berücksichtigt werden und in den versicherungsmathematischen Grundlagen des Geschäftsplanes enthalten sind, S. 7. Ortmann, aaO (Fn. 32), § 169 Rn. 58, der wohl auch für § 176 österreichisches VersG die Abschlusskosten von den Vertriebs- und Verwaltungskosten differenziert, erkennt in der Lösung des österreichischen Gesetzgebers eine im Vergleich zur Lösung in § 169 Abs. 3 S. 1 VVG klarere Vorgabe.

1441 Ebd., S. 4.

1442 Rechtssache C-386/00 „AXA/Ochoa", hierzu oben unter Pkt. 4.1.2.5.2.1.2.1.

1443 Eine Informationslösung wurde von Vertretern der Versicherungsvermittler präferiert. Die in Deutschland breit diskutierte Frage der Transparenz von sog. Zillmerungsklauseln griff in Österreich der Verein für Konsumenteninformation auf und ging in insgesamt zehn Verfahren vor den Obersten Gerichtshof. In der Zeit von Januar 2007 bis Januar 2008 stellte der OGH in sämtlichen Verfahren die Intransparenz der in Rede stehende Klauseln fest. Vgl. hierzu Schauer, ebd., S. 176 mit entsprechenden Verweisen auf die OGH-Entscheidungen. Der Gerichtshof ließ den bloßen Verweis auf einen Tarif in den Klauseln für eine gebotene Transparenz nicht ausreichen, da der Verweis auf eine „Rahmenbedingung" nur unverständlich bleiben könne. Ein derartiger Verweis vermittle lediglich ein unklares Bild vom Vertrag, da bspw. Stornogebühren verborgen blieben. Eine hinreichende Klarheit und Verständlichkeit könne nur angenommen werden, wenn

Der Vergleich zur Rechtslage in Deutschland nach der VVG-Reform zeigt eine andere aber ähnliche und ebenfalls in das Vertragsverhältnis zwingend eingreifende Vorgabe.[1444] Es liegt auf der Hand, dass sowohl auf den österreichischen Markt eintretende Versicherer als auch österreichische Versicherer, die auf den deutschen Lebensversicherungsmarkt streben, ihre Produkte an die jeweiligen vertragsrechtlichen Mindestrückkaufswertvorgaben mit der zugehörigen Bildung von Rückstellungen anpassen müssen. Auch insoweit zeigt sich zum einen, dass Mitgliedsstaaten, selbst mit ähnlicher Intention, den Wettbewerb behindernde einzelstaatliche Lösungen beibringen. Zum anderen wäre es nach hiesiger Auffassung auch für die Frage des angemessenen Rückkaufswertes wesentlich wettbewerbsfreundlicher, sofern nicht ohnehin eine Lösung ausschließlich über transparente Informationen gesucht wird, über das Aufsichtsrecht zu gehen, selbst und gerade bei Verwirklichung der vorliegend von den nationalstaatlichen Gesetzgebern angestrebten Ziele.[1445]

Darüber hinaus erscheint die Begründung des österreichischen Gesetzgebers, eine Lösung über Informationen zu Verrechnungsklauseln nach den Vorgaben des EuGH nicht herbeiführen zu können, doch fragwürdig. Das Verständnis des österreichischen Gesetzgebers zur Rechtsprechung des EuGH geht hier nach Ansicht des Verfassers fehl, denn auf die Konsequenzen einer Vertragsbeendigung darf natürlich hingewiesen werden. Eben nur nicht irreführend pauschal.[1446]

Eine mit § 176 Abs. 5 des österreichischen VersVG korrespondierende Regelung enthält § 176 Abs. 6 des österreichischen VersVG. Danach wird der Anspruch des Vermittlers auf Provision dem in Abs. 5 vorgegebenen Verhältnis angepasst.[1447] Anderweitige Vereinbarungen werden für unwirksam erklärt. Zuviel gezahlte Provisionen muss der Vermittler nach § 176 Abs. 6 Satz 3 VersVG dem Versicherer zurückerstatten.

---

dem Versicherungsnehmer der betreffende Tarif offen gelegt würde. Vgl. OGH, Urteil vom 17.01.2007, Az.:7 Ob 131/06z. Dem Versicherungsnehmer sei nämlich die Gesamtkostenbelastung offen zu legen. Vgl. OGH, Urteil vom 09.05.2007, Az.: 7 Ob 23/07v.

1444 Die Ähnlichkeit bestätigend auch Schauer, ebd., S. 180.

1445 Nochmals, die aufsichtsrechtliche Lösung würde zwar zunächst „nur" die Versicherer des eigenen Landes betreffen. Aber es kommt freilich die bereits angesprochene Möglichkeit der repressiven Aufsicht in Betracht.

1446 Siehe oben unter Pkt. 4.1.2.5.2.1.2.2.; in die gleiche Richtung zu Altfällen auch der OGH, vgl. Urteil vom 17.01.2007, Az.: 7 Ob 131/06z; hierauf Bezug nehmend auch Schauer, ebd., S. 179. Die Regelung lässt zudem offen, wie bei Produkten mit nur endfälligen Garantien zu verfahren ist.

1447 Vgl. auch Ortmann, ebd., § 169 Rn. 58; Schauer, ebd., S. 180 f.

Eine derartige Regelung kennt das deutsche Versicherungsvertragsrecht nicht. Zwar zielen auch die deutschen Reformbestrebungen auf eine Veränderung des Provisionssystems ab.[1448] Weshalb der österreichische Gesetzgeber hier im Verhältnis zwischen Vermittler und Versicherer eine Regulierung vornimmt, ist jedoch fraglich.[1449] So kann dem vorgegebenen Interesse, verschiedenen Fehlanreizen entgegen zu wirken[1450], freilich dem Grunde nach beigepflichtet werden. Der Markteintritt EU-ausländischer Versicherer und Vermittler wird durch diese zwingende Vorgabe aber unnötig erschwert, da Vermittler anderer EU-Staaten sich auf eine geschwächte Position einstellen müssen und ausländische Versicherer gute Vermittler nicht mit höheren Provisionsanreizen ohne weiteres für sich gewinnen können.[1451]

6.4. Beratungs- und Informationspflichten

Eine den allgemeinen Informations- und Beratungspflichten für Versicherer nach den §§ 6 und 7 VVG i.V.m. der VVG-InfoV vergleichbare vertragsrechtliche Regelung kennt das österreichische VersVG nicht.[1452] Dem früheren § 5 a VVG[1453] ähnelt jedoch die Vorgabe in § 5b Abs. 2 Nr. 3 österreichisches VersVG. Danach steht einem Versicherungsnehmer ein zweiwöchiges Rücktrittsrecht insbesondere für den Fall zu, dass der Versicherungsnehmer die Mitteilungen nach §§ 9a und 18b des österreichischen VAG und, sofern die Vermittlung durch einen Versicherungsvermittler in der Form „Versicherungsagent" erfolgte, die in

1448 Vgl. oben unter Pkt. 3.5.2.2.3.1.

1449 Gleichfalls kritisch Schauer, ebd.

1450 Vgl. 1428 der Beilagen XXII.GB, S. 8.

1451 Der Europarechtskonformität kann an dieser Stelle jedoch nicht weiter nachgegangen werden.

1452 Da das österreichische Versicherungsvertragsrecht wie gezeigt, Pkt. 6.2., keine vertragsrechtliche Regelung zur Überschussbeteiligung kennt, finden sich auch keine dem deutschen Versicherungsvertragsrecht vergleichbaren speziellen Informationsregelungen zur Überschussbeteiligung, wie die Modellrechnung und die jährliche Unterrichtung im VersVG. Eine jährliche Unterrichtungspflicht über die Gewinnbeteiligung ergibt sich jedoch aufsichtsrechtlich nach § 7 GBVVU i.V.m. § 18 b Abs. 2 österreichisches VAG.

1453 Zu dieser viel diskutierten Regelung und dem sog. Policenmodell bereits oben unter Pkt. 3.5.2.3.1.2.

den §§ 137f Abs. 7 bis 8 und 137g GewO 1994 unter Beachtung des § 137h GewO 1994 vorgesehenen Mitteilungen nicht erhalten hat.[1454]

Der nach deutschem Recht weitestgehend eingeführte Gleichlauf der Informations- und Beratungspflichten von Versicherer und Vermittler besteht in Österreich nicht. Die Pflichten für die Versicherer sind, vergleichbar mit der früheren deutschen Rechtslage zu § 10a VAG[1455], im Aufsichtsrecht normiert.[1456]

Demgegenüber können Gemeinsamkeiten in der Transparenzrechtsprechung der jeweiligen Obergerichte festgestellt werden.[1457] Allerdings verlangt der OGH über die Anforderungen der deutschen Rechtsprechung hinausgehend für eine hinreichende Klarheit und Verständlichkeit von Verrechnungsklauseln die Offenlegung des Tarifs.[1458] Dem steht nach hier vertretener Auffassung das Geheimhaltungsinteresse des Versicherers entgegen. Zudem erscheint es fraglich, ob eine derart komplexe Information dem Versicherungsnehmer überhaupt verständlich wäre. Dies ist, gemessen am durchschnittlichen Versicherungsnehmer, zu verneinen. Insoweit darf auf obige Ausführungen verwiesen werden.[1459]

Nach hiesigem Dafürhalten sind etwaige Mitteilungspflichten vorzugswürdig zivilrechtlich auszugestalten.[1460] Dennoch soll ein kurzer Blick auf das österreichische Pflichtenprogramm des Aufsichtsrechts geworfen werden.[1461]

Die Regelung des § 18b österreichisches VAG gibt, vergleichbar mit der Regelung des § 2 VVG-InfoV in Deutschland, Informationspflichten speziell für Lebensversicherungsverträge vor. Hinzu kommt, dass die FMA die allgemein

---

1454 Auf die Pflichten der Vermittler nach §§ 137 f, 137g österreichische GewO im Vergleich zu den §§ 59 ff. VVG soll an dieser Stelle nicht weiter eingegangen werden.

1455 Siehe hierzu oben unter Pkt. 4.1.1.2.3.4.

1456 In Österreich ist die Finanzmarktaufsichtsbehörde (FMA) seit dem 1. April 2002 als unabhängige Behörde tätig und übt im Rahmen des Finanzmarktaufsichtsbehördengesetz (FMABG) die Aufsicht über die Banken, die Versicherungen, die Pensionskassen und die Börse aus.

1457 Ortmann, ebd., Vorbem. §§ 150-171 VVG, Rn. 103.m.w.N.; vgl. bereits oben Pkt. 3.4. und Pkt. 6.3.

1458 OGH, Urteil vom 17.01.2007, Az.: 7 Ob 131/06z, dort S. 8; vgl. auch Schauer, ebd., S. 178.

1459 Siehe oben unter Pkt. 3.5.3.

1460 Nochmals oben unter Pkt. 4.1.1.2.3.3.

1461 Die Vorgaben des § 9a österreichisches VAG enthalten lediglich allgemeine nicht produktspezifische Mitteilungspflichten und finden daher vorliegend nicht weiter Berücksichtigung.

gehaltenen Informationspflichten in den sog. „Mindeststandards für die Informationspflichten in der Lebensversicherung" ausgelegt und näher konkretisiert hat.[1462]

Nach § 18b Abs. 1 österreichisches VAG ist der Versicherungsnehmer bei Abschluss eines Versicherungsvertrages über ein im Inland belegenes Risiko vor Abgabe seiner Vertragserklärung zusätzlich zu den Informationspflichten gemäß § 9a schriftlich zu informieren über

1. die Leistungen des Versicherers und die dem Versicherungsnehmer hinsichtlich dieser Leistungen zustehenden Wahlmöglichkeiten[1463],
2. die Voraussetzungen, unter denen der Versicherungsvertrag endet[1464],
3. die Grundsätze für die Berechnung der Gewinnbeteiligung[1465],
4. die Rückkaufswerte und die beitragsfreien Versicherungsleistungen[1466],
5. die Prämienanteile für die Hauptleistung und für Nebenleistungen[1467],
6. die Kapitalanlagefonds, an denen die Anteilsrechte bestehen, und die Art der darin enthaltenen Vermögenswerte in der fondsgebundenen Lebensversicherung[1468],
7. die Art der Kapitalanlage, den Bezugswert und die grundlegenden Faktoren, welche zur Berechnung der Versicherungsleistung herangezogen werden, in der indexgebundenen Lebensversicherung,
8. die Art der Kapitalanlage, die vereinbarte Veranlagungsstrategie sowie die Voraussetzungen einer Änderung der Veranlagungsstrategie in der kapitalanlageorientierten Lebensversicherung[1469],

---

1462 Vgl. auch 1428 der Beilagen XXII. GP, S. 10. Für die Vorgabe solcher Standards spricht, dass die Aufsichtsbehörde richtungsweisend auch auf neue Produktentwicklungen eingehen kann. Andererseits ist die Verbindlichkeit derartiger Vorgaben natürlich fraglich, insbesondere für EU-ausländische Versicherer.

1463 Eine mit dieser allgemein gehaltenen Vorschrift korrespondierende Vorschrift findet sich im deutschen Recht nicht.

1464 Dem entspricht § 1 Abs. 1 Nr. 15 der VVG-InfoV.

1465 Vgl. § 2 Abs. 1 Nr. 3 VVG-InfoV.

1466 Vgl. § 2 Abs. 1 Nr. 3 und 4 VVG-InfoV, wobei das deutsche Recht darüber hinaus eine ergänzende Angabe zu den jeweiligen Garantiewerten fordert, § 2 Abs. 1 Nr. 6 VVG-InfoV.

1467 Vgl. § 2 Abs. 1 Nr. 1 und 2 VVG-InfoV.

1468 Vgl. § 2 Abs. 1 Nr. 7 VVG-InfoV.

1469 Die Informationspflichten nach den Ziff. 7 und 8 finden sich in dieser Form nicht in der VVG-InfoV.

9. die für die Versicherung geltenden abgabenrechtlichen Vorschriften, wobei deutlich darauf hinzuweisen ist, dass die jeweilige abgabenrechtliche Behandlung von den persönlichen Verhältnissen des Kunden abhängt und künftigen Änderungen unterworfen sein kann,[1470]
10. bestehende Sicherungssysteme und deren Zugangsmöglichkeiten[1471].

Der Blick auf die einzelnen Informationspflichten zeigt eine sich zwar an den Richtlinienvorgaben nach Art. 36 der Richtlinie 2002/83/EG i.V.m. dem zugehörigen Anhang III[1472] anlehnende, über diese Vorgaben aber teilweise hinausgehende Umsetzung[1473], welche sich ebenso von der überschießenden Umsetzung des deutschen Gesetzgebers in §§ 2 und 6 VVG-InfoV unterscheidet. So enthalten die österreichischen Vorgaben keine vergleichbar differenzierende Kostenklausel entsprechend § 2 Abs. 1 Nr. 1 und 2 der VVG-InfoV. Andererseits sind beispielsweise in § 18b Abs. 1 Ziff. 8 österreichisches VAG Informationen zur Art der Kapitalanlage, zur Veranlagungsstrategie sowie zu den Voraussetzungen einer Änderung der Strategie zu machen. Ob dies gleichfalls in § 2 Abs. 1 Nr. 3 VVG-InfoV hineinzulesen ist, bleibt fraglich.[1474]

§ 18b Abs. 2 österreichisches VAG regelt die Informationspflichten während der Laufzeit des Versicherungsvertrages. Danach ist der Versicherungsnehmer schriftlich zu informieren

1. über Änderungen der Angaben gemäß Abs. 1 Z 1 bis 6 und 8, in der fondsgebundenen Lebensversicherung ferner über eine wesentliche Änderung der Klassifizierung des Risikos eines Kapitalanlagefonds durch das Versicherungsunternehmen,
2. jährlich über den Stand einer erworbenen Gewinnbeteiligung in Verbindung mit den Angaben gemäß § 81n Abs. 2 Z 20, in der fondsgebundenen Lebensversicherung über den Wert der dem Versicherungsnehmer zugeordneten Fondsanteile, in der indexgebundenen Lebensversicherung über die

1470 Vgl. § 2 Abs. 1 Nr. 8 VVG-InfoV.

1471 Vgl. § 1 Abs. 1 Nr. 4 und 19 VVG-InfoV.

1472 Mit der Solvency-II Richtlinie in Art. 185 vorgegeben.

1473 Eine ausführliche europarechtliche Auseinandersetzung kann an dieser Stelle natürlich nicht für die österreichischen Vorschriften erfolgen. Insoweit kann aber auf die obigen Ausführungen Bezug genommen werden. Die erste Frage wäre dann freilich, inwieweit die im österreichischen Aufsichtsrecht normierten Informationspflichten von Versicherern anderer EU-Staaten überhaupt zu berücksichtigen sind.

1474 Vgl. nochmals Pkt. 3.5.2.3.3.3.1.

Wertentwicklung des Bezugswertes des Versicherungsvertrages sowie in der kapitalanlageorientierten Lebensversicherung über den Stand der zugeteilten Gewinnbeteiligung und über die Zusammensetzung der Kapitalanlagen.

Auch hier sind Unterschiede zur deutschen Rechtslage ersichtlich. Die Pflicht zur jährlichen Unterrichtung ist in Österreich konsequenterweise aufsichtsrechtlich ausgestaltet.

Absatz 3 verlangt dann noch mit einem Verweis auf die Regelungen des § 9a Abs. 3 und 6 für die Informationspflichten nach den Absätzen 1 und 2 eine Aussage zur spätest möglichen Mitteilung und der anzuwendenden Sprache. Absatz 4 des § 18b VAG fordert, dass alle Informationen, die Versicherungsunternehmen an Versicherungsnehmer richten oder so verbreiten, dass diese Personen wahrscheinlich von ihnen Kenntnis erlangen, redlich und eindeutig sein müssen und nicht irreführend sein dürfen. Zudem darf in allen diesen Informationen der Name einer Aufsichtsbehörde nicht in einer Weise genannt werden, die andeutet oder nahe legt, dass die Produkte oder Dienstleistungen des Versicherungsunternehmens von dieser Aufsichtsbehörde genehmigt werden.

Eine Pflicht zur Angaben bestimmter Werte in Euro, einer Modellrechnung oder die Vorgabe eines Produktinformationsblattes sind bislang nicht normiert.

Auch bei Betrachtung der umzusetzenden Informationsvorgaben zeigen sich Unterschiede einerseits hinsichtlich der rechtlichen Ausgestaltung als öffentlich-rechtliche oder privatrechtliche Regelung. Andererseits auch im Hinblick auf den Konkretisierungsgrad und für zusätzlich als notwendig erachtete Vorgaben. Dies ist letztlich den mitgliedsstaatlichen Umsetzungsspielräumen und der bisher noch dem Grunde nach vorherrschenden Minimalharmonisierung (mit Höchstnormwirkung) geschuldet und verwundert daher wenig. Für die Wettbewerber auf dem Binnenmarkt wird damit jedoch keine relevante Marktzugangsbehinderung verbunden sein, da Unterschiede bei den Informationsvorgaben aufgrund der anerkannten unterschiedlichen Rechtsordnungen der Mitgliedsstaaten keineswegs überraschend und mit überschaubarem Aufwand auch zu bewältigen sind. Es stellt sich jedoch die Frage, welche Auswirkungen die individualstaatliche Ausgestaltung hinsichtlich der Informationsvorgaben auf den jeweiligen Transparenzmaßstab zeitigen.[1475]

1475 Dem kann an dieser Stelle nicht weiter nachgegangen werden.

6.5. Ergebnis des Vergleichs

Der Vergleich mit der Rechtslage zur Lebensversicherung in Österreich zeigt beträchtliche vertragsrechtliche Unterschiede auf und bestätigt den Verdacht, dass die nationalen Gesetzgeber mit unterschiedlichen nationalen Vorschriften, welche teilweise zwar auf ähnlichen Interessen beruhen, aber in ihrer Ausgestaltung andere Anforderungen an die am Markt teilnehmenden Anbieter stellen, den grenzüberschreitenden Wettbewerb nicht bestärken.

Den Marktzugang behindernd wirken vor allem die zwingenden vertragsrechtlichen Vorgaben zum Rückkaufswert und die deutsche Vorgabe zur Überschussbeteiligung. Insoweit fehlen in diesem Bereich auch harmonisierende Vorgaben. Die europäischen Richtlinienvorgaben zum Informationskonzept belassen den Mitgliedsstaaten bisher einen Umsetzungsspielraum, was erwartungsgemäß auch zu im Detail unterschiedlichen Vorgaben in den verglichenen Mitgliedsstaaten führt. Unterschiedliche Informationspflichten und strengere oder weniger strengere Judikate zu den Transparenzanforderungen eröffnen dem einzelnen Versicherungsnehmer hier eine „starke" oder eine „schwache" Rechtsposition.

Eine Grenzziehung für zusätzliche Informationen weisen sowohl der deutsche als auch der österreichische Gesetzgeber jeweils großzügig von sich. Andererseits wird für zwingende produktgestaltende Vorgaben eine vorrangige den Wettbewerb schonende Möglichkeit einer Informationslösung teils überhaupt nicht erkannt, teils ohne vertiefte Begründung zurückgewiesen.

Im Ergebnis lässt sich aus der vergleichenden Betrachtung der Rechtslagen das fortwährende Bestehen von beträchtlichen unterschiedlichen normativen Marktbedingungen erkennen.

Für die Auslegung der Richtlinienbestimmungen unter dem Blickwinkel der Höchstnormwirkung kann festgehalten werden, dass die Mitgliedsstaaten Deutschland und Österreich – entgegen der hiesigen Auffassung – von eher theoretischen Bindungswirkungen für Markteingriffe ausgehen. Freilich bedürfte es eines Rechtsvergleichs mit weiteren Mitgliedsstaaten, um einen zusätzlichen Anhaltspunkt für die Richtlinienauslegung zu erhalten. Allerdings bezweifelt der Verfasser eine andere Tendenz in den übrigen Mitgliedsstaaten.

Auch unter Berücksichtigung der noch nicht harmonisierten Bereiche muss für das bisherige Richtlinienkonzept die Vermutung aufgestellt werden, dass zwischen den Mitgliedsstaaten erhebliche Unterschiede im komplexen Lebensversicherungsvertragsrecht bestehen, was sich auch fortwährend im zwar gewünschten aber weitestgehend ausbleibenden Wettbewerb der Anbieter wieder spiegelt.

7. Kapitel - Gesamtergebnis und Abschlussbemerkung

7.1. Gesamtergebnis

7.1.1. Unter dem Begriff der Lebensversicherung ist weiterhin ein Rechtsprodukt zu verstehen, welches verschiedenste Facetten aufweist. Zahlreiche Unter- bzw. Mischformen bestehen, wobei zukünftige Entwicklungen natürlich auch neue Lebensversicherungsprodukte/-unterformen erwarten lassen (Pkt. 3.2.1.6.).

Ein Lebensversicherungsvertrag ist seiner Rechtsnatur nach auch nach der VVG-Reform als einheitlicher gegenseitiger Vertrag eigener versicherungsvertragsrechtlicher Art (mit flexiblen Kern) zu bewerten. Insbesondere die neuen Regelungen gemäß §§ 153 und 169 VVG unterstreichen die besondere versicherungsvertragliche Eigenart, bilden für die Einordnung jedoch kein zwingendes Erfordernis (Pkt. 3.2.3.6.).

7.1.2. Die europäischen Harmonisierungsbestrebungen im Versicherungsrecht besitzen ohne Zweifel erheblichen Einfluss auf das Versicherungswesen. Die eröffnete Produktgestaltungs- und Bedingungsfreiheit bezweckt einen Wettbewerb nicht nur über Preise, sondern gleichfalls um das für den Einzelnen am besten zugeschnittene Versicherungsprodukt.

Eine fortschreitende Harmonisierung wird den nationalen Gesetzgeber zudem immer wieder vor neue Aufgaben stellen, wobei die bisherige Regelungstechnik einzelner Richtlinien kritisch betrachtet werden muss (Pkt. 3.3.5.).

7.1.3.1. Die Vorgaben der Rechtsprechung, insbesondere die Entscheidungen des Bundesverfassungsgerichtes vom 26.07.2005 weisen auf grundsätzliche Schutzdefizite zu Lasten des Versicherungsnehmers im Rahmen der Überschussbeteiligung hin, mithin auf eine Beeinträchtigung von verfassungsrechtlich geschützten Positionen des Einzelnen nach Art. 2 Absatz 1, 14 Absatz 1 Grundgesetz. Es gilt deshalb sowohl intransparente Querverrechnungen zu begrenzen als auch eine angemessene Partizipation an gebildeten stillen Reserven zu gewährleisten. Das Bundesverfassungsgericht erkennt hierfür verschiedene Lösungswege zur Beseitigung der Defizite (Pkt. 3.4.3.1.).

7.1.3.2.1. Die Rechtssprechungsvorgaben zur Transparenz von Rückkaufswertklauseln bezwecken die Zeichnung eines vollständigen und verständlichen Bildes von der Funktionsweise der Berechnung bzw. der Höhe des konkreten

Rückkaufswertes soweit dies gefordert werden kann. Ein mit klarstellenden Ergänzungen erzeugter Warneffekt ist zu befürworten. Dies kann jedoch eine nachteilige inhaltliche Ausgestaltung nicht rechtfertigen (Pkt. 3.4.3.2.).

7.1.3.2.2. Die vom Bundesgerichtshof anhand des objektiv generalisierenden Maßstabes im Rahmen der ergänzenden Vertragsauslegung gefundene Lösung zur Lückenfüllung bei intransparenten Verrechnungsklauseln ist begrüßenswert (Pkt. 3.4.3.2.).

7.1.3.2.3. Die Rechtsprechung des Bundesverfassungsgericht ist – entgegen der Ansicht des Bundesgerichtshofes im Urteil vom 25.07.2012 - nicht dahingehend zu verstehen, dass selbst bei transparenter Darstellung der Abschlusskostenverrechnung stets ein Mindestrückkaufswert zugebilligt werden muss. Allerdings darf die Gesamtkostenbelastung der ersten Prämien nicht unangemessen hoch sein. Hierfür sind durch den Gesetzgeber Vorkehrungen zu installieren, wobei verschiedene rechtliche Wege zur Verfügung stehen. Insbesondere die Frage der transparenten Darstellung wirkt sich auf die Angemessenheitsbewertung aus (Pkt. 3.4.3.2.).

7.1.4.1. Einer umfassenden unmittelbaren Beteiligung an sämtlichen Bewertungsreserven bedarf es für eine verfassungsrechtlich gebotene angemessene Überschussbeteiligung inklusive der Beteiligung an den Bewertungsreserven nicht. Eine jeweilige Differenzierung aufgrund der Komplexität der Lebensversicherungsprodukte sowie der Produktvielfalt wäre gegenüber der gefundenen Lösung des Gesetzgebers in § 153 VVG vorzugswürdig (Pkt. 3.5.2.1.1.3.).

7.1.4.2. Soweit der Gesetzgeber im Rahmen der Ermittlung von Überschüssen den Versicherungsnehmern lediglich „tatsächliche Vorteile“ ohne rechtliche Handhabe zusprechen will, sind verfassungsrechtliche Bedenken nicht von der Hand zu weisen, da weiterhin Verrechnungsspielräume bestehen und nationale handels- und aufsichtsrechtliche Regelungen nicht ohne weiteres für EU- und EWR-Versicherer gelten.

Das Schutzdefizit kann jedoch nach hier vertretener Auffassung grundsätzlich durch entsprechende Information und Beratung der Versicherungsnehmer einhergehend mit gebotener aufsichtsrechtlicher Überwachung behoben werden.

7.1.4.3. Die Verteilung der Überschüsse innerhalb der Versichertengemeinschaft nach einem verursachungsorientierten Verfahren ist interessengerecht, wobei die verbindliche Zuteilung auch erst nach längeren Perioden erfolgen kann (Pkt. 3.5.2.1.2.3.).

7.1.4.4. Was für die umfassende Berücksichtigung an den Überschüssen insgesamt gilt, greift natürlich auch für die Bewertungsreserven im Speziellen. Die gefundene Lösung des Gesetzgebers, eine hälftige Partizipation von den Bewertungsreserven vorzugeben, erscheint zu starr und ist keineswegs interessengerecht. Dies zeigt sich nicht zuletzt in dem Verweis auf die aufsichtsrechtliche Pflicht, die dauernde Erfüllbarkeit der Verträge sicherzustellen (Pkt. 3.5.2.1.3.3.).

7.1.5.1. Mit der gesetzlichen Anknüpfung an das Deckungskapital in § 169 Absatz 3 VVG geht keine zwingende Rückkehr zu einer retrospektiven Berechnungsmethode einher. Zudem ist eine an das Deckungskapital bzw. an einen vergleichbaren Bezugswert geknüpfte Rückkaufswertgarantie abzulehnen. Ein Mindestrückkaufswert kommt nach der gesetzlichen Lösung nur bei gezillmerten Verträgen in Betracht (Pkt. 3.5.2.2.3.3.1.).

7.1.5.2. Allerdings hätte es für gezillmerte Verträge eines Mindestrückkaufswertes nur bedurft, soweit die Verrechnungsklausel nicht transparent vereinbart wurde (Pkt. 3.5.2.2.3.3.2.).

7.1.5.3. Der Verweis in § 169 Absatz 3 Satz 1 Halbsatz 2 VVG auf die aufsichtsrechtlichen Höchstzillmersätze ist lediglich deklaratorischer Natur (Pkt. 3.5.2.2.3.3.3.).

7.1.5.4. Der anstelle des Deckungskapitals tretende vergleichbare Bezugswert zur Berechnung des Rückkaufswertes bei EU- und EWR-Versicherern wäre aufgrund gemeinsamer europäischer Vorgaben jedoch vertretbar (Pkt. 3.5.2.2.3.3.4.).

7.1.5.5. Die Regelung zum Stornoabzug nach § 169 Absatz 5 VVG findet auf alle Rückkaufswerte Anwendung. Für die Bezifferung muss aus Gründen der Rechtsklarheit ein konkreter Euroausweis verlangt werden.

Soweit der Gesetzgeber das Angemessenheitskriterium im Hinblick auf einen Abzug nicht getilgter Abschluss- und Vertriebskosten ausfüllt, werden Wettbewerbsmomente abgeschnitten. Der Versicherungsnehmer wäre allein durch die konkrete Bezifferung hinreichend geschützt (Pkt. 3.5.2.2.5.3.).

7.1.5.6. Das einseitige Leistungskürzungsrecht nach § 169 Absatz 6 VVG ist die konsequente Folge der zwingenden vertragsrechtlichen Vorgaben des § 169 VVG. Allerdings bleibt offen, wie der einzelne Versicherungsnehmer eine Leistungskürzung überprüfen soll. Andere Lösung, beispielsweise über einen Treuhänder, wären sinnvoller gewesen (Pkt. 3.5.2.2.6.3.).

7.1.6.1. Die gewünschte Herbeiführung von Kostentransparenz nach § 2 Absatz 1 Nr. 1 und 2 VVG-InfoV weist zwar dem Grunde nach in die richtige Richtung. Es bedarf jedoch wegen vorhandener Lücken eines zusätzlichen Rückriffs auf das allgemeine Transparenzgebot, um den Versicherungsnehmern relevante

Kostenaspekte vollständig aufzuzeigen. Andernfalls droht ein beträchtliches Irreführungspotential.

Dabei bildet die Kostentransparenz einen wesentlichen Bestandteil der Produkttransparenz. Allerdings kommt produktimmanent ein alleiniger Ausweis der Kosten in Euro nicht in Frage, da relevante Kosten – beispielsweise der Kapitalanlage – nur prozentual angegeben werden können.

Zur Kostentransparenz gehört auch die Anzeige von Rückvergütungen – sog. Kickbacks –, denn auch insoweit sind Kostenbelastungen verbunden.

Eine Kennzahl für die Gesamtkostenbelastung (Effektivrendite) bietet wiederum Irreführungspotential und stellt daher keine zwingend notwendige Information dar. Der Einsatz einer derartigen Kennzahl für den Vergleich von Produkten mit ähnlichen Anlagekonzepten im Rahmen der Beratung oder in Fach-/Verbraucherzeitschriften erscheint jedoch begrüßenswert.

Letztlich kann die Kostentransparenz stets nur als Teil der Produkttransparenz dienen. Für einen gewollten Produktvergleich sind weitere Aspekte notwendig (Pkt. 3.5.2.3.2.4.).

7.1.6.2. Um den durchschnittlichen Versicherungsnehmer für das Wesen der Überschussermittlung und Überschussbeteiligung hinreichend zu sensibilisieren, bedarf es der Vollständigkeit halber auch eines grundsätzlichen Hinweises auf die verschiedenen unternehmerischen Spielräume (Pkt. 3.5.2.3.4.).

7.1.6.3. Für die transparente Darstellung des Rückkaufswertes ist neben der Angabe der konkreten Rückkaufswerte ein Hinweis auf die gesetzliche Berechnungsvorgabe, eine kurze Erläuterung des Begriffes Deckungskapital sowie ein Hinweis, dass die mathematische Kalkulation im Einzelnen dem Geschäftsgeheimnis des Versicherers unterliegt, von Nöten. In Verbindung mit der letztgenannten Information erscheint eine Information zur Versicherungsaufsicht angezeigt (Pkt. 3.5.2.3.4.).

7.1.6.4. Zwischen Information, Beratung und Produktinformationsblatt kann eine die Transparenz fördernde Wechselwirkung bestehen, wobei die Vertragsinformation die maßgebliche Basis der transparenten Produktdarstellung bildet (Pkt. 3.5.2.3.4.).

7.1.6.5. Ziel von Beratung und Information ist es, den potentiellen Versicherungsnehmer über die wesentlichen Merkmale und die Funktionsweise des Produktes zu sensibilisieren. Dies kann auch für Lebensversicherungsprodukte erfolgen.

Eine Darstellung der komplexen Produkte bis ins letzte mathematische Detail kann allerdings nicht gefordert werden. Insofern wohnt den komplexen Lebensversicherungsprodukten ein neben der Transparenz stehendes, zivilrechtliches, produktimmanentes Schutz- und Kontrolldefizit inne (Pkt. 3.5.2.3.4.).

7.1.7.1. Die wettbewerbs- und verbraucherschützenden Zwecke des europäischen Informationsmodells greifen grundsätzlich auch für Finanzdienstleistungen, insbesondere im Versicherungsrecht. Zum Abbau von Kenntnisungleichgewichten hinsichtlich komplexer Finanzprodukte sind privatrechtlich ausgestaltete Informationspflichten dienlich.

Neben dem Versicherungsnehmerschutz mittels Information stehen weitere Schutzinstrumente zur Verfügung. Besondere Bedeutung kam vor der Deregulierung des Versicherungswesens der öffentlich-rechtlichen Versicherungsaufsicht zu (Pkt. 4.1.1.3.).

7.1.7.2. Die europäischen Grundfreiheiten schützen auch den Wettbewerb im Versicherungsbinnenmarkt.

Von einem Eingriff ist jedoch nur bei einer relevanten Marktzugangsbehinderung auszugehen (Pkt. 4.1.2.2.1.). Dieses Kriterium greift letztlich auch bei dispositiven Vorgaben (Pkt. 4.1.2.2.2.) und einer etwaigen Rechtswahl (Pkt. 4.1.2.2.3.).

Für das Lebensversicherungsvertragsrecht ist die Rechtswahlmöglichkeit nach Art. 7 der Rom-I VO jedoch erheblich eingeschränkt. Für das Gros der Versicherungsnehmer entfällt die Möglichkeit gänzlich (Pkt. 4.1.2.2.3.).

7.1.7.3. Der Vorrang der Aufklärung (als Ausprägung des primärrechtlichen Übermaßverbotes) gegenüber der zwingenden Regulierung gilt auch für Regelungen über Versicherungsdienstleistungen. Der Grundsatz findet jedoch seine Einschränkung in den Erfordernissen der Informationsfähigkeit und Entscheidungsfreiheit der schutzwürdigen Vertragspartner.

Gerade für die Informationsfähigkeit im Versicherungsrecht spricht dem Grunde nach die normative Vorgabe von Informationsintermediären und aufsichtsrechtlichen Schutzvorkehrungen (Pkt. 4.1.2.4.1.5.5. und Pkt. 4.1.2.4.2.).

7.1.7.4. Ein weiteres primärrechtliches Vorrangverhältnis besteht nicht, insbesondere nicht bezüglich anderer möglicher Schutzsysteme (Pkt. 4.1.2.4.1.6.).

7.1.7.5.1. Dem europäischen Sekundärrecht zugehörige Richtlinien können je nach Einzelfall eine den Mitgliedsstaat einschränkende Höchstnormwirkung bereithalten. Inwieweit dies der Fall ist, muss durch Auslegung der konkreten Bestimmungen im Einzelfall ermittelt werden (Pkt. 4.1.2.5.1.2.2.).

7.1.7.5.2. Der Europäische Gerichtshof bestätigt in seiner Entscheidung Axa Royale./. Ochoa vom 05.03.2002 dem Grunde nach eine sich aus Art. 36 Absatz 3 der Richtlinie 2002/83/EG ergebende für die Mitgliedsstaaten zu beachtende Höchstnormwirkung (Pkt. 4.1.2.5.2.1.2.2.).

7.1.7.5.3. Für das Lebensversicherungsvertragsrecht begründet sich aus der Richtlinie 2002/83/EG eine Höchstnormwirkung für zusätzliche zwingende Angabeverpflichtungen (Pkt. 4.1.2.5.2.1.2.6.). Dies setzt sich in Art. 185 Abs. 7 der Richtlinie 2009/138/EG fort (Pkt. 4.1.2.5.2.1.2.5.).

Zusätzliche Angaben unterliegen danach einer sekundärrechtlichen Höchstnormwirkung durch das vertragswesentliche Notwendigkeitserfordernis, welches im Lichte der Richtlinien anzuwenden ist.

Darüber hinausgehende strengere vertragsrechtliche Mittel im Lebensversicherungsrecht sind dem nationalen Gesetzgeber nach den Versicherungsrichtlinien dagegen nicht verwehrt, auch wenn hier ein milderer aufsichtsrechtlicher Weg zumindest nahe liegt. Eine sekundärrechtliche Höchstnormwirkung besteht insoweit nicht (Pkt. 4.1.2.5.2.1.2.7.).

7.1.7.3.5. Weitere im Zusammenhang mit dem Lebensversicherungsvertragsrecht stehende Richtlinien weisen eine unterschiedliche Harmonisierungsintensität sowie eine zu kritisierende teils unsystematische Regelungsweise auf. Eine weitere, die Mitgliedsstaaten einschränkende Höchstnormwirkung für den gegenständlichen Bereich begründen diese Richtlinien jedoch nicht (Pkt. 4.1.2.5.3).

7.1.7.3.6. Die verschiedenen Auslegungskriterien für Richtlinien können bei der Ermittlung einer sekundärrechtlichen Höchstnormwirkung im Einzelfall zu einer nicht unwesentlichen Rechtsunsicherheit für die Mitgliedsstaaten führen, welche dann letztlich nur durch eine Entscheidung des Europäischen Gerichtshofes geklärt werden kann (Pkt. 4.1.2.5.3.).

7.1.7.3.7. Bei einem Verstoß gegen europäische Vorgaben ist zwischen Verstößen gegen Primär- und Verstößen gegen Sekundärrecht zu unterscheiden. Verbleibt trotz europarechtskonformer Auslegung unter Anwendung sämtlicher nationaler methodischer Mittel ein Verstoß, beansprucht das europäische Primärrecht einen Anwendungsvorrang für sich. Sekundärrechtliche Verstöße im Horizontalverhältnis zeitigen demgegenüber regelmäßig keine unmittelbare Wirkung (Pkt. 4.2.).

7.1.8.1. Die starren vertragsrechtlichen Vorgaben zur Überschussbeteiligung nach § 153 Abs. 1 und 3 VVG greifen zwar in die Grundfreiheiten ein. Sie können jedoch mit der ungeschriebenen Schranke des Allgemeininteresses gerechtfertigt werden (Pkt. 5.1.1.4.).

Die Vorgaben des § 153 Abs. 1 und Abs. 3 VVG verstoßen auch nicht gegen Sekundärrecht (Pkt. 5.1.2.).

7.1.8.2. Im Hinblick auf § 169 VVG kann ein Verstoß gegen europäische Vorgaben durch die Anknüpfung an das Deckungskapital nicht festgestellt werden (Pkt. 5.2.1.3.).

Demgegenüber verstößt die Regelung zum Mindestrückkaufswert bei gezillmerten Verträgen nach § 169 Abs. 3 Satz 1 VVG gegen den primärrechtlichen Grundsatz, vorrangig das schonendere Mittel einzusetzen. In europarechtskonformer Auslegung kommt die Vorgabe des Mindestrückkaufswertes nur bei intransparenten Verrechnungsklauseln als gesetzliche Angemessenheitsvorgabe zur Anwendung (Pkt. 5.2.2.3.).

7.1.8.3. Auch das Verbot des Abzuges noch nicht getilgter Abschluss- und Vertriebskosten nach § 169 Absatz 5 Satz 2 VVG verstößt gegen das primärrechtliche Übermaßverbot. Die Regelung ist daher nicht anzuwenden, solange eine angemessene Stornoabzugsregelung getroffen wurde (Pkt. 5.2.3.1.4.).

7.1.8.4. Die in § 6 VVG normierten Frage-, Beratungs- und Dokumentationspflichten verstoßen nicht gegen europarechtliche Vorgaben (Pkt. 5.3.1.3.). Gleiches gilt für den normierten Beratungsverzicht gemäß § 6 Absatz 3 VVG (Pkt. 5.3.2.1. und Pkt. 5.3.2.2.).

7.1.8.5. Die Erweiterung der Informationspflichten nach § 7 VVG auf sämtliche Versicherungsnehmer im Massengeschäft und unabhängig von etwaigen Vertriebswegen steht im Einklang mit dem Europarecht (Pkt. 5.3.3.1.4. und 5.3.3.2).

7.1.8.6. Die Verzichtsmöglichkeit nach § 7 Absatz 1 Satz 3 Halbsatz 2 VVG verletzt europäisches Sekundärrecht, nämlich sowohl Art. 12. Abs. 1 der Richtlinie 2002/65/EG als auch Art. 36 der Richtlinie 2002/83/EG (Pkt. 5.3.4.2.3.). Die nationale Regelung ist jedoch weiter anzuwenden, so dass sich der Versicherungsnehmer nicht mit Erfolg gegen einen Versicherer auf den Verstoß berufen kann. Einem Versicherungsnehmer verbleibt insoweit nach der Rechtsprechung des EuGH gegebenenfalls ein Schadensersatzanspruch gegen den Mitgliedsstaat (Pkt. 5.3.4.2.3.).

7.1.8.7. Die Regelungen zur Kostentransparenz nach § 2 Abs. 1 Nr. 1 und 2 VVG-InfoV verletzen nicht die europäischen Grundfreiheiten (Pkt. 5.3.5.1.).

Diese vom Gesetzgeber zusätzlich normierten Informationspflichten sind auch nach den Maßstäben der sekundärrechtlichen Höchstnormwirkung des Art. 36 Abs. 3 der Richtlinie 2002/83/EG bzw. des 185 Abs. 7 der Richtlinie 2009/138/EG für eine Vielzahl der Lebensversicherungsverträge für das tatsächliche Verständnis der vertragswesentlichen Bestandteile notwendig. Die Vorgabe verstößt jedoch gegen benannte Richtlinienvorschrift, als der Kostenausweis nach § 2 Abs. 1 Nr. 1 der VVG-InfoV auch bei nicht gezillmerten Verträgen ohne Überschussbeteiligung sowie der in § 2 Abs. 1 Nr. 1 der VVG-InfoV inbegriffene Verwaltungskostenausweis auch bei gezillmerten Verträgen ohne Überschussbeteiligung greift. Es bedarf insoweit einer richtlinienkonformen einschränkenden

Anwendung, indem § 2 Abs. 1 Nr. 1 der VVG-InfoV für die genannten Fälle entsprechend teleologisch reduziert wird (Pkt. 5.3.5.2.4.).

7.1.8.8. Die zusätzliche Angabe der Effektivkosten in § 2 Abs. 1 Nr. 9 VVG-InfoV ist gerade noch verhältnismäßig und daher europarechtskonform (Pkt. 5.3.6.).

7.1.8.9. Die Vorgabe der Modellrechnung nach § 154 VVG ist europarechtskonform. Gleiches gilt für die Vorgabe zur jährlichen Unterrichtung (Pkt. 5.3.7. und Pkt. 5.3.8.).

7.1.8.10. Die Pflicht zur Information während der Vertragslaufzeit ist ebenfalls mit den europäischen Bestimmungen vereinbar (Pkt. 5.3.9.).

7.1.8.11. Verhältnismäßig ist letztlich auch die Vorgabe eines Produktinformationsblattes für Verbraucher (Pkt. 5.3.10.).

7.1.9. Der Vergleich mit der Rechtslage zum Lebensversicherungsvertragsrecht in Österreich bestärkt die These, dass die mit den europäischen Vorgaben gewährten Umsetzungsspielräume bisweilen unterschiedlichste nationale Verbraucher-/Versicherungsnehmerschutzvorschriften hervorrufen, welche den grenzüberschreitenden Wettbewerb gerade nicht bestärken. Hinzu kommt die zumindest von den Mitgliedsstaaten Deutschland und Österreich großzügig angenommene Möglichkeit der mitgliedsstaatlichen Rechtfertigung von Eingriffen in die Grundfreiheiten und von Spielräumen bei der Richtlinienumsetzung.

Es bedürfte eines umfassenderen Rechtsvergleichs, um einen höheres Maß an Sicherheit für eine nötige Auslegung der sekundärrechtlichen Vorgaben zu erhalten. Allerdings wird diesseits bezweifelt, dass ob des bisherigen Richtlinienkonzepts für das Versicherungsvertragsrecht eine Auslegungstendenz zu erkennen sein wird. Vielmehr dürften erhebliche Unterschiede im komplexen Lebensversicherungsrecht vorhanden sein, welche den gewünschten Wettbewerb erschweren (Pkt. 6.5.).

7.2. Abschlussbemerkung

Blickt man auf den status quo „des Lebensversicherungsmarktes“ zeigt sich, dass gerade kein Versicherungsbinnenmarkt besteht, welcher diesem Namen gerecht wird.[1476] Die beleuchteten rechtlichen Vorgaben aus Europa lassen zweifelsfrei erkennen, dass weitere Harmonisierungsbestrebungen nötig sind, um den gewünschten Wettbewerb im Binnenmarkt für Lebensversicherungen tatsächlich

1476 Vgl. nur Roth, aaO (Fn. 16), S. 117 ff.

hervorzurufen. Den nationalen Gesetzgebern verbleiben derzeit nämlich noch zahlreiche Möglichkeiten, den Binnenmarkt hemmende Regulierungen zu erlassen. Die betrachteten Rechtssysteme der Mitgliedsstaaten Österreich und Deutschland unterstreichen dies.

Letztlich werden selbst vollharmonisierende Richtlinienvorgaben[1477] eine Zersplitterung des Rechts der Mitgliedstaaten nicht vollständig ausschließen können, was der Natur der Richtlinie geschuldet ist.[1478] Hinzu tritt die mit der Umsetzung von Richtlinien stets einhergehende Rechtsunsicherheit.

Vergegenwärtigt man sich weiter das Spannungsverhältnis von Wettbewerb und Verbraucher-/Versicherungsnehmerschutz im sensiblen Lebensversicherungsbereich, kann nach Einschätzung des Verfassers nur ein hoher Vereinheitlichungsstandard einen grenzüberschreitenden Wettbewerb in erheblichem Ausmaß herbeiführen.

Nach hiesiger Auffassung wäre auf vertragsrechtlicher Ebene für die Herbeiführung von Wettbewerb durch Produktgestaltungsfreiheit die Fortschreibung des Informationskonzepts einschließlich einer Unterstützung durch Informationsintermediäre zweckmäßig.[1479] Ein für geboten gehaltener weitergehender Versicherungsnehmerschutz kann vor allem über flexiblere Gestaltungsmöglichkeiten des Aufsichtsrechts gewährleistet werden. Starre, produktregulierende Vorgaben des Vertragsrechtes behindern dagegen den Wettbewerb um das beste Versicherungsprodukt maßgeblich.

An dieser Stelle zu erwähnen sind den Binnenmarkt fördernde Ansätze, für das Vertragsrecht beispielsweise die sog. „Principles of European Insurance Contract Law (PEICL)"[1480]. Hier ist dem Grunde nach eine optionale Verwendung einer europäischen Vertragsrechtsordnung angedacht, was die Effektivität der Harmonisierungsmaßnahme für das Lebensversicherungsvertragsrecht

1477 Zum Paradigmenwechsel in der Rechtsetzungsstrategie bereits oben Fn. 1068, vgl. auch Röthel, in: Riesenhuber, § 12 S. 361 f.

1478 Riehm, aaO (Fn. 1040), S. 109 ff.

1479 In diese Richtung geht auch der Ansatz von Herrmann/Mattern, aaO (Fn. 732).

1480 Eine bei der Universität Innsbruck beheimatete Projektgruppe "Restatement of European Insurance Contract Law" unter dem Vorsitz von Prof. Helmut Heiss hat bereits diesen Vorschlag für ein einheitliches europäisches Versicherungsvertragsrecht erarbeitet und der EG-Kommission vorgelegt. Hierzu unter „www.restatement.info". Vgl. auch das Grünbuch der Kommission vom 01.07.2010 zu den Optionen für die Einführung eines Europäischen Vertragsrechts für Verbraucher und Unternehmen, KOM (2010) 348 endg., wo unter Pkt. 4.3.3. ausdrücklich diese Ausarbeitung benannt wird.

allerdings nicht unerheblich beschränkt. Eine einheitliche, rein vertragsrechtliche Lösung im Bereich der Lebensversicherung kann einerseits der Produktgestaltungsfreiheit im Vergleich zur bisherigen Situation sicherlich zuträglich sein. Andererseits werden aufgrund des Kenntnisungleichgewichts der Vertragsparteien bezüglich der komplexen Materie und ob des unternehmerischen Geheimhaltungsinteresses der Produktgestaltungsfreiheit ansatzbedingte Grenzen gezogen.

Des Weiteren zu nennen ist gleichfalls die seit 01.01.2011 aus dem Ausschuss der Europäischen Aufsichtsbehörden für das Versicherungswesen und die betriebliche Altersversorgung hervorgegangene Europäische Aufsichtsbehörde für das Versicherungswesen und die betriebliche Altersvorsorge (EIOPA).[1481] Eine Ausdehnung der europäischen Vorgaben zur Aufsicht für die Aspekte der angemessenen Überschussbeteiligung und des angemessenen Rückkaufswertes wäre zu begrüßen. Dadurch würden einheitliche Standards erreicht, die eine dem Wettbewerb zuträgliche Lösung versprechen. Ob dann die Wahrnehmung solcher Aufsichtsaufgaben über eine europäische Aufsichtsbehörde oder über die jeweiligen Aufsichtsbehörden der Mitgliedsstaaten erfolgen soll, dürfte sowohl negative als auch positive Wirkungen erzielen.[1482]

Die Überlegungen dieser Bearbeitung zur komplexen vertragsrechtlichen Materie der Lebensversicherung lassen gleichfalls einen Schluss vom speziellen Lebensversicherungsvertragsrecht auf das allgemeine Recht der zu harmonisierenden Finanzdienstleistungen zu.

Produktübergreifende Vergleichsmöglichkeiten und Vereinheitlichungstendenzen, z.B. bei den Informationen, stoßen bei komplexen Produkten nämlich an gewisse Grenzen. Es empfiehlt sich insoweit, bei etwaigen Überlegungen zur Vereinheitlichung entweder an komplexe Langzeitverträgen anzuknüpfen[1483] oder Lebensversicherung und andere komplexe Langzeitverträge schlicht gesondert zu behandeln.

1481 Die EIOPA ist eine Agentur der Europäischen Union. Sie basiert auf der EU-Ratsverordnung 1094/2010 vom 24.11.2010 und dient maßgeblich der Finanzmarktaufsicht. Siehe auch unter: https://eiopa.europa.eu.

1482 Das Argument, alles aus einer Hand zu beaufsichtigen, ist sicherlich durchaus nachvollziehbar, aber keineswegs zwingend. Die diesseits für den Fall eines höheren Schutzmaßstabes angedachte Ausdehnung aufsichtsrechtlicher Kontrolle wird momentan für die bisherigen Harmonisierungsbereiche auch gegenteilig diskutiert. Hier soll eine Beschränkung nur auf finanzaufsichtliche Mittel erfolgen. Vgl. zur Solvency II-Richtlinie z.B. Bürkle, VersR 2007, 1595, 1596.

1483 Vgl. Grundmann, in: Riesenhuber, § 10, S. 399f.

Die in dieser Arbeit betrachtete Reform des Lebensversicherungsvertragsrechts betrifft freilich nur einen Teil der komplexen Rechtsmaterie Lebensversicherung.[1484]

Das für das Versicherungsvertragsrecht eingeleitete „Zeitalter der Information und Beratung"[1485] wird zukünftig die potentiellen Versicherungsnehmer stärker für die verschiedenen Versicherungsprodukte sensibilisieren. Versicherer und Vermittler müssen Produkte und Vertrieb auf diese Gegebenheiten anpassen. Dieser Schritt in Richtung Wettbewerb kann nur befürwortet werden.

Die produktgestaltenden Vorgaben des VVG-Gesetzgebers begründen jedoch zudem paternalistische Verbraucherschutzmomente. Hier wäre es wünschenswert gewesen, wenn sich der nationale Gesetzgeber mehr mit den europäischen Zielen und den zur Verfügung stehenden wettbewerblichen Gestaltungsmöglichkeiten auseinandergesetzt hätte. Die neuen versicherungsvertragsrechtlichen, regulierenden Vorgaben widersprechen dem Gedanken der Produktgestaltungsfreiheit, sie beschränken die Möglichkeiten der Vertragsparteien und werden fortwährend den grenzüberschreitenden Wettbewerb behindern, womit positive Effekte des Wettbewerbs verloren gehen. Ein relevantes Anwachsen des angestrebten Binnenmarktes für Lebensversicherungen ist durch die VVG-Reform somit nicht zu erwarten. Es verbleibt zum einen die Rechtsunsicherheit, welche nationalen Vorgaben mit dem Europarecht im Einklang stehen. Zum anderen wird zumindest mittelfristig eine weitere Reform des Lebensversicherungsvertragsrechts anstehen, um Wettbewerb im Binnenmarkt auch im Sinne der Produktgestaltungsfreiheit gebührend zu ermöglichen.[1486]

Derzeit stehen Schwierigkeiten der Lebensversicherungsunternehmen im Fokus, aufgrund der Niedrigzinsphase hinreichende Renditen zu erzielen, um die Garantieversprechen der Altverträge zu finanzieren.[1487] Insoweit wird eine Diskussion über legislative Eingriffe oder behördliche Maßnahme zur Abwendung finanzieller Engpässe der Lebensversicherer und damit zum Schutze der Versichertengemeinschaft anhalten. Gleichzeitig werden die Versicherer versuchen, Produkte mit geringeren oder flexibleren Garantieversprechen zu platzieren.

Allgemein gilt jedoch zu bedenken, dass die Renditen bei Lebensversicherungen oftmals unter den Renditen anderer Finanzprodukte liegen. Der Kapital

1484 Vgl. oben Pkt. 1.

1485 Nochmals Präve, aaO (Fn. 390), S. 1836.

1486 Vgl. in diese Richtung auch Präve, aaO (Fn. 1), S. 1046.

1487 Z.B. Gotthold/Zschäpitz in: Die Welt, Diese Tabelle zeigt das Lebensversicherer-Drama, Ausgabe vom 31.08.2013, abrufbar unter: „www.welt.de/finanzen/verbraucher"

bildende Teil einer Lebensversicherung erscheint bei verstärkter Produktsensibilisierung im Wettbewerb mit anderen Finanzprodukten angreifbar, weshalb es umso mehr auf das Gesamtpaket Lebensversicherung ankommen wird. Zu weitgehende Beschränkungen der Produktgestaltungsfreiheit bergen hier eine erhebliche Gefahr, da innovative Lösungen beschränkt werden. Insoweit bleibt abzuwarten, wie sich die nationalen Lebensversicherungsprodukte zukünftig im Wettbewerb mit anderen Finanzprodukten halten werden.[1488]

1488 Sehr kritisch hierzu Schwintowski, VuR 1998, 219, 229, welcher die These aufstellt, dass sich Lebensversicherungsprodukte am Markt nur durch Intransparenz behaupten.

www.ingramcontent.com/pod-product-compliance
Ingram Content Group UK Ltd.
Pitfield, Milton Keynes, MK11 3LW, UK
UKHW041830290926
8980IPUK00013B/944

9 783631 664575